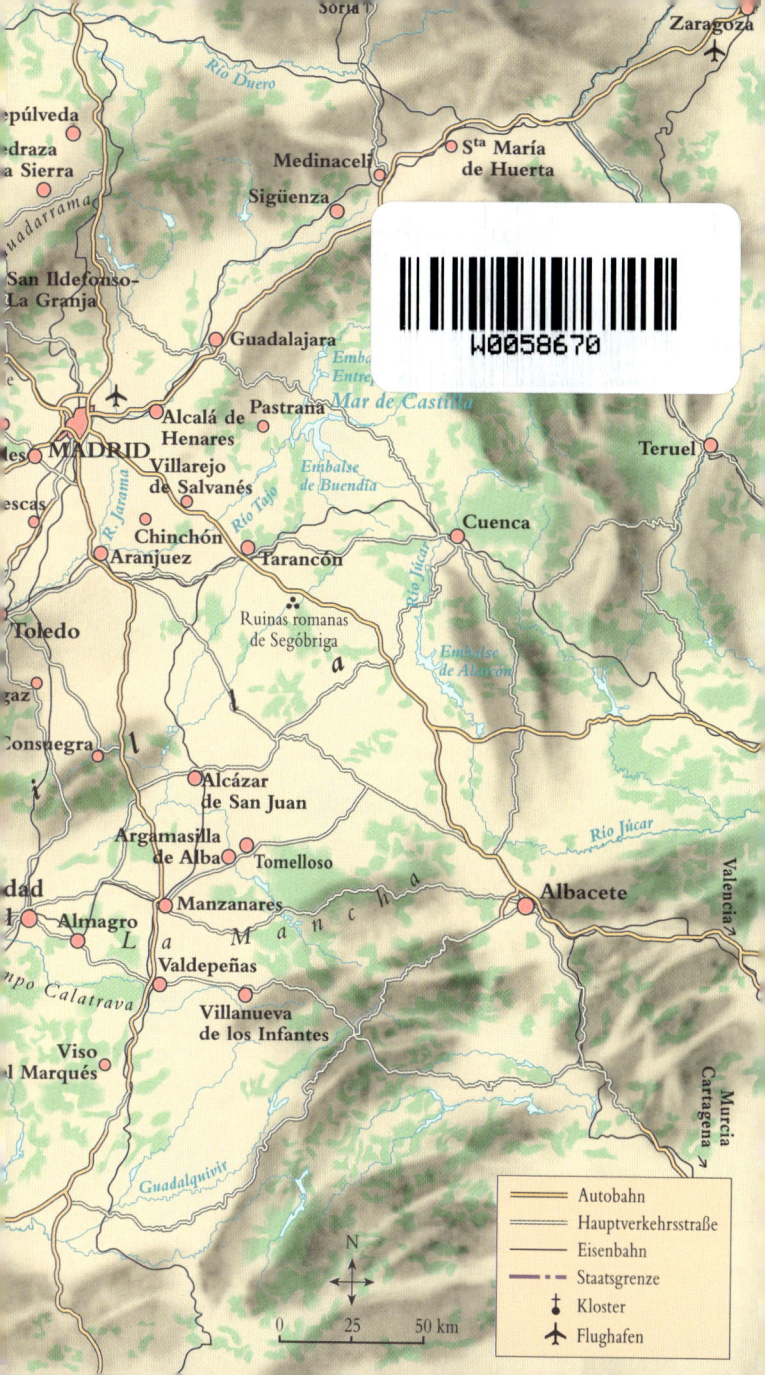

Sepúlveda
Pedraza
la Sierra
Guadarrama
San Ildefonso-
La Granja

Río Duero

Soria

Zaragoza

Medinaceli
Sigüenza

Sta María
de Huerta

Guadalajara

Embalse
Entre...
Mar de Castilla

Teruel

MADRID

Alcalá de
Henares

Pastrana

Illescas

Villarejo
de Salvanés

Embalse
de Buendía

R. Jarama

Río Tajo

Cuenca

Chinchón
Aranjuez

Tarancón

Río Júcar

Toledo

Ruinas romanas
de Segóbriga

Embalse
de Alarcón

Consuegra

L a

M a n c h a

Alcázar
de San Juan

Argamasilla
de Alba

Tomelloso

Río Júcar

Albacete

Valencia

Ciudad
R...

Almagro

Manzanares

Valdepeñas

Campo Calatrava

Villanueva
de los Infantes

Murcia
Cartagena

Viso
del Marqués

Guadalquivir

N

Autobahn	
Hauptverkehrsstraße	
Eisenbahn	
Staatsgrenze	
Kloster	
Flughafen	

0   25   50 km

W0058670

Gustav Faber

MADRID
UND
KASTILIEN

Gustav Faber

MADRID
UND
KASTILIEN

Prestel

MÜNCHEN · LONDON · NEW YORK

Auf dem Umschlag: Burg Consuegra südöstlich von Toledo
(Foto: Franz Marc Frei, München)

Der Text dieses Buches wurde für die Neuauflage
von Juliane Güde, Köln, durchgesehen
und, wo nötig, aktualisiert und ergänzt.

Die Farbkarten der Vorsätze erstellte Anneli Nau, München

Die Deutsche Bibliothek – CIP Einheitsaufnahme
Ein Titeldatensatz für diese Publikation
ist bei der Deutschen Bibliothek erhältlich.

© Prestel Verlag, München · London · New York 1977 (›Spaniens Mitte‹)
Vollständig überarbeitete Neuausgabe 2000

Prestel Verlag · Mandlstraße 26 · 80802 München
Telefon 089 / 38 17 09-0 · Telefax 089 / 38 17 09-35

Gestaltung: Albert Teschemacher, München
Lithographie: ReproLine, München
Satz: Vornehm, München
Gesetzt aus der Sabon-Antiqua von Jan Tschichold
Druck und Bindung: Westermann Druck Zwickau GmbH

Printed in Germany

ISBN 3-7913-2322-9

INHALT

Für Hildegard

Einleitung

Die Hispania media ist das eigentliche Kernland Spaniens, hier strömen die Kräfte der Halbinsel zusammen. Auf der zentralspanischen Bühne haben sich entscheidende Akte des Theatrum Ibericum abgespielt. Hier wurde schon im Altertum ein Kampf von weltweiter Bedeutung mit entschieden, das Ringen zwischen Rom und Karthago, zwischen Europa und Afrika. Das Westgotenreich, die größte politische Einheit, die sich danach in Iberien zu bilden vermochte, wählte Toledo zu seiner Hauptstadt. Die Toledanischen Konzile prägten die iberische Katholizität. Zwar begann das wichtigste Ereignis spanischer Geschichte, die Reconquista, im kantabrischen Bergland des Nordwestens, wo der Westgote Pelayo nach der vernichtenden Schlacht von Jerez de la Frontera (711) den Willen zur Wiedereroberung des von den Moslems besetzten Landes mobilisierte, doch wichtige Entscheidungen des 800jährigen Kampfes zwischen Kreuz und Halbmond haben ihren Schauplatz in Spaniens Mitte; hier auch entstanden die Militärorden Calatrava, Alcántara, Santiago. Liegt die Stätte der Verehrung Santiagos (Jakobus des Älteren), des populärsten Heiligen Spaniens, auch in Galicien, so ist er in der Mitte der Halbinsel nicht weniger gegenwärtig, treffen wir überall auf die Spuren seiner geschichtlichen Wirksamkeit. Der Süden, Andalusien, präsentiert wie keine andere Gegend Spaniens die abendländisch-morgenländische Symbiose. Aber auch in den zentralen Regionen ist das bauliche, kunstgeschichtliche Erbe des Orients auf dem Boden des Okzidents, ist Afrika in Europa nachweisbar (Toledo, Teruel). Don Quijote, Inbegriff des Spaniertums, bestand seine Abenteuer in der typisch mittelspanischen Mancha. In Spaniens Herz schließlich kristallisierte sich im

16. Jahrhundert der politische Schwerpunkt heraus, der es bis heute bleiben sollte: Madrid. Die Geschichte der Habsburger, der Bourbonen, der Republik weist immer wieder auf die Gründung Philipps II. hin, die lebenskräftige Metropole am Río Manzanares, eine künstliche Schöpfung. In einer nicht gerade einladenden Gegend gelegen, ohne schiffbaren Hausfluß, von den wirtschaftlichen Kraftfeldern des Landes durch Gebirge getrennt, ist Madrid dennoch beherrschende Mitte, die das nationale Leben wesentlich bestimmt. Alle Straßen führen nach Madrid.

Daneben gibt es aber im zentralen Spanien noch eine weitere Stadt mit entschiedener Ausstrahlung, der, noch vor Madrid, der Rang einer symbolischen Mitte zukommt. Der Ort liegt nicht weit von der Staatsmetropole entfernt, eine nur kurze Wegstrecke südwärts. Es ist Spaniens großartigste geschichtlich gewachsene Stadt, ein Platz ehrwürdiger, verpflichtender Tradition, der sich neben dem historischen Erbe von Hellas und Rom behauptet: Toledo, der Sitz des Primas, von den Mauren ebenso geprägt wie von den Königen der christlichen Reconquista.

Obwohl sich, auch vom Atmosphärischen her, eine Gemeinsamkeit der zentralen Landstriche feststellen läßt, sind die Grenzen nach Nord und Süd fließend. Das mittlere Spanien läßt sich geographisch am ehesten noch durch zwei Wasserläufe und einen Gebirgszug abgrenzen, im Norden durch die Flüsse Duero und Ebro, im Süden durch die Sierra Morena. Die klassische Region der España central ist dabei Neukastilien. Doch auch die Levante, das an Stauseen reiche Bergland im Osten, und die Extremadura, das im Westen gelegene Geburtsland der namhaftesten Weltentdecker (Cortés, Pizarro, Valdivia), gehören ihm in ihrem ganzen Umfang an. Hingegen reichen Altkastilien und Aragón, Spaniens führende Staaten des Mittelalters, weit in den Norden hinein, so daß sie nur zur Hälfte der Mitte zuzurechnen sind.

Spanien verfügt über eine Küste von respektablen 3000 Kilometern. Ozeanisch sind nur zwei Abschnitte, und keineswegs die längsten, die Costa de la Luz in Andalusien und die Küstenstriche Asturiens und Galiciens. Der Meeressaum Mittelspaniens ist mediterran und mehr als das Hinterland dem übrigen Europa zugeneigt. Der urbanistisch geprägte mittelmeerische Küstenbereich, der in der Antike vom Licht aus Hellas und von Roms zivilisatorischem Ordo berührt worden ist, wird auf unserer Reise ebenso lebendig wie die Binnengebiete.

Reist man in Mittelspanien, so öffnet sich dem aufnahmebereiten Betrachter das ganze Panorama Iberiens. Die Historia Hispaniae in Antike, Mittelalter und Neuzeit hinterließ hier ihre tiefen Spuren. Die originären Leistungen spanischer Kunstgeschichte weisen vor allem im Zentrum des Landes exemplarische Beispiele auf: die teilweise noch westgotische Romanik, den vom Orient gekennzeichneten Mudéjar-Stil, den spezifisch spanischen Platerismus, das üppig wuchernde Barock des Churriguerismus. Spaniens Schattenseiten, und doch mit seinem Charakter aufs engste verbunden, die Härte, die Grausamkeit, die unerbittliche Orthodoxie des Glaubens – für die die Inquisition stehen mag –, die spanische Variante uralter mittelmeerischer Vorstellungen des Stieropfers, die manchmal vehement ausbrechende und zerstörerische Kraft chthonischer Mächte, Bernarda Albas verhärtete Strenge – all das lebt in Spaniens Mitte, in dem monotonen, zentralspanischen Hochland mit seinen Brauntönen, das man einmal nicht zu Unrecht mit einer riesig ausgespannten Ochsenhaut verglichen hat.

Wenn wir Zentralspaniens geographische Struktur auf einen gemeinsamen Nenner bringen wollen, so ist es die von Wäldern entblößte Weite eines von Talsenken und Schluchten durchsetzten Hochlandes, das nicht anziehend, freundlich, heiter wirkt wie die Mittelmeerländer (wie auch Teile der spanischen Mittelmeerküste), sondern streng und abweisend. Der Horizont ist niemals heimelige Abgrenzung, er führt weiter zu stets neuen Landwogen, die ihr Leben nicht von der Flora, sondern immer wieder von der Intensität der

Farbakkorde erhalten. Die Nacktheit des Bodens gibt den steinernen Zeugnissen der Geschichte eine besondere Gewichtigkeit. Nichts lenkt von ihnen ab. In ihnen dokumentiert sich der historische Ablauf, auf den sich unsere Aufmerksamkeit richtet. Galicien gleicht eher Portugal, dem ›Garten Europas‹, Andalusien dem benachbarten Afrika mit seinem fast schon exotischen Reiz. Zentralspanien hat von beiden nur wenig. Statt ›Landschaft‹ entdecken wir ›Raum‹. Dessen Besonderheit zu erfassen, ist zum Verständnis des Landes unerläßlich; nördlich der Pyrenäen erleben wir dieses Raumgefühl kaum. »Man kann Spanien nicht begreifen«, dies ein Wort von José Luis Mijares, »wenn man nicht seine Geographie begreift.« Zu ihr gehört auch das Kraß-Gegensätzliche: brütende Hitze und eisige Kälte, infierno (Hölle) und invierno (Winter), Frucht in den Tälern, Dürre auf den Höhen, Huertas (bewässerte Kulturen) und trostlose Steppen, tiefer Schatten – ein Element auch der spanischen Malerei – und sengendes Licht, harte Kontur und der Anschein der Irrealität.

Die Geographie erklärt den Menschen. Er ist rauh, zäh, wortkarg, liebt keine Geschwätzigkeit, hat ein besonderes Gefühl für Würde. In der zumal bäuerlichen Umwelt hielten sich noch archaische Leitbilder, tellurische Kräfte. Die Religion spielt in Spanien nach wie vor eine führende Rolle, die den Tod in das Leben, die Metaphysis in die Physis mit einbezieht. Dem entspricht Kastiliens Wappenspruch: »Vivir se debe la vida de tal suerte, que viva quede en la muerte«, »Man muß das Leben so leben, daß man im Bewußtsein des Todes lebt«.

Auf einer Reise durch das Herzland Spaniens wird man immer auch der Transzendenz begegnen. Sie begleitet uns ständig. Die Geschichte verlief auf spanischem Boden stets in zwei Ebenen, der irdischen und überirdischen. Dieser Dualismus und die hierdurch entstandenen Spannungen erklären manches Phänomen in Spaniens historischen Annalen. Die Könige der Reconquista haben das Überweltliche in ihr politisches Konzept einbezogen; ihre Wappenbilder tragen religiöse Embleme. Sie ließen sich in enger Vertrautheit zusammen mit Engeln und Heiligen darstellen. Sie fühlten sich nicht nur verantwortlich für das leibliche Wohl der Menschen, sondern auch für ihre Seelen.

Vor allem Kastilien, Ferment des Spanischen, hat aus der Transzendenz seine eigentliche Kraft gezogen, die den unerhörten Aufschwung zum Siglo de Oro, zum Goldenen Zeitalter spanischer Weltmachtstellung, ermöglichte. Die tierra castellana – ob Alt- oder Neukastilien – stellt den Inbegriff des Spanischen dar und zugleich dessen staatsbildenden Faktor, als den Ortega y Gasset sie begriff. »Die Gabe, Nationen zu schaffen«, urteilte der spanische Philosoph und Soziologe, »ist ein quid divinum, eine Gabe, die so unteilbar ist wie die des Dichters, Musikers oder Religionsstifters. Geistig ungemein hellen Völkern ging diese Fähigkeit ab, und anderen wissenschaftlich und künstlerisch weniger begabten war sie im höchsten Grade gegeben. Athen mit all seinem Scharfsinn vermochte nicht, das östliche Mittelmeerbecken zu einer Nation zusammenzuschließen, während Rom und Kastilien, zwei Völker von beschränktem Geist, die beiden gewaltigsten Staatsgebilde errichtet haben.«

DIE HAUPTSTADT

Madrid wird im allgemeinen, was Tradition und Flair betrifft, unterschätzt. Man kreidet der spanischen Hauptstadt an, daß sie, verglichen mit den andern Metropolen Europas, verhältnismäßig jung ist. Dabei weist sie schon eine stattliche Zahl an Jahresringen auf und wurde in einer Epoche ausgebaut, die noch eines originären, gewachsenen Stiles fähig war. Von den spanischen Monarchen hat sich als erster Karl v. mit Vorliebe im Hochland Neukastiliens aufgehalten, dort wo sich um einen arabischen Alkazar erst wenige Häuser scharten. Die bauliche Hinterlassenschaft der Moslems mag einladend gewesen sein, denn der erste spanische Habsburgerkönig nannte den Ort ›Imperial y Coronada Villa‹, frei übersetzt mit ›Kaiserliche Kronstadt‹. Die Reconquista hatte vor einem Menschenalter erst ihr Ende gefunden; ein gesamtspanisches Reich war geschaffen und die Notwendigkeit geboten, ihm einen Mittelpunkt zu geben. Das Zeitalter der von Burg zu Burg ziehenden Herrscher war mit dem Beginn der Neuzeit abgeschlossen; die Wanderkönige wurden auch im übrigen Europa seßhaft.

Aber das ›Materit‹ der Mohammedaner – das Wort für eine Wasserader – wurde eigentlich erst unter Karls Sohn Philipp ii. recht das Herz des Landes, wie die Madrider denn auch im zweiten Habsburger ihren Gründer sehen. Den Namen hatte die Stadt schon unter Alfonso vii. von Kastilien erhalten. Aus Materit wurde Magerit und schließlich Madrid. Und früh schon entstand das Wappenbild, das als Skulpturengruppe auf der Puerta del Sol steht: ein aufrecht stehender Bär frißt die Früchte eines Madroño, eines Erdbeerbaums. Der Tag des Einzugs König Philipps im Alkazar – 1. Juni 1561 – gilt als Geburtstag von Madrid. Der Alkazar erhob sich an der Stelle des heutigen Orientplatzes, also unmittelbar neben dem Standort des jetzigen Königsschlosses.

Man kann nicht sagen, daß die geographische Lage Madrid besonders begünstige. Keine Lage am Meer noch an einem großen Fluß kommt dem Zusammenströmen von Menschen und Gütern entgegen. Madrids Hausfluß mit dem arabischen Namen Manzanares fließt träge dahin und ist im Sommer arm an Wasser. Er hat sich auch viel Spott gefallen lassen müssen. So wird erzählt, Ferdinand VII., der Bourbonenkönig der Restauration, sei mit einer goldenen Kutsche am Flußlauf entlanggefahren, nachdem er das Bett des Manzanares habe sprengen lassen, damit es nicht so staube.

Der Fluß ist durch die Bilder Goyas geadelt worden. An seinem Ufer stand das Landhaus des großen Malers, die Quinta del Sordo, das Haus des Tauben, das er mit seinen hintergründigsten Fresken ausgestattet hatte. Sie hängen heute im Prado; das Haus selbst steht nicht mehr. Weltberühmt ist das Gemälde des Meisters vom San Isidro-Fest, das am 15. Mai nicht weit vom Fluß als eine sehr weltliche, vergnügliche Fiesta stattfindet. Im Vordergrund von Goyas Bild sehen wir die Bewohner, die ihren Stadtheiligen wohlgelaunt ehren. Zelte, Kutschen, picknickende Gruppen beleben die Szenerie, während ein wasserreicher Manzanares sie von der Stadt im Hintergrund scheidet. In ihrem Weichbild setzen links das Königsschloß, in der Mitte die Kuppel von San Francisco el Grande die Akzente, Madrids größter Kirche, die Sabatini im 18. Jahrhundert errichtet hat; dort hängt Goyas ›Predigt San Bernardinos an den König von Aragón‹.

Auf dem ›San Isidro-Fest‹ sieht man links die Segovia-Brücke. Philip II. hat sie 1584 von seinem ›Hausarchitekten‹ Juan de Herrera, dem Erbauer des Escorial, errichten lassen. Die Toledobrücke ist ein wuchtiger, majestätischer Bau, der neun Bögen über den Río Manzanares schlägt. Sie wurde von 1720 bis 1732 von Pedro de Ribera erbaut, der auch die Statue des San Isidro auf der Brücke schuf. 1935 hat man den ›puente‹ vergrößert.

Die Hauptstadt entwickelte sich nur langsam. Die Könige kümmerten sich um ihre Hofhaltung und ihr Jagdrevier, weniger dagegen um die Stadt. Ein Wort des Papstes Paul V. aus dem Jahre 1594 ist belegt: »Die Häuser sind arm und häßlich, fast alle sind aus Lehm hergestellt. Unter andern Dingen fehlt es an Bürgersteigen und Kloaken; für die Bedürfnisse werden Nachttöpfe benützt, deren Inhalt nachts zum Fenster hinausgeworfen wird.« Doch immerhin war Madrid damals schon Stadt; genau hundert Jahre früher galt es noch als Dorf; bekannt ist der Ausspruch des deutschen Besuchers Hieronymus Münzer aus dieser Zeit, der meinte, Madrid sei so groß wie Biberach. Günstig für die Expansion der Kommune wirkte sich ihre Parteinahme für die Bourbonen während des spanischen Erbfolgekriegs aus. Das spanische Haus Bourbon zeigte deshalb ein Faible für die Hauptstadt, während es das habsburgerfreundliche Barcelona vernachlässigte. Doch 1800 zählte Madrid erst 100 000 Einwohner.

Heute sind es mehr als drei Millionen. Madrid ist gleich anderen Weltstädten weit über seine Grenzen hinaus gewachsen, was notwendig der Stadt die Bewahrung ihres typischen Kolorits erschwert. In der Altstadt jedoch, im Zentrum, ist man unverwechselbar in der spanischen Hauptstadt, wenn auch das Nebeneinander der vielen Barrios, der Stadtviertel, die teilweise ein ausgesprochenes Eigenleben führen, der Gesichtslosigkeit der modernen Großstadt Vorschub leistet. Und im Zentrum ist wiederum der Mittelpunkt die Puerta del Sol – wie man weiß: kein Stadttor, sondern ein halbovaler, verkehrsreicher Platz mit der wichtigsten Metro-Station. Man hat hier, um den Gedanken der ›Mitte‹ zu betonen, einen Kilometerstein Null aufgestellt, von dem aus die von Madrid ausstrahlenden Straßen ihre Entfernungen messen.

Reist man auf der Nationalstraße II an, so gelangt man auf einer breiten, mit Bäumen bestandenen Nord-Süd-Achse – Paseo de la Castellana und Paseo de Calvo Sotelo – an die runde Plaza de la Cibeles, einen markanten Punkt im östlichen Bereich der Stadt. Im 18. Jahrhundert hat hier Kybele, die große Mutter Kleinasiens und sicher eine Verwandte der Muttergottheiten Iberiens, ihr Brunnenmonument gefunden. Eingeschlossen von zwei vom Wasser überströmten Rund-

becken thront sie auf einem von zwei Löwen gezogenen
schweren Triumphwagen. Sie dreht voller Unwillen, wie man
meinen könnte, dem schwülstigen Postamt am Platzrand,
Pathos der Jahrhundertwende, den Rücken zu. Da man seine
Bauweise der einer Kathedrale angeglichen hat, spricht das
Madrider Volk von ›Nuestra Señora de las Comunicaciones‹.
Von nobler Form ist hingegen der hinter Gartenanlagen ver-
steckte *Palast de Buenavista* aus dem Ende des 18. Jahrhunderts. Dieser ehemalige Wohnsitz der Herzogin von Alba
dient heute als Kriegsministerium.

Es ist nicht leicht, sich mit dem Wagen im verkehrsreichen
Madrid zurechtzufinden. Nicht jeder fährt rücksichtsvoll.
Doch kommt man als Stadtunkundiger mit einem Autofah-
rer ins Gespräch, so erweist er sich als hilfsbereit; er bietet
sich nicht selten als Lotse an. Im Stadtkern hat man mit Rondas, ähnlich wie in Barcelona, eine gewisse Verkehrserleich-
terung geschaffen. Die Rondas de Segovia, de Toledo, de
Valencia führen südlich an der Altstadt vorbei. Man passiert
dabei die mächtige klassizistische *Puerta de Toledo* von 1827.
Das freistehende, von ionischen Säulen und Pilastern gegliederte Prunktor ist laut Inschrift an der Attika dem Bourbonen Ferdinand VII. gewidmet.

Puerta del Sol und Calle Mayor

Das historische Madrid ist leicht überschaubar. Es entspricht
im wesentlichen der Topographie von 1635, dem Jahr des
ältesten Stadtplans, der erhalten geblieben ist. Vom Punkt des
heutigen Kybele-Brunnens führte die *Calle de Alcalá* platzar-
tig in Richtung West, verengte sich in einer leichten Krüm-
mung und stieß auf das Sonnentor. Diese Ost-West-Achse
fand ihre Fortsetzung in der schmalen Calle Mayor, die in die
Gegend des Alkazar mündete. Das Sonnentor geht auf die
Mauren zurück. Man hat den Platz als ›Nabe im Rad Madrids‹ bezeichnet. Östlicher Abschluß des Platzes war bis in
das 19. Jahrhundert hinein die Kapelle San Suceso, über deren

Portal eine Sonne angebracht war. Das einzige erhaltene ältere Gebäude ist die Casa de Correos, ein unter Karl III. von dem Franzosen Marquet errichteter Barockpalast, in dem sich jetzt die Regierung der Autonomen Region Madrid befindet.

Am 2. Mai 1808 brach an der Puerta del Sol der Madrider Aufstand aus, der das Fanal für den Widerstand gegen die napoleonische Besetzung gewesen ist. Goya hat von einem Fenster des Platzes aus den vehementen, blutigen Ereignissen zugeschaut und seine Eindrücke später in einem Gemälde verarbeitet, das die Orgien des Hasses drastisch festhält. Die Madrileños überfallen auf dem Bild die berittene, hauptsächlich aus Mameluken Nordafrikas bestehende kaiserliche Garde. Ein Aufständischer hat gerade einen der ›mamelucos‹ hintenüber von seinem Schimmel gerissen und ihm seinen Dolch in den Rücken gestoßen; das Blut rinnt ihm in Bächen über Brust, Gesicht und Turban. Während der Madrileño zu einem zweiten, wohl tödlichen Stoß ausholt, rennt ein Kamerad dem Pferd seinen Degen in den Leib. Rundum wildes Getümmel, Eindringen der Aufständischen in wilder Wut auf die umzingelten Gardisten.

Als Sinnbild der Kriegsschrecken noch eindringlicher, anklagender ist das Gegenstück, die drastisch dargestellte Erschießung von aufgegriffenen Verdächtigen am nächsten Morgen. Wie Schlachtvieh drängen sich die Delinquenten, unter ihnen ein Mönch mit gefalteten Händen, vor einem kahlen Hang zusammen, einer hält die Augen zu, ein anderer, dessen weißes Hemd samt gelber Hose von einer am Boden stehenden Laterne grell beleuchtet wird, breitet die Arme weit auseinander; das Weiße der Pupillen tritt hervor, Ausdruck panischer Angst im Angesicht des unmittelbar bevorstehenden Todes. Das Erschießungskommando, das seine Gewehre mit aufgesteckten Bajonetten auf die Opfer richtet, wirkt wie eine anonyme Todesmaschinerie. Auf dem Kopf tragen die Männer des Pelotons den französischen Tschako, auf dem Rücken den Tornister, als seien sie gerade während des Marsches schnell zu dieser Füsilierung abkommandiert.

Der Himmel ist schwarz, vor ihm in gespenstischem Grau die Umrisse einiger Häuser und eines spitzen Kirchturms.

Auf der Südseite öffnet sich die Calle Mayor zur leicht abfallenden *Plaza de la Villa* mit dem Rathaus und den Palästen de Cisneros und de los Lujanes. Dem Admiral Álvaro de Bazán Marqués de Santa Cruz hat man hier ein Denkmal gesetzt, mit Recht, denn dem Befehlshaber der spanischen Flotte war vorrangig der Sieg von Lepanto zu verdanken. Die beiden Portale des Ayuntamiento aus dem 17. Jahrhundert mit einer streng komponierten Fassade aus dem 18. Jahrhundert tragen den Schmuck von ›blasones‹, Wappen, die Giebelfenster muten fast klassisch an. Dem Rathaus benachbart ist das Stadtratsgebäude, die ›Conseja de Estado‹, ein schlichter Barockbau. In der plateresken *Casa de Cisneros*, 16. Jahrhundert, hat ein Enkel und Erbe des berühmten Kardinals und Großinquisitors gewohnt. An der Plaza de la Villa, die von der Calle Mayor abfällt und eigentlich dieser Madrider via triumphalis zugehört, liegt die *Casa de los Lujanes*, deren Fassade ein Mudéjar-Hufeisentor schmückt, eine Rarität in der Hauptstadt. Das Gebäude beherbergt die Academia de Ciencias Morales y Politicas, dazu das Zeitungsarchiv der Stadt. Zu dem palastartigen Bau gehört ein Turm, in dem der französische König Franz I. in Haft gehalten wurde. 1525 ritt der Gefangene Karls V. nach der in Guadalajara verbrachten Nacht, von Bewachung umringt, in den Turm ein, voll eitlen Stolzes, mit verachtendem Blick für das starrende Volk. In jenen Tagen äußerte er sein vielzitiertes Wort »Alles ist verloren, außer der Ehre«. Übrigens hat Balzac eine der hübschesten seiner derb-erotischen ›Contes drôlatiques‹ mit dieser Madrider Episode verknüpft und als Schauplatz besagte Torre gewählt: ›Die Fasten des Königs François I.‹ Antonio Mingotes läßt in seiner ›Historia de España‹ eine Augenzeugin des königlichen Einzugs in die Torre ausrufen: »Schade, daß mein Mann sitzt und dies hier nicht mit ansehen kann. Mag sein, daß er lernen würde, wie man mit Anstand ins Gefängnis geht.«

Die Plazas Mayores sind typisch spanische Anlagen, einander ähnlich in ihrer Symmetrie und mit ihren umlaufenden Arkadengängen. Auch Barcelona besitzt eine ›Plaza Mayor‹, die an den Ramblas gelegene Plaza Real. Doch das berühmteste Platzgeviert dieser Art außer dem in Salamanca finden wir in Madrid, das wir von der Calle Mayor durch Torbögen erreichen. Es ist von respektfordernder Großartigkeit in seiner städtebaulichen Geschlossenheit. Juan Gómez de Mora hat das weiträumige Häuserrechteck geschaffen, als einen ›Saal im Freien‹ (1617–19). Hier inszenierte man feierliche und grauenvolle, festesfrohe und düstere Schauspiele: Autodafés, Ketzerverbrennungen, wie Autos sacramentales, religiöse Szenenfolgen und Mysterienspiele, ebenso Stierkämpfe wie fastnachtartige Drolerien, etwa den heute noch üblichen Aufmarsch riesiger Groteskfiguren, der sogenannten ›Gigantes‹.

Ursprünglich hatte der Platz den Namen ›Plaza del Arrabal‹. 1620, unter Philipp III., erhielt er anläßlich der Seligsprechung des Stadtheiligen San Isidro die neue, heute noch gültige Bezeichnung. Als auf derselben Plaza zwei Jahre später die Heiligsprechung Isidros folgte, schrieb Lope de Vega zwei ›Comedias‹ – unter dem Wort verstand man ernste Stücke –, die vor dem Habsburger-König uraufgeführt wurden. Doch die Annalen des Platzes verzeichnen noch mehr: 1621 die Kanonisation des Ignatius von Loyola, der heiligen Teresa von Ávila, des Jesuitenmissionars Franz Xaver und des populären italienischen Heiligen Filippo Neri.

In der der Calle Mayor zunächst liegenden Häuserreihe fällt ein besonders stattlicher Bau mit Balkonen und Herrera-Türmen ins Auge, die Casa Panadería. Ursprünglich Bäckerei, wurde sie dem König vorbehalten, gewissermaßen als dessen ›Loge‹, von der er all den farbigen Schauspielen zuschaute, die man auf dem Platz in Szene setzte.

Alexandre Dumas d. Ä. hatte im vorigen Jahrhundert hier

die Attraktion eines Stierkampfes erlebt und diese beschrieben: »Der Platz bot etwa hunderttausend Leuten Gelegenheit, dem kommenden Schauspiel zuzusehen. Sämtliche Erhöhungen, Balkons, Fenster, Dächer, Bäume quollen von ihnen über; sogar an Vorsprüngen einiger naher Kirchtürme hingen Männer oder Knaben. Stellen Sie sich das einzigartige Bild vor: die Balkone mit roten und gelben Teppichen in den Nationalfarben behängt, die roten mit Gold, die gelben mit Silberfäden bestickt, dazu die zauberische Vielfalt der Farben der spanischen Nationaltrachten und eine ständige Bewegung der Volksmenge, die ihre Sichtmöglichkeit durch dauerndes Drängen zu verbessern sucht, dazu das aufgeregte Gerede dieser hunderttausend Zuschauer, das wie Meeresbrausen klang. Das Hauptthema war Romero.« Dies war ein im 18. Jahrhundert beliebter Stierkämpfer. Die Bäume, von denen in Dumas' Bericht die Rede ist, sind ebenso verschwunden wie die auf der Place des Vosges in Paris. Und wo Toreros ihre Kunst zeigten, sind nun Stühle und Tische zum gastlichen Verweilen auf das Pflaster gestreut.

Philipp III., dem der Platz in seiner heutigen Form zu danken ist, hält immer noch hoch zu Roß auf der Plaza Umschau; das bronzene Denkmal ist nach dem bekannten Porträt des Pantoja de la Cruz von Giovanni da Bologna (†1608) begonnen und von Pietro Tacca 1613 gegossen worden. Das 1931 umgestürzte Monument ist 1934 wieder aufgerichtet worden. Es erinnert an jenen Habsburger, der nicht der beste gewesen ist, bei dem schon die Dekadenz durch die vielen Verwandtenehen der Habsburger offen zutage trat, die dann beim letzten Sproß der spanischen Linie des Hauses ihren traurigen Höhepunkt finden sollte. Hatte Philipps Vater noch autokratisch regiert, so war die absolutistische Herrschaft unter dem Sohn bereits ausgehöhlt. Jene, die Philipp II. niedergehalten hatte, erlangten jetzt die eigentliche Macht, so der Herzog von Lerma. Verhängnisvoll wirkten sich die unter Philipps III. Herrschaft durchgeführten Dekrete von 1609 bis 1611 aus, die die Vertreibung der Moriscos zum Ziel hatten.

BRIDGE OF TOLEDO
MADRID

Die Toledo-Brücke in Madrid von Pedro de Ribera

Den bei der Reconquista im Lande Gebliebenen war von den ersten Habsburgern Koexistenz zugesichert worden, freilich nicht aus Toleranz ihrem Glauben gegenüber, sondern aus politisch-wirtschaftlichem Kalkül, das die Unentbehrlichkeit dieser intelligenten und erfahrenen Volksgruppe auf den Gebieten der handwerklichen Industrie und der Landbebauung erkannt hatte. Über eine solche Einsicht verfügte Philipp III. leider nicht mehr. Nun mußten die Moriscos Spanien verlassen, eine halbe Million der damals 9 Millionen Einwohner. Nicht das einzige Mal hat hier die Massenausweisung aus doktrinärem Haß einen Staat seiner besten und kreativsten Kräfte beraubt. Der Wirtschaftsniedergang ließ danach auch viele christliche Spanier ins Ausland gehen. Unter Philipp III. wurde die Entwicklung, die zum Verlust der Niederlande führte, nicht etwa verzögert, sondern beschleunigt. Wenn dieser unglückselige Monarch wenigstens Kunstmäzen gewesen wäre wie die andern spanischen Habsburger! Aber auch das war er nicht; die Ankäufe von Gemälden für die königlichen Sammlungen in seiner Ära verdankte der Hof dem Grafen Lerma. Dafür kannte die Schlemmerei der königlichen Tafel keine Grenzen, trotz leerer Kassen. Das einzig Überdauernde dieses Monarchen, der im bronzenen Abbild königlicher als im Leben die Madrider Plaza Mayor beherrscht, mag sein, daß sein Bild mit anderen seines Hauses im Prado vertreten ist. Dennoch sagte der König, der mitgeholfen hatte, eine Weltherrschaft zu verspielen, sterbend von sich selber in frommer Selbstgefälligkeit: »Eine schöne Rechenschaft werden wir Gott von unserer Regierung ablegen.«

Durch den *Arco de Cuchilleros* steigen wir südwärts einige Stufen hinab zu jenem Teil der Altstadt, der in früheren Jahrhunderten Revier des einfachen Volkes war, im Gegensatz zu der doch recht feudalen Calle Mayor. Hier, in der Calle Toledo, erhebt sich auch die von den angrenzenden Häusern bedrängte, mächtige *Kirche San Isidro*, heute Colegiata genannt. Sie hatte seit Gründung des Bistums Madrid-Alcalá, im Jahre 1883, den Rang als Mutter der Kirchen Madrids, bis 1993 die neue Kathedrale an der Plaza de las Armas von Papst Johannes Paul II. der Virgen de la Almudena, der Schutzpatronin der Stadt, geweiht wurde. Der von Hermano Bautista im 17. Jahrhundert errichtete Sakralbau war ursprünglich eine Jesuitenkirche, landläufiger römischer Barock. Eisenbalkone und Lampen zieren die meist sechsstöckigen Häuser in den vom Alter patinierten, sich ohne System überkreuzenden Gassen – so die Cava Alta und die Cava Baja –, an deren Ecken sogenannte Tascas zu einem Drink im Stehen einladen. Doch auch anspruchsvolle Restaurants und Künstlerlokale haben sich in dieser Gegend angesiedelt, die in ihrer Synthese von Armut und teilweise snobistischer Bohème an Trastevere in Rom erinnern könnte. In nostalgisch aufgemachten Wein-Oasen, die teilweise in Kellern liegen, huldigt Madrider Jugend der hinreißenden Rhythmik einheimischer ›Canciones‹.

Über die Plaza Cascorro gelangt man zur Via Ribera de Curtidores. Hier und in den umliegenden Gassen mit ihren weiten Höfen, Americas, entfaltet sich vornehmlich sonntagmorgens der Rastro, Madrids Flohmarkt. Mit der Handelserlaubnis der wachhabenden Guardia kann jedermann seine Dinge ausbreiten, die er an den Mann bringen will. Es lohnt sich, unter den Sonnendächern unzähliger Stände die altstädtische Folklore zu erleben. ›Funde‹ wird der Fremde im reichhaltigen, teilweise sehr skurrilen Angebot kaum nach Hause tragen können, doch das trifft heute auch auf die Flohmärkte anderer Metropolen zu. Wer Antiquitäten entdecken will, begebe sich besser in die Calle de Atocha oder die Carrera de San Jerónimo; die eine führt von der Plaza de la Provincia, die andere von der Puerta del Sol zum Paseo del Prado. Noch heute kann man dort Entdeckungen für sich machen, vor allem polychrome Figuren. Doch nicht zu Flohmarktpreisen. In der Atochastraße, an der Ecke der Costanilla de los de Samparados, erinnert übrigens eine Gedenktafel an die Buchdruckerei von Juan de la Cuesta, die sich hier befunden hat.

Der Buchdrucker war der erste Herausgeber des ›Don Quijote‹. Ein Reliefbild hält eine Szene aus dem berühmten
Œuvre von 1605 fest; darüber schaut der Dichter mit Halskrause aus einem Medaillon.

Nicht weit vom Rastro entfernt, zwischen der Plaza del
Marqués de Comillas und der Ronda de Segovia, sind Reste
des arabischen Madrid, der Morería, erhalten. Auch vom
christlichen Madrid vor der Habsburger-Epoche finden sich
Zeugnisse, wenn auch nur vereinzelt, die den maurischen
Einfluß nicht verleugnen. Der Turm von *San Nicolás* aus dem
12. Jahrhundert ist mit zwei Reihen von Blendarkaden im
Mudéjar-Stil gegliedert. *San Pedro el Real* aus dem 14. Jahrhundert deutet die Mudéjar-Herkunft gerade nur an, indem
ein schießschartenartiges Turmfenster von einem Hufeisen en
miniature umrahmt ist.

Im Westen der Stadt treten wir durch ein spätgotisches Por-
tal in die *Escuela de Arquitectura* der Madrider Universität.
Der mit ›bombillas‹, einem Ornament aneinandergereihter
Kugeln, versehene Bogen gehörte einst zum Hospital de la
Latina. Erhalten sind Figuren und Wappen zwischen der
Archivolte und dem darüberliegenden Alfiz.

Gran Vía

Die Calle Mayor hat, obwohl sie immer noch die historisch
interessanteste Straße der Hauptstadt ist, ihren Rang als ur-
bane Achse schon lange verloren. Denn im Jahre 1886 hatte
die Municipalidad, die Stadtverwaltung, eine Serie von Abris-
sen geplant und eingeleitet, um die *Gran Vía* anzulegen. Die
›Große Straße‹ (offiziell Avenida de José Antonio) ist heute
noch die Hauptverkehrsader und Fortsetzung der Calle de
Alcalá als Ost-West-Achse der spanischen Hauptstadt. Der
Straßendurchbruch erfolgte ungefähr um die gleiche Zeit und
nach der Art der Neugestaltung von Paris durch Haussmann.
Für die Anlage der Gran Vía mußten 14 Straßen und 311 Häuser geopfert werden.

Die Gran Vía ist keine geradlinige Straßenschlucht. Sie
ändert von der Alcalá aus zweimal leicht ihre Richtung, steigt
beim Red de San Luis (Metro-Station Gran Vía) an und sinkt
dann im letzten Drittel zur *Plaza de España* mit großen
Grünflächen ab, an deren Kopfseite sich das Hochhaus des
Edificio de España erhebt, Wahrzeichen des modernen Madrid, und daneben das höchste Gebäude der Stadt, die *Torre
de Madrid* (124 Meter). In der Mitte des Platzes nimmt Spaniens weltläufiger Poet, Miguel de Cervantes, einen Ehren-
platz ein. Vor seiner Sitzstatue, mit dem Hintergrundpro-
spekt des Edificio de España, reitet Don Quijote auf seiner
Mähre, Sancho Pansa auf seiner Mula, beide 1927 von Cou-
laut Valera in Bronze gebildet. Aus der Mancha, ihrer ur-
eigensten Umgebung, sind sie in die ihnen ungemäße Welt
flutenden Großstadtverkehrs versetzt.

Nicht weniger als der Spanische Platz ist die Gran Vía eine
Straße der Hochhäuser. Das älteste stammt von 1926, die
Telefónica. So altmodisch die Inneneinrichtung auf uns
wirkt, der Service ist vorzüglich. Die meisten Bauten sind aus-
gehendes 19. Jahrhundert, nicht klar gegliedert wie im Falle
des Haussmannschen Paris, sondern in figurenreichem Neo-
barock prunkend, die allegorischen oder mythologischen
Gestalten schweben in exaltierter Gestik über den Dachge-
simsen. Verständlich beim ›jungen Alter‹ der Straße, daß die
Avenida de José Antonio ohne jedes historische Denkmal ist.
Selbst ihr Name ist neu, und er begegnet uns in Madrid nicht
nur hier. José Antonio war der Sohn des Generals Miguel
Primo de Rivera, des Militärdiktators unter Alfons XIII. Als
Gründer der Falange wurde er 1936 im Bürgerkrieg von den
Republikanern erschossen. Morton nannte ihn mit dem bri-
tischen Hang zum lakonischen Bonmot »den bisher noch
nicht kanonisierten Heiligen des nationalistischen Spanien«.

Auf der Gran Vía – und in den südlichen Seitenstraßen, die
teilweise fächerförmig auf die Puerta del Sol zulaufen – sind
Modegeschäfte, Buchhandlungen, Schallplattenläden sowie
Kinos und Cafeterías. Im Sommer haben diese ihre Tische auf

den Bürgersteig hinausgestellt, ohne daß die Gran Vía dadurch einen Hauch der Champs-Élysées erhielte. Man sitzt bei der relativen Enge der Straßenschlucht im Dunst der Auspuffgase. Trotzdem sind die Stühle besetzt. Man trägt die neueste Mode zur Schau, die der Madrileño wichtig nimmt. Manchmal versteckten sich politische Umtriebe hinter der Mode. Antimonarchische Verschwörer des vorigen Jahrhunderts trugen große Hüte. Sie mußten verboten werden.

Die Jugend freilich kümmert sich wie in den andern Städten Spaniens weniger um sorgfältige Eleganz als um sportive Forschheit. Die Mantilla, die früher das Straßenbild beherrschte, gehört der Vergangenheit an. Zeitlos hingegen ist der stoßweise, harte Klang des Kastilischen, das dem Fremden überall ans Ohr klingt. Auf Madrids führendem Boulevard wird es nur von Mitternacht bis zum frühen Morgen ruhig. Die Stadt kennt kein Nachtleben wie London oder Paris, allein die Flamenco-Lokale ziehen Besucher an. In den Restaurants nimmt man sehr spät die letzte Mahlzeit ein, Gazpacho im Sommer, die kalte andalusische Suppe, hergeleitet von der maurischen Alboronia, Tortillas, Paellas, Merluza en salsa verde (Seehecht in grüner Soße), Pavo asado a la Madrileña (gebratener Truthahn), zum Nachtisch Tortas oder Leche frita (›gebratene‹ Milch). In den Stehlokalen sind Tapas angeboten, kleine Happen mit Mariscos (Meeresfrüchten), Gambas (Krabben), Eiern, Oliven.

Aber tagsüber ist auf der Gran Vía quirlendes Leben. Hier werden Geschäfte gemacht, will man gesehen werden, wenn auch Señoras und Señoritas die auf sie gerichteten Blicke scheinbar übersehen. Der kastilische Volksschlag, der uns hier in seiner großstädtischen Prägung zu Gesicht kommt, ist gefälliger als der katalanische. Zum Leben der großen Straße gehören die Zeitungsstände an Kreuzungen. Man erhält Journale aller Länder, nur merkwürdigerweise keine portugiesischen, obwohl Portugal doch der iberische Nachbar Spaniens ist. In den Touristik-Shops, die wie Reise- und Flugbüros ebenfalls mit Vorliebe die Gran Vía als Standort wählen, sieht

man in vielen Varianten Stiere aus Stoff, die Banderillas im
Rücken oder im Kampf mit einem Banderillero. Auch Espa-
das und andere Attribute der Corrida werden als Souvenirs
feilgeboten – der Stierkampf, oft totgesagt wie der Karneval
von Rio, lebt wie dieser immer noch, hält sich zäh gegen die
Konkurrenz des Fußballs, der in Madrid eine große Rolle
spielt.

Spanische Volksopern

Musik erklang, als man Madrids Prachtstraße aus der Taufe
hob. Das Teatro Felipe präsentierte nämlich aus dem solen-
nen Anlaß ein Stück des Komponisten Federico Chueca, das
den Titel ›La Gran Vía‹ trug, eine geistreiche Volksoper mit
allegorischen Figuren, die die bekanntesten Straßen und
Plätze der Hauptstadt verkörperten: Calle de Alcalá, Puerta
del Sol, Calle Mayor und andere. Das Publikum war sofort
im Bilde, da die Darsteller entsprechende Straßenschilder auf
der Brust trugen. Der Erfolg der Premiere blieb nicht aus, und
vier Jahre lang spielte man ›La Gran Vía‹ en suite.
    Das Personal des Stücks mit dem Charme seines Lokal-
kolorits und seinen zündenden populären Melodien weist
auch typische Madrider Volksgestalten auf. Da agiert auf den
Brettern mit Bravour die Serviererin Menegilda. Besonders
glänzte in der Rolle die einst berühmte Teresa Tourné, die für
ihre Gesangsartistik den in Spanien begehrten Premio Lucre-
cia Arana erhielt. Weder auf der richtigen Gran Vía noch im
Libretto der Volksoper fehlten damals die Ratten, eine viel-
diskutierte Stadtplage, der man in der ›jota de las ratas‹, vom
Rattenchor im schnellen Dreierrhythmus getanzt und gesungen, eine heitere Seite abgewann. ›La Gran Vía‹ hielt sich bis
heute und zählt zu einer nur in Spanien gepflegten Gattung
des Musiktheaters: La Zarzuela. Es handelt sich um eine
Mischung aus Spieloper und Operette.
    Zarzuela heißt eigentlich ›Dornbusch‹. Im Norden von
Madrid liegt der Palacio de la Zarzuela. Im 17. und 18. Jahr-

hundert wurden hier wiederholt die sogenannten ›Fiestas dela Zarzuela‹ veranstaltet, in deren Rahmen man anspruchslose Singspiele in Cimarosa-Manier darbot. Sie erhielten den Namen des Festes. In den Notjahren des Guerillakrieges gab man die Aufführung der Zarzuelas auf.

Ihr Wiederentdecker war Rafael José Herucude, der 1856 in der Hauptstadt das ›Teatro de la Zarzuela‹ gründete. Die Eröffnung erfolgte im Beisein der königlichen Familie. Herucude war selbst ein mittelmäßiger Tonsetzer. Doch er verfügte über eine Reihe begabter Komponisten, etwa Emilio Arrieta, dessen Eltern im Carlisten-Krieg umgekommen waren, der in seiner Madrider Jugend gehungert hatte, dann aber mit ›La Marina‹ eine glanzvolle Probe seines kompositorischen Könnens gab. Freilich war ›La Marina‹, die katalanische Volksoper, kaum mehr als eine geglückte Kopie italienischer Vorbilder. Dennoch macht die Melodienfülle sie zu einem Ohrenschmaus. Es gab eine Zeit, da hat ganz Barcelona diese Weisen gesungen.

Einen eigenen spanischen Ton brachte Francisco Asenjo Barbieri in das Genre, Folklore-Kenner und Schöpfer des Stücks ›El barberillo de Lavapiés‹, das in witziger Weise gegen die italienische Günstlingswirtschaft am Madrider Hof anging. Die Premiere 1874 darf als Geburtsstunde der eigentlichen spanischen Volksoper angesehen werden, die dann eine mehrere Jahrzehnte andauernde Blütezeit erleben sollte. Hauptfigur von Barbieris kleinem Werk ist der ›kleine Barbier‹ von Lavapiés – dies ist ein Stadtviertel von Madrid.

Von Arrieta und Barbieri angeregt, schrieb bald darauf Ruperto Chapí aus Alicante seine ersten Zarzuelas. Er hatte in Madrid, Rom, Paris studiert und wollte anfangs die große französische Oper nachahmen. Dann, als zweiter Klarinettist des Madrider Apollo-Theaters, entdeckte er das ›genero chico‹, die leichte spanische Gattung der Zarzuela. 1897 brachte das Teatro Apollo von ihm ›La Revoltosa‹, ›Die Rebellische‹, heraus. Menschen des Madrider Alltags kamen gleichsam von der Straße auf die Bühne. Der Direktor der

Madrider Großen Oper, der bei der Premiere anwesend war, rief plötzlich: »Maravilloso! Maravilloso! Esto es una verdadera obra de arte!«, »Herrlich, Herrlich! Das ist ein wirkliches Meisterwerk!«

Der Ausruf bewirkte, daß ›La Revoltosa‹ sich durchsetzte und zugleich eine ganze Reihe neuer Zarzuela-Uraufführungen auslöste. Die Themen standen fest: Liebe, Eifersucht, Frauenehre. Oft lagen Komik und Sentimentalität, Komödie und Tragödie dicht beieinander. Die Partitur der spanischen Zarzuelas ist ausgesprochen von der Sprache, ihrem Rhythmus, ihrer Sprachmelodie inspiriert. Sie lassen sich darum auch kaum übersetzen. Ein Kennzeichen der Gattung ist ferner ein oft plötzlicher Wechsel der Tonart.

Ein Jahr nach ›La Revoltosa‹ machte in Madrid die Zarzuela ›Gigantes y Cabezudos‹, ›Riesen und Dickköpfe‹, von sich reden. Der Titel nimmt Bezug auf den Mummenschanz, der heute noch viele Fiestas begleitet. Tomás Bretón aus Salamanca schrieb innerhalb von 19 Tagen die frische, spritzige Zarzuela ›La Verbena de La Paloma‹. Darunter versteht man ein Madrider Volksfest, das am 14. August begangen wird. An diesem Tag des Jahres 1894 erfolgte auch die Bühnentaufe. Neue Melodien für die bekannten Volkstänze klangen auf, wie die Jota aus Saragossa, die typisch Madrider Seguidilla oder die andalusische Tanzform Soleares, wehmütig, arabisch-orientalisch gefärbt, oft voll plötzlichen Feuers. Der Tanz des Zapateados, ebenfalls aus Andalusien, ist durch seine Stampfschritte gekennzeichnet. Die Künstler wissen die allgemeine Freude an der Unterstreichung des musikalischen Rhythmus durch ›palmadas‹, das Klatschen mit den Händen, und durch ›pitos‹, das Schnalzen mit Daumen und Mittelfinger, geschickt einzusetzen. Auch die Instrumente des kleinen Orchesters sind der spanischen Folklore entnommen: Mandoline, Gitarre, Kurzflöte, Schellentrommel, Kastagnetten. Und immer richtet sich die musikalische Linie nach dem Text. Man spricht von ›ambientar‹, ein Wort, das sich von ›ambiente‹, Milieu, herleitet.

Die stürmischen Erfolge der Volksopern führten dazu, daß eine stattliche Anzahl von Zarzuela-Theatern in der spanischen Hauptstadt ihre Tore öffnete. Um die Jahrhundertwende gab es neben den klassischen Häusern Apollo und La Zarzuela noch acht weitere. Abgott war und blieb Federico Chueca, der Verfasser von ›La Gran Vía‹. 1897 erlebte Madrid die Premiere seiner volksnahen Zarzuela ›Agua, Azucarillos y Aguardiente‹, ›Wasser, Bonbons und Schnaps‹. Es ist der jedermann bekannte Ruf der Verkäuferinnen in den Parks von Madrid. Volksfeste und Hochzeiten stehen im Mittelpunkt der Handlung. Musikalisch kommt vor allem die Copla zum Zug, eine Kurzstrophe mit refrainartigen Ay-Ay-Rufen oder gelegentlichem ›Olé-Olé‹.

Im Verlauf des 20. Jahrhunderts trat eine Entartung der Musikgattung ein, begründet durch eine zu rasche und dadurch oberflächliche Produktion. Der Komponist Valverde etwa schrieb 250 Zarzuelas. Außerdem schadete der Managerbetrieb der Theaterdirektoren dem Genre, die den Komponisten ihren Willen aufzwangen und sie zu allzu Gefälligem, ja Plattem verleiteten. Ein Theater nach dem andern mußte seine Pforten schließen. Heute gibt es in Madrid das Teatro de la Zarzuela in der Calle Jovellanos, das das Sujet noch pflegt, sowie das Teatro Nuevo Apollo an der Plaza Tirso de Molina. Daneben werden Freilicht-Aufführungen geboten im Patio de la Corrala im Lavapiés.

Palacio Real

Von der Plaza de España sind es nur wenige Schritte abwärts zum Königlichen Schloß, zu den Königlichen Gärten und der Plaza de Oriente, die sozusagen die Westbegrenzung der Altstadt und zugleich das Vestibül zum Schloßbezirk darstellt. Der Platz hat Charakter durch seine gärtnerische Anlage, das Reiterstandbild Philipps IV. und das dem Schloß gegenüberliegende trapezförmige Teatro Real, einen edlen klassizistischen Bau aus den Jahren 1818 bis 1850, an dessen

Vorderseite bemalte Kartuschen Musikinstrumente wieder-
geben. Auf dem Plätzchen dahinter, der Plaza Isabel ii., steht
Spaniens ›Grandma‹ ähnlich beherrschend wie die zur gleichen
Zeit regierende Königin Victoria vor dem Schloß von
Windsor. Hier gibt sich die Jugend an den Abenden gern ein
Stelldichein.

In weitem Kreis um das Denkmal Philipps iv. sehen wir
Barockstatuen des 18. Jahrhunderts, die Könige, die vor ihm
das Land beherrschten. Natürlich können sie keine Por-
trätähnlichkeit beanspruchen, denn das Barock legte wenig
Wert darauf, und von den ältesten weiß man ohnehin nicht,
wie sie ausgesehen haben. Man kann zu einer besinnlichen
Geschichtsstunde an ihnen vorbeigehen, zuerst an den Westgoten, die, obzwar Invasoren, im spanischen Geschichtsbe-
wußtsein lebendiger sind als die gleichfalls eingedrungenen
Mauren, wohl einfach deswegen, weil sie Christen waren. Da
liest man, hispanisiert, die ersten visigotischen Königsnamen
unter den als römische Krieger drapierten Herrschern aus der
Epoche der Völkerwanderung: ›Ataufe 414‹, ›Eurico 484‹,
›Leovigildo 585‹.

Das Reiterbild Philipps iv., ein Geschenk des Großherzogs
von Toskana an den König, ist das schönste Denkmal von
Madrid. Ein Künstlerteam hat es 1640 geschaffen. Das
Schnitzmodell stammt von dem in Spanien berühmten und
heute noch mit vielen Beispielen vertretenen Juan Martínez
Montañés, der sich offensichtlich an das Porträt von Velázquez hielt; die schwierigen Berechnungen des nur auf den
Hinterbeinen stehenden Rosses stellte Galilei an; den Guß
besorgte Pietro Tacca, derselbe, der am Reiterbild Philipps iii. auf der Plaza Mayor mitgewirkt hatte. Das Monument mußte von Florenz nach Madrid geschafft werden, für
das 17. Jahrhundert keine Kleinigkeit. Der Sockel ist jüngeren Datums, wie wir der Beschriftung entnehmen können:
›Para gloria de las Artes y ornato de la Capital erigió Isabel
Segunda este Monumento‹, ›Zum Ruhm der Künste und
Schmuck der Hauptstadt errichtete Isabel ii. dieses Denk-

mal‹. Auf den Sockelreliefs sieht man, wie Philipp IV. seinem Hofmaler Velázquez das Santiago-Kreuz überreicht.

Die Bourbonen, die einst die Habsburger vom Thron gedrängt haben, sind nun in geschichtlichen Reminiszenzen Madrids friedlich mit ihnen vereint. An den Platz, auf dem der Habsburger Philipp IV. geehrt wird, schließt sich die Straße Philipp V. von Bourbon an. Sie führt zur kleinen Plaza de la Encarnación, an der die breite Front des gleichnamigen Convento liegt (1615), einer Gründung Margarethes von Österreich, der Gemahlin Philipps III. und Schwester des Kaisers Ferdinand II. (unter dem der Dreißigjährige Krieg ausgebrochen ist und in dessen Diensten Wallenstein stand). Die Capilla Mayor enthält Gewölbefresken von Bayeu.

Zum Schloßbezirk zurück gelangen wir durch die Calle de San Quintin, Erinnerung an den Sieg der Spanier über die Franzosen 1557 bei Saint Quentin. Eines der Häuser ist als Geburtshaus von Emilio Arrieta (1823–1894) gekennzeichnet, des Komponisten der Zarzuela ›La Marina‹. Nach ihm ist auch die Verbindungsstraße zwischen den Plazas de la Encarnación und Isabel II. benannt, ein Zeichen, welchen Wert man dem Genre der Volksoper beigemessen hat.

Der *Palacio Real* ist der Buckingham Palace von Madrid, in verwandter Weise ein festlicher Barockbau. Doch der König residiert nicht hier, sondern im Palacio de la Zarzuela auf dem Gelände des Real Sitio de El Pardo. Im offiziellen Königspalast finden nur zeremonielle Akte statt. Und ausgedehnte Bautrakte sind als Museum der Öffentlichkeit zugänglich.

In der Weihnachtsnacht 1734 war der Alkazar, die Königsburg der Habsburger, abgebrannt. Wie er ausgesehen hat, wissen wir von alten Veduten und einem Modell, das im Archäologischen Museum aufgestellt ist. Er war königlich genug. Es schien vom Schicksal bestimmt, daß mit der neuen Dynastie der Bourbonen auch eine neue Residenz erstehen sollte, und zwar aus Geist und Lebensgefühl des 18. Jahrhunderts, das in Spanien – wie auch in Frankreich und Nea-

pel – das eigentliche Säkulum der Bourbonen gewesen ist. Die
Italiener Filippo Juvara und Giovanni Battista Sacchetti
zeichneten für die Pläne verantwortlich (1736). Philipp v., der
erste aus dem Hause Bourbon, erlebte die Fertigstellung nicht
mehr, auch nicht sein Sohn Ferdinand vi. Einziehen konnte
erst dessen Bruder und Nachfolger Karl iii.; inzwischen war
das Jahr 1764 angebrochen. Goethe war damals 15 Jahre alt,
und er sollte die gleiche Bourbonendynastie auf seiner italienischen Reise in Neapel kennenlernen.

Während des französischen Zwischenspiels zog Napoleons Bruder Joseph als kurzlebiger König in das pompöse
Gebäude ein. Als der Kaiser der Franzosen nach seiner
Ankunft in Madrid Joseph besuchte, sagte er staunend und
ein wenig neidisch: »Wie ich sehe, wohnst du besser als ich in
den Tuilerien!«

Den mächtigen Vierflügelbau des Palacio Real gliedern
Mittel- und Eckrisalite, die in den beiden Oberstöcken durch
Halbsäulen betont werden im Gegensatz zu den Pilastern der
zurücktretenden Wand. Über die Balustrade, die den Bau
abschließt, erhebt sich im Nordflügel die Kuppel der Hofka-
pelle. Vor der Hauptfront nach Süden schließen zwei langgestreckte, einstöckige Bauten aus der Mitte des vorigen Jahrhunderts einen Ehrenhof ein, der durch ein kunstvolles
Barockgitter von der Plaza de la Armería abgeschlossen wird.
Über dem Mittelbalkon des Südflügels personifiziert die Figur
einer Matrone das Königreich Spanien, ein zu ihren Füßen
liegender bärtiger Greis den Río Tajo. Für das überseeische
Reich stehen vor den Säulen der Eckrisalite indianische Herrscher mit Federschmuck, in der Manier des Rokoko. Nach
den Inschriften auf den Sockeln handelt es sich um Montezuma, Imperador de Mexico (1520), und Atabalipa, Imperador de Peru (1533). Der Name des letzten Inkakaisers ist
dem 18. Jahrhundert wohl nicht mehr genau bekannt gewesen, oder man hat sich nicht um die exakte Schreibweise
gekümmert; denn sein richtiger Name lautet Atahualpa.
Betreten wir durch die Vorhalle den von den vier Flügeln ein-

geschlossenen Innenhof, so fällt unser Blick auf die Skulpturen der aus Spanien stammenden römischen Imperatoren: Trajan, der im Jahre 53 in Italica bei Sevilla geboren wurde, Hadrian, der 76 in der gleichen Stadt das Licht der Welt erblickte, Theodosius, 347 geboren, als dessen Geburtsort Cauca bei Valladolid gilt, sowie des Theodosius 384 in Konstantinopel geborener Sohn Honorius.

Das Treppenhaus erinnert in seiner Pracht und in seinem Ausmaß an die Würzburger Residenz. Vom Vestibül steigt die Treppe empor, die sich wendend doppelläufig nach oben führt in die Halle vor den Eingängen zu den Raumfolgen. Auf den Geländerpfosten halten Löwen Wacht. Die Ausmalung des Gewölbes stammt von Corrado Giaquinto; in der Mitte der ›Triumph der Religion und der Kirche‹, die vier Elemente schmücken die Zwickel des Gewölbes. Im Halbrund über dem Eingang zum ›Salón de Guardias‹, Saal der Wachen, triumphiert Spanien über seine Invasoren. Im Saal selbst blicken wir zu einem Deckengemälde von Tiepolo aus dem Jahre 1766 auf, es gibt die ›Apotheose des Äneas‹ wieder und zeigt die Vorliebe der damaligen Zeit für Darstellungen der Mythologie – durch die Gegenwart Tiepolos werden wir ein weiteres Mal an Würzburg erinnert. Wandteppiche zeigen Szenen aus dem Alten Testament. Vielleicht wirft man einen Blick auf die Kinderausrüstung des Infanten Baltasar Carlos einschließlich der Montur seines Pferdes. Der Prinz, Sohn Philipps IV., ist trotz seines frühen Todes durch die Bildnisse des Velázquez im Prado unsterblich geworden. Im nun folgenden ›Säulensaal‹ fanden einst Bankette und Tanzvergnügen statt.

Hier nun beginnen beim weiteren Rundgang Räumlichkeiten, die jeweils einem bestimmten Herrscher und seiner Familie zuzuordnen sind. Wer die Vielzahl der Zimmerfluchten durchschreitet, die Tranvías (Durchgänge), Antecámaras (Vorzimmer), Saletas (kleine Säle), Salónes (Repräsentationsräume), wird an ähnliche Arrangements der Bourbonen in La Granja, jenseits des Guadarrama-Gebirges, in Aranjuez und in anderen europäischen Königssitzen erinnert, an Orte, wo die spanischen Bourbonen ebenfalls geherrscht oder wo sie hingeheiratet hatten, so in Caserta bei Neapel oder in Mafra bei Lissabon (Ferdinand VI. von Spanien war mit María Barbara, Tochter Joãos V. von Portugal, verheiratet). Immer wieder sind es in all diesen Schlössern die gleichen Persönlichkeiten, die uns in Statue, Büste oder Bild entgegentreten, Karl III. vor allem, dann das von Goya am häufigsten verewigte Königspaar Karl IV. und Marie Luisa von Parma, schließlich beider Sohn Ferdinand VII., abgesehen von den weniger farbigen Bourbonen des 19. Jahrhunderts. Man könnte denken, diese Monotonie der königlichen Wohntrakte da wie dort, die oft wiederholte Präsenz immer der gleichen Gesichter könnten den Besucher ermüden, und es müßte genügen, einen dieser Prunkbauten stellvertretend für die andern zu besichtigen.

Aber gerade die vielseitigen Facetten der gleichen Physiognomie, bald realistisch, bald idealisiert wiedergegeben, die Dinge, mit denen sie persönlich umgegangen sind, machen uns die Dargestellten vertraut, im Bilde unverkennbarer, als jede Photographie dies vermöchte. Wir stehen gewissermaßen mit den Bewohnern dieser Prachträume auf du und du. Ihr Lebensstil, ihre Etikette bis hin zum traditionellen Handkuß bei Audienzen, wird uns verständlich. Historie und Genealogie prägen sich unvergeßlich ein. Ob wir es mit schwachen oder profilierten Trägern der Krone und ihrem familiären Anhang zu tun haben – sie sind uns wie Zeitgenossen gegenwärtig. Ein Zeitalter gewinnt Dimension durch seine herrschende Schicht. Fast könnten wir vergessen, daß es neben Stil und Luxus dieser Kreise auch das kleine, vielfach im Elend dahinvegetierende Volk gegeben hat, Kehrseite des Rokoko. Aber dennoch dürfen wir zwischen Volk und Herrenschicht nicht unbedingt einen klaffenden Gegensatz sehen. Es gab durchaus emotionale Bindungen des kleinen Mannes zur monarchischen Oberschicht, die respektiert wurde. Diese Anhänglichkeit fand in dem berühmten Volks-

Die Puerta de Alcalá in Madrid

aufstand vom 2. Mai 1808 ihren Ausdruck, als die Madrider
sich auf die Seite des an sich schwachen, unwürdigen Infanten Fernando schlugen, den Napoleon in Bayonne entthront
hatte. Den Bourbonen Spaniens blieb das Schicksal der Bourbonen Frankreichs erspart, die in nicht mehr aufhebbaren
Gegensatz zu ihrem Volk gerieten und schließlich auf dem
Schafott endeten.

Domizile der Bourbonen

Es sind die Räume des sympathischsten, des tatkräftigsten
Bourbonen, die wir nun durchmessen, die Saal- und Zim-
merflucht Karls III. Der größte Teil ist von dem italienischen
Barockmeister Matteo Gasparini gestaltet. Bilder des Italie-
ners Luca Giordano, – in Spanien als Lucas Jordán bekannt
– zieren die Saleta: ›Opfer des Quintus Curtius‹, ›Tod des
Seneca‹ und andere. Das Deckenbild der ›Apotheose des Kaisers Trajan‹ hat Antonio Rafael Mengs gemalt, der Deutsch-
böhme und Förderer Goyas. In der folgenden Antecámara de
Gasparini müssen wir etwas länger verweilen, weil hier Bildnisse Karls IV. und Marie Luisas aus der Hand Goyas gleich
viermal vertreten sind: der König im Jagdkostüm, in der Uniform eines Coronel de Guardias de Corps, die Königin mit
Mantilla und schwarzem Kleid sowie im offiziellen weißgrauen
Hofkleid. Marmorbüsten des gleichen Königspaares sind eine
Arbeit Juan Adans (1797). Auffallend ist eine Empire-Uhr in
Tempelform, die der Hofuhrmacher Karls IV. geschaffen hat,
der aus Frankreich berufene Francisco Luis Godon.
    Der Salón de Gasparini ist einer der üppigsten des Palacio;
Wände und Decke sind überschäumt von Rocailles und
Chinoiserien. Im Kristalleuchter die Initialen Ferdinands VII.
und seiner dritten Gemahlin Maria Amalia von Sachsen
(1819–1829): Der Hang der spanischen Bourbonen zu Dres-
den schien Tradition, denn schon Ferdinands Großvater
Karl III. hatte ja eine Sächsin zur Frau, Maria Amalia, Tochter
Augusts des Starken. Unter den Bildern im königlichen

Wohntrakt ist Tiepolos ›San Pedro de Alcántara‹ beachtenswert sowie Porträts des Königshauses von Vicente López. In der winzigen Tranvía hängen Bilder Joãos v. von Portugal und James' ii. von England. Unterm Baldachin einer Empire-Uhr zeigt Chronos mit der Sense die rinnende Zeit an – die Zeit, die auch für alle, die diese PThräume bewohnten, nicht stillgestanden hat. Der Salón Karls iii. war zugleich dessen Schlafzimmer, dort ist er auch gestorben. Die mit Silber bordierten Seidentapeten, von Ferdinand vii. in Auftrag gegeben, tragen die Embleme des Ordens, der Karls Namen trägt und von ihm 1771 gestiftet wurde. Ein Bild von Mariano Maella, 1784 gemalt, zeigt den König in der Ordenstracht. An der Decke ist die Ordensgründung wiedergegeben, ein Historienbild von Vicente López.

In den anschließenden Wohntrakten passieren die nachfolgenden Bourbonen vor uns Revue. Je näher sie unserer Zeit stehen, desto flacher, epigonenhafter wird die Ausstattung ihrer Räume. Aber das ist in anderen Schlössern nicht anders wahrzunehmen, und wir wundern uns im Palacio Real von Madrid immerhin, wie lange auch die Spätgeborenen noch an den Exempeln originaler Stile festgehalten haben. Wir treten in die Schlafgemächer von Königen und Königinnen mit ihren seidenen Bettbaldachinen – immer schliefen die Majestäten getrennt, was der königlichen Mätressenwirtschaft, wo sie eine Rolle spielte, zugute kam. Im Gemach der vierten Gemahlin Ferdinands vii., der Saleta de Doña María Cristina, sehen wir sie auf einem Bild Franz Xaver Winterhalters mit ihrer kleinen Tochter Isabel, der späteren Isabella ii., jung und füllig, in einem ausladenden Rock voller Spitzenvolants und rosa Blumen. Ebensowenig wie bei der blutjungen Königin Victoria ahnt man beim Bild der jugendlich-blühenden Reina die spätere Madrona auf dem Thron. Das ganzfigürliche Bildnis von Doña María Cristina de Habsburgo-Lorena, gemalt von José Moreno Carbonera, hängt in der Cámara oficial, dem Saal der wichtigsten Audienzen der Monarchie. Auch heute dient der Saal zu staatlichen Festakten.

Wir haben die offiziellen Repräsentationsräume noch nicht gesehen. Im Thronsaal bewundern wir acht lebensgroße allegorische Figuren, die die verschiedenen Teile des weltumfassenden spanischen Imperiums jener Epoche versinnbildlichen. Um den vergoldeten Thronsessel sind vier gleichfalls vergoldete Löwen angeordnet, die, wie in der Zirkusmanege, eine ihrer Vordertatzen auf eine Goldkugel stützen; jeden Augenblick, meint man, müßten die Kugeln davonrollen. Zwei Statuen beiderseits des Throns stellen die Bedachtsamkeit und die Gerechtigkeit dar. Die Saleta Oficial hat eine von Tiepolo ausgemalte Muldendecke, welche die Macht und Größe der spanischen Monarchie darstellt. Gobelins aus der Real Fábrica de Madrid zeigen Genreszenen nach der Manier von Teniers. Den Gala-Speisesaal zieren pompejanische Spiegel und Wedgwood-Porzellan, in der Sala de Porcelana ist Manufaktur aus Buen Retiro (Madrid), doch auch aus Sèvres und Meißen aufgestellt, dies vielleicht am Hof eingeführt durch die beiden sächsischen Maria Amalias.

In allen Räumen hängen die herrlichsten Tapisserien; daneben gibt es aber noch einen gesonderten Salón de Tapices. Die meisten Bildteppiche flämischen und spanischen Ursprungs stammen aus der Zeit der Renaissance und des Barock, doch auch Wandteppiche nach Entwürfen Goyas sind vertreten: ›Das Kohlenbecken‹, ›Blinde Kuh‹, ›Der Hampelmann‹, ›Der Rastro‹. Wen aber Meisterwerke der bildenden Kunst mehr anziehen als die prunküberladenen Säle und Zimmerfluchten mit ihren Erinnerungen an vergangene Dynastien, der kann im Nordwestflügel des Königspalastes in der dort 1962 eröffneten Bildersammlung verweilen, die den Namen ›Neue Museen‹ trägt. Nicht alles, was sich anzuschauen lohnt, hängt im Prado. Hier stehen wir vor einer Reihe von Bildern der ›Primitiven‹ – primitiv im Sinne von ›ursprünglich‹, ›archaisch‹ –, also Werken, die unserer Zeit wieder viel zu sagen haben. Hierzu gehören 15 Tafeln, zu einem Polyptychon formiert, die von einem Altar aus 47 Tafeln Isabellas der Katholischen übriggeblieben sind. Aus dem Escorial stammt eine ›Kreuztragung Christi‹ von Hieronymus Bosch, der in Spanien ›El Bosco‹ heißt. Besonders wertvolle Objekte der Sammlung sind ferner Grecos ›San Pablo‹, Teniers' ›Zwei Trinker‹, Watteaus ›Paar vor einem Brunnen‹ und vor allem Goyas ›Fabricación de la pólvora en la Sierra de Tardienta‹, auf dem Aufständische im Guerillakrieg in einer gebirgigen Waldlandschaft Pulver und Kugeln herstellen und in Kisten abtransportieren, zugleich Kunstwerk und Zeitdokument von höchster Eindringlichkeit.

Biblioteca, Armería, Botica

Zu den großen Bibliotheken der Welt zählt die *Biblioteca de Palacio*, die 24 Räume des Untergeschosses und der Nordostecke des Patio ausfüllt. Die ehemalige königliche Bücherei geht auf Philipp IV. zurück, der bereits 8000 Folianten besaß. Der erste Bourbone, Philipp V., erweiterte sie um aus Frankreich mitgeführte Bestände, darunter zwei Skizzenbücher Leonardo da Vincis, die er aber privat aufbewahrte und die erst im 19. Jahrhundert der Bibliothek einverleibt wurden. Dem fünften Philipp kommt ein weiteres großes Verdienst zu. Philipp IV. hatte nämlich 1642 das wertvollste Stück, ein Stundenbuch der Königin Juana Enriquez de Aragón, dem Kardinal Teodoro Trivulzi geschenkt. Die Königin war die Mutter Ferdinands von Aragón; die Handschrift stammte von 1460. Durch den Kastraten Farinelli, seinen Vertrauten, kaufte Philipp V. nun die bibliophile Kostbarkeit von den Nachkommen des Kardinals zurück und fügte sie wieder in die Madrider Palastbibliothek ein. Als 1734 der Alkazar niederbrannte, überlebte die Büchersammlung, da sie in einem Nebengebäude untergebracht war.

Unter dem rührigen Karl III. erfuhr die Bibliothek eine Erweiterung auf ungefähr den doppelten Bestand. Sie enthält heute unersetzliche Handschriften, so das Manuskript der (erst 1829) gedruckten ›Historia general de las cosas de Nueva España‹. Der Verfasser, Fray Bernardo de Sahagún,

hatte zuerst in religiösem Eifer alle altmexikanischen Kultur-
zeugnisse vernichten lassen. Später erfaßte ihn Reue darüber,
so daß er nun Reste, deren er habhaft wurde, zu sammeln
begann. Sie dienten als Unterlage für die wichtigste Dokumentation der voreuropäischen Zivilisation auf dem Isthmus
Amerikas, wenn man von der Chronik des Bernal Diaz de
Castillo absieht, des Kampfgefährten des Hernán Cortés. Eine
andere, Philipp IV. gewidmete Handschrift trägt den Titel
›Allgemeiner Bericht über die Provinzen Perú, Tierra Firme
und Chile‹ (Unter ›Tierra Firme‹ verstand man das spanische
Amazonasgebiet). Im Stil der Renaissance ist auf dem Titel-
blatt eine Indiofamilie mit einem Lama abgebildet. In einer
gotischen Handschrift der Genealogie der Könige von Kastilien, verfaßt von Alonso de Cartagena, Bischof von Burgos,
schwingt der Cid ein Schwert so lang wie sein Körper; eine
Stange mit dem Löwenbanner ist an seinem Helm befestigt.

Nach der Schlacht von Vitoria 1813 bekam Wellington
den Troß des Königs Joseph, des Bruders Napoleons, in seine
Hände, der eine große Zahl aus der Königlichen Bibliothek
entwendeter Bücher mit sich führte. Chevaleresk wollte der
Herzog sie nach der Restauration der Bourbonen zurücker-
statten. Doch der Gesandte Ferdinands VII. ließ ihn wissen:
»Seine Majestät ist von Ihrem Takt so gerührt, daß er nicht
wünscht, Sie dessen zu berauben, was durchaus zu Recht in
Ihren Besitz gelangt ist.«

Die *Armería*, die königliche Waffensammlung von einst,
befindet sich in dem auf dem Geländeabfall zum Manzanares
hin gelegenen einstöckigen Gebäude, das den Ehrenhof vor
der Hauptfront auf der westlichen Seite begrenzt. Auf das
Flußbett hinunter und in die weite fast baumlose Meseta hat
man von hier aus einen umfassenden Blick. Neben den Rit-
terrüstungen, die man auch im Londoner Tower oder im
Hohenzollernschloß in Sigmaringen sieht, sind dies vielleicht
die reichhaltigsten und schönsten, großenteils angefertigt in
Waffenschmieden Augsburgs und Mailands. Wie man im
Tower die Eisenwehr Heinrichs VIII. und Karls I. bewundern

kann, so hier die Rüstung Karls v. für Mann und Pferd, dieselbe, die wir von Tizians berühmtem Bild des Kaisers auf dem Schlachtfeld von Mühlberg kennen. Um die Figur des Imperators auf sich aufbäumendem Roß aus der Nähe zu betrachten, muß man durch ein Spalier von berittenen Kriegern im Turnier- und Kriegspanzer geradezu Spießruten laufen. Auch wird Karls Tragsessel gezeigt, der nach seinem Tod in San Yuste mit der Katze und dem Papagei des Kaisers nach Valladolid gebracht wurde, damals noch Hauptstadt des vereinigten Spanien.

Unter den weiteren Rüstungen Karls v. stammen drei aus der berühmten Werkstatt des Augsburger Plattners Kolmann, der auch den Harnisch für den jungen Sohn Philipp angefertigt hat. Die Rüstungen Philipps iii. – von Piccinio aus Mailand – und Philipps iv. sind ausgestellt, ferner die Wehr des in Madrid gefangengehaltenen französischen Königs Franz i. Die eisernen Schulterstücke des Infanten Don Carlos sind ungleich, woraus man schließt, daß Philipps unglücklicher Sohn verwachsen war. Unter den Kuriositäten fällt ein Hundepanzer auf. Man weiß, daß Hernán Cortés bei der Eroberung Mexikos sich gepanzerter Bluthunde bediente. In der Waffenschau hat auch das Feldbanner von Lepanto seinen Platz gefunden.

Im Gebäude der Toreinfahrt an der Plaza de Armas ist die *Botica* untergebracht, die königliche Apotheke, Real Oficina de Farmacia, mit einer einmaligen Spezialbibliothek. Philipp ii. hat die Oficina 1594 unter dem Namen ›Botica del Rey‹ ins Leben gerufen und im Alkazar selbst installiert. 1734 mit diesem den Flammen zum Opfer gefallen, erstand sie unter Karl iv. neu. Die ›Sala de destilaciones‹ enthält die verschiedensten pharmazeutischen Geräte, so Brenner, Phiolen, Retorten, Bronzemörser, Destillierkolben, ferner physikalische und chemische Apparaturen. Die Keramiktöpfe und Glasbehälter in den Empire-Wandschränken zeigen die Stempel der Real Fábrica von La Granja, Buen Retiro und Talavera; hier herrschen die Farben weiß und blau vor.

Eine Vitrine der Botica enthält historische Medikamente, deren Etiketten teilweise die merkwürdigsten Bezeichnungen tragen. Unter ihnen entdeckt man die Chinin enthaltende Chinarinde, die 1640 in Peru entdeckt und sogleich nach Spanien gebracht wurde. Chinarinde hat in Tropenländern unzähligen Malariakranken das Leben erleichtert oder gerettet, bis die 1812 entwickelte chemische Herstellung des Chinin die Chinarinde überflüssig machte.

Im Süden wird die Plaza de Armas durch die neue Kathedrale von Madrid, die *Catedral de la Almudena*, abgeschlossen, an der fast 80 Jahre gebaut wurde. Man hat den Eindruck, daß die Ecktürme zu seiten des Portikus zu weit auseinander stehen, um eine wohltuende Geschlossenheit der Kirchenfront zu erreichen. Im Innern befindet sich der Retablo der Virgen de Almudena aus dem 16. Jahrhundert von Juan de Borgoña sowie der Holzsarkophag des San Isidro mit Darstellungen aus der Heiligenvita.

›Erster Bürgermeister von Madrid‹

An das spanische Königsschloß schließen sich nach Norden französisch abgezirkelte Gartenanlagen an, mit Hecken, Büschen und einem rechteckigen kleinen See. Der Name der Anlage, Campo del Moro, läßt daran denken, daß auf diesem Boden einst die Mauren die Herren waren. Unter den Statuen, die zwischen den Rasenstücken und Beeten aufgestellt sind, finden wir auch jenen König, der sich als erster Herrscher nicht nur um den Ausbau seiner Residenz, sondern auch um die bauliche Gestaltung der Stadt Gedanken machte, Karl III. Was wir heute am alten Madrid bewundern, geht zum guten Teil auf diesen König zurück, den man »den ersten und größten Bürgermeister Madrids« genannt hat. Seine Baumeister Sabatini und Villanueva haben zahlreiche Kirchen und Staatsbauten entworfen, die heute noch stehen.

Daneben hat sich der Monarch aber auch um Verwaltungsfragen gekümmert, freilich immer ein wenig pedantisch und ohne große Linie, so daß der Historiker Menéndez Pelayo urteilte, Karl hätte den redlichen Alkalden, Bürgermeister, eines Barrio abgegeben. Zugleich nennt er ihn, halb abwertend, halb respektvoll, einen vorbildlichen Krämer. Denn dieser Bourbone, Nachkomme des Sonnenkönigs, zögerte nicht, sich an einer Gesellschaft für Sardinenhandel zu beteiligen. Insofern – möglich erst im Zeitalter der Aufklärung – war er Bürger auf dem Thron. Hatten seine Vorfahren den Bürger verachtet, so glaubte Karl, ihn schützen zu müssen. Einer seiner Erlasse besagte, daß Handwerk nicht entwürdige. Dagegen protestierte nun wieder der Adel, und bald übersah man den Erlaß; alles blieb beim alten. Daß alles beim alten bleibt, das heißt, daß man sich in Spanien nur schwer an Mobilität, Fortschritt, Veränderung gewöhnt, kommt auch auf verschiedenen anderen Lebensgebieten zum Ausdruck, so daß man Karls resignierenden Ausspruch in manchem bestätigen kann: »Die Spanier sind wie Kinder, die weinen, wenn man sie wäscht.«

Ein Dokument, das 1784 unter dem Titel ›Memorial ajustado‹, Denkschrift, publiziert worden ist, unterbreitet Vorschläge aus der Kanzlei des Bourbonenkönigs, die bereits auf die Ideen von 1789 hinzielen: Bestimmungen zur sozialen Gerechtigkeit und zur besseren Verteilung und Nutzung des Bodens. Realisiert wurden die Forderungen indessen nicht.

Karl war der zweite Sohn Philipps V. und der Elisabeth Farnese, Herzogin von Parma. Er hatte also auch das erlauchte Blut eines der ersten Adelsgeschlechter Italiens in den Adern. Da Karls Bruder Ferdinand den spanischen Thron erbte, trat er selber als Herzog von Parma das mütterliche Erbe an. 1731 wurde im Teatro Farnese seine Ankunft mit einer antiken Anthologie gefeiert, indem man das Stück ›Die Ankunft des Askanius in Italien‹ spielte.

Als 1734 das österreichische Königreich beider Sizilien an

das Haus Bourbon fiel, wurde Karl dessen neuer Monarch. Durch das Capuanische Tor zog er in Neapel ein, und da sich bei glücklichen Ereignissen das in einer Phiole verwahrte Blut des Stadtheiligen Januarius verflüssigen mußte, schenkte Karl dem Santo, um das gute Omen herauszufordern, ein Diamanthalsband. In Palermo wurde der Bourbone der neunzehnte in der Reihe sizilischer Könige seit dem Normannen Roger II.

Seine Regierung in Neapel ist unvergessen durch die Förderung der großen Ausgrabungen im Schatten des Vesuvs, die damals wahrhaft sensationell auf alle Gebildeten wirkten. Den Anstoß zu dieser Frühform der Archäologie gab Karls Gemahlin Maria Amalia, die Tochter Augusts des Starken, der die Neapolitaner zum Empfang in Kampanien einen echt barocken Augenschmaus bereitet hatten: ihr heimatliches Dresden aus Pappe auf einem Gerüst am Strand von Chiaia. Bei dem Volksfest feuerten Kanonen Äpfel und Zitronen, die Springbrunnen schütteten Wein aus. Antike Statuen waren Maria Amalia von den Gärten ihres Vaters her bekannt. Und nun entdeckte die kunstsinnige junge Frau auch in den neapolitanischen Anlagen Bildwerke des Altertums; diese waren beim letzten Vesuvausbruch, 1737, zutage getreten. Sie veranlaßte den König, gleichfalls Kunstliebhaber, wenn auch ohne ihre Kenntnisse, mit dem Spaten Spuren in Pompeji, Herculaneum und Stabiae nachzugehen. Die wissenschaftliche Welt, durch die reichen Funde angespornt, wandte ihren Blick auf Paestum und dessen Tempel. So standen Karl von Bourbon und seine sächsische Gemahlin mit am Anfang einer neuen Einsicht und Einstellung zur antiken Welt.

In der Geschichte von Neapel behält Karl, den man einen »aufgeklärten Despoten« genannt hat, auch dadurch seinen Platz, daß er durch Vanvitelli das Königsschloß Caserta erbauen ließ, »escorialhaft, königlich genug«, wie Goethe urteilte. Die Ausdehnung des gewaltigen Komplexes überschritt die Bedeutung des Königreiches und ist auch nie ganz vom Hofstaat ausgefüllt worden. Es wirkt wie ein zu groß und zu prächtig geschneiderter Anzug und würde eigentlich auf einen hybrideren Bauherrn schließen lassen, als es der vernunftbegabte Karl gewesen ist.

1759 starb der spanische König Ferdinand vi., Karl wurde sein Nachfolger und begab sich mit seiner Gemahlin und dem zweiten Sohn Karl Anton – dem späteren Karl iv. – nach Spanien. Sein Einzug in Madrid war kaum weniger prächtig, als es der in Neapel gewesen war. Dem silbernen Prunkwagen des neuen Königs folgten die Wagen der Infanten, der Hofdamen, des Majordomus, von spanischen und wallonischen Garden, einer Menge von Offizieren, Geistlichen, Kämmerern, Pagen, Lakaien. Maria Amalia konnte Neapel nicht vergessen. Im nackten, bald kalten, bald glühendheißen Hochland der Meseta fühlte sie sich nicht wohl. Nach einigen Monaten starb sie 36jährig.

Karl blieb bis zu seinem Lebensende Witwer. Neben der Aktendurchsicht, den Audienzen, den Empfängen der Botschafter – die von Frankreich und Neapel hatten den Vortritt – galt seine einzige Passion der Jagd; sein Sohn sollte sie von ihm erben. Als Jäger hat ihn auch Goya gemalt: mit Dreispitz, riesiger Schärpe, weißen Handschuhen, hager und etwas gebeugt, die mächtige Flinte in der Linken, einen schlafenden Jagdhund zu Füßen. Den Hintergrund bildet das Guadarrama-Gebirge. Starke Beine, kleiner Kopf mit auffallend langer Nase, gutmütige Züge – dieser Herrscher war kein ›Despot‹ –, ein fast karikaturhaftes Lächeln: So erscheint Spaniens König, der ›erste Bürgermeister von Madrid‹, auf dem berühmtesten Porträtbild, das es von ihm gibt. Ein Monarch, wohlwollend und wohlmeinend, aber nicht genial.

Nun dürfen wir nicht vergessen, daß Goya, der ohnehin selten schmeichelte, des Königs Aussehen nicht beschönigt hat. Der Geniale mochte den Ungenialen nicht. Umgekehrt fühlte sich der König, im Gegensatz zu seinem Bruder, dem Infanten Luis, von der Kunst Goyas wenig angerührt. Erst Karl iv., der Nachfolger, sollte Goyas Weg ebnen.

1767 ließ Karl III. die Jesuiten vertreiben, zehn Jahre nach ihrer Verbannung aus Portugal. Der Orden, der sich dem Papst und nicht dem Souverän verbunden fühlte, hatte gegen die Reformpläne des fortschrittlichen Fürsten opponiert. Karls Maßnahme entsprach dem Geist der Aufklärung und des Absolutismus und zeugt nicht etwa von Kirchenfeindlichkeit. Karl war kirchentreu, ja bigott und von enger Prüderie. So empfand er die Aktdarstellungen der königlichen Bildersammlung, darunter Werke von Rubens und Velázquez, als anstößig, so daß er sie auszusondern und in ein Spezialgemach zu schließen befahl. In späten Jahren, als er, allem Leiblichen fern, nur auf seine jenseitige Existenz bedacht war, bestimmte er sogar testamentarisch, die betreffenden Bilder zu vernichten. Es ist Mengs' Verdienst, dies unterbunden zu haben.

Im Herbst 1788 befiel den König ein Schüttelfrost. Als das Fieber nicht wich, brachte man die Reliquien von San Isidro in den Palacio Real. Sein letztes Wort, bevor er nachts verschied, war das Verbot, seinen Leichnam einzubalsamieren. Vielleicht meinte er, daß dies der Auferstehung hinderlich sei. Mönche begleiteten den schwarz verhängten Leichenwagen, auf dem man den prunkvollen Sarg in den Escorial überführte. Im Pantheon der Könige zerbrach nach dem Zeremoniell der Kommandant der Garde den Kommandostab des Königs.

Das Genieviertel

Das alte Madrid ist in Ost und West von Grünflächen umsäumt, den ›Lungen‹ der Innenstadt. Dem Campo del Moro im Norden des Palacio Real entsprechen die gärtnerischen Anlagen um den Prado und der sich dahinter ausbreitenden *Parque del Retiro*. Dieser Park war früher Revier der Könige, Schauplatz höfischer Feste. Beim Einmarsch der Franzosen 1808 wurden die Bäume abgeholzt, doch die neugepflanzten haben inzwischen schon wieder eine stattliche

Höhe. In einem der beiden Gebäude, die sich von dem ehemaligen königlichen Lustschloß Buen Retiro erhalten haben, ist heute das *Museo del Ejército* untergebracht. Die Madrider lieben diesen Park in seiner Mischung von Alleen, Waldstücken, Figuren und Figurengruppen, in dem überall Imbißstuben zum Verweilen einladen. Die Idyllik des Parque del Retiro wurde im vorigen Jahrhundert gestört, als man am Ufer des Sees das bombastische Monument Alfons' XII. aufrichtete. Vor einer halbrunden Säulenpergola blickt der berittene Monarch von hohem Sockel auf die vielen Boote, die den See beleben.

Am Rande der Altstadt hatten schon die Bäume des *Paseo del Prado* auf die Gärten vorbereitet. Früher war er ein freundlicher und gemächlicher Spazierweg, über den Damen auf Mauleselrücken ritten. Heute ist der Paseo verkehrsdurchflutet, und im Südabschnitt, bei dem Bahnhof Atocha, schwingt sich sogar eine Hochstraße über ihn hinweg. Dort, wo sich der Paseo del Prado zur Plaza de Cánovas de Castillo verbreitert, hat man den Neptunsbrunnen, der Meeresgott mit dem Dreizack hoch auf einem von zwei Rossen gezogenen Gefährt, würdig aufgestellt. Der Paseo war im vorigen Jahrhundert ein Ort der Festlichkeiten. Alexandre Dumas hat 1846 eines der Volksfeste miterlebt. »Diese lange Allee«, schrieb er beeindruckt, »schien in Flammen zu stehen, und zwar in verschiedenen bunten Farben und allen möglichen Formen: Kathedralen, Blumen, gotischen Schlössern, maurischen Palästen, Blumengewinden, Sternen und Sonnen. Es war, als hätte sich unser ganzes Planetensystem hier gruppiert, um unserm armen Globus ein Fest zu bereiten. Irgendjemand hat mir gesagt, daß diese Illuminationen täglich hunderttausend Franken kosten.«

Dumas müßte nicht der bekannte Charmeur von der Seine sein, würde er nicht folgendes hinzufügen: »In dem erleuchteten länglichen Viereck spazieren so viele bewundernswert gewachsene Geschöpfe herum und fahren so viele wunderbare Schönheiten in Wagen langsam vorüber, daß ich es so ausdrücken möchte: Man nimmt die häßlichen weiblichen Wesen nur zur Kenntnis, weil sie auffallen.«

Wenige Schritte von hier in die kleine schräge Plaza de las Cortes hinein finden wir das Gebäude, das Spaniens Parlament, die Cortes Españolas, beherbergt. Am 23. Februar 1981 besetzten Einheiten der Guardia Civil das Parlament. Der Putschversuch wurde jedoch durch das besonnene Verhalten des spanischen Königs Juan Carlos I. vereitelt.

Wir stehen nun am Nordrand des sogenannten *Genieviertels*, wo mehrere an den Häusern angebrachte Plaketten an bedeutende Geister erinnern, die hier gelebt haben, die hier gestorben sind. Es kann es mit ähnlichen Stadtteilen in Rom (an der Spanischen Treppe) oder Sankt Petersburg (am Newsky-Prospekt) aufnehmen; auch dort hatten prominente Künstler und Wissenschaftler dicht beieinander ihre Domizile. Und ebenso weisen auch in Madrid Straßenschilder, auf Keramikplatten mit kolorierten Porträts, auf die Zelebritäten hin, die dem Viertel den Namen gegeben haben, die zugleich weltbekannte Vertreter des spanischen Siglo de Oro gewesen sind. In der Calle de Quevedo lesen wir an einem Haus an der Ecke der Calle de Lope de Vega, daß hier Francisco Quevedo y Villegas wohnte, jener Abenteurer und Duellant, dessen Satiren, ›Träume‹ betitelt, heute noch wegen ihrer besonderen Frische eine angenehme Lektüre sind. Das geistvolle Gesicht Quevedos hat Murillo festgehalten, die zwinkernden Augen des Poeten schauen durch eine Hornklammer, die Vorstufe des Zwickers im 17. Jahrhundert. In der Calle de Lope de Vega, Ecke Calle León, ist das Sterbehaus des Miguel de Cervantes; der Autor des ›Don Quijote‹ verließ diese Erde am gleichen Tag wie Shakespeare, am 23. April 1616. Beigesetzt wurde er im nahen Kloster de las Trinitarias.

In der Calle de Cervantes liegt die Casa de Lope de Vega, wo der berühmte Komödienschreiber lebte, dichtete und starb. Das Haus (Nr. 11) wurde nachträglich als Museum eingerichtet, ähnlich wie das Cervanteshaus in Alcalá de Henares. Zu dem Verfasser von 1500 Theaterstücken passen die

vielen Bände in Schweinsleder, die die Regale in seinem
Arbeitszimmer füllen. Das Haus stammt aus der Zeit und hat
nur einen Oberstock mit einem Eisenbalkon. Eigentümer von
Häusern mit mehr als einem Oberstock mußten eine Etage
für die Belange des Hofes abtreten, so daß die am Haus angebrachte Inschrift zutrifft: ›Parva propria magna/Magna alie-
na parva‹, ›Das kleine Eigene ist groß/Das fremde Große ist
klein‹. Der von Lope bedichtete Garten hinter dem Haus wird
noch gezeigt. Als Lope 1635 hier nach kurzer Krankheit
starb, war sein Ruhm gesichert. Das ganze Land trauerte.
Man widmete ihm eine Unmenge von Nekrologen, im Gegensatz zu Cervantes, dessen Ende kaum beachtet worden war.
Der Leichnam Lope de Vegas wurde auf dem Weg zur Kirche
San Sebastián am gleichen Kloster vorbeigetragen, in dem der
Rivale 19 Jahre zuvor gestorben war. Damals pflegte man
bereits bei etwas Außerordentlichem zu sagen: »Wie von
Lope!« Antonio de León Pinelo berichtet in seinen ›Anales de
Madrid‹, daß eine Frau den prächtigen Zug in Richtung San
Sebastián betrachtet habe, ohne zu wissen um wen es sich bei
dem Verstorbenen handelte. Sie habe ausgerufen: »Wie von
Lope!«

Im Prado

Am Paseo del Prado, der unser Ausgangspunkt zum Besuch
der östlichen Altstadt gewesen ist, liegt, von Atlaszedern
umgeben, das Gebäude des Prado, der größten Sehenswür-
digkeit von Madrid. Der Name erinnert wie das Wort ›Pra-
ter‹ an eine ehemalige Festwiese. Es handelt sich um Spaniens
bedeutendstes Museum und zugleich um eine der ersten
Sammlungen der Welt, in einem Atem zu nennen mit dem
Vatikanmuseum, den Uffizien, der Eremitage, dem Louvre,
dem Britischen Museum. Wie die genannten Sammlungen
auch, hat der Prado einen Vorteil, über den nicht jedes Welt-
museum verfügt: nämlich in einem Bau untergebracht zu
sein, der schon als solcher Beachtung verdient.

1785 hatte Karl III. den Architekten Juan de Villanueva
mit der Errichtung des Pradopalastes betraut, in der Absicht,
hier eine naturwissenschaftliche Sammlung unterzubringen.
Der langgestreckte Bau mit seinen Risaliten weist schon stark
klassizistische Züge auf, im Erdgeschoß durch Rundportale
und Figuren-Nischen, im Oberstock durch Blendsäulen
gegliedert. Ein Säulenportikus bildet den Haupteingang; darüber liegt eine Attika mit mythologischen Relieffiguren. Der
Eingang zum Hauptgeschoß ist heute an der nördlichen Stirnseite. Spaniens größte im Lande geborene Maler sind als
Denkmalfiguren vor dem Museumsbau aufgestellt. Velázquez vor dem Hauptportal, Goya und Murillo vor den Sei-
teneingängen. Man hat die unbekleidete Maja, in Bronze
nachgebildet, zu Füßen des Meisters aus Fuendetodos gebettet; als Skulptur werden ihre Reize arg vergröbert.

Die meisten Museen von heute sehen darauf, Lücken in
ihren Beständen zu füllen, um so Entwicklungen aufzuzeigen
und kontinuierliche Linien durchzuziehen. Diesen Ehrgeiz
hat der Prado nicht. Was er zeigt, haben kunstliebende
Könige und ihre mäzenatischen Günstlinge zusammengetragen, denen anzurechnen ist, daß sie bereits Instinkt für blei-
bende Werte besaßen. Natürlich, und das ist das Einmalige
am Prado, sind die großen Spanier vertreten wie nirgendwo.
Die Flamen bilden bei der spanisch-niederländischen Union
bis ins 17. Jahrhundert ein breites Spektrum, wobei allein die
Sammlung Isabellas der Katholischen über 490 Werke
umfaßt. Auch den Italienern der Renaissance begegnet man
reichlich, angeführt von Tizian, und das ist aus der Beziehung
des Venezianers zu Karl V. erklärlich. Französische, deutsche
und englische Kunst sind im Prado nur spärlich vertreten,
desgleichen findet man wenig spanisches Mittelalter, das man
vollständiger in Barcelona erlebt. Das 19. Jahrhundert der
nachklassizistischen Epoche fehlt ebenso wie die Moderne.

Hatte sich bereits Karl V. der königlichen Sammlung in
Madrid angenommen, so eiferten ihm die anderen spanischen
Habsburger rühmlich nach. Philipp II. kaufte in großem Stil

Bilder an und zog El Greco an den Hof, wenn auch mit Vorbehalten und nicht für dauernd. Philipps III. Neigungen galten Festen und Gelagen, aber der ihn beherrschende Graf
Lerma hat, so wenig beliebt er gewesen ist, immerhin Aufträge an Rubens erteilt, zudem eine ›Verkündigung‹ des Meisters von San Marco in Florenz, des Fra Angelico, erworben.
Philipp IV. machte sich dadurch als Kunstförderer unsterblich, daß er Velázquez erkannte, ihn zum Hofmaler und San-
tiagoritter erhob. Dieser Monarch ersteigerte auch nach der
Enthauptung des englischen Stuartkönigs Charles I. dessen
wertvolle Kollektion, darunter die großformatigen Bildnisse
des selbstbewußten Monarchen aus der Hand van Dycks, die
nun ebenfalls im Prado hängen.

Hatte Italien im 15., Deutschland im 16. Jahrhundert seine
Blüte, so erlebte Spanien im darauffolgenden Säkulum sein
goldenes Zeitalter der Kunst, und dies hat in der königlichen
Sammlung seinen Niederschlag gefunden. Nach einer Periode
der Verflachung erlebte die spanische Malerei unter Mengs,
Bayeu und Goya einen neuen Aufschwung, wobei wiederum
ein König als Auftraggeber und Sammler zu nennen ist, der
schwächliche, geistig wenig bewegliche Sohn des ›ersten Bürgermeisters von Madrid‹, Karl IV., der aber doch in einer Hinsicht größere Verdienste hatte als mancher erfolgreiche Staa-
tenlenker, Feldherr, Politiker – indem er ein Genie wie Goya
an sich zog und dessen Bilder erwarb. Der Prado besitzt 115
Gemälde des Meisters und die Mehrzahl seiner Zeichnungen.

Die erste öffentliche Zurschaustellung der Madrider Be-
stände erfolgte während des napoleonischen Zwischenspiels.
Napoleons Bruder Joseph erwies sich wie der Kaiser der
Franzosen selbst als Kunstliebhaber und trug sich als spani-
scher König mit dem Gedanken einer Museumsgründung.
Was modisch in der Luft lag, verwirklichte nach der Restau-
ration Ferdinand VII., indem er dem königlichen Kunstbesitz
eine würdige Behausung besorgte, eben das auf Geheiß seines
Großvaters erbaute Pradogebäude. Wie die Sächsin Maria
Amalia ihren Gemahl Karl III. zu kunstfördernden Taten

angespornt hatte, so war der eigentliche Spiritus rector der
Prado-Gründung abermals eine Frau: Ferdinands portugiesische Gemahlin Isabella von Braganza. Bernardo López hat
die Königin gemalt; im Empire-Kostüm steht sie vor einem
Tisch mit Bauzeichnungen und -skizzen und weist mit der
einen Hand zum Fenster hinaus auf den im Hintergrund
sichtbaren Museumsbau.

Der Prado verfügt über drei Ausstellungsebenen, deren mittlere (Planta principal) die Hauptschätze beherbergt. Die hier
versammelten Namen von Weltruhm finden kaum ein Ende.
Unter den *flämischen Beiträgen* nimmt Rogier van der Wey-
dens ›Kreuzabnahme‹, ein Altarwerk aus der Endphase der
Gotik, einen führenden Platz ein. Das 1438 für die Kapelle
der Armbrusthersteller in der Kirche Notre-Dame des Vic-
toires in Löwen geschaffene Bild hatte in den Niederlanden
und in Spanien große Schule gemacht, zumal sich in der Figurengruppe ein Körpergefühl und eine Wirklichkeitsschau
offenbaren, die schon der Renaissance angehören. In Spanien
nannte man das Werk ›die Triumphpforte der niederländischen Malerei‹. Daß Hieronymus Bosch mit einem ansehnlichen Teil seines Œuvres vertreten ist, dankt man Philipps II.
Vorliebe für diesen Meister und dessen apokalyptische Jen-
seitsvisionen, die noch ganz der mittelalterlichen Inferno-
Vorstellung entsprechen; zumal die Höllenwiedergabe auf
dem Triptychon ›Der Garten der Lüste‹ eine Ausgeburt an
Spukphantasie ist. Von Bosch zu Dalí ist es nicht weit. Darüber hinaus sehen wir von dem in Aachen geborenen Maler die
›Sieben Todsünden‹, die ›Steinoperation‹, den ›Heuwagen‹,
von dem ihm verwandten Pieter Breughel den ›Triumph des
Todes‹. Auch verfügt der Prado über eines der vielen Rem-
brandtschen Selbstbildnisse.

So zahlenmäßig gering der *deutsche Anteil* in der Madrider Sammlung ist, so gewichtig erscheint er uns von der Sub-
stanz her. Neben einem noch jugendlichen Selbstbildnis
Dürers – der Künstler legt entschiedenen Wert auf sorgfältige

Toilette – trifft man auf die lebensgroße Darstellung von
Adam und Eva aus dem Jahre 1507, mit die frühesten Akt-
bilder nördlich der Alpen, ein wenig altfränkisch neben italienischen Vorbildern und doch von diesen inspiriert, gemalt zu
einem Zeitpunkt, an dem Dürer allenfalls flüchtige Studien in
Nürnberger Badstuben betreiben konnte und noch nicht wie
die Italiener eigentliche Modelle besaß. Nicht sinnliche Ausstrahlung, sondern Beseelung geben dem Bild seinen Rang.
Dem Meister des Freiburger Altars, Hans Baldung Grien,
begegnen wir im Prado mit seinen ›Drei Lebensaltern‹, denen
sich als Memento mori der Knochenmann beigesellt. Als
höfisches Zeitdokument ist ein Bild von Lucas Cranach zu
werten, das eine fürstliche Hirschtreibjagd in Torgau festhält.

Unter den *Italienern* nimmt eine Madonna Leonardos den
ersten Platz ein; die zerfließenden Umrisse der Darstellung,
die einen eigenen kleinen Raum beansprucht, entsprechen
dem ›sfumato‹ der Florentiner Renaissance. Raffaels jugend-
licher ›Kardinal‹ ist in asketischer Strenge ganz in Purpur
gehalten. Caravaggios raumfüllende Gruppe ›David und
Goliath‹, Mantegnas ›Marientod‹ mit weitem Landschaftshintergrund, Tiepolos, des Barockillusionisten, ›Hostientra-
gender Engel‹ vertreten ebenfalls erstrangig jenes Land, dem
die spanische Kunst neben den Niederländern so viel verdankt. Von Antonello da Messina, dessen Hauptwerke wir in
seiner Heimatstadt bewundern, besitzt der Prado einen Christus, den ein farbig gefiederter Putto zärtlich umfangen hält.
Werke Veroneses, der italienische Gegenstücke zur spanischen Grandezza schuf, hängen in zwei repräsentativen
Sälen; die Körper von ›Venus und Adonis‹ nehmen die
Lichtreflexe des Laubwerks auf. Der Venezianer Tintoretto
wird vor allem durch die riesige ›Fußwaschung Christi‹ in
prächtiger Renaissance-Kulisse und mit einem in die Tiefe
stoßenden Fluchtpunkt vorgestellt. Auf Tintorettos ›Joseph
und Potiphars Weib‹ lagert die Verführerin zwischen schweren, halb aufgezogenen karminroten Samtvorhängen. Wände
und Decke im Stil der Renaissance neigen sich um 45 Grad.

Damit wollte der Maler die perspektivische Verzerrung durch die schräge Aufhängung des Bildes ausgleichen. Dann sei auf vier Tafeln Botticellis hingewiesen, ein erst in jüngerer Zeit vom Prado erworbener Zyklus, der märchenhafte Motive aus einer ›Decamerone‹-Novelle Boccaccios, der 8. Geschichte des 5. Tages, vermittelt: Nostagio degli Onesti bewirbt sich vergeblich um die Liebe einer Dame aus dem Hause Traversari. Nachdem er in Chiassi erlebt hat, wie ein Mädchen von einem Ritter gejagt und zwei Hunden zum Fraß vorgeworfen wird, lädt er die Dame samt Familie zum Festmahl an jenen Ort ein, worauf der Anblick des zerfleischten Mädchens die Spröde aus Angst vor einem ähnlichen Schicksal umstimmt, so daß sie Nostagio zum Manne nimmt. Die Geschichte der Lehre, die ein abgewiesener Liebhaber seiner spröden Geliebten erteilt, ist unter Pinien ausgebreitet.

Einen leicht lasziven Rückenakt (auch dieser sollte unter Karl III. vernichtet werden) schuf auf dem Bild ›Lot und seine Töchter‹ ein Maler, der später Priester wurde: der Florentiner Francisco Furini. Er fertigte die alttestamentliche Szene im Auftrag des habsburgischen Kaisers Ferdinand II. an.

Seinen unvergleichlichen Rang hat der Prado in dem *spanischen Beitrag*. Bei Kenntnis der spanischen Landschaft und Volksseele wird das Außerordentliche dieser oft harten und dunklen Kunst erst eigentlich verständlich, die Plastizität und vereiste Leidenschaftlichkeit, die mystische Versenkung und Schmerzbereitschaft, daneben Sinn für Dekor, Repräsentation, Feierlichkeit und Etikette, die gesammelte Selbstbeherrschung ungeachtet des ›Más‹, des ›Mehr‹ der Gegenreformation in Askese und Ekstase, das dem altgriechischen ›Maß‹ entgegensteht. Spaniens Siglo de Oro ist gekennzeichnet durch kalte Glut und, was die Form betrifft, schwermütigen Kolorismus, mit wenig heiteren Akzenten. In ihrer Direktheit springen uns viele Bilder an, wie später nur noch die Malerei des revolutionären Mexiko, das ja seine spanischen Wurzeln hat.

Ein Meister, der wie kaum ein anderer dieses spezifisch Spanische festhält, ist Francisco Zurbarán aus Extremadura, der in Sevilla lernte und hauptsächlich Mönche und – sehr weltliche – Santas malte. Lützeler hat Zurbarán den »Schilderer des harten, strengen Klosterlebens aus dem trockenglühenden Geist seiner Heimat« genannt. In Cádiz hängen die großartigsten Kompositionen des Malers, in Mondlicht getauchte Klosterbrüder, Kartäuser in weißen Kutten, mit scharfen, durch Reflexe erhellten Schatten. Die Anhänger des aus Köln stammenden heiligen Bruno sind nicht nur spirituell gesehen, sie sind auch realistisch gestaltete Männer aus dem Volk.

Der Prado hingegen besitzt die schönsten, elegantesten Frauenbildnisse Zurbaráns, zwar Heilige auch sie, aber doch diesseitig in ihrer spanisch-superben Haltung, in ihrem rauschenden Taft, mit ihrem minutiös ausgemalten Schmuck. Santa Casilda hält Rosen im geschürzten goldfarbenen Rock; die maurische Königstochter aus Toledo – Zurbarán setzte ihr eine Krone aufs Haupt – half im 11. Jahrhundert christlichen Gefangenen, ließ sich taufen und beschloß ihr Leben bei Burgos als Eremitin. Ein gänzlich anderes Maler-Naturell ist José de Ribera, der in der Hell-Dunkel-Technik der Schule von Valencia und mit dem Hang zu einem erbarmungslosen Realismus das ›Martyrium des San Bartolomé‹ schildert; der helle Körper des Gemarterten durchschneidet diagonal das Bild. Von Murillo ist in der ›Inmaculada‹, der ›Unbefleckten‹, jener süßliche Stil vertreten, der das vorige Jahrhundert in Rührung versetzte. Als straffer und wesentlicher empfinden wir heute einen anderen Murillo, den Meister des in blauem Kostüm hart auf die Leinwand gebannten ›Caballero de Golilla‹.

Maler am Hof

Die spanische Abteilung des Prado gewinnt uns dort erhöhtes Interesse ab, wo sich Kunst mit Geschichte verbindet: in den Gemälden der Hofmaler oder der zeitweise an den Hof gezogenen Künstler. Sie haben das Spanien ihrer Zeit, namentlich des Siglo de Oro, hautnah festgehalten. Die im Bilde Dargestellten schauen uns an, als lebten sie heute. Ihre Umwelt hat der Pinsel mit größter Genauigkeit registriert, so daß uns nichts aus dem Ambiente der habsburgischen und bourbonischen Dynastien entgeht, und es bedarf keiner Anstrengung, sich in ihre Welt zu versetzen. Näher als die meisten ihrer Zeitgenossen blicken wir in ihre Gesichter, in ihre Gemächer. Keine Ahnengalerie vermochte abgedankte Geschlechter so unmittelbar zu verewigen.

Als Prolog eines Ganges durch die spanischen Königshäuser des 16. bis 19. Jahrhunderts steht inmitten der Rotunde, bei der die Saalflucht der Spanier beginnt, Pompeo Leonis Bronzebild Karls v., renaissancehaft idealisiert, mit herkulischer Gestik, die ihm nicht eigen war, und muskulösen Waden, die er nicht hatte. Kein Hofmaler, aber doch ein ›Maler am Hof‹ ist mit dem Namen des fünften Karl eng verbunden: Tizian. Der Kaiser, »in dessen Reich die Sonne nicht unterging«, wußte um seinen künstlerischen Rang und achtete seine Persönlichkeit so hoch, daß er ihn zum Grafen des Lateranpalastes und zum Rat der kaiserlichen Aula machte. Als Tizian einmal ein Pinsel niederfiel, bückte sich der Kaiser und hob ihn auf. Einem Edelmann, der sich darüber verwunderte, entgegnete Karl unwillig: »Aus einem Maler kann ich jederzeit einen Adligen machen, aber aus einem Adligen keinen Maler.«

Das wichtigste Bild des Tiziano Vecelli, das heute im Prado hängt, ist das heroisch-tragische Reiterbildnis des Kaisers auf dem Schlachtfeld von Mühlberg, wo er die protestantischen Fürsten besiegte, gemalt 1548 im kaiserlichen Hoflager von Augsburg. Den mäzenatischen Aufträgen Karls an den Maler verdankt der Prado heute noch viele andere weltbekannte Tizianos, so die ›Venus mit dem Orgelspieler‹, ›Danae‹, ›Das Venusfest‹. Die anmutig-blonde ›Salome‹ ist, wie bekannt, niemand anderes als des Künstlers Tochter Lavinia. Die Komposition ›Spanien kommt der Religion zu Hilfe‹ zeigt an, wie sehr sich der Maler in die himmlisch-irdische Synthese des spanischen Staatsbewußtseins hineingedacht hat. Auf dem Bild ›Gloria‹ kniet der Kaiser im Totenhemd auf einer Wolkenstufe und blickt verklärt zur Trinität auf; zugleich erscheint er im Hintergrund in der Reihe der Heiligen und Seligen. Auf seinem Weg zur letzten Lebensstation, dem Kloster San Yuste, hat das Bild den Kaiser begleitet.

Tizian hat auch den Infanten von Asturias gemalt, den Thronfolger Philipp, als dieser 1551 in Augsburg weilte. Das ganzfigürliche Porträt zeigt einen verschlossenen, blassen, jungen Grandseigneur im Prunkpanzer, blauäugig, mit schütterem blondem Bart. Die spätere Natur dieses Habsburgers, vor dem die Welt zittern sollte, ist erst in nuce erkennbar. Die Vorliebe für die Kunst hat der Infant und spätere König von seinem Vater übernommen. Von 1555 bis 1562 malte Tizian für ihn eine Reihe von Mythologien. An seinem Hof arbeiteten Antonio Moro und Alonso Sánchez Coello. Moro war von Hause aus Holländer (Anthonis van Dashorst Mor); wir verdanken ihm das im Prado hängende einprägsamste Bild der verhärmten und mißlaunigen englischen Königin Maria I., der Tochter Heinrichs VIII. aus seiner Ehe mit Katharina von Aragón. Sie war bekanntlich die zweite Gemahlin Philipps II. und ging durch ihr eiferndes und grausames Bemühen, den Katholizismus in England wieder einzuführen, als ›die Blutige‹ in die Geschichte ein.

Coello war Moros Schüler. Sein Bildnis der Infantin Isabella Clara, der Tochter des Königs, nimmt im Stil Velázquez vorweg. Doch historisch bedeutsamer ist das von Coello stammende zuverlässigste Porträt des problematischen Infanten Don Carlos, in dessen Welt Schiller seine aufbrechenden Ideen von Freiheit und Menschenwürde ansiedelte.

Don Carlos

Der geschichtliche Don Carlos wäre den Ansprüchen des Dichters nicht gerecht geworden. Er war eine armselige Kreatur, Produkt vieler Inzeste, der Verbindungen des spanischen Königshauses mit den Wiener Habsburgern und den portugiesischen Avis. Das Erbe der Urgroßmutter, Johannas der Wahnsinnigen, machte sich verhängnisvoll bemerkbar. Carlos' Mutter starb im Alter von 18 Jahren, Ammen und Hofdamen zogen den Infanten auf, der an Rachitis litt. Der Vater war fern. Den Großvater Karl v. sah er nur einmal als Elfjähriger, als der alternde Monarch sich nach San Yuste zurückzog. Der Hauslehrer Honorato Juan, dem man den Prinzen nun übergab, beklagte sich über mangelnde Leistungen.

Anfälle von Hysterie, ja Sadismus machten sich früh bemerkbar. Es wird von der Forderung des Infanten berichtet, daß ein Page, über den er sich geärgert hatte, gehängt werde. Um dem Prinzen Genüge zu tun, inszenierte man eine fingierte Hinrichtung mit einer Puppe – wohl alles andere als ein weiser Erziehungsakt. Belegt ist auch, daß Don Carlos Tiere quälte: Kaninchen röstete er lebendig, Hasen zerriß er, einer Schildkröte biß er den Kopf ab.

Der Infant sollte die Wiener Kaisertochter heiraten – wiederum Inzucht! Der österreichische Gesandte Adam von Dietrichstein beobachtete dieses Heiratsplanes wegen im Geheimauftrag Philipps fragwürdigen Sohn. In seinem Rapport schilderte er Carlos als schmalbrüstig und verwachsen, er besitze »gegen den Magen zu ein Puckele«. Das linke Bein des blassen Jünglings sei etwas verkürzt (dieser Eindruck konnte auch durch die verschiedene Schulterhöhe bedingt sein). Er habe Sprachstörungen. Und man nehme an – für eine dynastische Verbindung verhängnisvoll –, er sei zeugungsunfähig.

Als Don Carlos den Oberbefehl in den Niederlanden übernehmen wollte, verweigerte ihm dies der König – eines der wenigen Fakten, die mit Schillers Drama übereinstimmen.

Carlos wollte fliehen. Sein Beichtvater meldete es Philipp, der seinen Sohn sofort im Madrider Schloß gefangensetzen ließ. Den Höfen Europas ließ der Monarch folgende Begründung zukommen: »Ich habe es mit meinem Gewissen und mit meinen Pflichten als König nicht mehr vereinbaren können, den Infanten in Freiheit zu belassen. Die Ursachen sind derart, daß mit einer Besserung nach menschlichem Ermessen nicht zu rechnen ist. Die Gefühle des Vaters haben vor den Erwägungen für das Wohl des Volkes in den Hintergrund zu treten.«

1569 starb der Infant 23jährig. Das Bildnis Coellos im Prado zeigt das Hysterisch-Unstete und zugleich Dumpfe im Antlitz des Jünglings, der das größte Reich seiner Epoche hätte erben sollen. Im Gegensatz zu seiner wenig imponierenden Physis steht die golddurchwirkte Hoftracht, das federgeschmückte Barett, der pelzverbrämte spanische Mantel. Überbetont erscheint – und dies entspricht der Mode der Renaissance – das Geschlecht des jungen Mannes – nach dem, was man vermutete, ein Fall von ungewollter Ironie.

Den Rang eines Hofmalers hat ein anderer nie gewonnen, der Moro und Coello bei weitem überragt: Domenikos Theotokópulos aus Kreta, der nach venezianischer Schulung ein lebenslanges Malerdasein in Spanien geführt hat, dessen langgezogene Figuren in ihrer erregten Gebärdensprache Flammen gleichen, der, obwohl Grieche, in seiner Unruhe zu Gott spanischer war als der im Lande geborene, gemessene Velázquez. Die Werke des in Toledo heimisch gewordenen Griechen sind über ganz Spanien verbreitet; natürlich besitzt auch der Prado eine große Zahl davon, die manieristische ›Anbetung der Hirten‹ etwa oder den betenden ›Julián Romero‹, ganz in Weiß, nicht zu vergessen den ›Caballero mit der Hand auf der Brust‹; weiße Spitzen rahmen das strenge Haupt ebenso ein wie die Hand; vom Degen ist gerade nur der vergoldete Griff ins Bild gebracht. Greco fand keinen Anklang beim Hof; er blieb in Toledo.

Der Sevillaner Velázquez wird im Prado gleich einem Maler-könig eigens herausgehoben, sein Werk in den ihm gewidmeten Sälen geradezu zelebriert. ›Las Meninas‹, die Picasso – wie wir im Museum des Meisters in Barcelona sehen können – kreativ verfremdete, haben einen eigenen kleinen Raum, der immer vollgedrängt ist von Besuchern aus aller Welt. Die ›Spinnerinnen‹ des Malers, der mit 24 Jahren nach Madrid gekommen und Madrileño geworden ist, sind das erste ›Industriebild‹, lange vor Menzel und Liebermann. Der Meister gewann seine Eindrücke in der Gobelinmanufaktur von Santa Isabel in Madrid.

Velázquez war der Hofmaler Philipps IV., der den Künstler hochgeschätzt hat und sich gleich sechsmal von ihm malen ließ: zu Pferd mit altrosa Generalsschärpe, als Jäger, in spanischer Hoftracht, zweimal als Brustbild, immer mit dem für den König typischen hochgezwirbelten Schnurrbart, und als Jugendbild. Auch die Königin Mariana de Austria, die Infantin Margarita, der Infant Baltasar Carlos stellten sich der Kunst des Hofmalers, dieser als lieblicher Knabe mit Büchse und in graugrüner Guadarrama-Landschaft auf einem ungewöhnlich dickleibigen Roß dahersprengend (war das Modell ausgestopft oder eine damals gezüchtete Rasse?). In ähnlicher Reiterpose sprengt auf einem andern Bild des Königs Günstling übers Feld, der spitzbärtige, eitle General Olivarez, dem Philipp IV. blind vertraute, wie vor ihm sein Vater sich von Graf Lerma führen ließ.

Natürlich wird immer ein besonderer Anziehungspunkt der Velázquez-Säle die ›Übergabe von Breda‹ bleiben, ein Bild, das man gewöhnlich als ›Las Lanzas‹, ›Die Lanzen‹, bezeichnet. Denn die siegreichen Spanier rechts im Bild sind mit einem Wald senkrecht aufgerichteter Lanzen dargestellt – siegreich bei der Belagerung in einem Krieg, in dem sie schließlich unterliegen sollten. Die kapitulierenden Niederländer, denen die gegenüberliegende Seite des Bildes einge-

räumt ist, sind dem Betrachter näher gerückt und darum
geringer an Zahl. Ihre zwei Fähnlein und zwei Hellebarden
gegenüber dem Wald von Lanzen zeigen ebenfalls ihre Unter-
legenheit. Scharf zeichnet sich die dunkle Profilsilhouette
eines Trommelbuben vom weißen Wams eines anderen ab.
Die Szene der Humanitas in der Mitte ist nur zu bekannt: Der
siegreiche Spinola legt dem besiegten Justinus von Nassau,
der die Schlüssel der Festung überreicht, mitfühlend die
gepanzerte Hand auf die Schulter.

Derselbe Vorgang ist von einem unbekannten Künstler
ebenfalls im Bilde festgehalten; es hängt auch im Prado, eines
der damaligen dutzendfach verbreiteten, üblichen Klischees
der Kriegsmalerei. Daß Velázquez' Ingenium bei seiner Wiedergabe des historischen Augenblicks etwas Neues, nur ihm
Eigenes eingefallen ist, erkannte auch Ortega y Gasset. »Über
der Gruppe zur Rechten«, so beschrieb er die kompositori-
sche Idee, »starren 28 Lanzen, die man damals in Spanien
Picas nannte, alle aufrecht. Ein ungewöhnlich kühner Einfall
– eine solche Anhäufung lotrechter Linien! Und doch sind es
gerade die Lanzen, von denen das Bild lebt. Sie sind wesentlich für den Eindruck der Ruhe dieser bewegten Szene: sie
nageln sozusagen die Überfülle der Bewegung fest.«

Die von Velázquez im Bild geschilderte Einnahme von
Breda war ein Glied in den spanischen Bemühungen, bei den
leeren Kassen des Hofes und dem Fiasko der Volkswirtschaft
unter Philipp IV. die reichen niederländischen Provinzen für
das Königreich zu retten. Aber trotz dieses Erfolges der Spanier konnten die Niederlande mit Glück ihren Krieg gegen
Spanien fortführen, und am Ende stand nach 80jährigem
Ringen mit dem Frieden von Münster die Anerkenntnis der
Unabhängigkeit Hollands.

Der spanische Feldherr hatte Jahre vor dem Fall von Breda
seine Truppen in den Auseinandersetzungen des Dreißig-
jährigen Krieges geführt. Die österreichisch-spanische Allianz
der Habsburger hatte Spanien kein Glück gebracht. Die
großen Truppenkontingente, die nach Deutschland geworfen

wurden, um dort auf der Seite der Katholischen Liga gegen
die Protestantische Union zu kämpfen, zehrten an der Volks-
kraft und an den Staatsfinanzen. Der Versuch, die Hegemo-
niepolitik eines Philipp II. wieder aufzunehmen, schlug letzten Endes fehl. Aber die Spanier waren in diesem Krieg ein
feststehender, furchterregender Begriff. Nach der Eroberung
von Wesel und einem Scheinfrieden, den 1614 der Xantener
Vertrag herbeigeführt hatte, fiel Spinola 1620 in die Pfalz ein,
die er schrecklich verwüstete – der gleiche, der sich auf unserem Bild so ritterlich dem unterlegenen Feind entgegenbeugt.

Das künstlerische Verhältnis des Madrider Hofs zu den
Niederländern war stets erfreulicher als das politische. Der
flämische Einfluß auf die spanische Malerei von der Zeit Phil-
ipps II. bis zu der Philipps IV. hielt an; Niederländer arbeite-
ten für die Habsburger-Könige, so Peter Paul Rubens, der
Philipp II. im Auftrag des Nachfolgers zu Pferd porträtierte,
den schmalrandigen hohen Hut auf dem Haupt, das zu
bekränzen ein Putto herniederschwebt, im Hintergrund
Schlachtgewühl, das der König, der seine Kriege vom
Schreibtisch aus zu lenken pflegte, praktisch nie gesehen hat.
Viele Hauptwerke Rubens' sind im Besitz des Prado, so ›Die
Drei Grazien‹, die ›Befreiung Andromedas‹, das ›Urteil des
Paris‹, die Darstellung nackter üppiger Schönheiten mit blondem Haar, die Mengs vor dem Purismus Karls III. gerettet
hat. Indem man auch eine ›Maria von Medici‹ des Antwer-
pener Meisters entdeckt, denkt man an die Apotheose der
Gemahlin Heinrichs IV., die Rubens in einer prächtigen Bil-
derfolge für den Luxembourg-Palast in Paris gemalt hat und
die heute im Louvre hängt.

Philipp IV., dessen Familie uns im Prado durch den meisterlichen Pinsel des Velázquez so lebendig vors Auge tritt,
war einer der Aufkäufer des Rubensschen Werkes. Sein über-
züchtetes Antlitz vergißt man nicht so schnell. Er schwankte
stets zwischen Sinnenfreude und frömmelnder Selbstbeschul-
digung, hatte dreißig illegitime Kinder und schrieb daneben
›Schuldbekenntnisse‹, Episteln, die er der Nonne María de

Jesús aus Agreda widmete, mit der er in vertraulicher Korrespondenz stand. Die Nonne erteilte dem König ungeniert moralische Lehren; er möge mehr Aufmerksamkeit auf die Königin richten und nicht »auf sonstige fremde Dinge«.

Der letzte Habsburger

Degeneration und Inzucht ließen sich nicht mehr aufhalten. Der Sohn Philipps IV. aus seiner späten Ehe mit der Habsburger-Nichte Marianne, Karl II., konnte seinen Herrscherpflichten auch im bescheidensten Ausmaß nicht mehr genügen, lernte er doch nie normal sprechen und essen. Bei keinem Habsburger in Wien oder Madrid ist die sprichwörtliche Unterlippe auffälliger und häßlicher ausgeprägt. Die beiden Darstellungen, über die der Prado verfügt, unternehmen den Versuch, den König zum Heros aufzuwerten: Lorenzo Bernini zeigt ihn in Bronze auf einem sich kühn aufbäumenden Roß, im Sinne des Reiterdenkmals seines Vaters auf der Plaza de Oriente; Karl in antiker Rüstung trägt eine Allongeperücke. Luca Giordano bannt den Schwächling sogar als hochgemuten Türkensieger auf die Leinwand; die Moslems stieben vor ihm auseinander.

Um die Habsburger Linie fortzusetzen, traute man dieser Ausgeburt des Fin de rasse eine lebenslustige Prinzessin an, Marie Louise von Orléans. Weder diese noch ihre Nachfolgerin Maria Anna von Pfalz-Neuburg konnten erzielen, was nicht zu erzielen war: den Kronprinzen. Und während der König dahinsiechte, begann bereits das Gerangel um die Erbschaft der spanischen Krone. Der österreichischen Partei, an ihrer Spitze die Königinmutter, stand die französische gegenüber, deren Vertreter in Spanien der Kardinal-Erzbischof von Toledo, Portocarrero, war. Als Beichtvater Karls hatte er den geheimen Auftrag, dem König einzuimpfen, daß er in Sünde sterbe, wenn er nicht Philipp, den Herzog von Anjou und Enkel Ludwigs XIV., als seinen Nachfolger deklariere.

Der ausnehmend bigotte König, in seinem Zimmer umgeben von Dutzenden von Reliquien, bei dem immer zwei Mönche schlafen mußten, gab der Einflüsterung nach. Das so zustande gekommene Testament sollte nach seinem Tode zum Spanischen Erbfolgekrieg führen. 1700 starb er 39jährig. Zu Ende war die Herrschaft des Hauses Habsburg, zu Ende die zeitweise herbeigeführte Einheit der Halbinsel, Spaniens Hegemonie in Europa und der Führungsanspruch der Una Sancta.

Die Geschichte der spanischen Herrscher, die sich so anschaulich in den Sälen des Prado darstellt, hat auch unter den Bourbonen ihren bedeutenden künstlerischen Niederschlag gefunden, für den der Name Goya stellvertretend für andere Namen steht. Der Vorläufer der Moderne füllt viele Räume dieses außerordentlichen Museums, mit den Entwürfen für die Tapisserien in den Königsschlössern, mit den Porträts des Herrscherhauses und der Großen am Hof, mit den beiden ›Majas‹ – sie ziehen immer neue Ströme von Besuchern und Bewunderern aus aller Welt an. Hunderte von Zeichnungen, darunter die zu seinen berühmtesten Radierzyklen, sowie seine gesamte Druckgraphik sind ausgestellt. Vor allem aber steht man betroffen vor den Wandbildern der einstigen Casa del Sordo, den Schrecken, Abgründen und Ängsten, die lange vor Ensor und Max Ernst, im Zeitalter des ausgehenden Empire, zu schaurigen Visionen verdichtet sind. Dokumentation des unterdrückten Volks, des Hofs mit seiner splendiden Kleidertracht und Etikette, der französischen Okkupanten und der Kriegsleiden des spanischen Widerstands – all dies beinhaltet das weitgespannte, spannungsreiche Werk des Bauernsohns von Fuendetodos.

Im Prado hängt auch eines der berühmtesten Hofbilder, die Darstellung der königlichen Familie, und wie Velázquez auf dem Gemälde ›Las Meninas‹ hat sich auch Goya vor der Staffelei selber mit ins Bild gebracht. Realistisch wiedergegeben sind auf dem bourbonischen Familienbild, das im Frühjahr

1800 in Aranjuez entstand, Don Carlos María Isidro (Karl V. im ersten Carlistenkrieg), Fernando, Principe de Asturias (der spätere König Ferdinand VII.), Doña María Josefa, die Schwester des Königs, neben ihr eine junge Frau, die sich nicht identifizieren läßt, die Königin mit ihren Kindern María Isabel und Don Francisco (dieser in Scharlachrot), der König, sein Bruder Don Antonio, sodann Doña Carlota Joaquina, die als portugiesische Königin später nach Rio de Janeiro fliehen mußte – ihr Sohn Don Pedro war der erste Kaiser eines selbständigen Brasilien –, Don Luis de Borbón, König des von Napoleon geschaffenen Etrurien, und dessen Gemahlin María Luisa sowie beider halbjähriger Sohn Carlos Luis.

Hofmaler und Revolutionär

Franciso Goya y Lucientes trug außer dem Namen seines Vaters José Goya, Vergolder in Saragossa, nach spanischem Brauch auch den Namen seiner Mutter Engracia Lucientes. Da sie bei Fuendetodos ein Stück Land besaß, waren die Eltern nach der Heirat dorthin gezogen. Doch schon nach drei Jahren kehrt man nach Saragossa zurück, wo der Vater in der Calle de la Morería sein Vergoldergewerbe wieder aufnimmt. Als Zögling der Geistlichkeit zeigt Francisco erstes Kunstinteresse. Durch Empfehlung des Conde de Fuentes wird er Schüler des bedeutendsten Kunstlehrers der Stadt, José Luzan y Martinez. Als Luzans Schüler malt er in seinem Geburtsort die Madonna-Pilar und den Vorhang über dem Altar so verblüffend real, als stamme er von dem Griechen Zeuxis, dessen gemalte Stoffe man in der Antike für echte hielt. Goya hat freilich über diese Jugendarbeiten später den Kopf geschüttelt. In Saragossa will er den Frauen imponieren, ein lebenslanger Hang, der auf Erwiderung stößt. Die Laute, den Degen, die Espada beherrscht er virtuos. Wegen eines Abenteuers muß er Saragossa verlassen – zu seinem Glück.

Denn Madrid, wo er 1766 anlangt, bietet seinem Temperament andere Chancen. Um in die Akademie von San Fernando, das renommierteste Kunstinstitut, eintreten zu können, beteiligt er sich an einem Wettbewerb. Die Aufgabe lautet: innerhalb von zwei Stunden ad hoc ein Bild zu malen. Das gestellte Thema: ›In Sehweite der spanischen Armee verhandeln in Italien Juan de Urbina und Diego de Parades, wer von ihnen die Waffen des Marchese di Pescara erhalten soll‹. Goya unterliegt. Und doch war die Teilnahme für ihn ein Vorteil, denn er gewinnt die Sympathie des Schiedsrichters Francisco Bayeu y Subias, dessen Schüler er wird. Durch Bayeu gelangt er in den Kreis des Hofmalers Anton Raphael Mengs, der aus Aussig in Böhmen stammt, die Antike verehrt und als Präzeptor spanischer Kunst dem jungen Goya die Wege ebnet.

Wegen eines Streites, der Ärgernis erregt, muß Francisco auch aus Madrid weichen; sein Ziel ist diesmal Rom. Bar jedes Reisegelds, schließt er sich Stierkämpfern an, nimmt an ihren blutigen Auftritten in Provinzarenen teil und schifft sich in Andalusien nach Italien ein. In Rom widmet er sich, oft in Händel verstrickt, dem Spiel und der Liebe und wird schließlich wegen einer Entführungs-Aventura (und auch noch in einem Kloster!) aus dem Kirchenstaat ausgewiesen. Er kehrt, diesmal auf dem Landweg, nach Spanien zurück, ermuntert durch einen Preis, den er unterwegs in Parma erhält.

Dann sehen wir ihn wieder in Saragossa, dem er zeitlebens eine große Anhänglichkeit bewahrt. Abermals durch die Fürsprache Bayeus erhält er den Auftrag für einen Teil der Fresken der Kathedrale San Pilar. Drei Jahre steht er auf den Gerüsten, doch religiöse Themen sind Goyas Sache nicht, die innere Beteiligung fehlt, so bei dem ›Christus am Kreuz‹, der heute im Prado hängt. Groß gesehen ist allerdings die ›Marienvermählung‹, die Goya für die Kartause Aula Dei bei Saragossa malt, doch auch diese mehr weltlich in der Grandezza der Haltung, der Eleganz der Gewandfalten, die in ihrem Licht-Schatten-Spiel an Zurbarán erinnern. Theatralisch hängt ein Gobelin über der Szene, die der Kulisse entbehrt.

Um jene Zeit vermählt sich Goya mit Bayeus Schwester Josefa, verläßt Aragón, um nach Madrid zu ziehen, in die

Carrera de San Jerónimo 66. Josefa gebiert im Verlauf der Ehe 20 Kinder. Doch Goya bleibt trotz seiner Anhänglichkeit ein Libertin, der sich ebenso im Boudoir wie im Zigeunerlager auskennt. Es gelingt ihm, in die Hofschicht einzudringen und – erneut ist Bayeu im Spiel – den Auftrag zu erhalten, für die Königliche Gobelinmanufaktur in Santa Bárbara bei Madrid Entwürfe zu liefern, die Volksszenen festhalten. 38 davon entzücken heute die Besucher im Prado: das ›Blindekuh-Spiel‹, die ›Weinlese‹, die ›Stelzenläufer‹ und viele mehr. Die fertigen Tapisserien hängen in den Bourbonen-Räumen des Escorial, für die sie bestimmt gewesen sind.

Als Goya dann zusammen mit Bayeu die Kuppelfresken von Nuestra Señora del Pilar in Saragossa ausmalt, zerstreitet er sich – Kompetenzen und Rivalität sind die Ursache – mit seinem Schwager, worauf sich der notorische Choleriker eine Rüge des überwachenden Komitees gefallen lassen muß. Nach Madrid zurückgekehrt, beginnt Goyas große Zeit. Sie ist begründet im Faible, das der Infant Don Louis, Bruder Karls III., für den Maler hegt. Wahrscheinlich fühlte sich der Bourbone in seiner Dekadenz von der Naturkraft des Aragonesen angezogen. Goya ist Gast in dessen Palast in Ávila und malt dessen Familie wiederholt. Der Maler versöhnt sich mit seinem Schwager, malt auch ihn – das Bildnis des nicht unbedeutenden Mannes hängt in Valencia –, malt den hohen Adel, so den Grafen von Floridablanca – auf dem Bild, dies ist zweifelsfrei, übergibt Goya selber dem Conde sein Werk; aus ovalem Rahmen schaut Seine Majestät auf die Szene.

Doch Karl III. mag den Maler nicht. So fallen Hindernisse für seine Karriere, als der König stirbt und sein Sohn Karl IV. der Nachfolger wird. Das größte Verdienst des schwachen Königs ist seine Vorliebe für Goya. Sie wird ihm suggeriert von dem Liebhaber seiner Frau, dem Günstling Manuel de Godoy, der Goya überaus schätzt und sich von ihm ebenso konterfeien läßt wie die ganze königliche Familie, der Monarch, die vogelgesichtige Königin Maria Luisa aus Parma, die Infanten, solo und im Ensemble.

In diese Phase der bewegten Lebensgeschichte des Malers
fällt die Affäre mit der Herzogin von Alba, deren Noblesse
und Charme er bewundert, deren Kapricen er erträgt, deren
geistige Mittelmäßigkeit er übersieht, die er ebenfalls mehrfach malt; auf einem der Bilder deutet sie auf den in den Sand
geritzten Namen ›Goya‹, und einer der Ringe, die sie an Zeige-
und Mittelfinger der sichtbaren Hand trägt, zeigt den Namen
der Herzogin, ein anderer aber den des Malers. Als die Alba
1793 ins andalusische Exil muß, folgt Goya ihr nach, doch
dann erkaltet die Beziehung; die Herzogin stirbt 1803
41jährig. Die letzten Geheimnisse dieses Verhältnisses des
Bauern zur Dame bleiben ungeklärt. Sicher ist aber, daß
Goyas legendenumrankte ›Nackte Maja‹ kein Porträt seiner
feudalen Geliebten ist. Das Bild wurde erst 1802 gemalt, ein
Jahr also vor dem Tod der Duquesa.

Noch steht der kleine Sommerpalast der Alba, die Palaceta
Moncloa im Westen von Madrid, in der Goya öfter eingekehrt sein dürfte. Das Gebäude aus dem 17. Jahrhundert war
von Karl IV. gekauft und von dessen Gemahlin Maria Luisa
klassizistisch renoviert worden. Im Bürgerkrieg ausgebrannt,
diente es, von Franco neu errichtet, als Gästehaus. Nach
Beendigung der Diktatur machte der Ministerpräsident der
wiedereingeführten Monarchie die Palaceta zu seinem Amts-
sitz.

Der große Goya allerdings ist nicht der Höfling, der Galan,
der Maler der Bourbonen. Erst die Erschütterungen des Guerillakrieges, der Abdankung des Königs, der französischen
Besetzung, der Straßenkämpfe in Madrid haben Goya, bald
als Kollaborateur verschrien, bald als Gegner der Invasion
gefährdet, zu seiner eigentlichen Tiefe geführt. Der umdü-
sterte, taube, die menschliche Komödie erkennende Goya hat
die Werke geschaffen, die das Eigentliche seines Œuvre aus-
machen, die ›Disparates‹ (Narrheiten), ›Los Desastres de la
guerra‹ (Kriegsverheerungen), ›Caprichos‹, ›Proverbios‹
(Sprichwörter), Zyklen, die mit sarkastischen Unterschriften
versehen sind, und vor allem die dämonisch-untergründigen

Wandbilder seines Landhauses vor Madrid (heute im Prado):
›Saturn verschlingt seine Kinder‹, ›Der Knüppelkampf‹,
›Wallfahrt nach San Isidro‹. Man hat den gespenstischen
Visionen den Namen ›Schwarze Bilder‹ gegeben.

Goya starb 1828 in Bordeaux, im halbwegs selbstgewählten Exil. Als erster Spanier hat er eine Vielzahl künstlerischer
Techniken virtuos beherrscht, namentlich die Radierung.
Neben seinem Werk fesselt sein Leben und dessen Ver-
strickung in bewegte Zeiten, die sich in seinem Werk spiegeln.
Hof und Volk waren ihm gleichermaßen vertraut. Als Por-
trätist schmeichelte er nie – wie noch sein Vorbild Velázquez
–, er malte schonungslos. Als Satiriker nahm er Daumier vorweg, als Darsteller dämonischer Seelenzustände Doré und
Kubin. Sein teilweise impressionistischer Stil wurde von
Delacroix fortgesetzt. Man hat Goya einen Romantiker
genannt. Aber er übertraf diese Schule zu Beginn des 19. Jahrhunderts weit durch Satire, schockierenden Sarkasmus und
tragische Düsterkeit. Er hat als erster die Nachtseiten der
menschlichen Seele erkannt und mit seiner Kunst Erkennt-
nisse der Tiefenpsychologie vorweggenommen.

Andere Museen

Madrid ist keine Museumsstadt, aber eine Stadt der Museen.
Wohl um die fünfzig Sammlungen werben um die Aufmerksamkeit der Besucher. Weder Barcelona noch Sevilla und
schon gar nicht Valencia können sich mit diesem Reichtum
messen. Die nach dem Prado wichtigsten Gemäldegalerien
sind das Museo Thyssen-Bornemisza, das Museo Nacional
Centro de Arte Reina Sofía sowie die Real Academia de Bel-
las Artes de San Fernando. Sie befindet sich in der Calle de
Alcalá 13. Schon im Jahre 1817 besaß die Sammlung einen
eigenen Katalog. Goya hat für die Akademie gearbeitet.
Unter den hier verwahrten Schätzen rangieren die Werke dieses Malers an erster Stelle, ein jugendliches Selbstbildnis, mit
schräg in den Raum gesetztem Kopf und prüfendem Auge,

und die bewegte Volksszene der ›Beerdigung der Sardine‹, die makabre ›Inquisition‹, die seine breiten Möglichkeiten aufzeigen. Zurbarán ist mit dem schreibenden ›Fray Jerónimo Pérez‹ vertreten, dessen weißes Habit fast das ganze Bild füllt, und mit der ›Vision des seligen Alonso Rodríguez‹. Ein meisterliches Porträt von Mengs ist die ganzfigürlich dargestellte ›Marquesa de Llanos‹, etwas füllig, den kecken Hut schräg auf dem Kopf, in der Hand eine Maske, auf dem Geländer ein Papagei. Im Stil des Barock hat Vicente López die Katholischen Könige festgehalten, wie sie gerade eine marokkanische Gesandtschaft empfangen.

Im gleichen weitläufigen Gebäude, vor dem zwei Sphingen die Wache halten, finden wir das dem Prado an Bedeutung kaum nachstehende *Archäologische Nationalmuseum*. Die Kunst der Kelten und Iberer wird lebendig durch das Bruchstück eines keltischen Golddiadems mit Opferdarstellungen, durch iberische Statuetten, Reliefs, Exvotos. Der berühmteste iberische Fund ist die, ursprünglich bemalte, ›Dame von Elche‹ aus dem 4. bis 3. Jahrhundert vor Chr., 1894 in der Nähe des berühmten Palmenhains bei Alicante aufgefunden und lange im Untergeschoß des Prado verwahrt. Jetzt hat die mit reichem Schmuck versehene Büste einer Göttin oder Priesterin sinngemäßer im Archäologie-Museum ihre Aufstellung gefunden, neben zwei gleichwertigen Großplastiken vom selben, griechisch beeinflußten Darstellungsduktus: der ›Großen Opfernden‹ aus Cerro de los Santos, die ein Gefäß vor den Leib hält, und der ›Dama de Baza‹, einer Sitzstatue aus der Gegend von Granada; ein Hohlraum der Figur enthielt wahrscheinlich die Asche eines Verstorbenen. ›La Bicha de Balazote‹ ist ein Steinstier mit bärtigem Kopf mesopotamischer Prägung. Er zeigt an, daß der frühgeschichtliche Stierkult, der im Stierkampf weiterlebt, nicht nur auf Kreta heimisch war. Ein kleiner Bronze-Toro aus Azaila bei Teruel ist schnaubend-aggressiv wiedergegeben. Figurinen mit Taube oder Granatapfel weisen auf den mittelmeerischen Fruchtbarkeitskult hin; auch die griechische Kleinplastik kennt diese

Attribute, namentlich als Beigaben der Göttermutter Hera. Ein Tubenbläser, eine vorrömische Tonplastik, weckt Reminiszenzen an Numantia, wo man ähnliche Instrumente aufgefunden hat.

Punische Plastik aus Cartagena hält sich von griechischen Einflüssen frei – Punier und Hellenen waren ›Erbfeinde‹; primitivistische Kunstbemühungen unserer Tage in ihrer Verfremdung des menschlichen Körpers nähern sich ihnen. Im Archäologischen Museum von Tunis können wir gleichartige Arbeiten aus Karthago antreffen. Zur Ausprägung einer eigenständigen Kunst hat es das sonst begabte Händlervolk der Phönizier-Karthager nie gebracht, auch nicht in der nahöstlichen Urheimat; Funde aus Syrien im Museum von Beirut zeigen die Anlehnung an die Kunst des Nil- und Zweistromlandes.

Die Griechen, die sich ausschließlich im Küstenbereich der Halbinsel aufgehalten haben, sind vor allem mit schwarz- und rotfiguriger Keramik vertreten. Das Imperium Romanum, das nach den Punischen Kriegen das ganze Iberien in seine weltumspannenden Grenzen aufnahm, spricht im Archäologischen Museum Madrids zu uns mit einem schönen Demeter-Mosaik aus Aranjuez, die Göttin trägt Früchtekranz und Füllhorn; mit einem Sarkophag aus Husillos bei Palencia, dem bewegenden Relief eines Kriegertodes; mit einer marmornen Herkulesstatue aus Alcalá la Real, wahrscheinlich der Kopie eines spätklassischen griechischen Vorbilds.

Besondere Beachtung verdient der künstlerische Niederschlag des westgotischen Auftritts auf der iberischen Bühne, und hier vor allem die 1859 in Guarrazar bei Toledo aufgespürten elf Weihekronen mit dazugehörigen zwei Ketten und drei Kreuzen. Sicher waren die Kostbarkeiten, vorher aufbewahrt in der westgotischen Königskirche in Toledo, vor dem Ansturm des Islam versteckt worden. Die preziosenbesetzte Krone des Königs Rekenwinth (649–672) ist am besten erhalten; der königliche Name ›hängt‹ in einzeln am unteren Rand angebrachten Goldbuchstaben unter der Krone. Einige der Fundstücke sind von den Ausgräbern leider eingeschmolzen worden, andere befinden sich im Cluny-Museum in Paris.

An Romanik aus der Zeit der Reconquista trifft man ein Portal der Kirche San Pedro de Arlanza in der Provinz Burgos aus dem Jahre 1081 an, mit gedrehten Säulen und germanischem Flechtmuster, ferner einen Taufstein mit Kerbschnitt, Apostelfiguren aus der Klosterkirche San Pelayo in Santiago de Compostela. Ein Elfenbeinkruzifix zeigt einen romanischen Christus, doch die Schmuckumrahmung ist persisch-islamisch, so daß das kleine Werk als Arbeit eines Mudéjar-Künstlers zu erkennen ist. Bei der Fülle ineinander verschlungener Figuren handelt es sich um die Darstellung eines Jüngsten Gerichts. Auf dem oberen Kreuzarm thront der Auferstandene, zu Füßen des Gekreuzigten sieht man nicht, wie sonst üblich, Adams Schädel, sondern eine gebückte nackte Gestalt. Auf der unteren Leiste liest man ›Ferdinandus Rex – Sancta Regina‹. Das Kruzifix Ferdinands 1. und seiner Gemahlin Sancha entstammt dem Jahre 1063, um welche Zeit etwa in Canterbury der Teppich von Bayeux entstand.

Gleichfalls aus dem Hochmittelalter sind Erzeugnisse des moslemischen Iberien, so ein Torbogen des Aljafería-Palastes in Saragossa mit reichem vegetabilem Schmuck und eine Elfenbeindose mit kufischen Lettern, Tieren und Früchten, ein Geschenk des Kalifen Al-Hakim 11. an seine Odaliske Aurora (964). Persischer Einfluß ist unverkennbar. Das islamische Gebot, nichts Figürliches darzustellen, scheint aufgelockert. Eine eiserne, feinziselierte Moscheelampe stammt aus der Alhambra in Granada, eine Holztüre mit der ›ewigen Linie‹ des Mushrabije-Musters aus Jaén, eine Azulejo-Wand aus den letzten Jahren des granadinischen Königsreiches. Aus weitaus späterer Epoche kann man den Einsatz von Azulejos im Barock an einer Wandgestaltung aus dem ehemaligen Schloß Buen Retiro bewundern, wieder ein Beweis dafür, daß dieses islamische Schmuckelement in Iberien überdauert hat. Die Buntkacheln von Buen Retiro zeigen Volksszenen, wie wir sie von Goya kennen. Eine weitere Serie bemalter, gla-

Im Prado – ein Schatzhaus europäischer Kunst

sierter und gebrannter Ziegel mit ›scenas populares‹ erwartet
uns im *Museo del Pueblo Español*.

Enthalten die zuvor beschriebenen drei großen Museen
Madrids ausschließlich Werke besonderer Vollendung, wird
man in den zahlreichen weiteren Sammlungen der Hauptstadt zwischen weniger Belangvollem die ›chefs-d'œuvre‹ für
sich entdecken müssen: im *Museo Lázaro Galdiano*, Stiftung
eines kunstsinnigen Sammlers, etwa romanische und gotische
Emaille-Arbeiten aus Limoges und als Prunkstück einen
byzantinischen Emaille-Christus auf Goldgrund einer
Moskauer Kollektion. Neben Cranach, Murillo und einigen
Engländern enthält die Sammlung eine ›Saskia‹ Rembrandts,
wenn auch nicht die gefälligste, und Goyas abgründige
Hexenszene. Das *Museo Cerralbo* bei der Plaza de España,
das auf die private Gründung des gleichnamigen Marqués
(1845–1922) zurückgeht, besitzt Tizians ›Herzogin von Alba‹,
El Grecos meisterlichen, vom Licht getroffenen ›Franziskus‹
und Zurbaráns sentimentalisch aufgefaßte ›Immaculata‹.

Als echte Ausgeburt einer exzentrischen Phantasie erscheint Leonardo Alenzas Selbstmörder-Szene, ›Los Roman-
ticos‹, aus der ersten Jahrhunderthälfte im *Museo Roman-
tico*. Goyas ›Gregor der Große‹, schreibend dargestellt, mit
exakt ausgemaltem Habit, ist eine schwächere Arbeit des
Maestro. Esquivel hält den General Prim im Bilde fest, Spaniens Nationalhelden aus dem Guerillakrieg.

Dem Museé Carnavalet in Paris entspricht das *Museo
Municipal* in Madrid; mit jenem hat es gemein, daß es in
einem historischen Gebäude untergebracht ist, nämlich im
Alten Hospiz von San Fernando in der Calle de Fuencarral,
einer Straße mit altstädtischem Kolorit, die allerdings durch
die neuere Trasse der Gran Vía von der eigentlichen Altstadt
abgetrennt ist. Pedro Ribera hat 1729 im churrigueresken
Stil, den man in Spanien auch ›superbarroco‹ nennt, das
Prunkportal geschaffen, das einem überreichen Retablo
gleicht. In der großen Mittelnische über dem Eingang ist San
Fernando geharnischt dargestellt, jener Erobererkönig der

Reconquista, der Sevilla eingenommen hat und dessen erste
Gemahlin aus Schwaben stammte: Beatriz de Suevia.

Zur Genremalerei zählt José del Casillos ›El estanque del
Retiro‹, wo wir den See des beliebten Parks noch idyllisch,
ohne den Denkmalkoloß Alfons' XII., vorfinden; die etwas
gestellte Szene der Adelsgesellschaft zeigt den Abstand zu
Goyas vitaler Lebendigkeit. Wie der Kybeleplatz und der
Anfang der Calle de Alcalá einmal ausgesehen haben, vermittelt uns eine Vedute von Ginés de Aguirre. Porzellan aus
dem Schloß Buen Retiro, das wir im Stadtmuseum antreffen,
leitet dann über zu einer Sammlung, die ausschließlich altem
Mobiliar und Kunstgewerbe gewidmet ist, dem *Museo Nacional de Artes decorativas*. Eindrucksvoll ist eine gekachelte
Küche mit Rauchfang, dekoriert mit Küchenszenen des
Barock, ferner sieht man ein Barockbett mit salomonischen
Säulen, um die sich Trauben und Reblaub schlingen, ornamentierte Möbel und Paneele sowie eine Artesonado-Decke.

Das *Museo de América* vereinigt Zeugnisse der präkolum-
bianischen und kolonialen Epoche im mittleren Amerika, so
eine Maya-Stele aus Palenque auf der Halbinsel Yucatán
(Altes Reich der Maya) und den wertvollen Codex Troano-
Cortesiano aus der spanischen Entdeckerzeit. Karl III. war es,
der den Grundstock der Sammlung legte und damit einen
neuen Zweig der Archäologie initiierte: das Wissen um die
Sonnenkönigreiche Altamerikas. Goldmünzen mit den Bild-
nissen der Katholischen Könige bewundern wir im neu
gegründeten *Museo de la Fábrica de Moneda y Timbre*,
während das *Museo del Ejército* (eingerichtet in einem erhaltenen Flügel des Buen Retiro-Palastes) eine beachtenswerte
geschichtliche Trophäe enthält, das Schwert Boabdils, des
letzten moslemischen Herrschers auf spanischem Boden, den
Ferdinand und Isabella 1492 nach Afrika verwiesen.

Die Malerei des 19. und frühen 20. Jahrhunderts aus der
Sammlung des Prado ist, diesem benachbart, im Casón del
Buen Retiro ausgestellt. Man plant, dort ein eigenes Veláz-
quez-Museum einzurichten.

Madrids neue Museen

Seit die Metropole Spaniens 1992 den Titel einer Kulturhauptstadt Europas erhielt, hat Madrid zwei neue Museen: das Museo Thyssen-Bornemisza und das Museo Nacional Centro de Arte Reina Sofía.

Das am Paseo del Prado gelegene *Museo Thyssen-Bornemisza* ist eine Ergänzung zum Prado sowie zur zeitgenössischen Kunst im Centro de Arte Reina Sofía. Der neoklassizistische Palacio de Villahermosa, ursprünglich als Dependance des Prado vorgesehen, wurde von dem bekannten spanischen Architekten Rafael Moneo, dem man auch später die Erweiterung des Prado anvertraute, für die Thyssen-Sammlung umgestaltet. Ausstellungsort und Umbau machte Baron Thyssen-Bornemisza zur Bedingung dafür, daß der spanische Staat die Sammlung zugesprochen bekam. Während Heinrich Thyssen-Bornemisza, der Vater des jetzigen Barons, frühe italienische Meister des 13. und 14. Jahrhunderts, italienische, deutsche, niederländische und spanische Gemälde der Renaissance und des Barock bis hin zur französischen Malerei des Rokoko gesammelt hatte, ergänzte der Sohn den Bestand mit Werken des 19. und 20. Jahrhunderts. Seine Vorliebe gilt der romantischen Malerei Amerikas und der Pop Art. Hervorzuheben sind die zahlreichen Exponate des deutschen Expressionismus. Auch der französische Impressionismus und die Fauves sind bestens vertreten.

Man sollte in der zweiten Etage bei der mittelalterlichen Kunst beginnen. Nach der frühen italienischen Malerei findet man im dritten Saal ein Diptychon des Jan van Eyck, im fünften Saal dann das bekannte Bildnis der Giovanna Tornabuoni von Domenico Ghirlandaio, angeblich das Lieblingsbildnis des Barons. Sehenswert sind die Porträts Heinrichs VIII. von England von Hans Holbein d. J. sowie einer Infantin von Kastilien – Katharina von Aragonien oder Johanna die Wahnsinnige? – von Juan de Flandres, aber auch Gemälde von Memling, Lucas Cranach d. Ä., Dürer, Tizian, Caravaggio,

Canaletto und Antonis van Dyck sind zu bewundern, um nur ein paar Namen zu erwähnen. Bei den Spaniern sind El Greco – mit mehreren Gemälden –, Zurbarán und José de Ribera zu nennen.

Im ersten Stock finden wir holländische Malerei des 17. Jahrhunderts, Genreszenen, Interieurs, Landschaften und Stilleben, darunter Frans Hals' Gemälde ›Familiengruppe in einer Landschaft‹. Es folgen englische und französische Werke des 18. Jahrhunderts. In den Sälen 29 und 30 ist die in Europa wenig bekannte nordamerikanische Malerei des 18. und 19. Jahrhunderts ausgestellt, ideale Landschaften, heroische Szenen, immer wieder Darstellungen der einheimischen Indianer oder eigenwillige Stilleben wie John Frederick Petos Gemälde ›Tom's River‹ sind reizvolles Neuland für europäische Sehgewohnheiten. Drei Arbeiten Goyas aus seiner späten Schaffensperiode bilden eine interessante Ergänzung zu Goyas Bildern im Museo del Prado. Die deutsche Romantik wird durch den ›Ostermorgen‹ von Caspar David Friedrich repräsentiert. Die Säle 32 und 33 sind dem Impressionismus und dem Spätimpressionismus gewidmet, alle bedeutenden Maler dieser Richtung sind vertreten: Monet, Manet, Renoir, Sisley, Degas, Pissarro, Gauguin, van Gogh und Cézanne. Nach den Fauves, Derain, Vlaminck, Matisse und Dufy gelangt man zur Malerei des Expressionismus, Schiele, Munch, Nolde, die Künstler der ›Brücke‹ und des ›Blauen Reiter‹ sind ebenso ausgestellt wie Beckmann, Dix und Grosz.

Das Erdgeschoß ist dem 20. Jahrhundert vorbehalten, beginnend mit der experimentellen Avantgarde, vertreten durch Picasso, Braque, Juan Gris, František Kupka, Léger, aber auch Malewitsch, Ljubow Popowa, Lissitzky, Moholy-Nagy, Schwitters, Mondrian und andere mehr. Die anschließenden Räume bieten einen Überblick über die Moderne in Europa und in den Vereinigten Staaten. Miró, Kandinsky, Arshile Gorky, Pollock, Rothko und Fontana, kaum ein wichtiger Künstler, den man hier nicht fände, fast wird man vom Gefühl beschlichen, man blättere in einem Werk der neueren Kunstgeschichte. In den beiden letzten Sälen sind Surrealismus, figurative Malerei und Pop Art vereint. Als herausragendes Exponat des Surrealismus kann sicherlich Salvador Dalís Gemälde ›Traum, verursacht von einer Biene, die um einen Granatapfel schwirrt‹ betrachtet werden, auch wenn im Jahr seiner Entstehung, 1944, sich die früheren Weggefährten aus dem Kreise der Surrealisten bereits von Dalí distanziert hatten. Auch Tanguy und Magritte gehören zu den Surrealisten, während Werke von Hopper, Balthus, Bacon und anderen unter dem Begriff figurative Malerei zusammengefaßt werden. Die Pop Art ist mit Werken von Rauschenberg, Stuart Davis, Lichtenstein und Hockney gut dokumentiert.

Auch das *Museo Nacional Centro de Arte Reina Sofía* findet sich nahe des Paseo del Prado, an der Glorieta Carlos v., gegenüber dem Atocha-Bahnhof. Untergebracht ist die Sammlung moderner Kunst in einem ehemaligen Armenhospital, das im Auftrag Karls III. erbaut worden war und bis 1965 auch tatsächlich noch als Hospital diente. Ursprünglich sollte der von Francesco Sabatini im 18. Jahrhundert entworfene Bau um fünf Höfe angelegt werden, doch wurde nur ein einziger ausgeführt. Dies erklärt vielleicht die nüchterne Strenge der Fassaden, die als Hoffronten gedacht waren. An diese Fassaden wurden – das Spektakulärste und technisch Ausgeklügeltste am ganzen Bau – drei gläserne Türme für die Aufzüge angefügt. So vermied man es, allzusehr in die Baustruktur einzugreifen, und ließ zugleich Unvermeidliches zur Dekoration geraten. Im begrünten Innenhof wurde Alexander Calders kinetische Skulptur ›Carmen‹ aufgestellt.

Das Centro de Arte Reina Sofía existierte zwar bereits seit 1986 als Kunstzentrum unter der Schutzherrschaft der spanischen Königin mit wechselnden Ausstellungen, verfügte jedoch über keine eigene Sammlung. 1988 wurde es per königlichem Dekret in ein Nationalmuseum für moderne

Kunst umgewandelt, das das ehemalige noch unter Franco gegründete Museo Español de Arte Contemporaneo ersetzen sollte und dessen Sammlung übertragen bekam. Neuerwerbungen oder Dauerleihgaben kamen hinzu. Dennoch ist genügend Raum für Sonderausstellungen und eine umfassende Bibliothek zur neuen Kunst geblieben.

Das sicherlich bedeutendste Exponat ist Picassos Monumentalgemälde, das weltberühmte ›Guernica‹: Auf einer Fläche von 8 x 3,50 Meter hat er die Schrecken des Krieges unmittelbar nach der Vernichtung der baskischen Kleinstadt 1937 im Bürgerkrieg visionär gestaltet. Da Picasso testamentarisch verfügt hatte, das Gemälde solle erst nach Spanien kommen, wenn dort wieder die Demokratie regiere, hing das Bild bis 1981 im Museum of Modern Art in New York. Danach fand es seinen Platz, zusammen mit einigen Vorstudien, im Casón del Buen Retiro. Aufgrund der heftigen Proteste von Anhängern des Gaudillo war es sogar notwendig, das Gemälde mit Panzerglas gegen deren Zerstörungswut zu schützen.

Neben den schon erwähnten Vorstudien – ursprünglich unter dem Eindruck der Bombardierung Málagas entstanden – sind im Centro de Arte Reina Sofía noch weitere Werke Picassos ausgestellt; von seinen Jugendwerken aus der Pariser Zeit bis hin zu seinen Darstellungen des Themas Maler und Modell aus dem Jahre 1963 findet man eine repräsentative Auswahl. Auch den beiden anderen großen spanischen Meistern unseres Jahrhunderts, Miró und Dalí, sind eigene Räume reserviert. Daneben werden Werke des Kubisten Juan Gris und des Bildhauers und Metallbildners Julio González, der Picassos gestalterisches Werk nachhaltig beeinflußt hatte, gezeigt.

In der vierten Etage findet man Kunstwerke aus dem Zeitraum von 1940 bis 1980. Sehenswert sind vor allem die Gemälde des zeitgenössischen katalanischen Malers Antoni Tàpies, des abstrakten Expressionisten Antonio Saura, Eduardo Arroyos und des Equipo Crónica als Vertretern der

Pop Art sowie die Metallarbeiten von Jorge Oteiza und die Skulpturen Eduardo Chillidas, zweier bedeutender Bildhauer, deren Heimat das Baskenland ist. Als Ergänzung werden diesen Werken jene internationaler Künstler, z. B. Yves Klein, Dubuffet, Fontana, Bacon, Moore oder Dan Flavin, gegenübergestellt.

Das an der Glorieta Carlos v. gegenüber dem Centro de Arte Reina Sofía gelegene alte Bahnhofsgebäude der *Estación de Atocha*, eine Konstruktion aus Glas und Gußeisen des ausgehenden 19. Jahrhunderts, war bereits Mitte der achtziger Jahre durch einen Neubau des schon erwähnten Architekten Rafael Moneo ersetzt worden. Seit 1992 fährt von dort der Hochgeschwindigkeitszug AVE (Tren de Alta Velocidad) in Richtung Sevilla. Im selben Jahr verwandelte man die alte Bahnhofshalle in einen tropischen Palmengarten, der durch Rolltreppen mit dem modernen Säulenbahnhof verbunden wurde. Cafés und Sitzbänke machen den Atocha-Bahnhof zum beliebten Treffpunkt. An das schwülwarme Tropenklima, mit Hilfe von Luftbefeuchtern erzeugt und auf einer konstanten Temperatur von 24 Grad gehalten, muß man sich allerdings erst gewöhnen.

Madrider Kirchen

Es ist strittig, ob man die ehemalige *Ermita de San Antonio de la Florida* den Museen oder den Kirchen zurechnen soll. Der 1792–98 von Juan de Villanueva erbaute kleine Kuppelbau zählt zu den ersten Sehenswürdigkeiten Madrids, deren Besichtigung kein Besucher der Hauptstadt versäumen sollte. Die Kapelle liegt am Paseo de la Florida nahe beim Nordbahnhof und auch nicht weit vom Manzanares-Ufer. Zur Zeit Karls III. war hier die beliebteste Promenade. Goya hat das Gewölbe mit dem Wunder des heiligen Antonius von Padua ausgemalt, mit kühner Realistik und perspektivischer Virtuosität. Die ›dramatis personae‹ hinter dem täuschend

gemalten Geländer scheinen sich teilweise über dieses hinweg
zu neigen, um in die Kapellen-Rotunde zu blicken. Doch im
wesentlichen ist ihr Interesse auf den über ihnen stehenden
portugiesischen Heiligen gerichtet, der gerade einen Ermor-
deten erweckt, um den Mörder zu überführen. Im Gegensatz
zu Zugeständnissen bei andern Aufträgen konnte der Meister
hier frei schalten, da er nur dem ihm wohlwollenden König
verantwortlich war; auf dessen einstigem Grundstück erhebt
sich der anmutige Bau. Unter der dargestellten Menge hat
Goya viele Zeitgenossen festgehalten, und Karl IV. hat das
Werk so beifällig aufgenommen, daß Goya 1798 den Titel
eines Ersten Königlichen Hofmalers erhielt. Der Meister ist in
dem Sanktuarium beigesetzt.

In den alten Stadtvierteln nördlich der Gran Vía stoßen wir
gleichfalls auf den Namen Goya, da sich eine seiner stärksten
religiösen Gestaltungen in der *Klosterkirche des Kollegs San
Antón* befindet, die ›Letzte Kommunion des heiligen Josef
von Calasanza‹, die er als 73jähriger gemalt hat. Vor der Kirche wurden früher am 17. Januar die Haustiere gesegnet.
Nahebei liegt der Barockbau der Alten Universität und das
noble Gebäude der 1830 von Ferdinand VII. gegründeten
Real Academia de Farmacia mit zierlichen Lampen zwischen
den Eisenbalkonen und Löwenwappen im Giebelfeld.

Und nochmals Goya mit einem die Aktion etwas übertrei-
benden Bild ›Predigt des heiligen Bernardin von Siena vor
dem aragonesischen König Alfonso IV.‹, dem ersten großen
Madrider Auftrag des 34jährigen. Das Werk befindet sich in
der als nationales Pantheon repräsentativen Kirche *San Francisco el Grande* in der Nähe des Schlosses. Im Zentrum der
erhöht stehende Heilige mit dem Kreuz in der ausgestreckten
Hand, zu seinen Füßen die zu ihm aufblickenden aragonesischen Granden, ungeschichtlich in der Tracht des 17. Jahrhunderts. Der Meister war vergrämt, daß man sein Bild nur
in einer Seitenkapelle plazierte, nicht aber am Hochaltar,
doch für diesen hatte man ein Werk seines Schwagers und
Rivalen Bayeu bestimmt. Mit Genugtuung konnte Goya

immerhin registrieren: »Ich habe mit meinem heiligen Bernardin Glück gehabt, nicht nur bei den Kritikern, sondern allgemein. Der König lobte das Bild vor dem ganzen Hof und den Mitgliedern der Akademie.« Die mächtige Kuppel der Kirche, größer noch als die des Invalidendoms in Paris, ist ein Kennzeichen der Stadt. Der Bau wurde 1776 bis 1785 von Sabatini auf einem kreisförmigen Grundriß errichtet. Eine Tafel in der Kirche hält eine Widmung des Dritten Ordens der Franziskaner an vier ›insignes hijos‹, ›vortreffliche Söhne‹, fest: Cervantes, Lope, Calderón, Quevedo. An der vorgewölbten Fassade von San Francisco führt die Gran Avenida de los Reyes Católicos vorbei, die laut Straßenschild Generalissimus Franco der ›unzerstörbaren Einheit Spaniens‹ gewidmet hat. In der abzweigenden Franziskus-Straße kann man einen Blick auf die ›Tenencia‹, die Präfektur des Distrikts San Latina werfen, einen alten Palast mit drei Arkadenbögen.

Die zierliche Barockkuppel, die *San Andrés*, einen ansehnlichen Bau des 17. Jahrhunderts, überragt, gehört zu ihrer Capilla de San Isidro; die Kapelle barg einst die Gebeine des Stadtpatrons. ›Basilica pontificia‹ nennt sich *San Miguel*, versehen mit jener konkaven Fassade, die Borromini, Berninis Gegenspieler, ›erfunden‹ hat. Bei San Miguel hat die päpstliche Nuntiatur ihren Sitz. *Santa Bárbara* nahe beim Paseo de Calvo Sotelo ist der Namenspatronin von María Bárbara de Braganza gewidmet; die aus Portugal stammende Gründerin ist zusammen mit ihrem Gemahl Ferdinand VI. in der Kirche beigesetzt. Ein Engel lüftet über dem von Löwen getragenen Sarkophag eine Decke, während darüber Chronos auf ein Medaillon mit dem Doppelbildnis des Königspaares weist.

Die schlichte Fassade des Barfüßerklosters *Descalzas Reales* verrät nicht, daß innen zwei Meisterwerke bemalter Skulptur zu bewundern sind: eine ›Büßende Magdalena‹ in der vordergründigen Schmerzwiedergabe, zu der sich die religiöse Bildhauerkunst Spaniens leicht versteigt, und eine ›Dolorosa‹ Pedro de Menas’, von der man das gleiche sagen kann. Von Pompeo Leoni besitzt die Kirche eines der wenigen Porträts des Don Juan d'Austria; der Halbbruder Philipps II. ist im Gebet kniend mit Halskrause gemalt. ›Die Austreibung der Wechsler aus dem Tempel‹, ein gutes Bild von Greco voll bewundernswerter Spannung, hängt in *San Ginés*. *San Jerónimo el Real*, Ende des 19. Jahrhunderts neugotisch wiederaufgebaut, besitzt zwei Fassadentürme; Seitentürmchen umgeben das Schiff. Einst hatte der Heilige seine Kirche am Westausgang Madrids, die Katholischen Könige versetzten sie 1503/05 an den heutigen Standort in Pradonähe. In ihr wurden früher die Infanten von Asturien, die künftigen Thronfolger, vereidigt. Ähnlich wie in Stockholm gibt es auch in Madrid eine Kirche der Deutschen, *San Antonio de los Alemanes* mit ovalem Grundriß in der Calle de la Puebla, keine Kirche der Handelsleute wie in Schwedens Hauptstadt, sondern ein Ort der Caritas, da eine Armenherberge mit ihr verbunden war.

Der Stierkampf

Die Feria de San Isidro ist ein solennes Fest, gefeiert im Mai auf der Plaza de Toros durch die bedeutendste Corrida, welche die Hauptstadt während der Saisonmonate März bis Oktober erlebt. Eine Polizistin mit kleinem schwarzen Filzhut lenkt die Wagen zur Puerta de Alcalá, dem Triumphbogen, den Sabatini im Osten der Innenstadt anläßlich des Einzugs Karls III. erstellt hat, und von dort bewegt sich der Autostrom zur Arena Monumental de las Ventas, wo Verkäufer bereits Platzkarten für Schatten- und Sonnenseite feilbieten, wo sich langsam die Bankreihen füllen und eine kundige Menge auf das große Schauspiel wartet.

Die ›Schönheiten‹ der Tauromachie, so wurde gesagt, offenbaren sich nur dem Spanier. Auch Fremde, die einer Corrida beigewohnt haben, bewundern den farbigen Einzug der Quadrillas, das Zeremoniell, die Musik, die tänzerische Eleganz der Toreros, den virtuosen Umgang mit den Capas, ihren roten Mänteln. Doch niemals bejahen sie das blutige Handwerk des Matadors, der den Todesstoß führt. Und doch gerade durch die beklemmende Gegenwart des Todes erhält die Tauromachie ihre metaphysische Dimension. Ohne diesen Bezug wäre der Stierkampf nicht spanisch par excellence und seines grausam überhöhten Sinns beraubt, der, wenn man so will, frühe historische Wurzeln im ›Stirb und Werde‹ des Mithraskultes hat. Höhepunkt dieses mystischen Kults aus Persien, durch die Legionäre des Imperium Romanum auch in Spanien verbreitet, war die Tötung des Stiers durch den Mithraspriester: Aus dem Stierblut entspringt neues Leben – wir wissen davon durch viele ausgegrabene Mithräen, so auch in Mérida in Extremadura. Ob die Corridas zu Pferd, die im Mittelalter belegt sind, noch eine, wenn auch noch so dunkle Erinnerung an die mithräischen Stieropfer wachgehalten haben, ist sehr unsicher. Heute jedenfalls sind kulturgeschichtliche Vorläufer aus so früher Vergangenheit dem Bewußtsein entrückt; vielfach ist die moderne Tauromachie zum bloßen Geschäft degradiert, durch knallige Plakate reißerisch angepriesen, und nach tauristischem Lorbeer drängt zumeist dörfliche Jugend nicht zuletzt mit dem Blick auf das große Geld.

Vor allem ist das Ziel der Anfänger und derer, die sich in der Provinz schon bewährt haben, die Hauptstadt, in der Stars ›gemacht‹ werden, wo es eine allmächtige Kritik gibt wie nur bei Broadway-Theatern, eine Claque wie nur bei der Scala, wo Toreros gleich Ballettkünstlern ein rituelles Programm absolvieren und in je zwanzig Minuten sechs fünfjährige Stiere von 500 Kilogramm Gewicht erlegen. »Madrid da y quita«, heißt es, »Madrid gibt und entreißt« – entreißt den Siegeslorbeer, den sich ein Stierkämpfer mühsam in Sevilla, in Valencia, in Salamanca erworben hat. Denn die ›aficionados‹, die Passionierten der Tauromachie, sind nicht nur beifallfreudig, sie vernichten auch, und kein Fehler im Ritual, kein plumper Trick, aber auch keine unnötige Grausamkeit bleibt ihnen verborgen. Sie drehen nicht den Daumen nach unten wie die Zuschauer bei den ›venationes‹, den blutigen Tierspielen im alten Rom. Doch vernichten können sie auch, nämlich durch laut geäußertes Mißfallen, so daß mancher Torero das Publikum mehr fürchtet als den Stier. Dabei sind es nur erste Matadores oder Anwärter auf diesen Namen, die in Madrid gegen die dumpfe Kraft der Kreatur antreten, um Nimbus und klingenden Lohn zu gewinnen.

Trotz der konkurrierenden Großmacht Fußball lebt die Tauromachie zugkräftig weiter. Denn der Kampf zwischen Mann und Tier im Rahmen eines strengen Reglements entspricht tiefen Bedürfnissen der spanischen Volksseele, dem Gefühl für Repräsentation, feierliches Gepränge und kalten Realismus, das wir auch in der spanischen Kunst beobachten. Leben und Tod als schicksalhafte, sich ergänzende Einheit, das Leben bedingt durch den Tod, der Tod durch das Leben – das sind mediterrane Vorstellungen. Die Stierspiele von Knossos waren vielleicht ein Eintauchen in das Mysterium des Todes, wie es im Mythos von der Erlegung des Minotauros durch Theseus durchscheint. Man denkt an eine uriberische Mentalität, wenn wir uns die gewaltigen Felsbilder in der Höhle von Altamira vergegenwärtigen. Eine Nachbildung der Höhle mit ihren Darstellungen einer urtümlichen Kraft neben dem Archäologischen Museum in Madrid, die vielen Stieridole in ebendiesem Museum und anderswo, wie der ungestüme Toro im Keramik-Museum in Valencia aus dem 15. Jahrhundert, zeigen, daß sich die Menschen in Iberien nie von diesem Symbol für die Einheit von Leben und Tod getrennt haben.

Die hochgelegene Stadt *Ronda* in Andalusien ist die Urzelle der neuzeitlichen Tauromachie, und man zeigt dort in der Oberstadt das – verglichen mit Madrid – primitive Rund der frühesten Arena aus dem 18. Jahrhundert. Pedro Romero hat dort als erster Torero über 5000 Stiere getötet, den letzten in seinem achtzigsten Jahr. Hatte Karl V. 1527 in Valladolid, wie es heißt, einen Stier vom Pferd aus erlegt, so war Romero 1786 der erste, der, wie es heute noch Brauch ist, zu Fuß kämpfte. Er hat in Ronda sein Denkmal, und am 9. September wird sein Gedächtnis durch eine Corrida geehrt. Bald wuchsen in allen Städten, ja Dörfern Spaniens in Nachfolge des römischen Kolosseums Arenen aus dem Boden. Stierkampf in ihnen und auf Plazas Mayores mit und ohne Musik, Kampf mit Jungstieren, groß angekündigte Spiele mit der bekannten Folge des Einsatzes der ›picadores‹, der ›banderilleros‹, der ›matadores‹ – all das gehört zur Folklore, zumal der Hauptstadt, und hier hat kein Geringerer als Goya – und später Picasso – die faszinierenden Momente der Corrida festgehalten, in Bewegungshöhepunkten, wie sie keine Kamera einfangen kann. Und ein anderer, dem auch ein Dasein auf der Grenze zwischen Leben und Tod Bedürfnis war, Hemingway, hat sich ebenfalls der Tauromachie verschrieben, ihr in seinem Roman ›Tod am Nachmittag‹ gehuldigt. Unter Männern der Feder hatte er dabei Vorgänger in dieser Begeisterung, die man, je nach Standort, barbarisch nennen könnte. Ein ›aficionado‹ war auch Alexandre Dumas. »Die Stiergefechte«, schrieb er, »sind ein Schauspiel, dessen man nicht leicht überdrüssig wird; eine ganze Woche lang habe ich nacheinander alle Stierkämpfe gesehen, die es in Madrid gab.« Da von Merimée die Fabel zu ›Carmen‹ stammt, ist es einleuchtend, daß auch er ähnliche Worte finden mußte: »Keine Tragödie der Welt hatte mich dermaßen interessiert!«

Bei den zirzensischen Spielen in Madrid verblutete mancher Torero durch ›Cornada‹, durch Hornstoß. Mancher mußte in das Sanatorio de Toreros gebracht werden, in dem zu Beginn unseres Jahrhunderts der berühmte Manolete starb. Dennoch lebt die Corrida weiter, die Züchter, deren Embleme auf den Programmen abgedruckt werden – zu ihnen zählt einer der größten Sherry-Erzeuger, Pedro Domecq –, liefern von ihren Weiden immer neue ›toros bravos‹. Der berühmteste Matador unseres Säkulums war Manuel Benítez, el Cordobés, ein Mann aus dem Volk, ebenso populär wie umstritten.

Ob Stierkampf grausam ist? Der Spanier im allgemeinen verneint es; der Tod im Schlachthaus sei nicht ›humaner‹.

Aber nicht das Ende in der Arena ist es, was der auswärtige Besucher als grausam empfindet, sondern den geheimen Kitzel, den eine Zuschauermenge bei diesen tödlich endenden Spielen leidenschaftlich genießt. Dies eben vermeidet der weichere Portugiese, obwohl auch in Lissabon der Toro unmittelbar nach dem Kampf verendet, in diesem Falle von der Hand des Schlächters. Der Stier ist nach einer Corrida erfahren geworden, man täuscht ihn nicht mehr so leicht, er ist für die Arena unbrauchbar.

Es gibt Madrileños, die ihr Leben lang nie einen Stierkampf besucht haben. Nicht jeder ist ›aficionado‹. Und doch ist die Tauromachie nicht auszurotten, das leichte und elegante Spiel, hinter dem ein ausgeklügelter Kodex steht, und mehr noch die Gefahr. Als Manolete, einer der bekanntesten Matadores, gefragt wurde, warum er immer so ernst sei, soll er geantwortet haben: »Noch ernster ist der Stier.«

RUND UM MADRID

Sierra de Guadarrama

Liegt die Hauptstadt Spaniens auch in der wenig reizvollen, trockenen und baumlosen Meseta, so gibt es in ihrer Umgebung dennoch Ziele, die auch bei einem begrenzten Madridbesuch nicht ausgelassen werden dürfen. Natürlich steht an erster Stelle der Escorial, die Schöpfung Philipps II., geschichtlicher und kunstgeschichtlicher Kontrapunkt Madrids. Was für Paris Versailles bedeutet, das ist für die spanische Hauptstadt Aranjuez, das Lustschloß der Habsburger und Bourbonen. Auch einer der ersten Plätze spanischer Geistigkeit, Alcalá, die Stadt des Cervantes und des Cisneros, liegt im Bannkreis der Metropole am Manzanares.

Neben diesen von Menschen geschaffenen Stätten lohnender Einkehr hält auch die Natur in Madrids Umgebung eine Attraktion bereit: die *Sierra de Guadarrama*, deren breite Wand man von Madrid aus stets vor Augen hat. Die Sierra, Grenzscheide zwischen nordwestlicher und südöstlicher Meseta, ist das Ziel der Madrider in den Ferien und am Wochenende, Zuflucht bei allzu großer Hitze im Sommer, Ski-Dorado im Winter und zu allen Jahreszeiten ›Pulmón de Madrid‹, Lunge Madrids. Neben kahlen Kuppen und Hängen mit hochstämmigen Pinien, über denen sich Schneegipfel erheben, bietet die Sierra die schroff gezackten Kämme der *Pedrizas*, die Bergsteiger anlocken, vor allem der ›Vogelfelsen‹, ›Risco del Pájaro‹ und die ›Felskante‹, ›Canto del Tolmo‹. Das 100 Kilometer lange Bergmassiv, das Alt- und Neukastilien trennt, scheidet sich in zwei große Blöcke, die Somosierra mit vorwiegend dunkelgrauen Schiefern und die Guadarrama mit hellgrauem Gneis. Aus der Ferne erscheint das Gebirge blauviolett. So sah es auch das Malerauge des Velázquez, als er den Landschaftshintergrund zu seinem Bild ›Der Infant Baltasar Carlos zu Pferd‹ auf die Leinwand brachte. Das ›Dach‹ der Sierra ist die *Peñalara* mit 2430 Metern; nur wenig darunter liegen die ›Eisenköpfe‹, ›Cabezas de Hierro‹, mit 2383 Metern. Über der 2000-Meter-Grenze trifft man auch zwei Seen an, Peñalara und Los Pájaros, zu deren Ufern manchmal bis zum Juni die Schneegrenze hinunterreicht.

Wo die nähere Umgebung Madrids landschaftliche Akzente entbehrt, haben die Könige mit Burgen, Schlössern und Gärten nachgeholfen, darin der Île-de-France vergleichbar. Den absolutistischen Herrschern verdanken wir eine Vielzahl herrlicher Bauten, bei deren Errichtung auf die Kosten wenig Rücksicht genommen werden brauchte. Dörfer warten mit Kastellen auf, Palacios wachsen unmittelbar aus dem bräunlichen, steinigen Grund der Meseta empor. Einer der Feudalsitze, *El Pardo*, liegt gleich nördlich von Madrid, und wir berühren ihn, wenn wir bei Manzanares el Real den Fuß des Guadarrama-Gebirges erreichen wollen.

Der Palast, schon im Mittelalter Königssitz, wurde unter Karl v. und Philipp ii. neugestaltet und nach einer Brandkatastrophe im 17. Jahrhundert restauriert. Franco hat hier bis zu seinem Tod gewohnt und regiert. Das platereske Portal des von Ecktürmen eingerahmten Vierflügelbaus stammt aus dem Jahre 1545. Die Prunkräume enthalten erstklassige Kunstschätze, namentlich Tapisserien, doch auch Werke der großen spanischen Maler, so Goyas ›Pelele‹, ›Strohmann‹. Im Schloß können Empfangsräume und Privatappartements besichtigt werden, ebenso das ›Trianon‹ des Palastes, die *Casita del Principe*, wie der ihr zugehörige Park. Als Karl iv. noch Infant war, ließ er den Miniaturpalast erbauen, wie es heißt, um in der strengen Hofsphäre unter Karl iii. eine Zuflucht der Heiterkeit und des Lebensgenusses zu besitzen. Eines der Deckenfresken stammt von Goyas Schwager Bayeu. In einstündigem Fußmarsch erreicht man von hier aus den kleinen Zarzuela-Palast, der den Volksopern den Namen gegeben hat. Heute residiert die Königsfamilie dort.

Folgt man dem Río Manzanares, der in der gleichnamigen ›Pedriza‹ der Sierra de Guadarrama entspringt, flußaufwärts, so gelangt man in ein Zentrum der Kampfstierzucht, die kleine Stadt *Colmenar Viejo*, im Mittelalter Zankapfel der Consejos, Ratsversammlungen, von Madrid und Segóvia. Die Iglesia parroquial, durch ihren 50 Meter hohen Turm weit erkennbar, besitzt einen bis zum Gewölbe reichenden platesken Hochaltar. Die Skulpturen stammen von Francisco Giralte, die an Raffael geschulte ›Verkündigung‹ schuf Sánchez Coello (1574); der ›Asunción‹ ist die Kirche geweiht. Eine romanische ›Mutter mit Kind‹ thront mit einer Goldkrone in der nahen Ermita de la Virgen de los Remedios. Wer von der Jungfrau Heilung von Gebrechen erwartet, pilgert in diese Eremitei aus dem 13. Jahrhundert.

Bei *Manzanares el Real* im Vorgebirge ist der Fluß zur *Embalse de Santillana* ausgeweitet, so genannt nach dem Marqués, der das Stauwerk hat ausführen lassen. Die Santillanas saßen in dem mächtigen Kastell am Ufer des Sees, dem größten der Provinz Madrid. Ein unterer Mauerring umschließt den eigentlichen gebieterischen Festungsbau. Aus seinen runden Ecktürmen wachsen wieder kleinere Rundtürme, deren Gemäuer symmetrisch mit Halbkugeln bespickt ist. Zeitweise gehörte die Burg den Mendozas aus Guadalajara. Der Sohn Diego Hurtado de Mendozas, des Admirals von Kastilien, Don Iñigo, war der erste Marqués von Santillana und erste Graf von Manzanares el Real. Am Musenhof Juans II. gewann er dichterischen Ruhm.

Schon ganz in der Sierra liegt das *Kloster El Paular*, die früheste Kartause Kastiliens (1390) und heute von Benediktinern aus Monserrat bewohnt. Zum Renaissance-Portal unter einem großen Bogen gelangen wir über die Plaza de la Cadena, den Kettenplatz, dessen Name an die Grenze der klösterlichen Gerichtsbarkeit erinnert. Den Bauplan des Monasterio lieferte Rodrigo Alfonso, der Architekt der Kathedrale von Toledo. Der spätgotische Hauptaltar ist in quadratische Felder eingeteilt, mit vergoldetem Maßwerkgespinst über biblischen Szenen. Der isabellinische Kreuzgang trägt ein Tonnengewölbe, dessen Gurte, eine seltene Konstruktion, wie Kielbogen geformt sind. Paular ist nicht das einzige Kloster im Bereich des Guadarrama-Gebirges. Als weitaus bedeutender und ranggleich mit Guadalupe und Monserrat gilt ein anderes, freilich keine Wallfahrtsstätte, sondern Mönchsklause, Königsresidenz und Mausoleum in einem: El Real Monasterio de San Lorenzo de El Escorial.

El Real Monasterio

In einem hinterlassenen Brief trug Karl v. seinem Sohn Philipp ii. auf, ihm nach seinem Tod eine würdige Begräbniskirche zu errichten. Philipp, der stets ein gutes Verhältnis zu seinem Vater unterhielt und mit ihm die missionarische Idee eines Reiches Gottes auf Erden verwirklichen wollte, empfand den Auftrag als Verpflichtung. Schon bald begann er mit seiner Ausführung, aufwendiger, als es der Vorstellung des abgedankten Kaisers im klösterlichen Refugium von Yuste entsprochen haben mochte. Der Bau über Karls letzter Ruhestätte sollte zugleich ein Pantheon der habsburgischen Dynastie in Spanien werden. Und mehr noch: Philipps eigentliche Residenz und Kanzlei sowie Heimstätte spanischer Hieronymiten-Mönche. So entstand auf einem 1100 Meter hohen Plateau am Anstieg des Guadarrama-Gebirges, von Madrid leicht erreichbar, das dem heiligen Laurentius gewidmete Kloster *El Escorial*. Das Wort bedeutet ›Schlackenhalde‹ und war der Name eines dort befindlichen Pueblos. »Zu Ehren und im Namen des heiligen Laurentius«, heißt es in der Gründungsurkunde, »und zum Gedächtnis der Gnade und des Sieges, die uns Gott an seinem Namenstag verliehen hat.« Unter dem Sieg ist der von Saint Quentin im Krieg gegen Frankreich zu verstehen, der unter dem Kommando Philiberts von Savoyen Ende August 1557 errungen wurde. Das Datum stimmt mit dem Namenstag von San Lorenzo (10. August) nicht überein, doch an diesem Tag hatte der Monarch das Gelübde getan, im Falle der Einnahme der Stadt dem Heiligen eine Kirche zu weihen. Bei den Kämpfen in Saint Quentin brannte die dortige Laurentiuskirche nieder. Darum meint man auch, daß Philipp mit einer neuen Behausung für San Lorenzo sein schlechtes Gewissen erleichtern wollte.

Der König wählte den Platz selber aus, und er wählte ihn gut. Denn die Gegend des Dorfes El Escorial war fruchtbar, reich an Quellen und Rinnsalen, an kleinen Wäldern mit Pinien, Eschen und Eichen, reich auch an Tieren, seien es Hirsch, Eber, Fuchs, Kaninchen oder Eichhörnchen. Die Kräuter des Gebirges, Zistus, Lavendel und Thymian, verbreiteten angenehme Düfte. 1562 begann man, das Gelände für das große Werk herzurichten. Philipp, der sich auf Architektur verstand und die Italiener hochschätzte, betraute den in Italien geschulten Juan Bautista de Toledo mit den Plänen. Ihm assistierten Juan Herrera, Juan de Valencia und der Klosterbruder Fray Antonio de Villacastín, der auch den kleinen Palast Karls V. in Yuste gebaut hatte. Öfter griff Philipp in Planung und Baugestaltung ein. Es wird behauptet, er habe vom Palacio Real in Madrid aus mit einem Fernrohr die 1563 eingeleiteten Bauarbeiten verfolgt. Dies ist nicht gesichert; glaubwürdiger erscheint, daß er von einer natürlichen Terrasse des Guadarrama-Gebirges aus auf die Baustelle kritisch hinabblickte. Die Stelle wird heute noch lokalisiert und heißt ›Silla de Felipe II.‹. Als der leitende Architekt 1567 verstarb, trat Herrera die Nachfolge an. Auf ihn führt man die nüchterne, asketische, abweisende Gestalt des gigantischen Klosters zurück, vor allem aber die niederen Turmpyramiden mit Laternenaufsatz, die als ›Herrera-Türme‹ in ganz Spanien Schule gemacht haben; selbst das Gebäude des Indienrats in Sevilla weist sie auf, ganz zu schweigen von Madrid, das noch im 18. Jahrhundert eine Stadt der Herrera-Türme gewesen ist und auch heute noch deren eine ganze Anzahl besitzt.

Die Königsburg El Escorial ist ein mächtiges Viereck, wie der Alkazar in Toledo und der 1734 abgebrannte Alkazar von Madrid. Man sagt – aber auch dies ist wenig wahrscheinlich –, der Grundriß mit den geometrisch exakt eingefügten Hof-Quadraten solle den Rost darstellen, auf dem der heilige Laurentius das Martyrium erlitten hat und mit dem er gewöhnlich abgebildet wird. Alles an dem mächtigen Vierflügelbau fügt sich zum Monumentalen und Massiven; dies drückt sich schon in den Zahlen aus – 16 Höfe, 12 Kreuzgänge, 86 Treppen, 1200 Türen, über 2000 Fenster. Die harten Außenfronten vermitteln den Eindruck des Verschlossenen, Undurchlässigen, auch Unlebendigen. Hierzu trägt das verwendete Material bei, Granit der Sierra de Guadarrama, der allerdings die Eigenschaft besitzt, die Farbe zu wechseln. Doch meist erlebt man ein monotones, kaltes Grau der riesigen Steinmasse, von der Rudolf G. Binding einmal gesagt hat, daß »keine Ader in ihr schlage«.

Die streng abgezirkelten Bautrakte mit ihren messerscharfen Linien gehören zwar noch der Renaissance an, doch schon meldet sich der Geist des Barock, eines Barock freilich ohne Dekor, ›desornamentado‹, ohne Schwung und Musikalität des Stils. In Spanien gibt man dieser barocken Sonderform eine eigene Bezeichnung, indem man vom ›estilo escorialense‹ spricht. Er ist der Landschaft der Meseta, doch auch dem Wesen der Hispanität gemäß. Vor allen Dingen verdeutlicht er aber die Sinnesart des königlichen Bauherrn, seine strenge Verschlossenheit, seinen absoluten Machtanspruch, seine Ehrerbietung vor der religio, als deren Diener er sich weiß, nicht zuletzt sein übersteigertes, religiös verbrämtes Selbstbewußtsein: Yo el Rey, Ich der König, stehe Gott am nächsten, verteidige die königliche Ordnung, die eine göttliche Ordnung ist.

Ungeduldig verfolgte Philipp das fortschreitende Werk auf der damals größten Baustelle der Welt. Zum Transport der gewaltigen Granitblöcke des Hauptportals mußten bis zu vierzig Ochsen vorgespannt werden. Als man noch an den Obergeschossen arbeitete, zogen bereits die Hieronymiten in eine Notunterkunft des Dorfes ein und warteten in Gebeten auf den Umzug. Die Gründungsurkunde war am 22. April 1567 von Philipp selbst abgefaßt worden. Er dankte darin für die von Gott empfangenen Gnadenerweise und bestätigte seine Absicht, in seinem Reich den heiligen Glauben zu erhalten. »In der Überlegung«, so endete der Text, »daß der Kaiser und König, Unser Herr und Vater, nachdem er zu Unseren Gunsten auf seine Reiche verzichtet und sich in das Kloster des heiligen Hieronymus von Yuste zurückgezogen, so oft den Wunsch geäußert hatte, zusammen mit der Kaiserin und Königin, Unserer Herrin und Mutter, in einem guten Grabe beigesetzt zu sein; und nachdem auch Wir selbst entschieden haben, daß, wenn Gott sich Unser auf Erden genug bedient haben wird und Uns von hinnen ruft, Unser Körper an derselben Stelle beigesetzt werden soll – so gründen und bauen Wir nun das Kloster des heiligen Laurentius, des Königlichen, in der Nähe des Dorfes El Escorial.« In der Nacht vom 11. zum 12. Juni 1571 schlief der König zum ersten Mal in der neuen Klosterburg.

Die Klosterkirche

Die Hauptfassade im Westen erinnert mehr an eine Kaserne oder ein Gefängnis als an ein Kloster. Die machtvolle Front, die entgegen dem ursprünglichen Plan auf Philipps Geheiß einen weiteren Oberstock erhielt, mußte aus der Distanz des großen freien Platzes davor, den eine Skizze Herreras erkennen läßt, monolithisch-erhaben gewirkt haben. Der Platz ist jetzt durch eine gegenüberliegende Häuserreihe verkleinert, ein Ort der Touristengaststätten, der parkenden Busse, der Devotionalienstände.

Der monumentale Mittelrisalit der Fassade gleicht einer Kirchenfront mit acht Halbsäulen im unteren und vier im oberen Part. Über dem Eingang sieht man zweimal das Relief des Rostes, das Attribut des heiligen Laurentius, der, mehr als vier Meter hoch, über dem Königswappen in einer Nische steht. Durch eine Vorhalle tritt man in den *Patio de los Reyes*, benannt nach den alttestamentlichen Königen Josaphat, Ezechias, David, Salomo, Josias und Manasse aus dem Hause Juda, den einzigen, die Philipp II. wohl als über sich stehend anerkannte. Die Statuen der biblischen Monarchen stehen,

mit Eisenkronen auf den Häuptern, auf dem Fassadengesims
der Klosterkirche am Ende des Hofes. Über breite Stufen steigen wir zum Eingang des Sanktuariums empor. Trotz des
rechteckigen Grundrisses ist der Raumeindruck der eines
lateinischen Kreuzes, bei dem sich über der Vierung die
wuchtige Kuppel erhebt; sie ist erst im Sommer 1582 fertiggestellt worden, abgeschlossen durch eine gewaltige Eisenku-
gel, auf der ein Kreuz steht. Das dreischiffige Innere mit seinen mächtigen Pfeilern ist majestätisch, doch kalt, in seinem
nüchternen Pathos römisch. 43 Altäre stehen an den grauen
Mauern, eine ungeheure hagiographische Sammlung. Hinter
dem Kuppelraum von 90 Metern Höhe führen Stufen zum
Chorabschluß, den der als mächtige Wand gestaltete
Hauptaltar – 26 Meter hoch – ganz ausfüllt. Statuen von Kirchenvätern, Aposteln, Johannes des Täufers und der Jungfrau
umgeben die manieristischen Altarbilder der Italiener Zuc-
caro und Tibaldi. Luca Cambiaso, Luqueto genannt, bemalte
das Tonnengewölbe des Chors, wobei er sich selbst und den
Architekten Villacastín in jene Gruppe setzte, »die an der
Schwelle der Herrlichkeit des Himmels kniet«. Der Architek-
ten-Mönch erblindete übrigens später am Star. Auf seinen
Wunsch hat man ihn 1603 nach seinem Tod vor der Zelle, die
er jahrzehntelang bewohnte, im Kreuzgang beigesetzt.

Die Fresken in den übrigen Gewölben, die man im Vergleich zu Herreras strengem Stil als etwas leicht empfinden
könnte, haben die Italiener Pellegrino Tibaldi, Trezzo und
Luca Giordano ausgeführt, dessen Kompositionen besonders
hervorzuheben sind. Der in die Chor-Rückwand eingefügte
Retablo stammt von Juan Bautista Comane und Pedro
Castello. Dorische, ionische und korinthische Säulen gliedern
die drei übereinandergesetzten Bilderreihen. In einer Nische
der untersten Reihe erhebt sich ein als Rundtempel gearbei-
teter Tabernakel, den Giacomo (Jácomo) da Trezzo in 7 Jahren geschaffen hat. Statuen von Aposteln und Kirchenvätern
sind das Werk von Leone und Pompeo Leoni. Die Kreuzi-
gungsgruppe im Giebelfeld stammt von Pompeo Leoni.

In einer der Chorkapellen der rechten, der Epistelseite zieht
Benvenuto Cellinis Gekreuzigter von 1562 den Blick auf sich.
Philipp konnte aus seinen Gemächern unmittelbar zum Gebet
in die Capilla hinabsteigen. Das Bildwerk durfte, als man es
hierher brachte, nicht im Wagen befördert, es mußte auf
Anordnung des Königs getragen werden.

Am stärksten beeindrucken im Chor die kniend und
betend wiedergegebenen Figuren Karls V. und Philipps II., die
lebensgroß und lebensecht mit ihren Familien in den Orato-
rien beiderseits des Altares, sozusagen in Proszeniumslogen,
zu sehen sind. Die bronzenen Statuen, Werke von Pompeo
Leoni, dem Sohn Leone Leonis, sind vergoldet, ihre Prunk-
mäntel und -gewänder mit Schmucksteinen besetzt. Man
sieht auf der linken Seite Kaiser Karl, seine frühverstorbene
Gemahlin Isabel von Portugal, die kaiserlichen Schwestern
María und Eleonora sowie die Tochter María. Philipp II. ist
auf der rechten Seite von drei seiner Gemahlinnen, María von
Portugal, Elisabeth von Valois und Anna von Österreich,
sowie dem unglücklichen Infanten Don Carlos umgeben.
María erscheint in ihrem 18. Lebensjahr, als sie bei der
Geburt des Infanten starb, und dieser 23jährig; das war sein
Alter, als er in väterlicher Haft aus dem Leben schied. Der
König hat den mißratenen Sohn posthum wieder in die Fami-
lie aufgenommen. Hingegen fehlt unter den Frauen Philipps
die englische Maria.

Pompeo Leoni, der Bildhauer, geriet später in die Fänge der
Inquisition. Kaiser Karl, damals in Yuste, wandte sich ärger-
lich an den Großinquisitor Vasquez und trat für den Künstler ein, »der meine und des Königs Büsten gefertigt und sie
auf derselben Flotte, mit der ich selber hierhergekommen bin,
nach Spanien gebracht«. Doch das Heilige Offizium war dem
Monarchen gegenüber souverän, es konnte allenfalls das
Urteil mildern. Im Falle Leonis lautete die Antwort, der Ver-
klagte sei wegen Verbreitung »gewisser lutherischer Sätze«
bereits verurteilt, einem Autodafé beizuwohnen und ein Jahr
in einem Kloster als Gefangener zu leben.

Durch den Claustro principal mit Fresken von Tibaldi – darunter ein in leuchtenden Farben gehaltener ›Jesus im Tempel‹ – gelangt man über eine enge und steile Treppe in die Krypta unmittelbar unter dem Hochaltar, das *Pantheon der Könige*, einen oktogonalen Kuppelbau. Auf halbem Wege liegt zur Linken der ›Pudridero‹, der ›Verwesungsraum‹, in dem die Särge mit den Verstorbenen zehn Jahre blieben, ehe man sie im Pantheon beisetzte. Der ursprüngliche Plan eines schlichten Kolumbariums wurde vom dekorfreudigen 17. Jahrhundert aufgegeben, das den unterirdischen Raum mit Marmor und Goldbronze auskleidete. Zwischen korinthischen Pilastern stehen je vier mit Beschlägen verzierte Holzsärge in Nischen übereinander, links vom Altar die Könige, rechts die Königinnen, jedoch nur jene, die Nachkommenschaft hatten. Die Nischen gleichen den Fächern einer Sakristei-Kommode. Nichts von der feierlichen, individuell geprägten Grablege der Staufer in Palermo, der Avis in Batalha, der Plantagenets in Fontevrault. Es fehlen Philipp v. und seine Gemahlin Isabella Farnese; sie wollten in ihrem Lustschloß La Granja jenseits der Sierra de Guadarrama beigesetzt sein. Von Ferdinand vi. und seiner Gemahlin Bárbara de Braganza, die man gleichfalls vermißt, haben wir in Madrid erfahren, daß ihr Grabmal dort in der Kirche Santa Bárbara steht. Alfons xiii., 1941 in Rom gestorben, fand in der Ewigen Stadt seine letzte Ruhestätte.

Die Phantasie führt uns in die Habsburgerzeit zurück, wenn wir Namen wie Karl v., Philipp ii., der iii. und iv. lesen; die von Tizian, El Greco, Coello, Rubens, Velázquez gemalten Porträts dieser Herrscher sind uns gegenwärtig. Auch Karl ii., der letzte und Schwächste von allen, liegt in der Königsgruft des Escorial, und wir denken an das Wort, daß die Habsburger bisweilen mit ihrem Mangel an Erben ebensoviel Pech hatten wie mit ihren Erben selbst. In den Jahren vor seinem Hinscheiden hat Karl ii. sich oft bei den Toten seines Hauses aufgehalten, einmal sogar die Särge öffnen lassen. Als er den Leichnam seiner frühverstorbenen Gemahlin Marie-Louise von Savoyen erblickte, brach er zusammen und schwor, ihr bald zu folgen. Auch sein Vater Philipp IV., in seiner Jugend Bonvivant, war in älteren Jahren darauf versessen, in Gesellschaft der Toten zu sein. Stundenlang betete er vor den Sarkophagen seiner Vorfahren und seinem eigenen, bereits vorbereiteten Sarg. Den Sarkophag Karls V. hatte auch er zu öffnen befohlen. Seine Vertraute, die Nonne María de Jesús aus Agreda, war die einzige, die davon erfuhr. »Ich sah die Leiche des Kaisers«, schrieb Philipp, »dessen Leib noch unverwest ist, obgleich er vor 96 Jahren starb. Daraus kann man ersehen, wie reich der Herr ihm alles, was er in seinem Leben für den Glauben getan, vergolten hat. Das tröstete mich sehr, ganz besonders, als ich mich in die Betrachtung des Ortes versenkte, an dem ich einst liegen werde, wenn Gott mich von hinnen genommen hat. Ich betete zu Ihm, daß Er mich nie wieder vergessen lasse, was ich dort sah.«

An das Pantheon der Könige schließt sich das der Infanten an. Bei diesen ruhen auch die unfruchtbaren Königinnen, die frühverstorbenen Prinzen und Prinzessinnen, die Bastarde. Neben dem Grab des Don Carlos zieht vor allem das des Don Juan d'Austria die Besucher an; als Steinbildwerk liegt der Halbbruder Philipps II. auf seinem Sarkophag. Der Sieger von Lepanto, Sohn Karls V. und der Barbara Blomberg, war als Statthalter der Niederlande vom Fleckfieber befallen worden. Er starb im Taubenhaus eines Bauerngehöfts. In seiner Prunkrüstung trug man ihn durch das Spalier seiner Truppen zur Kathedrale von Namur. Der Prinz hatte den Wunsch geäußert, sein Grab im Escorial zu finden. Doch die Überführung durch Frankreich warf Probleme auf. Neben politischen Bedenken wären beim königlichen Rang des Verstorbenen auch erhebliche Repräsentationskosten entstanden. Philipp war zwar freigebig, wenn es um Ausgaben für die Kirche, um seine Bauten oder den Erwerb von Kunstschätzen ging, sonst aber haushälterisch. So hat man den Leichnam

Don Juan d'Austrias dreifach zerteilt und in den Sattel-
taschen von Kurierreitern nach Spanien gebracht.

Ähnlich wie Karl v. in Yuste, ließ dessen Sohn und Nachfolger seine ›habitación‹ in unmittelbare Nähe des Allerheiligsten legen. Im Thronsaal steht ein schlichter Stuhl erhöht
unter einem quadratischen Baldachin; die Rückwand nimmt
ein Gobelin mit der Kreuzigungsszene ein; zu beiden Seiten
hängen flämische Tapisserien mit mythologischen Allegorien:
Herakles trägt die Weltkugel, Atlas das Astrolabium, das
wichtigste Navigationsinstrument der Entdecker. Die anschließenden Privaträume Philipps sind denkbar einfach ausgestattet, mehr Klause als Wohnräume eines Fürsten. Im
Arbeitszimmer stehen ein Schreibtisch, ein Bücher- und Akten-
ständer, ein Lehnstuhl. Nur wenige, darunter der Beichtvater,
hatten hier Zugang. Im bescheidenen Schlafraum hängt
außer einem Kruzifix das Bild ›Die Sieben Todsünden‹ von
Hieronymus Bosch. Vom Alkoven aus konnte der König
durch ein Schiebefenster auf den Hochaltar der Klosterkirche
blicken und der Messe folgen. Von diesen mönchischen
Gemächern aus, die Meier-Graefe als »Brutstätte finsterer
Träume« bezeichnete, wurde jahrelang ein Weltreich regiert.
Einer der umstrittensten Monarchen der Geschichte hat hier
in einsamen Entschlüssen darum gerungen, wie er eine Vielzahl von Staaten nach Gottes Wohlgefallen lenken und sein
Seelenheil sichern könne.

Philipp II.

Am 25. Oktober 1555 übergab Karl v. im großen Saal von
Brüssel die Niederlande seinem Sohn Philipp. Karl erschien
als der Abdankende ganz in Schwarz und ermahnte den
Infanten vor allem zum Festhalten am Glauben der alleinseligmachenden Kirche. Am 16. Januar 1556 ließ Karl die
Übergabe von Kastilien, Aragón, Sizilien und ›Indien‹ (Amerika) folgen. Außerdem wurde Philipp Souverän des burgundischen Ordens vom Goldenen Vlies und der spanischen
Orden von Santiago, Alcántara und Calatrava.

Der neue Herrscher verfügte nicht über das leutselige Wesen seines Vaters; er war unnahbar und trotz seines gebietenden Auftretens im Innersten unsicher und ängstlich. Von seinen Besuchern verabschiedete er sich nicht wie der kaiserliche Vater mit herzlichem Händeschütteln; ohne sich umzusehen, verschwand er in seinen Gemächern und ließ seine Gesprächspartner ohne verbindliche Geste allein. Mit den Jahren wurde seine Menschenscheu immer offensichtlicher; er mied Zusammenkünfte jeder Art und zog es vor, alle seine Amtsgeschäfte schriftlich zu erledigen. Hierbei tat er seinen Willen durch Randnotizen auf den ihm vorgelegten Akten kund, von denen noch viele erhalten sind. Sie waren meist kurz, zurechtweisend, schroff. Er rühmte sich, die Welt »auf zwei Zoll Papier« zu regieren. Noch später zog er sich fast gänzlich zurück und zeigte sich dem Volk allenfalls einige wenige Male im Jahr auf der Galerie des Escorial, die auf dem Weg von seinen Privatgemächern zur Capilla Mayor lag. Zuletzt tat er auch dies nicht mehr. Die Scheu vor der Öffentlichkeit brachte es auch mit sich, daß er im Gegensatz zu seinem Vater kaum Reisen unternahm. Nachdem er den Kaiser 1548 zum Augsburger Reichstag begleitet hatte, blieb er vier Jahrzehnte in der von ihm gegründeten Stadt Madrid und der ihm gemäßen Klosterburg El Escorial; nur wenige unumgängliche Visiten stattete er einigen spanischen Städten ab.

Philipp war alles andere als ›vital‹. Er aß und trank wenig. Die Jagd, das Vergnügen der Könige, mochte er nicht; nur gelegentlich widmete er sich ihr in Aranjuez. Asketisch wirkte auch sein Äußeres, wie Coello es auf dem Prado-Bild festgehalten hat: in schwarzer spanischer Hoftracht mit randlosem Zylinder, Spitzenkrause und Spitzenärmeln, auf der Brust, an einfachem Band, den Orden vom Goldenen Vlies, in der Hand den Rosenkranz. Allerdings war Philipp, als noch nicht Mißtrauen, Menschenverachtung, kalter Fanatismus und doktrinäre Verbohrtheit sein Inneres verfinsterten, freundlicher, dem Leben zugetan, auf sein Aussehen nicht ohne Eitelkeit bedacht; so sah Tizian den Infanten.

Obwohl blond und blauäugig, war dieser erste eindeutig spanische Habsburger vom Typ und vom Erbteil her nahezu ganz Romane. Sein Ururgroßvater Friedrich III. hatte eine Portugiesin, sein Urgroßvater Maximilian eine französische Burgunderin (mit einer portugiesischen Großmutter) zur Frau. Sein frühverstorbener Großvater Philipp der Schöne war mit der Spanierin Juana, der Tochter der Katholischen Könige, verheiratet, in deren Ahnenreihe sich, weit zurückliegend, Westgoten und schwäbische Staufer befanden. Karl V. schließlich, der Vater, war mit der Portugiesin Isabella, der Tochter Manuels des Glücklichen aus dem Hause Avis, vermählt. Im Gegensatz zu dem in Gent erzogenen Vater wuchs Philipp im spanischen Ambiente auf, sprach neben mühelos beherrschtem Latein vor allem Spanisch, und in Gent, bei der Machtübernahme, mußte er sich eigens entschuldigen, daß er des Flämischen so wenig mächtig war.

Schon die Häuser Kastilien und Aragón hatten vorwiegend ihre Frauen unter sich gesucht oder allenfalls im benachbarten Portugal. Nachdem Habsburg in den Kreis der iberischen Dynastien eingetreten war, beschränkten sich die Brautwerbungen auf den Heiratsmarkt von Madrid, Wien und Lissabon. Sie führten in allen drei Hauptstädten zur Dekadenz der Königshäuser, am auffälligsten in Madrid und Lissabon, wo Karl II. und Sebastião an dem traurigen Ende der vielmaligen Inzeste stehen. Philipp darf wohl nicht mit diesem Extrem biologischen Verfalls verglichen werden, aber er war angekränkelt. Man vergesse nicht, daß Juana la Loca, seine Großmutter, alles andere als normal gewesen ist. Das Erbe machte sich schon bei Karl V. bemerkbar, aber bei Philipp spürbarer. »Alles Trübe, Schwere und Matte des Vaters«, folgerte der Historiker Gerhard Ritter, »erscheint bei ihm, dem Abkömmling so vieler Verwandtenehen, noch gesteigert, die burgundisch-ritterliche Kampfeslust völlig verblaßt.«

Philipp liebte das Kriegshandwerk nicht, dem sich sein Vater zumindest noch gelegentlich, wenn auch ohne Fortune, gewidmet hatte – Karls Feldherren wie Pescara oder Söldnerführer wie Frundsberg schlugen die wirklich erfolgreichen Schlachten. Auch der Sohn führte Kriege, die im Verfolg seiner Machtpolitik unumgänglich waren, aber er nahm selbst nicht daran teil. In die aufrührerischen Niederlande schickte er seinen Neffen Alexander Farnese und den hart zugreifenden Herzog von Alba. Der Duque leitete auch die Operationen, die 1580 notwendig waren, um das dynastisch verwaiste Portugal für Spanien zu besetzen. An diesem Feldzug zur Durchsetzung seiner Erbansprüche, die ihm durch seine portugiesische Mutter und ebenfalls durch seine portugiesische Frau zugefallen waren, nahm er selbst teil, freilich nur als Schlachtenbummler aus der Ferne.

Der König war in erster Linie Bürokrat. Geradezu pedantisch führte er Buch über sein Riesenreich, ließ er die Fäden des Imperiums im kleinen Arbeitszimmer des Escorial zusammenlaufen, unterhielt er Gesandte, Agenten, Spitzel in seinen eigenen Ländern und im Ausland, ja beim Heiligen Stuhl. Wie man einen eingespielten Nachrichtendienst aufbaut, hatte er, für den der Zweck die Mittel heiligte, von seinem Vater übernommen. Eines seiner Prinzipien war Geheimhaltung. Auch hochgestellte Beamte durften nur in ihrem eigenen Ressort Bescheid wissen. Einblick in das ganze Räderwerk hatte allein der König, der ein unermüdlicher Bearbeiter von Akten war. Weniger die Effektivität dieser rastlosen Arbeit zwingt uns zur Bewunderung, als die Menge der bewältigten Vorgänge. Selbst im Wagen auf holprigen Straßen beugte sich der König über Berichte. Im Arbeitszimmer seiner Klosterburg von El Escorial saß er in den Nächten über Bilanzen gebeugt. Er gab im Fanatismus unermüdlicher Bestandsaufnahme eine Statistik Spaniens in Auftrag, deren sechs Bände sich noch in der Bibliothek dieser merkwürdigen Residenz befinden. Zu exakten Aufzeichnungen gesellte sich ein erstaunliches Gedächtnis des Monarchen, zumal in personellen Fragen. Als man einmal die politische Brauchbarkeit eines hohen Beamten rühmte, wandte der König ein: »Aber von seinen Liebschaften haben Sie nichts erwähnt.«

Nach Laune verschenkte oder entzog Philipp seine Gunst. Seine Umgebung fürchtete ihn, auch wenn er lächelte. Die Diener meinten, vom Lächeln des Monarchen bis zum Messer seien es keine zwei Fingerbreit. Selbst die heilige Teresa von Ávila, die bekanntlich nicht auf den Mund gefallen war und sich des Wohlwollens des Königs erfreute, wurde unter seinem Blick unsicher. Immer sprach er leise, doch dies gerade verunsicherte sein jeweiliges Gegenüber. Dann sagte der König ›sosiego‹, ›Beruhigt Euch‹, ein typisch spanisches Wort und ein Lieblingswort Philipps.

Durch nichts ließ sich der Monarch aus der Fassung bringen, nie ließ er zu, daß eine Sache zu wichtig genommen wurde. Als sein Halbbruder Don Juan d'Austria bei Lepanto die größte Seeschlacht des Jahrhunderts gewonnen hatte, rühmten die Höflinge, wie mutig der Prinz gewesen sei. »Zu mutig«, erwiderte Philipp – doch freilich spielte hier die Eifersucht auf den vom Glück Begünstigten mit. Auch der Untergang der Armada, der Flotte, die der König gegen das protestantische England ausgesandt hatte und die 1588 vor der Küste des Inselreiches den Stürmen zum Opfer fiel, erschütterte ihn nicht, zumindest nicht wahrnehmbar. »Ich habe Krieg geführt gegen Menschen, doch nicht gegen das Meer.« Dies sein Kommentar zur Unglücksmeldung des Herzogs von Medina, der die Armada befehligt hatte.

Philipp II. hat in der Zwiespältigkeit seines Naturells auch seine ansprechenden Seiten gehabt, als Kunstsammler, als Musikfreund, in der Beziehung zu den Mitgliedern seiner engeren Familie. Hatte er auch, wie alle absolutistischen Herrscher, Mätressen, so war er doch seinen drei Gemahlinnen und mehr noch seinen Töchtern gewogen, zumal Isabel Clara Eugenia, der späteren Regentin der Niederlande, die er in ihren Gemächern im Escorial, den seinen benachbart, öfter besuchte und an die er zärtliche Briefe richtete; er beriet sie darin sogar in Kleiderfragen.

Unter Philipp II. hat Spanien seine größte Machtstellung erreicht. Wegen der aufblühenden Künste, vor allem der Lite-

ratur, erhielt seine Zeit den rühmenden Beinamen des ›Siglo de Oro‹, des ›Goldenen Zeitalters‹, das ihn noch ein halbes Jahrhundert überdauern sollte. Dennoch bleibt die Frage offen, ob der König Spanien, dem Land und seinem Volk, Glück brachte. Gewiß, er hat das Verkehrsnetz verbessert, die heimische Wirtschaft durch Schutzzölle gefördert, den Geldumlauf vermehrt. Doch die Kosten seiner Kriege, seiner Weltpolitik, die das Königreich aufbringen mußte, haben dessen Ressourcen weit überstiegen. Gold, Silber und Edelsteine aus den Kolonien waren nicht nur Gewinn, sie bewirkten auch eine Art Inflation. Die Latifundien der Kirche, des Adels wuchsen ins Unermeßliche. Der Boden wurde ruiniert durch einseitige Weidewirtschaft. Dreimal, 1556, 1575 und 1596, mußte der König den Staatsbankrott anmelden, zum Schaden seiner deutschen und genuesischen Gläubiger, doch auch der eigenen Nation. Aber nicht die innere Wohlfahrt war Philipps Hauptanliegen. Ihm ging es um die äußeren Machtziele Spaniens, die in allem im Einklang standen mit der Verteidigung des katholischen Glaubens. Er gab spanische Gelder aus, um die Türken zu bekämpfen, die Johanniter auf Malta zu unterstützen, dem Luthertum in Deutschland Halt zu gebieten.

Stundenlang lag der ›blutige Bürokrat‹ vor Kruzifixen, Heiligenbildern, Reliquien auf den Knien. Die Abwehr aller nur denkbaren Angriffe auf die Religion galt ihm noch mehr als das Staatsinteresse – soweit beides in seiner Vorstellung nicht identisch war. Wenn er sich auch den Zielen der Kirche unterordnete, war er sich aber als der König seiner Position auch in geistlichen Dingen durchaus bewußt. Ein Kirchenfürst, der seine Amtsbefugnis überschritten hatte, wurde zurechtgewiesen: »Kardinal, noch bin ich der Herrscher dieses Königreichs.«

Als in der Madrider Residenz der Tod den Monarchen anrührte, entzündete sein Beichtvater eine Sterbekerze. »Noch nicht«, wehrte der König ab. Zwei Stunden später brachte man ihn im Tragstuhl – der heute noch im Escorial gezeigt wird – unter Qualen zu seiner Klosterburg. Dort ging

es mit ihm zu Ende. In seinem Schlafraum sagte er kurz vor
seinem Tod am 13. September 1598: »Seht mich an: dahin
führt die Welt und alle Königreiche zuletzt.« Der zweite
Habsburger auf dem spanischen Thron wurde in einen Sarg
aus dem Holz der Galione ›Las cinco Llagas‹, ›Die fünf
Wundmale‹, gebettet; das Schiff hatte zur siegreichen Flotte
von Lepanto gehört. Auf Geheiß des Verstorbenen beteten
Mönche für dessen Seele Tag und Nacht. Eine Engländerin,
die 1804 die Klosterkirche besichtigte, teilte mit, daß die
Gebete damals immer noch gesprochen worden sind.

Museo, Biblioteca, Palacio

Bei der klerikalen Luft, welche die graue Granitmasse von El
Escorial durchweht, vergißt man immer wieder, daß das
Monasterio neben dem Opus Dei auch den anderen Zwecken
diente. Es war Königswohnung und darin dem Kloster Mafra
bei Lissabon verwandt, das die Dynastie Braganza bewußt
dem Escorial angeglichen hatte – das Gold Brasiliens hatte ihr
diesen Riesenbau ermöglicht. Auch beherbergt der Escorial
die nach Madrid bedeutendste Bibliothek Spaniens, eine der
wertvollsten der Welt. Ferner ist die Klosterburg am Guadarrama-Gebirge Museum. Kunstschätze verteilen sich auf
Kapitelsaal, Sakristei und Antesakristei, auf Säle, Gemächer,
Gänge und auf das Große Treppenhaus, dessen Gewölbe
Luca Giordano mit einem gewaltigen Deckengemälde versehen hat, auf dem Karl V. und Philipp II. ihre Kronen der
Heiligen Dreifaltigkeit darbieten; Menschenmassen bilden
zusammen mit Wolkenballen einen riesigen Knäuel, und Karl
II., der Auftraggeber des Freskos, beobachtet das Schauspiel
der bewegten Apotheose. Auf einem Fries verherrlicht der
Hofmaler des letzten Habsburgers über 100 Jahre später die
siegreiche Schlacht von Saint Quentin.

Anläßlich der Vierhundertjahrfeier der Gründung des
Escorial, 1963, hat man einen großen Teil der Gemälde in
einer besonderen Raumfolge, den *Salas de Pintura*, zusammengefaßt. Hier begegnen wir bedeutenden Meistern Spani-

ens und des übrigen Europa, sehen Hieronymus Boschs Schöpfungs-Triptychon, Dürers ›Schwertlilie‹, Tizians ›Ecce Homo‹. Neben dem Sevillaner Valdés Leal, dem realistischen Maler von Vergänglichkeit und Verwesung, sind der Valencianer Ribera (›Il Spagnoletto‹) und der Hofmaler Alonso Sánchez Coello vertreten, dieser letzte mit einem seiner lebensnahen Porträts Philipps II., einem Altersbild mit dem ›Toisón de Oro‹, dem ›Orden des Goldenen Vlieses‹. Aber an die erste Stelle der Bilder im Escorial möchte man die Werke des El Greco setzen: ›San Ildefonso empfängt das Diktat der Jungfrau‹ und ›San Pedro‹; der Apostel trägt ein Gewand in dem typischen Greco-Blau. Mit 32 Jahren hatte der Meister von Toledo den ›Traum Philipps II.‹ gemalt, ein Gegenstück zu Tizians ›Gloria‹ in Yuste. In schwarzem Cape kniet der König auf der Scheide zwischen Seligen und Verdammten und betet die von Engeln umgebenen Initialen Christi an. Das Bild mag den Beifall des Monarchen gefunden haben, denn er beauftragte El Greco, für den Escorial ein ›Martyrium des hl. Mauritius‹ zu malen, jenes römischen Legionsoffiziers, den Maximian nach Gallien entsandt hatte, um Christusgläubige zu verfolgen; wegen seiner Weigerung erlitt er im Wallis das Martyrium. Grecos Darstellung des Vorgangs gehört zum Großartigsten, was der aus Kreta stammende Künstler geschaffen hat. Die himmlische Sphäre – auf Wolkenschleiern schwebende Engel – breitet sich verklärt in der oberen Bildhälfte aus. Im unteren, dem irdischen Bereich, ist die Geschichte der Blutzeugenschaft in mehreren Szenen erzählt, die weit in den Bildhintergrund führen; ganz vorne steht der gepanzerte Santo mit seinem Knappen, der den Helm mit geschlossenem Visier in Händen hält. Der Greco-Manierismus der langgestreckten Figuren und der leuchtenden Farbigkeit ist in diesem Frühwerk schon ganz ausgebildet, wenn auch noch nicht der glühende Mystizismus späterer Werke. Bei den sprechenden, typisch spanischen Gesichtern darf man annehmen, daß der Meister Zeitgenossen porträtiert hat. Seltsamerweise fand das Tafelbild Philipps Gefallen nicht.

Statt seiner bestimmte der König für den Mauritius-Altar ein
viel schwächeres Werk des Florentiners Romulo Cincinnato.
El Greco, der die Stellung des Hofmalers erhofft hatte, erhielt
diese nicht und kehrte nach Toledo zurück. Kein Nachteil für
den Maler, denn dort umgab ihn das eigentliche geistige
Klima für sein Schaffen.

Neben dem Bildermuseum können wir ein solches der
Architektur besuchen. Es verwahrt Pläne, Veduten, Modelle
zur Baugeschichte des Escorial.

Die *Bibliothek* der Klosterfestung ist in einer Halle mit Tonnendecke untergebracht, die mit ihren Fresken von Tibaldi
und Carducci an die Stanzen des Vatikan erinnert. In den
Schränken von Juan Herrera stehen die Bände – insgesamt
40 000 – mit dem Goldschnitt nach außen; dies hat man,
obwohl wenig praktisch, seit der Zeit Philipps II. beibehalten.
Drehbare Vitrinen mit besonders köstlichen Ausstellungs-
stücken und ein Astrolabium nehmen die Mitte der Halle ein.
Königsbilder hängen zwischen den Schränken, darunter die
Porträts Karls V., Philipps II., Philipps III., Karls II.

Die Biblioteca Principal, dies ihr offizieller Name, trägt
vorzugsweise geistlichen Charakter. Philipp II. hatte mit dem
Sammeln der Bücher begonnen, doch wegen angeblich zu
hoher Preise ließ er sich manches Stück entgehen. Eigens in
Auftrag gegebene Breviere, Missale, Chorbücher werden mit
den Meßbüchern des Königs und seines Vaters in der Biblioteca gezeigt. Bis ins vorige Jahrhundert lagen die bibliophilen
Kostbarkeiten auf Tischen mit einem Gitter darüber.

1671 brach in der Bibliothek ein Brand aus, an den heute
noch verkohlte Teile der Wandtäfelung erinnern. Die Mönche warfen viele kostbare Folianten aus den Fenstern in den
Patio, dazu andere Objekte wie ein Banner aus der Schlacht
von Lepanto. Dieses fing Feuer, das auf die Bücher übergriff.
Ein Drittel der Bestände ging verloren. Auch der Bürgerkrieg
hat Lücken geschlagen. Ein besonders teures Stück, eine Apokalypse für Margarethe von Österreich (1428/35) die 1936

abhanden kam, kehrte 1963 in einem Paket aus Frankreich anonym zurück.

Zweimal konnte die Bibliothek zu Philipps Lebzeiten durch Geschenke und Erbschaft erweitert werden. Granada vermachte dem Escorial Handschriften Isabellas der Katholischen, und der spanische Gesandte in Venedig, Diego Hurtado de Mendoza, hinterließ 1575 dem König griechische, lateinische und arabische Skripte, darunter einen Cicero aus Mainz von 1465, eines der frühesten Druckerzeugnisse. Auf den Schmuckleisten des Breviers der Isabella ist das Pfeilbündel, das Emblem der Königin, abgebildet. Ein Kommentar zur Apokalypse des Beatus von Liébana enthält Illustrationen von stilisierter romanischer Architektur und Weinernte-Szenen mit Rebmessern, wie sie heute noch in Gebrauch sind. Im Códice Vigilano, einer Konzilgeschichte von 976 aus Nordspanien, sehen wir Adam und Eva; ihre Feigenblätter gleichen riesigen Fächern. ›Mariengesänge‹ Alfons' des Weisen von Kastilien enthalten die volkstümliche Legende von einer gestohlenen Hostie. In der Biblioteca Principal finden wir außerdem noch ein goldenes Evangelienbuch, das Kaiser Heinrich III. für den Speyerer Dom in Auftrag gegeben hatte, eine illuminierte Apokalypse Marias von Ungarn, einer der beiden Schwestern Karls V., die Memoiren der Teresa von Ávila, das ›Libro de su Vida‹ aus den Jahren 1565/66, von der berühmten Heiligen eigenhändig niedergeschrieben.

Die große Zahl mittelalterlicher Handschriften, die der Escorial sein eigen nennt, zeugt von der kulturellen Leistung der Klostergemeinschaften auch in Spanien. Nur die strenge Ordnung der Klöster konnte den Bienenfleiß so vieler schreibender Hände bewirken, nur in der klausnerischen Stille entstand die Unsumme von Kalligraphie und Buchmalerei, wie sie uns überreich in der Biblioteca principal der spanischen Könige vor Augen liegt.

Auch die Bourbonen richteten sich in dem Klosterschloß ein. Doch dessen Geist war der ihre nicht. Sie versuchten, heitere Arabesken und Schnörkel dem düster-schweren Komplex hinzuzufügen, aber das Lebensgefühl des Rokoko konnte im Escorial keine Heimstatt finden. Seidentapeten, verspielte Uhren, Empire-Geschirr im Stile der bourbonischen Etablissements im Madrider Schloß paßten nicht in das Bethaus an der Sierra de Guadarrama. Die Zeit war fortgeschritten. Spaniens Führungsanspruch in der katholischen Welt blieb nicht mehr unangefochten, der habsburgische Dogmatismus war mit der Dynastie erloschen, die Aufklärung hatte auch die Köpfe der Monarchen von Gottes Gnaden erreicht.

Karl iv. kniete nicht stundenlang versunken vor einem Altar, und schon gar nicht Marie Luise von Farnese. Die Bourbonen wünschten ein wohnliches Domizil und richteten ihren Wohnpart im Palacio des Escorial entsprechend ein. Dennoch hielten sie sich nur gelegentlich hier auf, ähnlich wie die letzten Braganzas im portugiesischen Mafra. Die Düsternis des grauen Steins erdrückte sie. Nur im Tode kehrten sie für immer im Monasterio Real de San Lorenzo ein.

Juan de Villanueva, dessen Namen mit der Neugestaltung Madrids unter den Bourbonen so eng verbunden ist, hat auch bei der Ausgestaltung des Palacio im Escorial Hand angelegt. Die Räume halten sich an spätes Rokoko und frühes Empire, einen Stil, den man in Spanien ›línea fernandina‹ nennt, denn Ferdinand vii. war neben seinen Eltern Auftraggeber für den Palastausbau. Im Saal der Botschafter sehen wir Tapisserien nach Entwürfen von Bayeu und eine von Felipe López ausgemalte Decke, Porzellan aus Sèvres, im Pompeji-Saal außer Pompejanischem, das nach der Entdeckung des Ruinenfeldes Schule machte, Modefiguren aus der Zeit. Die Wandbilder des *Antecomedor*, Vorraum des Speisesaals, bieten Szenen aus dem flämischen Soldatenleben nach Vorlagen von Teniers und Wouwerman, der *Comedor de Gala* Gobelins, die unter anderen nach Goyas berühmten Entwürfen gefertigt sind. Solche finden wir auch im *Antedormitorio*, dem Ankleidezimmer Karls IV., darunter die ›Fiesta de San Antonio de la Florida‹, außerdem, nach Rubens, Szenen aus dem Leben des Telemach. Im Schlafzimmer selbst steht des Königs Mahagoni-Bett mit reicher Verzierung an Goldbronze-Beschlägen. Im *Dormitorio* der Königin hängt ein Bild der königlichen Familie vor einem Triumphbogen. Ein mächtiger Krug aus Talavera trägt das Wappen des Priors Fray Antonio de San Jerónimo, der 1729 bis 1735 in El Escorial amtierte. Weiße Seide, mit Weinlaubmustern bestickt, ist die Verkleidung des königlichen *Oratorio*; die Stühle sind mit dem gleichen Stoff bespannt. Der Boden weist kunstvolle Intarsien auf.

In den französischen Gärten, die sich im Osten an das Monasterio anschließen, hat Karl III. durch Villanueva zwei *Casitas*, kleine Paläste, für seine Söhne anlegen lassen, die Casita de Abajo für den späteren Karl IV., die Casita de Arriba für dessen Bruder Gabriel. Die 1772 errichteten Rundbauten verraten die Schule Palladios. Als vor Jahren König Juan Carlos in Madrid studierte, wohnte er hier.

Von der Fernstraße Madrid-Villacastín sieht man, wenn man in das Guadarrama-Gebirge einfährt, aus Distanz ein riesiges Kreuz aus dem grauen Felsmassiv herausragen. Das 150 Meter hohe Monument gehört zu dem *Monasterio de la Santa Cruz del Valle de los Caídos*, eines Klosters mit einer ins Gestein geschlagenen Kirche von 262 Meter Länge und 41 Meter Höhe. Alles ist hier, im hochgelegenen Tal Cuelgamuros, ins Gigantische geraten, selbst die Evangelisten am Fuß des Kreuzes. Franco hat die gewaltige Anlage zum Gedenken der Bürgerkriegstoten beider Parteien errichten und 1959 weihen lassen. In der Kirche befindet sich das Grab des 1936 in Alicante erschossenen Falangistenführers José Antonio Primo de Rivera. Man ist erschüttert von der Katastrophe, die ein Volk wie ein Naturereignis überfallen hat, und dennoch läßt der Ort des Geschehens ebenso kalt wie andere monströse Memorials, sei es das Völkerschlachtdenkmal bei Leipzig oder das Monumento Vittorio Emanuele in

Rom. Von kunstgeschichtlichem Wert sind in der Kirche acht Brüsseler Gobelins von Willem Panmaker; sie stellen Bilder der Apokalypse dar und wurden 1553 von Philipp II. erworben. Das ›Tal der Gefallenen‹ demonstriert die Tendenz der Ära Francos, Nation und Religion auf einen Nenner zu bringen, nach der Losung ›Por Dios y España‹. Beide Begriffe wurden gemeinsam gebraucht und finden sich auf jedem Denkmal des Bürgerkriegs. Die Idee der Einheit von Staat und Gottesstaat wurde, nach dem spanischen Gefühl für Tradition, aus dem ›Goldenen Zeitalter‹ übernommen und – in ganz anderer Bewußtseinslage – politisch ausgemünzt. Das Franco-Regime usurpierte das Emblem der Katholischen Könige, Joch und Pfeilerbündel. Die Verquickung von Welt und Überwelt bleibt nicht ohne Eindruck.

Nach Aranjuez

Von El Escorial gelangt man nach Süden fahrend auf der Straße M 600 bequem nach Brunete. Von dort erreicht man den Río Guadarrama, der bei Toledo in den Río Tajo mündet, und die sehenswerte kleine Stadt *Boadilla del Monte*, eingebettet in Pinien- und Erlenwäldchen und ertragreiche Gemüsegärten. Wir stoßen auf einen Palast, dessen Wappen neben Kastell, Löwen und Alcántara-Kreuz die Lilie zeigt, also den aus Frankreich stammenden Bourbonen zuzuweisen ist. Der Palacio mit seiner klaren, schmucklosen Front, Frühform des Klassizismus, wurde auf Wunsch des Bruders von Karl III., Don Luis, erbaut, der einer morganatischen, vom König nicht erwünschten Ehe wegen am Hofe Persona ingrata war. In der Palastkapelle liegt die Gemahlin Manuel de Godoys, die Gräfin von Chinchón, begraben – Godoy, der ›Friedensfürst‹ und Günstling am Hofe Karls IV., gewinnt bei einem Besuch im nahen Aranjuez geschichtliches Profil. Nicht weit von Boadilla entfernt steht das anmutige Schloß von *Villaviciosa de Odón* mit seinen hohen Mauern und seinen Rundtürmen, denen man anmerkt, daß Herrera im Spiele war; in der Tat leitete er nach der Zerstörung der Anlage im Comunero-Aufstand die Renovierungsarbeiten. Als Bárbara von Braganza 1758 starb, zog sich ihr königlicher Gemahl Ferdinand VI., depressiv und nicht mehr sinnesklar, nach hier zurück, wo er ein Jahr später gleichfalls aus der Welt schied. Man glaubt, beim Anblick des schweren und düsteren Bauwerks und zahlreicher Zypressen die Melancholie des Bourbonenkönigs und Bruders Karls III. nachzuempfinden. Godoy wurde nach dem gegen ihn gerichteten Aufstand in Aranjuez in diesem klosterartigen Kastell inhaftiert, bis zu seiner Ausweisung nach Frankreich. In der Calle de Agua 31 des Landstädtchens wohnte Karl V., als er 1517 aus Flandern erstmals nach Spanien kam, in eine Welt, die dem jungen Habsburger damals noch fremd und unbehaglich vorgekommen sein muß, die er aber im Verlauf der Jahrzehnte zu der seinen machte. Bei *Móstoles* schließlich münden wir in die Carretera ein, die nach Extremadura führt, und wir können der Verkündigungskirche am Ort einen Besuch abstatten, deren Backstein-Apside von lanzettenförmigen Mudéjar-Blendarkaden verziert ist; ihr oberer Teil stammt aus neuerer Zeit.

An der Nationalstraße 401, der Madrider Ausfallstraße in Richtung Toledo, liegt ein Städtchen von eher dörflichem Charakter, das ebenfalls einer kurzen Rast wert ist: *Illescas* mit dem von Kardinal Cisneros gegründeten Hospital de la Caridad, das allein fünf Grecos sein eigen nennt, wobei man ermessen kann, für welche Plazierung zwischen oft geringwertigem Kircheninventar die bestellten Tafelbilder ursprünglich bestimmt gewesen sind, die man heute fast nur museal erlebt: eine ›Verkündigung‹, eine ›Mariengeburt‹, eine ›Marienkrönung‹ mit den für den Maestro typischen Schleierwolken; zahlreiche Putti, die nahezu churrigueresk wirken, umschwirren ›San Ildefonso, der das Diktat der Jungfrau empfängt‹, ein Gegenstück zu dem Bild im Escorial; endlich eine ›Jungfrau der Barmherzigkeit‹, die ihren Mantel über eine Reihe von Hidalgos breitet – sicher Auftraggeber, die auf ihre Porträts Wert legten. Illescas mit einem Mudéjar-Turm, der mit denen Andalusiens konkurrieren kann, war früher eine wichtige Stadt Neukastiliens, deren Rang daraus zu ersehen ist, daß sich Franz I., König von Frankreich, und Eleonore, Schwester Karls V., hier erstmals begegneten, ehe sie sich vermählten; der Kaiser war zugegen.

Südlich von Madrid, nach etwa 45 Kilometer Fahrt, erreicht man den Río Tajo, der, in der Region Levante entsprungen, hier schon eine beträchtliche Breite hat. Von dichtem Baumwuchs umgeben, der dem Wasser eine grüne Färbung gibt, erinnert der Fluß an Altrhein-Arme. Dort wo der Río Jarama in den Río Tajo einmündet, ist Spaniens Versailles entstanden, eine Oase verfeinerten Lebensgenusses, die in entschiedenem Gegensatz steht zur weltfeindlichen, asketischen Strenge von El Escorial. Und doch hat der gleiche König, der die Kloster-Residenz errichten ließ, auch diese Anlage der Paläste, Pavillons und Terrassen, der Parks, Wasserfälle und Fontänen begründet, deren Namen vor allem durch die ersten Worte von Schillers ›Don Carlos‹ dem deutschen Bewußtsein eingeprägt ist: *Aranjuez*.

Da war bereits ein Haus der Santiago-Ritter gewesen. Doch Philipp II. wünschte sich an diesem Ort, der durch seinen Wasserreichtum Fruchtbarkeit versprach, ein zweites Buen Retiro. Er beauftragte seine Hausarchitekten Juan Bautista de Toledo und Juan de Herrera mit dem Bau des *Palacio*. Er verordnete, daß niemand sonst hier bauen durfte. Die Häuser, die bereits auf dem Baugrund standen, ließ er abreißen; die Eigner entschädigte er.

Aber erst die Bourbonen haben aus Aranjuez das gemacht, was es heute noch ist. Philipps V. Architekt Giacomo Bonavía gab dem Palacio sein barockes Gesicht, das ihn den berühmtesten Schöpfungen des Absolutismus an die Seite stellt. Wie zeitgenössische Veduten erkennen lassen, hatte der ursprüngliche Einflügelbau drei Portale; der Portikus und der geschwungene Aufsatz auf dem Oberstock sind spätere Zutat.

Der Turm von Santa María in Illescas

Auch fehlten die Gärten. Wo sich heute Parks ausdehnen, war niederer Wildwuchs. Erst Karl III. hat nach französischem Vorbild die beiden Seitenflügel durch Sabatini anbauen lassen, so trefflich anempfunden, daß man heute meinen möchte, sie seien von Anfang an in die Gesamtkonzeption einbezogen gewesen. Das Gitter, das die so entstandene *Plaza de Armas* abgrenzt, ist neueren Datums. Die mit dem Bau maßgeblich verbundenen Monarchen zieren als Standbilder die Fassade. Sie tragen Eisenkronen wie die alttestamentlichen Könige der Escorialkirche. Die Sockelinschriften lauten ›Philippus II. instituit‹, ›Philippus V. provescit‹, ›Ferdinandus VI. consumavit‹ – ›Philipp II. errichtete‹, ›Philipp V. erweiterte‹, ›Ferdinand VI. benützte‹ den Palast. Die Erweiterung bezieht sich auf den nahezu vollständigen Neuaufbau, der nach dem Brand von 1727 notwendig geworden war.

Ähnlich wie die Bourbonenräume des Palacio Nacional in Madrid oder des Escorial vereinen die Saal- und Zimmerfluchten, die Salones und Antesalones, ›Comedores‹ und ›Antecomedores‹, ›Dormitorios‹ und ›Rocadores‹, Toilettenzimmer, des Palastes von Aranjuez verschnörkeltes und verspieltes Barock, zierliches Rokoko, antikisierendes ›Empirio‹, eine Fülle von Satinbehängen, allegorische Fresken, Sopraportas, Rocailles, Lüster, Gobelins, Spiegel sowie eine große Zahl von bildlichen und gegenständlichen Reminiszenzen an die vom Sonnenkönig abstammende Dynastie der spanischen Bourbonen, die heute wieder, wenn auch konstitutionell und mehr repräsentativ, über Spanien herrscht. Man sieht Prunkbetten von Königen und Königinnen, bauchige Kommoden aus Mahagoni, seidenbespannte Stühle, Chinoiserien, Mosaikböden und immer wieder die virtuosen, nach allegorischem Klischee komponierten Deckenbilder eines Luca Giordano, eines Zuceran Gonzales Velázquez, eines Santiago Amiconi. En fresco kann man erfahren, welches die Kardinaltugenden Ferdinands VI. gewesen sind, des im Irrsinn verstorbenen zweiten Bourbonenkönigs, nämlich Gerechtigkeit, Religion, Reichtum, Freigebigkeit, Friede, und muß sich dann belehren lassen, daß sich unter Karl IV. die Tugenden ein wenig geändert haben, denn für ihn sind Gerechtigkeit, Wissen, Wohlanständigkeit, Gesetz allegorisch an die Wand fixiert. Von Villanueva wurde die Kapelle angelegt, für deren Ausmalung Bayeu verantwortlich zeichnete.

Die Besichtigung der unteren Räume des Palacio Real ist ein Gang durch die Geschichte. In Vitrinen sind die Herrscher, die zwischen diesen Mauern gelebt haben, als Modepuppen in Prachtgewändern ausgestellt. Man geht durch den rekonstruierten Thronsaal der Katholischen Könige und sieht hinter Glas Mäntel und Fächer des Hofes.

Der Bourbonenpracht entronnen, zieht man sich, wie einst die gekrönten Häupter, in die wohltuende Stille der Park-Arrangements zurück, des Parterre- und Inselparks, des Parks des Prinzen und der Statuen. Wer Ruhe sucht, findet sie hier, doch er ist nicht allein, denn er schlendert durch die Alleen und Parkwege in Gesellschaft wohl aller Götter und Halbgötter, welche die Phantasie der antiken Mythologen ersonnen hat. Die Ulmen der Parkanlagen hat noch Philipp II. hier anpflanzen lassen. Zu ihnen gesellen sich Zedern, Eichen, Eschen, Erlen, Linden.

Kilometerweit folgt man der Calle de la Reina, und noch immer findet die weitläufige Parkfläche des Jardín del Príncipe kein Ende. Eine Rotunde mit geschnittenen Hecken, dann ein hohes schmiedeeisernes Tor, und man blickt durch einen Parkweg auf einen zweiten, kleineren Dreiflügelbau, das ›Trianon‹ von Aranjuez, die *Casita del Labrador*, das intime ›Haus des Landmanns‹. Zurückzukehren zum Landleben, zur Natur, zum Bukolischen aus der Pseudo-Natur des Rokoko, der Perücke, des Zopfes, das war in der zweiten Hälfte des 18. Jahrhunderts in ganz Europa Mode – und doch auch wieder nur Natur aus zweiter Hand, Schäferromantik nach der Vorstellung intellektuell versponnener Naturschwärmer. In der Casita del Labrador war man von der harten Arbeit des eigentlichen Landmanns weit entfernt.

Aber immerhin hat dieses Rousseausche ›Zurück zur Natur‹

Werte geschaffen und so auch als eine Scheinwelt voll Grazie
diesen reizvollen Lustsitz des Königs Karl IV. in Aranjuez
mit seinen Götterstatuen in Fassadennischen und zwanzig
Kaiserbüsten auf den arkadenartigen Vorbauten der Seitenflügel und den Pfosten des Gitterzauns, der das Miniatur-
schloß gegen den Park abschließt.

Was man im Hauptpalast des ›Real Sitio de Aranjuez‹ –
dies der offizielle Name – wahrgenommen hat, kehrt hier wieder, vielleicht etwas sublimer, intimer und näher dem Empire.
Gleich zweimal sind in den Sälen und Salons die vier Elemente allegorisch vertreten, daneben Vogelplastiken und eine
Vielzahl von Uhren – Karl IV. hatte die gleiche Uhrenpassion
wie Kaiser Karl V. Eine besonders skurrile steht in der *Gale-
ria Pompeyana*, die ihren Namen von der Ausmalung im
pompejanischen Stil hat; das verkleinerte Abbild der Säule
auf dem Vendôme-Platz in Paris entpuppt sich bei genauerem
Hinsehen als eine Spieluhr. Im *Salon de Baile*, dem Tanzsaal,
auf dessen Muldendecke fast nur der blaue Himmel aufge-
malt ist, steht ein Rokoko-Tisch aus grünem Malachit sowie
ein riesiger Sèvres-Krug mit griechischen Heroen und goldenen Akanthusblättern, und im Treppenhaus für die Diener-
schaft lehnen sich en fresco Leute in den Kostümen des
Empire über ein Geländer; in braver Pedanterie und verblüffend genau ist hier wiederholt, was Goya in San Antonio de
la Florida in Madrid genialisch erfunden hat. Die Kapelle des
königlichen Landhauses hat wiederum Bonavía als Architekten (1748), wobei man ihm anmerkt, daß er Fachmann für
Theaterbauten gewesen ist.

Im Jardín del Príncipe, in einer Schleife des Río Tajo, liegt
die *Casa de Marinos*, die Karl III. als Werft für Flußboote hat
anlegen lassen. Heute sind hier Luxusbarken der Bourbo-
nenkönige ausgestellt. Tritonen und Nereiden bilden als
Goldbeschläge die Bordierung der Góndola Philipps V.;
Koren tragen den Baldachin über dem Königssitz. Über der
Galionsfigur des Prachtschiffes von Karl IV. prangt das
Königswappen, zu den Seiten bläst je ein Engel Posaune.

Tajoaufwärts können wir in der *Cortijo Real de San Isidro* haltmachen, einem Mustergut, das Karl III. für seinen Bruder Juan errichten ließ und das heute noch im Besitz des Königshauses ist. Um die Backsteinkapelle mit Säulenportikus gruppieren sich akkurat angelegte Häuserblocks. Um 1950 hat man hier eine Sozialsiedlung für Landarbeiter gegründet, nach einem Modell, das auf das 18. Jahrhundert zurückgeht. Damals schufen die spanischen Bourbonen bei Caserta in Unteritalien eine ähnliche Idealkolonie als sozialpädagogisches Experiment.

Die schachbrettmäßig angelegte *Stadt Aranjuez* im Süden der Schloß- und Parkanlagen stammt ebenfalls aus der Bourbonenzeit; der Bau und die Versorgung der Nebenresidenz haben die Gründung notwendig gemacht. Karl III. ließ hier 1765 die Kirche San Pascual bauen, für die Mengs die Fresken malte. Zwei Jahre später wurde bei Anwesenheit des Königs in der Nähe das heute noch erhaltene Rokoko-Theater eingeweiht, wobei die damals gefeierten Primadonnen Clementina und María Teresa Pellescia sangen. Casanova war zugegen und lobte später das Milieu in seiner ›Histoire de ma vie‹.

In der Calle José Antonio 13 steht ein Gebäude aus dem 18. Jahrhundert, in dem sich jetzt das Hotel Pastor befindet. Das dezente, schmucklose Herrenhaus hat drei Geschosse. Es spielte in der Nacht vom 17. auf den 18. März 1808 eine welthistorische Rolle, als der Pöbel den Hausherrn, den sogenannten ›Friedensfürsten‹ und ersten Diktator im modernen Sinne, unter dramatischen Umständen in diesen Mauern festnahm. Es war das erste Grollen des sich bald auslösenden Ungewitters: der spanischen Volkserhebung, die als Guerillakrieg in die Geschichte eingehen sollte.

Der Friedensfürst

Der zwielichtige Held des Dramas, Manuel de Godoy, hatte eine steile Karriere hinter sich. Als Sohn eines verarmten Hidalgo 1767 – zwei Jahre vor Napoleon – in Badajoz geboren, kam er 17jährig nach Madrid, wo er rasch einen Offiziersposten bei den ›Guardas de la Real Persona‹, der königlichen Garde, erlangte. Er war damals eine imponierende Erscheinung, kräftig gewachsen, voll frischen Unternehmungsgeistes. Bald fiel er María Luisa von Parma, der Gemahlin des Thronfolgers Karl, auf und wurde, obschon 17 Jahre jünger, ihr Liebhaber. Zugleich gewann er die Sympathie des Infanten, der über die Liaison María Luisas hinwegsah oder sie nicht wahrhaben wollte. Er antwortete auf entsprechende Hinweise, Mitglieder königlicher Familien würden nicht hintergangen, da ihre Frauen es sich nicht leisten könnten, Verhältnisse unter ihrem Stande einzugehen. Im übrigen war Godoy nicht der erste Galan der Kronprinzessin, und Napoleon sollte später zu Talleyrand über sie urteilen: »Ihre Geschichte ist ihr ins Gesicht geschrieben. Brauche ich mehr zu sagen?«

Der Parvenu aus Badajoz steigt rasch empor, als der alte König, der ihn nicht gemocht hat, stirbt und der Prinz von Asturien als Karl IV. Nachfolger wird. Er avanciert zum Generalleutnant, zum Ritter des Goldenen Vlieses, zum Mitglied des Staatsrats, zum Herzog von Alcudia. Mit 25 Jahren ist er Minister und als solcher unumschränkter Herrscher über Spanien. Und so eng gehört er jetzt zum Herrscherpaar, daß man von der »irdischen Dreifaltigkeit« spricht.

Godoy ist ehrgeizig und eitel, doch nicht dumm. Er setzt in dem erstarrten spanischen Regierungsapparat Reformen durch, wie er auch die in den Zeiten der Habsburger ausgewiesenen Juden wieder ins Land läßt. Am meisten müssen wir Godoy loben, weil er Goya protegierte. Später erwirbt er dessen ›Caprichos‹ für den Staat. Goya malt den Herzog von Alcudia zweimal in der Montur seiner hohen Charge als

Generalleutnant. Ein Reiterbild ist verlorengegangen. Doch als Glanzstück der Academia de San Fernando in Madrid gilt Goyas großformatiges Gemälde, auf dem Godoy lässig auf einem Fauteuil ausgestreckt ist, in reichverzierter Uniform, einen Brief in der Rechten, zur Seite die Fahne Portugals – warum, das werden wir noch sehen. »Die fleischige Hand«, so kommentiert Henry V. Morton unfreundlich das Bild, »die über die Sessellehne herunterbaumelt, erinnert nicht an die Säbel, die sie gezückt, sondern an die Wangen, die sie getätschelt hat.«

Natürlich hat der Pascha am Hof von Madrid und Aranjuez neben der Königin, von deren Kindern zwei vermutlich die seinen sind, noch andere Geliebte. Seine Mätresse Pepa Tuto, die er später heiraten wird, ist das Ärgernis María Luisas. Godoy setzt es durch, daß Pepa den Rang einer Gräfin erhält.

Nun ist ein so mächtiger Mann wie der Herzog von Alcudia nicht nur Hofmann, Causeur, Intrigant, Gegenstand des Hofklatsches, er wird durch seine Stellung unweigerlich in die große Politik hineingezogen. Als das 18. Jahrhundert zu Ende geht, geschieht nördlich der Pyrenäen der säkulare Umbruch, die Grande Révolution fegt die französischen Bourbonen vom Thron, die Republik stürzt die Macht von Adel und Klerus. Die gekrönten Häupter Europas sehen dem nicht tatenlos zu, erklären als Koalition der Republik den Krieg, und auch das monarchistische Spanien nimmt gegen die Sansculotten von Paris Stellung. Ein voreiliger Entschluß, denn die königlichen Truppen werden geschlagen. Im Frieden von Basel 1795 (in dem bekanntlich Preußen aus der Einheitsfront gegen die Revolution ausschert) beendet Godoy den anfangs populären, doch dann verwünschten Feldzug und erhält jenen Titel, unter dem er in die Geschichte eingehen wird. ›Príncipe de la Paz‹, ›Friedensfürst‹. Indem er die Kusine des Königs, María Teresa, Gräfin von Chinchón, heiratet, wird sein Verhältnis zum Königshaus familiär sanktioniert. Die Ehe sollte jedoch später katastrophal enden; von

der Herzogin ist das Wort bei der Geburt ihrer Tochter überliefert: »Ich hasse ihn so sehr, daß ich nicht imstande bin, dieses Kind zu lieben.«

Doch dieses Wort ist nach Godoys Sturz gesprochen. Bei
Abschluß des Friedens von Basel steht der Stern des Príncipe
de la Paz am Zenit. Er erhält die Charge eines Generalissimus, ein Rang, den es bisher im spanischen Heer nicht gegeben hat, und beansprucht für sich die Anrede ›Durchlauch-
tigste Hoheit‹. Den König vertritt er beim Vorsitz im Rat.

Inzwischen hat die politische Entwicklung in Frankreich
Napoleon ans Ruder gebracht. Wie man weiß, stellte sich vor
allem England, das um das europäische Gleichgewicht fürchtete, gegen die napoleonische Expansion. Der Korse auf
Frankreichs Thron antwortete mit der Eröffnung des Wirt-
schaftskrieges gegen die Briten und sperrte in der von ihm
erfundenen Kontinentalsperre die Häfen des Festlandes für
das Inselkönigreich jenseits des Kanals. Auch Portugal sollte
sich den englischen Schiffen verschließen, doch das Haus Braganza wehrte sich in traditioneller portugiesisch-englischer
Freundschaft gegen das Ansinnen. Und nun marschierten die
Franzosen 1801 in das kleine Land ein, wobei Godoy – Spanien war inzwischen Verbündeter Frankreichs – den Durch-
marsch gestattete. Er hoffte, nach dem Sieg die im Süden
Portugals gelegene Algarve als eigenes Fürstentum zu gewinnen, als Dank für die geleistete Schützenhilfe. Als Generalissimus stand er selbst mit im Feld. Es wurde allerdings kaum
geschossen. Die Operation erhielt den Spottnamen ›Oran-
genkrieg‹, weil Godoy der Königin zum Zeichen seiner
›Eroberungen‹ einen in Portugal gepflückten Orangenzweig
übersandte. Damals verloren die Portugiesen einige Grenz-
orte, so Olivenza in Extremadura, an Spanien, und diese Orte
sind bis heute spanisch geblieben.

Napoleon schickt unterdessen immer neue Truppen auf die Iberische Halbinsel, insgesamt 100 000 Mann. Schon weiß man nicht mehr, ist Frankreich Bundesgenosse oder Okkupant? Das Volk sieht in dem Friedensfürsten, der seines opulenten Lebensstils und seiner Liaisons wegen ohnehin verhaßt ist, einen Kollaborateur. Auch den Thronfolger Ferdinand hat Godoy gegen sich. Als der bis dahin Allmächtige fortgesetzt Staatsgelder dem Kaiser der Franzosen zuspielt, beginnt es im Volk zu gären. Und als Murat, Napoleons Schwager, mit einem Marsch auf Madrid den spanischen Stolz mit Füßen tritt, entlädt sich im Frühjahr 1808 die Wut der Massen in einem der typisch spanischen ›Pronunciamientos‹. Der Plebs stürmt Godoys Palacio in Aranjuez. In der Dachkammer verkriecht sich der Friedensfürst unter einem Stapel von Teppichen. Als er nach 36 Stunden, vom Hunger bezwungen, hervorkriecht, wird er von der Menge mißhandelt und in Villaviciosa eingesperrt. Nur durch Napoleons Intervention kommt Godoy wieder frei.

Doch er muß mit der Königsfamilie ins Exil. Denn Napoleon, der jeden gegen jeden ausspielt, hat als Herrscher Spaniens bereits seinen Bruder Joseph vorgesehen, dessen Inthronisierung dann schließlich den Befreiungskrieg gegen Frankreich, den man in Spanien Halbinselkrieg nennt, auslöst. Die ›irdische Dreifaltigkeit‹ – das unverbrüchliche Terzett König, Königin und Godoy – bleibt auch in der Verbannung zusammen. Nach verschiedenen Exil-Orten sehen wir sie in der Villa Borghese in Rom wieder, und indem sie ihren einstigen Nimbus auskosten, inszenieren sie eine gespenstische Modenschau: Vor geladenen Gästen zieht Manuel de Godoy seine längst abgelegten Prunkgewänder wieder an, die Uniform des Staatsrats, des Großadmirals, des Generalissimus. »Wie schön er ist!« ruft die Königin entzückt. Vielleicht sieht sie in dem alternden und verfetteten Bonvivant immer noch den charmanten Kadetten von einst.

Der Friedensfürst überlebt das Königspaar und seinen Ruhm. Das Schicksal hat ihm auferlegt, nach seinem jähen

Sturz noch 43 Jahre zu existieren, als ewiger Querulant, der keine eigene Schuld erkennt. In Paris erreicht ihn endlich die Rehabilitation durch Isabella II.; nach der Restauration ist Godoy keine Gefahr mehr. Er erhält seine Liegenschaften zurück, doch deren neue Eigentümer denken nicht daran, sie ihm zu übergeben. Prozesse über Prozesse. Verarmt und vergessen stirbt der Friedensfürst 1851. Er ruht auf dem berühmten Friedhof Père-Lachaise in Paris.

Auf der Autobahn weiter nach Süden erreicht man nach wenigen Minuten Fahrtzeit Ocaña, eine mittelalterliche kleine Stadt mit arkadenumsäumter Plaza Mayor, dem Palast der Herzöge von Frías im isabellinischen Stil, aus dem späten 15. Jahrhundert, und einem Karmeliterinnenkloster, in dem Gedenkstücke an die Santa Teresa verwahrt werden. Die Mudéjar-Kirche Santiago besitzt Kapellen aus der späten Gotik; gotisch ist auch Ocañas Pranger. Joseph, der Bruder Napoleons, hat hier 1809 überlegene spanische Streitkräfte geschlagen.

Von Aranjuez nach Osten fahrend und in *Colmenar de Oreja*, unter dessen Plaza Mayor eine Wasserleitung von 1794 (Arco de Zacatín) gelegt ist, nach Norden abbiegend, kommt man auf kleiner Straße nach *Chinchón*, der in früherer Zeit bedeutenden Stadt, die Sitz eines Grafen war – eine Gräfin von Chinchón war ja bekanntlich Godoys erste Gemahlin. Vom Grafenschloß steht noch der Torso eines Rundturms. Goyas ›Himmelfahrt Mariä‹ (1809) in der Pfarrkirche ist eine schwächere Arbeit, die mit ihrer aufgetragenen süßlichen Religiosität bei Churriguera ebenso Anleihen macht wie bei Murillo. Der Chor der Parroquia ragt hoch über die Hohlziegeldächer der unsymmetrischen, rustikalen Plaza Mayor empor, deren dreistöckige Häuser mit ihren der Fassade vorgesetzten Eisenbalkonen trotz der mangelnden Symmetrie des Platzes einen schönen Eindruck von Geschlossenheit machen. Sie dienen als ›Ränge‹ für die auf dem Platz veranstalteten ›festejos taurinos‹, Stierhetzen, ein ausgelasse-

nes Volksvergnügen, wobei die ›Parkettlogen‹ Holztribünen sind, die man zu Beginn der Saison ringsum aufstellt.
Chinchón ist eine Synthese von Stadt und Land. Was die
Provinz zu bieten hat, quillt von Verkaufsständen. Eine
Schweinshaxe hängt aus mit der Aufschrift ›A toda garantía
ibérico‹, ›garantiert iberisch‹. Nicht vergessen sei der Anís de
Chinchón.

Im Bogen um Madrid weiter nach Osten. *Villarejo de Salvanés* liegt bereits an der Straße Madrid–Valencia. Die von
gotischen Halbsäulen gegliederte Kirche ist Ruine. Das Mauren-Kastell, Castillo de los Moros, ist eigentlich ein Bündel
von acht Rundtürmen, fast das heraldische Zeichen einer
Burg. Durch Felder von Sonnenblumen, die bei Hitze ihre
Köpfe hängen lassen, erreicht man wieder auf Madrid zufahrend *Arganda*, dessen Kastell heute Hospital ist, und *Loeches*
mit einem von Alonso Carbonell 1635 erbauten Dominikanerkonvent, der uns deswegen interessiert, weil er das Pantheon der Herzöge von Alba enthält, fast eine Kopie der Escorial-Gruft. Auf der Carretera C 300 erreichen wir von hier
aus ›Spaniens Athen‹: die alte Universitätsstadt Alcalá am Río
Henares.

Alcalá de Henares

Wer sich heute in Alcalá de Henares – Al-Ka'la, Festung,
nannten die Mauren die Vorgängerin der heutigen Stadt –
aufhält, glaubt nicht, daß dies einmal eine der ersten Städte
Spaniens gewesen ist, wenn er durch die lange, nicht sonderlich bemerkenswerte *Calle Mayor* im ältesten Viertel geht. Im
16. Jahrhundert zählte das Gemeinwesen 52 Kollegs (kirchliche Studienanstalten) und Klöster sowie fünf Hospitale,
eine ›Symphonie der Türme‹. Die meisten sind verschwunden, nicht zuletzt durch die Verwüstungen im Bürgerkrieg.
Die Katholischen Könige residierten in dieser Stadt mit Vorliebe. Ferdinand von Habsburg, Bruder Karls V. und dessen
sehr sanfter, duldsamer Nachfolger als römisch-deutscher

Kaiser, ist hier geboren, der Kardinal Cisneros hob ihn aus der Taufe. Desgleichen Katharina, die Tochter Ferdinands und Isabellas und nachmalig erste Gemahlin Heinrichs VIII. von England. Daß der Tudor sich von der Spanierin hat scheiden lassen, hat man in Spanien nie vergessen, und der ›Scheidungsgrund‹, die unglückselige, auf dem Schafott endende Anne Boleyn, gilt auf der Halbinsel heute noch als verabscheuungswürdige Hexe.

Die Calle Mayor, die so wenig von der einstigen Königsstadt mitzuteilen weiß, gehört heute neben den Autos, die sich durch die Straßenschlucht zwängen, auch den Landleuten der Umgebung. Zwei Bauern, peones, tragen an einem über die Schulter gelegten Stock frischgeschlachtete, abgehäutete, noch blutende Lämmer zwischen sich. Ein anderer bindet seinen Gaul an einen der hölzernen Arkadenpfosten, mit denen die Laubengänge abgestützt sind. Es könnte Rosinante sein.

Rosinante und ihr Herr Don Quijote, der Ritter von der traurigen Gestalt, sind in Alcalá auf Schritt und Tritt gegenwärtig. Die Stadt ist der Geburtsort des genialsten Dichters Spaniens, dessen Ingenium diese unvergänglichen Gestalten der Weltliteratur entsprungen sind: Miguel de Cervantes Saavedra. Hier begann sein abenteuerliches Leben. Sein Standbild steht auf der geräumigen *Plaza Cervantes* in der Mitte der Stadt. Die Haltung des bronzenen Dichters ist elegant, er trägt die modische Halskrause und an der Seite den Degen. Der Bildhauer hat 1879 bei seinem Werk wohl absichtlich Cervantes' Verstümmelung der rechten Hand in der Seeschlacht von Lepanto übersehen, denn in ihr hält er hier den dem Genie gezollten Kranz.

Am äußersten Ende des Platzes, der Calle Mayor gegenüberliegend, reckt sich der Turm von *Santa María* empor. Das Gotteshaus selbst, Cervantes' Taufkirche, ist Ruine. Vor den nun freistehenden drei Apsiden spielen Halbwüchsige Fußball. Hinter der Kirche, als Abschluß des festlichen, an der Südflanke arkadengesäumten Platzes, streckt sich das Ayuntamiento aus. Die niederen Spitztürme des klarlinigen Gebäudes sind Herrera-Türme.

Das Geburtshaus des Miguel de Cervantes Saavedra hatte man ursprünglich in der Calle de la Imagen angenommen. Dann bekam man Zweifel. Forschungen legten nahe, daß die Casa in der heutigen Calle Mayor zu suchen wäre. So richtete man dort ein Haus im Stil des 16. Jahrhunderts ein, es liegt etwas von der Straße abgerückt, ein kleiner Garten ist davor, daneben steht das Hospital Nuestra Señora de la Misericordia, das frühere Hospital de Antezano. Schwestern in weißer Tracht gehen aus und ein.

Es ist ein mit großer Sorgfalt und Einfühlung gewähltes Haus aus der Zeit des Dichters mit seinem baumbewachsenen Patio, seinen Holzgalerien, seinen Räumen mit echten Renaissance-Möbeln, durch die eine freundliche, für das Ambiente aufgeschlossene Hüterin der Casa führt. Besonders schön sind die Kassettenschränke, ein Einlegeschrank, ›bargueño‹, mit Szenen aus ›Don Quijote‹, auch gibt es hier mehrere kostbare Erstausgaben des weltberühmten Buches.

Der hier am 9. Oktober 1547 als Sohn eines Wundarztes geborene Dichter wurde in den Strudel seiner bewegten Zeit, einer Zeit des Umbruchs am Beginn der Neuzeit, hineingezogen. Nachdem er einem römischen Kardinal Kämmererdienste geleistet hatte und dieser Tätigkeit überdrüssig war, trat er in die spanische Armee ein. In der Schlacht von Lepanto, in der Don Juan d'Austria über die islamischen Türken siegte, zerschmetterte eine Kugel seine Rechte; er kam in das Lazarett von Messina. Seine damaligen Worte wirken heute befremdend: daß er lieber auf seine Hand verzichte, als daß er bei dem säkularen Ereignis der berühmten Schlacht nicht dabeigewesen wäre – ein Wiederaufleben des altrömischen ›Dulce et decorum est, pro patria mori‹ im Geist der Renaissance.

Als er nach der Teilnahme an einem Tunesien-Feldzug auf der Galeere ›El Sol‹ nach Spanien zurückkehren wollte, geriet

Der Erzbischöfliche Palast in Alcalá de Henares

er in die Gewalt der Mauren. Diese hielten ihn fünf Jahre lang als Sklaven in Ketten, Fluchtversuche mißlangen. Schließlich brachte seine Familie 1580 die Summe von 500 Escudos auf, um ihn durch die Vermittlung eines Trinitarierbruders freizukaufen. Wieder nahm er Kriegsdienste an, bis der Verkehr in einem Dichterkreis in Madrid ihn zu eigenen literarischen Versuchen ansporte. Der Erfolg war dürftig. In dieser Zeit heiratete er eine Bauerntochter aus Esquivias bei Madrid und zerstritt sich mit seinen Schwiegereltern wegen seiner schmalen Einkünfte. In Sevilla nahm er die Stelle eines Getreidekommissars und Steuereinnehmers für die Armada an. Man rechnete ihm Ungenauigkeiten vor und warf ihn in der Mancha ins Gefängnis.

1605 begann er dort mit der Niederschrift seines Meisterwerks, der Abenteuer des »ingenioso hidalgo Don Quijote de la Mancha«, der durch die übermäßige Lektüre modischer Ritterbücher närrisch geworden war und in einer Epoche, in der es keine Caballeros mehr gab, hoch zu Roß mit Lanze und Schild Spanien durchzog, begleitet von seinem ›Knappen‹, dem derb-realistischen Sancho Pansa. Die Comedia humana, ursprünglich als Parodie auf ein literarisches Genre gemeint, fand rasch ihr Publikum. Doch Nutznießer des Erfolgs war allein der Verleger, der Autor ging leer aus. Als der Dichter, wieder frei, in Valladolid einen Verwundeten auflas, der dann in seinem Haus verstarb, geriet er unter Mordverdacht erneut hinter Gitter. 1608 begab er sich nach Madrid, wo seine ›Novelas ejemplares‹ erschienen. Überall dort, wo die exemplarischen Novellen spielen, hat man in unseren Tagen Hinweise auf Keramiktafeln angebracht.

An einem kleinen Platz mit Grünanlagen, ein paar Schritte von der Plaza Cervantes entfernt, steht das repräsentativste Bauwerk von Alcalá, das *Colegio Mayor de San Ildefonso*, in dem die Universidad Complutense untergebracht ist – Complutum ist der lateinische Name Alcalás. Die Hochschule wurde von Kardinal Francisco Jiménez de Cisneros begründet, der auch den Grundstein zum Vorgängerbau gelegt hatte. An dessen Stelle hat Rodrigo de Hontañón 1541–1553 unter Karl v. den riesigen Komplex mit mehreren Höfen errichtet, der heute noch steht. Die Front ist durch Pilaster und Blendsäulen, die von der Antike nachempfundenen Jünglingen gestützt werden, großzügig gegliedert, im Schmuck aber nicht so üppig plateresk wie die des Palacio de los Duques de Infantado in Guadalajara, die noch dem sogenannten Protorenacimiento zuzurechnen ist. Die Galeriebögen des dritten Stockwerks, das von einer kräftigen Balustrade abgeschlossen wird, erinnern jedoch an die der Nachbarstadt, wenn auch hier von einer Klarheit der Struktur, die Palladios Schule verrät. Inmitten der Galerie prangt der riesige Schild des Doppeladler-Wappens Karls v., mit Kaiserkrone und Goldenem Vlies. In einem der Innenhöfe kann man an den Säulenbasen der obergeschossigen Fenster das Schwanen-Wappen des Kardinals Cisneros erkennen (Cisne = Schwan). Vom ursprünglichen Bau des Kirchenfürsten ist der *Paraninfo* erhalten geblieben, die Aula mit Kassettendecke sowie Dekor aus Keramik und Stuck.

In der Glanzzeit der Universität im 17. Jahrhundert sollen 7000 Studenten gleichzeitig in Alcalá studiert haben, eine Zahl, die sicher übertrieben ist. Zu den Jüngern der Alma mater aus jener Zeit zählten Lope de Vega, Tirso de Molina, Quevedo, Calderón und Ignatius von Loyola. Das Semester begann stets am Tag von Sankt Lukas, dem 18. Oktober, so daß ein geflügeltes Wort, auf die Leichtlebigkeit der Studiker anspielend, umging: ›A Alcalá, putas – que viene Santlucas!‹, ›Dirnen, auf nach Alcalá – San Lucas ist nah!‹.

Über den Platz vor der Universität, in dessen Mitte das Monument des Gründerkardinals steht, eilen Studenten und Studentinnen, Bücher unter den Arm geklemmt, oder sie bilden diskutierende Gruppen. Dem Palacio gegenüber liegt die *Hostería del Estudiante*, eine Stätte der Gastlichkeit, die man dem Stil der kastilischen Herbergen des 15. Jahrhunderts angepaßt hat. Hier bekommt man ›Callos a la madrileña‹,

Kaldaunen nach Madrider Art, ›Gallina en pepitoria‹, Hüh-
nerragout nach der Manier von Guadalajara, oder ›Cochi-
nillo‹, Ferkel, ›a la segoviana‹.

Schlendert man durch die Stadt, so trifft man noch auf
manches Bauwerk, das den Guerillakrieg, der Alcalá am heftigsten von allen Städten heimsuchte, überstanden hat.
Gewissermaßen als Reaktion auf Herreras trockenen Recht-
eckstil hat Sebastián de la Plaza, der nur in Alcalá vertreten
ist, 1616 die Kirche des Klosters *Los Monjes Bernardos* auf
einem Grundriß des Rokoko errichtet: Um den ovalen Innenraum liegen, deutlich abgetrennt, jeweils vier ebenfalls ovale
und zwischen ihnen vier rechteckige Kapellen. In der Calle
Canalejas zeigt man das Haus des Don Valles, des Leibarztes
Philipps II., der den Beinamen ›Der Göttliche‹ trug. Sein
Grabmal befindet sich in der Universitätskapelle. Und in der
Kapelle San Ildefonso des *Convento de la Imagen* erhebt sich
schmuckreich das platereske Grabmonument des Kardinals
Cisneros, dessen Namen vor allen anderen mit der Stadt
Alcalá de Henares, der »Mutter der Genies, Heiligen und
Weisen«, verbunden ist.

Diese Persönlichkeit an der Schwelle zwischen Mittelalter
und Neuzeit, zwischen der Feudalstruktur des Spanien der
Reconquista und dem heraufkommenden Absolutismus der
Habsburger, war die dominante Figur seines Landes im Zeitalter der Katholischen Könige und des Beginns eines spanischen Nationalstaates.

Der Kardinal in der Mönchskutte

Der 1436 in Torrelaguna, Altkastilien, geborene Franziska-
nermönch, Kardinalerzbischof, Beichtvater der Königin,
Großinquisitor, humanistische Gelehrte und spätere spanische Regent hat mehrere entscheidende Taten vollbracht.
Zunächst hat er, teilweise freilich mit etwas drastischen
Methoden, sich die Christianisierung der maurischen Bevölkerung des 1492 eroberten Granada angelegen sein lassen.

Außerdem steuerte er der Verweltlichung und »animalischen Behaglichkeit« des Klerus durch Neubelebung des franziskanischen Geistes entgegen und erzog ihn zu strenger Disziplin – auch dabei ging er bisweilen nicht weniger rigoros vor. Ein Verdienst, das viele Früchte bringen sollte, war die Schaffung der Polyglottbibel in der von ihm 1498 gegründeten Universität von Alcalá. Und schließlich hat Cisneros Karl V. den Weg zum Königtum geebnet, die Ansprüche der Habsburger auf das Erbe der Katholischen Könige unterstützt und als Regent zur staatsrechtlichen Verschmelzung Kastiliens und Aragóns beigetragen. Erst diese Machtkonzentration hat damals den Aufstieg Spaniens zur ersten Macht der Erde möglich gemacht.

Für Karl wurde der willensstarke, autoritär schaltende Kardinal jedoch bald unbequem, auch mußte der Kaiser bei seinem spanischen Debüt die mit ihm eintreffenden Begleiter aus den Niederlanden mit Ämtern zufriedenstellen. So kam es zu einer der berühmten ›Entlassungen‹ der Weltgeschichte: Ein junger Monarch glaubt, des Beistandes eines bewährten, aber aus seiner Sicht in veralteten Vorstellungen erstarrten Beraters entbehren zu dürfen.

Die energischen, wachen Züge unter der Tonsur, die das scharfgeschnittene Profilbild des Kardinals im Prado vermittelt, lassen die weitreichende Wirkung des Eiferers und zugleich zähen Gelehrten verständlich erscheinen. Aus kleinen Verhältnissen stieg er auf. Aus zerrütteter Ehe stammend, in Salamanca erzogen, in Rom fortgebildet, kam er von dort mit einem päpstlichen Empfehlungsschreiben nach Spanien zurück. Die Kurie, bei der er Anklang gefunden hatte, sah ihn für die erste frei werdende Pfründe der Diözese Toledo vor. Aber er verfeindete sich mit einem Rivalen, Carillo, der als neuer Kardinal Cisneros festnehmen und sechs Jahre inhaftieren ließ. Cisneros nutzte die unfreiwillige Muße zu Studien und Meditationen. Wieder frei, erntete er ersten Ruhm als Gelehrter. Bischof Mendoza von Sigüenza ernannte ihn zum Domkapitular.

Doch Cisneros will Mönch sein. Er zieht das einfache
Leben vor, wird Franziskaner in San Juan de los Reyes in
Toledo. Aber das genügt dem Unbedingten nicht, er zieht sich
nach Castañar in eine primitive Hütte zurück, lernt Hebrä-
isch und Chaldäisch. Als Mendoza, sein Förderer, 1482 in
Ablösung von Carillo Primas der spanischen Kirche wird,
holt er den Mönch aus seiner Eremitei nach Toledo zurück.
Dort wird er Isabella von Kastilien vorgestellt, die rasch Sym-
pathie für ihn empfindet, ihn zu ihrem Beichtvater wählt.
Damit beginnt für Cisneros ein erstaunlicher Aufstieg. Als
Mendoza 1495 stirbt, macht Isabella den Franziskaner-
mönch zum Kardinal von Toledo. Die Königin gerät damit in
Konflikt mit ihrem Gemahl, der seinen Bastardsohn Alfonso,
Erzbischof von Saragossa, dafür vorgesehen hatte.

Berühmt ist die Szene der Amtsübergabe in der Karwoche
1495. Nach der Beichte überreicht Isabella dem Mönch das
Breve des Papstes Alexander VI. Dem üblichen Zeremoniell
entsprechend, legt sich Cisneros den Brief kurz auf den Kopf
und entfaltet ihn dann. Im Breve steht: »Alexander, Bischof
und Knecht aller Knechte Gottes, an seinen hochwürdigen
Bruder Francisco, den auserwählten Erzbischof von Toledo.«
Cisneros' verblüffte Antwort an die Königin ist überliefert:
»Majestät, hier liegt ein Irrtum vor. Dieser Brief ist nicht an
mich gerichtet.« Er will sich entfernen, man hält ihn zurück.
Aber erst nach Monaten gibt er einem zweiten päpstlichen
Breve nach. In Tarragona wird er zum Primas der spanischen
Kirche geweiht.

Sein Vorgänger Mendoza hat im Stil der Renaissance einen
üppigen Aufwand betrieben, den Cisneros nicht aufrecht-
erhalten will. Er begnügt sich mit zehn Fratres als Bediensteten,
ißt schlichte Klosterkost. Der Papst, selber ein Renais-
sancefürst mit glanzvollem Hofstaat, ist unmutig. Ein
Kardinal, so schreibt er an Cisneros, müsse sich dem Rang
entsprechend kleiden, seinem Amt gemäß repräsentieren. Der
neue Primas fügt sich. Aber während der Messe trägt er unter
dem goldbestickten Meßgewand ein härenes Hemd. Unter

sein Prunkbett mit Baldachin und Damastvorhängen hat er sein franziskanisches Holzbett geschoben, das er nachts hervorholt, um darauf zu ruhen.

Die Rückkehr zu apostolischer Genügsamkeit will Cisneros nun auch dem übrigen Klerus aufzwingen. Zu Fuß, in seiner Franziskanerkutte, besucht der Kardinal die Klöster Spaniens; sein Maulesel Benitillo trägt die Bücher. Der Eiferer stößt auf Widerstand, die Klagen dringen bis zum Papst. Der franziskanische Ordensgeneral in Rom Gil Delfini übermittelt der Königin Isabella das päpstliche Mißfallen. Diese stellt den mönchischen Kirchenfürsten zur Rede, doch ihr Beichtvater kennt keine Devotion und weist die Vorwürfe der Königin zurück. »Vater, Ihr seid von Sinnen«, diese Worte soll Isabella gesprochen haben, »wißt Ihr nicht mehr, mit wem Ihr redet?« Worauf Cisneros: »Ich weiß sehr wohl, mit wem ich rede, mit Isabella von Kastilien, die ein Häuflein Staub ist wie ich auch.«

Der eigenwillige Kardinal-Erzbischof von Toledo denkt nicht daran, sein Ziel aufzugeben, seine Reform einzustellen. Außer seinen eigenen Ordensbrüdern überprüft er jetzt auch Dominikaner, Augustiner, Karmeliter. Die Mätressen verschwinden aus den Klöstern. Erst seit Cisneros ernennt man nicht mehr ausschließlich Granden zu Kirchenfürsten. Maßgeblich für die Vergabe von Ämtern ist jetzt ein frommer Lebenswandel und tunlichst theologische Bildung. So hat Cisneros mit dazu beigetragen, daß das ganze Leben von Religion durchtränkt wurde. Spirituell ›Erleuchtete‹ wie Ignatius sind erst auf dem Boden möglich geworden, den der Kardinal bereitet hat. Zu den Mystikern, die sein ekstatisches ›Más‹ aufnahmen, zählt Cisneros' Neffe Garcia, Abt von Montserrat. Die von dem Kardinal in der Franziskanerkutte eingeleitete Vergeistlichung Spaniens hat dazu geführt, daß es im Land 1626 über neuntausend Klöster gab, daß 1698 ein Viertel der Bevölkerung dem geistlichen Stand angehörte und daß fast die Hälfte des Bodens Eigentum des Klerus war.

Verglichen mit den rohen Gepflogenheiten seiner Zeit war

Cisneros in seinen Methoden zur Bewahrung und Stützung des christlichen Glaubens durchaus human. Unter seiner Amtsführung als Großinquisitor ist nur ein einziges Autodafé in Toledo bekannt. 1516 wurden dort sechs Häretiker verbrannt, zwei gegeißelt, zwölf verdammt, fünf freigesprochen. In Granada ging Cisneros bei der Bekehrung der Moslems mit Nachsicht vor. An manchen Tagen empfingen Tausende die Taufe, der Kardinal besprengte sie viele Stunden lang mit Weihwasser.

Dieser vielseitige Gottesmann ist ein großer Gelehrter gewesen. Hat er in Granada auch Bücher verbrennen lassen, so schonte er doch Werke der Medizin, der Philosophie, der Geschichtsschreibung, so daß man von ihm sagte, er habe zwar die Mohammedaner, aber nicht ihre Wissenschaften nach Afrika emigrieren lassen. Die von ihm gegründete Universität von Alcalá de Henares sollte an Ruhm Salamanca gleichkommen. Ungeduldig ließ er den Lehrbetrieb bereits beginnen, als die genehmigende Bulle des Papstes noch fehlte. Auf der Basis der Universität von Alcalá entstand bald darauf eines jener Bücher, von denen man sagt, sie veränderten die Welt. Cisneros schuf an diesem Ort die früheste Polyglottbibel, eine Ausgabe des ›Buches der Bücher‹, die auf die ältesten damals erreichbaren Texte zurückgeht, diese kritisch vergleicht und synoptisch die verschiedenen sprachlichen Versionen nebeneinandersetzt.

Das gewaltige Werk, dessen Bewältigung 15 Jahre beanspruchte, wird ›La Poliglota Complutense‹ genannt. Das Alte Testament ist in Latein, Griechisch, Hebräisch und Chaldäisch wiedergegeben, das Neue Testament in Griechisch und Latein. Bewundernswert, mit welcher Sorgfalt Cisneros in einer Epoche vorgegangen ist, in der es noch kein wissenschaftliches Denken in modernem Sinne gegeben hat. Er zog Experten heran, darunter ›Conversos‹, bekehrte Andersgläubige, wie Alfonso de Zamora, Pablo Coronel, Alfonso de Alcalá, auch Ausländer wie den Griechen Demetrio Ducas aus Kreta. Und er wurde nicht müde, möglichst viele brauchbare Unterlagen zu gewinnen. Einige entlieh er aus spanischen Archiven, andere bei der Kurie, wieder andere kaufte er für 50 000 Dukaten eigenen Geldes.

Nach Fertigstellung des Manuskriptes dauerte es noch fünf Jahre, bis 1522 die 15 Bände der Öffentlichkeit vorgelegt werden konnten. Die zeitgenössische Gelehrtenwelt hielt das Vorhaben, einen möglichst originalen Bibeltext zu erarbeiten, für überflüssig. Ihr genügte die traditionelle Vulgata, die Lateinübersetzung des Kirchenvaters Hieronymus. Doch auf die Nachwelt hat Cisneros' Werk eine nachhaltige Wirkung gehabt. Alle spätere Bibelkritik fußt auf ihr. Menéndez Pelayo nannte die Polyglotte des Kardinals ein »leuchtendes Fanal, entzündet zu Beginn des 16. Jahrhunderts, um das ganze Säkulum zu erhellen«.

Erasmus von Rotterdam, einer der berühmtesten Humanisten, hat Cisneros' Arbeit gelobt. Obwohl die spanische Vielsprachen-Bibel im Skript früher fertig war, kam Erasmus dem Toledaner Kardinal mit einer eigenen Polyglottbibel um 2 Jahre zuvor. Auf unzulängliche Texte begründet, enthält sie jedoch viele Fehler. Auf dieser ungenauen Arbeit fußte wiederum Luther, der ohnehin des Griechischen nur ungenügend mächtig war. In der Lutherbibel ist darum manche Bibelstelle unrichtig zitiert, ein Nachteil, der sich nicht ergeben hätte, wäre dem deutschen Reformator das fundamentale Werk von Alcalá de Henares bekannt gewesen.

ZUR KASTILISCHEN MESETA

Von Madrid kann man heute rasch in das altkastilische Gebiet jenseits des Guadarrama-Gebirges gelangen, da ein 3,5 Kilometer langer Tunnel die Serpentinen der Gebirgsüberquerung erspart. Über der Paßhöhe reckt eine Burg ihren Zinnenkranz empor, sie diente einst der Sicherung des Übergangs. Jenseits der Bergkette beginnt steiniges Hügelland, das allmählich in die monotone, rötlich gefärbte Ebene der Meseta übergeht. Bestellter Boden wechselt ab mit kargem Grund, auf dem gerade nur Stechginster sowie anspruchslose Distel- und Grasgewächse ihr Fortkommen finden. Ein uraltes spanisches Sprichwort besagt, eine Lerche müsse ihr Futter im Schnabel mitnehmen, wollte sie über die kastilische Meseta fliegen.

Villacastín, Knotenpunkt der Routen nach Segovia, Ávila und Tordesillas, ist einer jener Orte, die ihre ganze Energie auf den Bau einer überdimensionalen Parroquia verwendet haben. Die mächtige Kirche stammt im wesentlichen aus der Zeit der Renaissance, zeigt aber auch noch einige gotische Elemente. Das Martyrium San Sebastiáns ist das Motiv des Südportals. Neben dem Nordportal lehnen Grabplatten gegen die Mauer. Das dreischiffige Innere gewinnt uns durch sein schleifenförmiges Netzgewölbe und durch den mehrstöckigen polychromen Retablo aus dem 16. Jahrhundert mit Darstellungen der Passion. Steinskulpturen Adams und Evas stehen beiderseits des Altares. Bemerkenswert sind auch das geschnitzte Chorgestühl von 1596 und eine Barockorgel.

Die Straßen, die meist einer grellen Sonne ausgesetzt sind, laufen auf die Plaza Mayor mit ihrem arkadengestützten Rathaus von 1687 zu. An einigen Häusern sieht man Wappenschilde. Frauen haben sich Stühle vor die Haustüren gestellt und sitzen strickend in der Richtung zur Häuserwand, so daß man ihre Gesichter nicht sehen kann: Altes, halb unbewußtes Relikt einer Zeit, in der die Frau in diesem Land ganz dem Blickfeld der Öffentlichkeit entzogen war.

Ávila erreicht man nach einer Stunde Fahrt, zuerst an Korn-
feldern vorbei, dann, nach Überqueren des Río Voltoya mit
dem Blick auf eine alte, nicht mehr benützte Brücke, durch
eine wilde Gegend riesiger, rundgeschliffener Granitblöcke,
die wie Meteore im kargen Gelände verstreut liegen, im Hintergrund zur Linken die schneeigen Berge der Sierra de Gredos. Und mit einem Mal, Symbol der Ordnung im Chaos der
ungegliederten, immer wieder mit wahllos versprengten
Steinmassen durchsetzten Landschaft der kastilischen Meseta,
das energisch geschlossene, gestaltete Bild der vollständig von
ihrer Mauer eingefaßten Stadt, ein gewaltiges Viereck, das
sich nach Osten ansteigend leicht verbreitert und im Umfang
nahezu 2500 Meter mißt, bestückt mit 88 Türmen und neun
Toren. Nirgendwo ist in die fünfzehn Meter hohe Wehr eine
Bresche geschlagen. Unter den wenigen Städten Europas, die
noch ihre unversehrten Mauern besitzen, kann sich allenfalls
Carcassonne mit Ávila messen. Wie Toledo liegt die Stadt
hoch auf einem Felssockel, den ein Fluß umfließt. Im Falle
Ávilas ist es der in den granitenen Grund eingegrabene Río
Adaja, den die vier Bögen des mittelalterlichen Puente Viejo
überbrücken. Zwischen Steinbrocken, die im Flußbett liegen,
stehen Kühe.

Den großartigsten Blick auf die ›Warte Kastiliens‹,
›Atalaya de Castilla‹, wie die Spanier Ávila nennen, gewährt
eine Erhebung im Westen der Stadt, die vielleicht einmal ein
Kalvarium gewesen ist, denn die Cuatro Postes auf der obersten Plattform gleichen der 14. Station des Kreuzwegs. Die
vier Säulen umstehen ein Kreuz, der sie verbindende
Architrav trägt das Wappen des Consejo von Ávila. Von hier
überschaut man das Land, wo »Heilige und Steine wachsen«,
und die gesamte Stadt, die sich dem Betrachter wie ein
Modell darbietet. Der Mauergurt läuft nicht Gefahr, von den
Häusern gesprengt zu werden, sondern ähnelt eher einem zu
weit gewordenen Anzug. Deutlich sieht man, wie nach unten,
zum Río Adaja hin, die Häuser niedriger, bescheidener werden. Hier war einst die Judería, das Viertel der jüdischen

Handwerker. Im höher gelegenen Teil hingegen, im Bezirk der Kathedrale, hatte der Adel seine Quartiere. Von den ›Cuatro Postes‹ aus fällt es nicht schwer, die Umrisse der bis heute erhaltenen Palacios zu entdecken. Ávila erscheint uns von hier aus »gleichsam aus einem Missale gemalt« (Edward Hutton).

In Ávilas Umgebung hat man eine Reihe iberischer Granitstiere gefunden, »so viele, daß sie die Erde zertreten«. Diese volkstümliche Behauptung ist etwas übertrieben. Immerhin stehen einige im nahen Feld von Guisando, und einen treffen wir im Hof des Dávila-Palastes an. Diese urtümlichen Toros erinnern an den Stamm der Abulesen, die Ávila den Namen gaben, Mitstreiter Viriatus' im Kampf gegen Rom. Der heidnischen Reminiszenz schließt sich die christliche an: im Jahre 90 hatte die Stadt ihren ersten Märtyrer und zugleich ihren ersten Bischof im heiligen Secundus, vermutlich einem Schüler des Petrus. Das Marmorbild von San Segundo, gefertigt 1573 von Juan de Juní, steht in der gleichnamigen Kirche vor den Mauern der Unterstadt.

Im 8. Jahrhundert maurisch, wechselte Ávila ständig den Herrn. Hundert Jahre später endgültig wieder in christlicher Hand war die Stadt so entvölkert, daß Alfonso VI. sich um Zuzug aus dem Norden bemühen mußte. Auch erteilte er den Festungsbau-Spezialisten Casandro Colonio und Florin de Pituenga den Auftrag, mit den Steinen der einstigen Römerstadt die heute noch stehende Mauer zu errichten. Dann übergab der kastilische König die Stadt seinem Schwiegersohn Raimund von Burgund. Heinrich von Burgund, der ebenfalls eine Tochter Alfonsos zur Frau hatte, gab der späteren burgundischen Königsdynastie Portugals den Namen. An Raimund erinnert in Ávila der Parador Raimundo de Borgoña.

Wir treten in die historischen Bezirke von Spaniens höchstgelegener Stadt (über 1100 Meter) am östlichen oberen Ende ein. Dabei können wir zwischen zwei Portalen wählen, die beide aus dem Mittelalter stammen, der Puerta de San

Vicente im Norden, der Puerta del Alcázar im Süden der Kathedrale. Durch belebte Altstadtgassen finden wir unschwer zur Plaza de la Victoria, dem arkadenumsäumten Haupt- und Marktplatz, der allerdings mit den Plazas Mayores anderer Museumsstädte Spaniens nicht mithalten kann. Seine Gebäude sind in jüngerer Zeit entstanden, vor allem das Rathaus an einer der Schmalseiten. Eine Ausnahme ist die Kirche San Juan, ein Bau der Renaissance, der dem Ayuntamiento gegenüberliegt. In die Geschichte führt im Innern das Grabmonument des Sancho Dávila, eines der großen Würdenträger im Umkreis Philipps II. Seine militärische Laufbahn begann der Sohn Ávilas in Deutschland, bald wurde er als Gardehauptmann in Flandern dem Herzog von Alba unentbehrlich, mit diesem marschierte er als Maestro de Campo general, Generalstabschef, in Portugal ein. In Lissabon starb er drei Jahre später, 1583. Damals hat man ihm den gewiß verdienten, doch hochtrabenden Namen ›Rayo de la guerra‹, ›Donnerkeil des Krieges‹, gegeben.

Der Palast der Dávilas hat als Rückwand die Südmauer, wie überhaupt die meisten Adelsquartiere sich an die Stadtmauer anlehnen. Die trutzige Front gleicht selber einem Stück Stadtumgürtung, so wehrhaft bietet sie sich dar. Über dem Portal, umrahmt von mächtigen, schmucklosen Quadern, macht sich das Wappen geltend: Berittene Herolde stoßen in Trompeten. Der ›blasón‹ wurde einem der Vorfahren des Hauses, Pérez Dávila, für seinen Schneid in der Schlacht von Ronda in Andalusien verliehen. Von einem weiteren berühmten Dávila werden wir im Verlauf unseres Rundgangs durch die Stadt noch hören. Die Fassade zeigt sechs Zwillings- und ein Prunkfenster, eine große vergitterte ›ventana‹ mit dem in Stein gehauenen Spruch ›Wenn eine Tür sich schließt, öffnet sich eine andere‹. Im 16. Jahrhundert muß die Sentenz in Spanien ein Sprichwort gewesen sein, denn Cervantes legt sie Sancho Pansa in den Mund.

Die Palacios bestimmen das Straßenbild der Altstadt und geben ihm das Flair von Noblesse, diese breit angelegten

Renaissance-Fronten mit den ›armas‹, den Waffen-Wappen, der feudalen Eigentümer, mit ihren intimen Patios, deren Heiterkeit man den wehrhaft-strengen, abweisenden Schauseiten nicht ansieht. An der Fassade des *Palacio de los Vela* sind wappengeschmückte Pfeiler vorgeblendet, die Gerichtssäulen ähneln; im Innern öffnet sich ein doppelstöckiger Hof, reich dekoriert ebenfalls mit Wappenschilden und Renaissance-Ornamenten. Dicht bei der Kathedrale liegt der *Palacio de Valderrábanos*, heute ein Hotel, über dessen Pforte ein Knappe unter einem Kleeblatt-Alfiz das Zeichen der Familie hält; man sieht auf dem Schild einen Halbmond, was auf Verwandtschaft mit den berühmten Lunas deutet. Auch dieser Palast gehörte zeitweise dem Geschlecht der Dávilas. Einen schmucklosen Geschlechterturm mit vier Rund-Erkern besitzt das Quartier der *Guzmanes*, der schönste Verteidigungsturm der ›Warte Kastiliens‹. Der Eigentümer des *Palacio de Polentinos* hat mit Lust am Dekor die Fassade und den Patio seines ›mansión‹, auch dies eine Bezeichnung der Adelsunterkünfte, mit textilartigen Renaissance-Mustern überzogen, ›escudos‹ vor allem, doch auch Greifen, Grotesken, Trophäen, Feuertöpfen. Um so schlichter wieder die *Casa de Velado* mit ihrem quadratischen Eckturm und ihrem Patio mit drei Galerien. Hier nahm Karl v. seinen Aufenthalt.

Die sehenswertesten Kirchen Ávilas liegen außerhalb der Stadtmauern, abgesehen von der Kathedrale und dem doppeltürmigen Bau der Capilla de Mosen Rubí nahe der Nordmauer, einem Zentralbau der Renaissance mit virtuosem Netzgewölbe von 1516. Von den Sakralbauten jenseits des Mauerrings ist vor allem Santo Tomé el Viejo mit seiner Fassaden-Rosette nennenswert. Ein kleiner Fußmarsch führt uns zu einigen stattlichen Konventen, Santa Ana, de la Madre, de las Gordillas. Hier liegt die Neustadt, die sonst nichts Kunstgeschichtliches zu bieten hat.

In Ávila spricht man von einer ›Ruta del Románico‹, einer Route auf den Spuren der Romanik, die in einer spanischen Kunststadt von diesem Rang nicht fehlen darf. Als Alfonso VI. das ausgestorbene Ávila neu bevölkerte, holte er vor allem Leute aus Asturias und León, Ländern, in denen die Romanik seit der Westgotenzeit blühte. Einige Bauwerke, die damals entstanden, sind zugrunde gegangen, doch immer noch zählen wir vier Gotteshäuser, die ganz oder teilweise auf das Hochmittelalter zurückgehen. Vom Alcázar-Tor aus blickt man über den verkehrsreichen Santa-Teresa-Platz mit einer Säulenstatue der Heiligen und einigen Cafeterías auf *San Pedro* mit dem fünffachen Schwung der Portallaibung und darüber, in der vollen Breite des Portals, auf eine Rose mit kräftigen Speichen. Die vorgeblendeten Säulen, die sie einrahmen, stammen aus der Restaurierung der Westfront im 14. Jahrhundert. Das dreischiffige Innere ist von einem schlichten Kreuzgewölbe in warmem Sandstein überspannt. Auf dem churrigueresken Goldaltar setzen Engel zwischen gedrehten Säulen Petrus die Papstkrone auf. – Nördlich der Stadtmauer liegt *San Andrés*, auch mit Portal und Rose in seiner westlichen Fassade und über seiner Vierung eine Kuppel. Im Kirchenschiff schöne romanische Pflanzen- und Tierkapitelle. – Ein schönes romanisches Portal besitzt auch *San Segundo*. Die Kirche mit fast quadratischem Grundriß am Río Adaja war ursprünglich dem heiligen Sebastian geweiht, doch als man im 16. Jahrhundert in ihren Mauern das Grab des Stadtheiligen fand, gab man ihr dessen Namen. Juan de Juní schuf aus diesem Anlaß in Valladolid die bereits erwähnte Statue, und zwar im Auftrag von María de Mendoza, der Schwester des Kardinals. Das Alabasterbild des ›obispo mártir‹ im Ornat, mit Ringen über den Handschuhen, wurde 1572 nach Ávila gebracht. Die Mittelapside der Kirche ist leicht nach links geneigt, so daß man meint, dies symbolisiere das Haupt Christi am Kreuz.

Am eindrucksvollsten vertritt *San Vicente*, dicht beim gleichnamigen Tor, die Romanik Ávilas, wenn auch später gotische Elemente dem Bau, dem bedeutendsten nach der Kathedrale, hinzugefügt wurden. Die früheste Kirche ist 1109 zum Gedächtnis des heiligen Vinzenz und seiner Schwestern Sabina und Christeta errichtet worden. Vinzenz, Archidiakon des Bischofs Valerius von Saragossa, war am 22. Januar 304 mit seinen Schwestern unter Diokletian durch den Prokurator Dacianus zum Tode verurteilt worden. Hundert Jahre später begann die Verehrung des Heiligen. Nach portugiesischer Überlieferung trieb der Leichnam des Santo in einem Nachen an der Algarveküste an. Man brachte ihn nach Lissabon, in dessen Kathedrale die Gebeine in einem perlmutterbelegten Silberschrein beigesetzt sind. Nun befindet sich ein Vincentiusgrab auch in der Kirche San Vicente in Ávila. Die Frage, wo die sterblichen Reste des Heiligen wirklich ruhen, wird wohl nie zu klären sein. Doch die Tradition von Ávila hat eine der ehrwürdigsten Kirchen Spaniens und eines der wertvollsten Grabmonumente des frühen Mittelalters hervorgebracht.

Der eine Turm des Westwerks ist, obwohl in den Bauplan einbezogen, nicht über die Fassadenhöhe hinausgewachsen, der andere auch nur bis zum Helmansatz gelangt. Dazwischen öffnet sich das romanische Portal mit mehrfach abgestufter, reich dekorierter Archivolte, auf dem Mittelpfeiler zwischen den beiden Türen Christus, an der Laibung seine überschlanken Jünger in bewegter Unterhaltung. Die Giebelfelder verbildlichen Szenen aus dem Leben des Lazarus, zeigen ihn als Bettler am Tisch des Reichen – wobei ein Hund seinen Ausschlag leckt –, dann ihn und den Reichen auf dem Totenbett: Seine Seele wird von Engelhand emporgehoben, die des andern vom Teufel fortgezerrt. Wohl kein mittelalterlicher Christ, der dies nicht verstand.

Ein Portikus ist der Südseite vorgelagert, dessen gebündelte Pfeiler Schaftringe tragen. Das Portal dort ist einfacher gehalten, zeigt aber besonders schöne Plastiken: eine geradezu antik aufgefaßte Verkündigung aus Terrakotta, Salomo und die Königin von Saba sowie San Vicente (im Gesicht beschädigt) und Santa Sabina.

Die unteren Partien der dreischiffigen Pfeilerbasilika gehören der Romanik an. Das Kreuzrippengewölbe entstammt der spätgotischen Bauphase, deren Leitung der wahrscheinlich aus Frankreich stammende Baumeister Fruchel hatte. In den Bogenfries des Mittelschiffs sind die Evangelistensymbole hineingesetzt. Über der Vierung steigt ein quadratischer Turm auf. Man sollte ein sehr seltenes romanisches Schmiedegitter anschauen, mehrere Reihen jeweils im entgegengesetzten Sinn laufender Spiralen. Gleiche Stücke befinden sich in San Isidro in León und in der Kathedrale von Lissabon.

Der Steinsarkophag des 12. Jahrhunderts, in dem die drei Märtyrer Vinzenz, Sabina und Christeta in der Nähe des Chors ruhen – im 15. Jahrhundert von einem ungewöhnlichen gotischen Baldachin überbaut –, ist mit seinem Bilderzyklus reine Romanik. Nur selten hat das frühe Mittelalter Geschichten außerhalb des Alten und Neuen Testaments in Stein gehauen. Hier ist es in lebendig ›erzählten‹ Reliefs geschehen. Die zehn Szenen stellen dar: Vinzenz vor dem Statthalter Dacian, Vinzenz im Kerker, Sabina und Christeta befreien ihren Bruder, alle drei fliehen zu Pferd, Dacian läßt sie einholen, sie werden durch das Tor von Ávila gebracht und neu in Haft genommen, schließlich an Instrumenten gefoltert, die Andreaskreuzen gleichen, und unter einer Platte zermalmt, die ein Scherge mit einem Stein beschwert. In der weiteren Folge will ein Jude die Leichname der Märtyrer schänden, doch eine Schlange schützt sie, worauf der Hebräer die Taufe annimmt und die Vinzenzkirche stiftet. Das letzte Relief zeigt den Bildhauer, der an der Szenenfolge arbeitet. An der Stirnseite des Sarkophags beten die Könige das Kind an, wobei Joseph selig einschläft. Seitlich davon sieht man das Heranreiten der Könige und den Engel, der ihnen aufträgt, bei Herodes vorstellig zu werden. Teile der frühesten Kirche sind in der Krypta erkennbar, die aus drei

Kapellen besteht. In einer verehrt man die Statue der ›Virgen de la Soterrana‹, der ›Jungfrau des Untergeschosses‹. Die Legende besagt, daß der heilige Nikodemus sie geschnitzt, der Apostel Lukas sie gefaßt hat. Eine andere Kapelle wird als der Ort des Martyriums der drei Kirchenheiligen angesehen.

Die Kathedrale

Die *Kathedrale* von Ávila ist das älteste gotische Bauwerk Spaniens. Der Baumeister Fruchel, der auch an San Vicente tätig war, hat im Auftrag Alfonsos VII. den Bau begonnen. Beendet wurde er unter Sancho Dávila (1312–1353), einem aus dem erlauchten Geschlecht der Stadt. Da man der Statik nicht traute, stützte man später das Schiff mit Strebebögen.

Von San Vicente erreichen wir die Kathedrale durch das Vinzenztor und stehen an der Nordseite gleich vor dem kunstvollsten Portal, der Portada de los Apóstoles. Die Figuren der Apostel sind wie die der Jünger der Vinzenzkirche manieristisch langgestreckt, doch im ganzen statischer und en face dargestellt. Das Tympanon zeigt unter einer Marienkrönung Bilder aus dem Leben Jesu; die Mitte nimmt der Gottessohn in einer Mandorla ein, umgeben von Engeln. Das Portal befand sich ursprünglich auf der Südseite und wurde 1458 von Juan de Guas hierher versetzt.

Postamente mit Löwen, die eine Eisenkette im Maul halten, umstehen den Eingang. Mächtig steigt die Kathedralfront empor, deren Südturm fehlt. Zwei ›wilde Männer‹, mit Laub bekleidet, flankieren die Pforte, eine bizarre Zutat des 16. Jahrhunderts. Dem Portalbogen antwortet in doppelter Höhe die Laibung eines großen Fensters, dessen unterer Teil in mehreren Galerien von Heiligenfiguren ausgefüllt wird. Das Frühgotische der Großkirche erkennt man im Innenraum am wuchtigen Gemäuer, an den mächtigen Arkadenpfeilern, am schlichten Kreuzgewölbe. Der Hochaltar bietet eine Szenenfolge aus dem Leben Jesu. Pedro Berruguete, der Vater des Alonso, hat sie begonnen, doch da er während der Arbeit 1503 starb, stammen außer der Predella – Evangelisten und

Kirchenväter – nur die beiden linken oberen Tafeln von ihm,
›Ölberg‹ und ›Geißelung‹, auf der von einer Tribüne Pilatus
und sein Stab dem Vorgang zuschauen. Juan de Borgoña
malte die ›Verkündigung‹, Santacruz die ›Epiphanie‹, einer
der Könige küßt dem Kind den Fuß. Zwei Relief-Medaillons
aus dem Jahre 1521 von Vasco de la Zarza, ›Ölberg‹ und
›Judaskuß‹, umgeben die Monstranz.

Um die Capilla Mayor führt, von schlanken Säulen
gestützt, ein Chorumlauf. Hier, am ›Trasaltar‹, schauen wir
zu einem Meisterwerk der sakralen Plastik auf: zum verin-
nerlichten Alabasterbild des Prälaten Fernández de Madrigal,
genannt ›El Tostado‹, ›Der Geröstete‹. Der Bischof von Ávila
ist dargestellt, wie er einen seiner Traktate schreibt. Dem
Ornat sind Passionsszenen aufgestickt. Preziosen bedecken
die Mitra. Den Hintergrund bildet die Anbetung der Könige,
in ähnlicher Geste wie auf dem Altarbild von Santacruz.
Ursprünglich war das Grab des 1455 verstorbenen Bischofs
mit einer Bronzeplatte bedeckt, in deren Gravurlinien Silberfäden eingehämmert wurden (Niello-Technik). Statt der
heute gleichfalls am Trasaltar angebrachten Platte hat man
1518 das Marmordenkmal in Auftrag gegeben, wobei der
Meister, der den Meißel führte, wiederum Vasco de la Zarza,
das Bild auf der Platte zum Modell genommen hat.

Kurzes Verweilen verdient der Coro inmitten des Längs-
schiffs. Cornelis von Holland schuf 1540 das Gestühl mit
Reliefszenen der Heils- und Heiligengeschichte sowie einer
Reihe von Santos, darunter der für Ávila bedeutende heilige
Dominikus, der mit seinem Kreuzstab einen Lindwurm
ersticht, womit das Ketzertum gemeint ist, dessen Bekämpfung sich der von ihm gegründete Orden besonders angelegen
sein ließ. Der Trascoro ist mit Bas- und Hochreliefs der
Renaissance, Szenen aus Christi Erdenwandel, geradezu überschäumt. Auch eine schmiedeeiserne Kanzel en flamboyant
verdient unser Augenmerk.

Beim weiteren Rundgang durch das Kathedralinnere begegnen wir wieder dem Hause Dávila. Der junge Sancho

Dávila, gestorben 1482, ist in voller Rüstung liegend dargestellt, ein Pendant zum Doncel von Sigüenza; zu seinen Füßen
hält ein Page das Adelswappen. Eine Skulptur San Marcians,
eines Begleiters des Apostels Petrus, gleich dem heiligen
Secundus, zeigt ihn als ›bispo‹; sein Bistum war Syrakus, dort
ist er gestorben und in der ältesten Kirche Westeuropas beigesetzt. Der Altar ›Nuestra Señora de Gracia‹, 1496, verdient
wegen der unkonventionellen Darstellung der Heiligen Familie Erwähnung; das Christuskind liegt auf einem Teppich, der
auf einem Schachbrett-Fußboden von großer Tiefenwirkung
ausgebreitet ist; es ist ungewöhnlich, daß hier der heilige
Joseph entgegen dem üblichen ikonographischen Schema
bartlos erscheint. In der Capilla de San Antolín könnte man
den Baldachin über der Kreuzigung für den sich öffnenden
Eingang eines Zeltes halten. Die tiefempfundene Pietà in
Marmor des Juan Bautista Vázquez el Viejo (gest. 1581) in
der Kapelle San Segundo ähnelt verblüffend der michelange-
lesken.

Ein Werk des sakralen Kunstgewerbes von hohem Rang
steht im Kathedralmuseum: Juan de Arfes 1,70 Meter hoher
Hostienbehälter, ›custodia‹, 1564–71 in Valladolid geschaffen. Der noch nicht dreißigjährige Künstler hat fünf von
Säulen gestützte Ebenen übereinandergesetzt, jede enthält
eine biblische Szene, wobei die Figurengruppen nach oben
immer kleiner werden. Der Bildhauer ist ein Nachkomme
von Enrique de Arfe, von dem wir in der Kathedrale von
Toledo ein Gegenstück, ein gotisches Sakramentshaus,
bewundern können. Das Kathedralmuseum von Ávila besitzt
weiterhin ein romanisches Paulusporträt; es entspricht der
physiognomischen Vorstellung, die uns das nicht kanoni-
sierte Evangelium von ›Paulus und Thekla‹ überliefert; mächtig durchschneidet das Schwert des Apostels die Bildfläche.

Auf dem staubigen Paseo de Santo Tomás, außerhalb der alten Stadt, gelangen wir von San Pedro aus in eine leicht abfallende Talsenke und stehen plötzlich vor der königlich aufragenden Fassade einer Kirche mit maßvoll angebrachtem Dekor. Es handelt sich um *Santo Tomás el Real* oder – mit gesamtem Wortlaut – um das ›Monasterio de Santo Tomás y Palacio de los Reyes Católicos‹. Neben San Juan de los Reyes in Toledo zeigt diese Behausung der Dominikaner, Lieblingsaufenthalt des stets auf Reisen befindlichen Königspaars, am unmittelbarsten die Spur der vereinigten kastilisch-aragonesischen Häuser; ja in Ávila gesellt sich zum Kloster ein königlicher Palacio. Weilten die Majestäten in dieser Stadt, so übernachteten sie in diesen Mauern. Unter den drei Kreuzgängen war ihnen einer vorbehalten, der Claustro del los Reyes, und eben an diesen schloß sich der Palacio an. Die Pfeilerkanten sind wie am Kathedralportal mit kastilischen Kugelschnüren, ›bolillas‹ verziert. Der Claustro del Silencio für die Mönche ist mit den Symbolen der Katholischen Könige geschmückt, zugleich mit den Emblemen des Dominikaner-Ordens. Der dritte und schlichteste Kreuzgang war den Novizen zugeteilt, ihn betritt man bei der Besichtigung des Klosters zuerst.

Zwei der Kirchenfassade vorgesetzte Strebepfeiler bilden mit einer scharf betonten Waagrechten über dem Portal den Buchstaben ›H‹. Man nimmt an, daß er von dem leitenden Architekten, Martín de Solorzano, 1482–93, als Abkürzung für das Wort ›Hispanidad‹ gedacht war. Seine Auftraggeber waren der Großinquisitor Torquemada und María Dávila, die Witwe des Schatzmeisters der Katholischen Könige. Diese protegierten den Bau und stifteten Mittel aus dem eingezogenen Eigentum von Juden, die die Inquisition verbrennen oder vertreiben ließ. Unter einem mächtigen Korbbogen steht das mit einem Kielbogen überwölbte Portal. Unter dem Portalschmuck finden wir den Granatapfel, der sicher absichtlich als Sinnbild des fast zur gleichen Zeit eroberten Granada hier seinen Platz fand. Seitlich sieht man aus der Schule von Gil de Siloé zwei Engel und einige Heilige, vornehmlich des Dominikaner-Ordens. Der Oberteil der Fassade zeigt eine mit ›bolillas‹ bestückte kleine Rosette, darüber das Wappen Kastiliens. Oben an den Strebepfeilern erblickt man ›yugo y flechas‹, ›Joch und Pfeile‹, das Kennzeichen der Katholischen Könige.

Das Innere der Klosterkirche ist ein hochstrebender, ein-schiffiger Raum mit je drei Seitenkapellen. Vor den unver-putzten Mauern steigen zierliche Gurte zum Gewölbescheitel empor. Von dem erhöhten Westchor, der nur vom Claustro del Silencio betreten werden kann und auf dem die Katholi-schen Könige ihren Thronsitz hatten, blickten sie zu dem über einem niedrigen, breiten und flachen Bogen gleichfalls erhöh-ten Hauptchor ihnen gegenüber. Der quadratische, in Felder eingeteilte Retablo gilt als eines der Hauptwerke Pedro Ber-ruguetes, 1494–99. Thomas von Aquin, der Doctor Ecclesiae und Vater der Scholastik, sitzt in der Mitte an einer Cathe-dra, einem ›Lehrpult‹, wie er es in Paris und Salerno oft getan hat. Links und rechts Bilder aus seinem Leben.

Unter den Grabbildern der Seitenkapellen befindet sich die Statue des königlichen Schatzmeisters Hernán Nuñoz Ar-nalte; der Tesorero trägt ein Barett. Auch fällt unser Blick auf die würdige, bärtige Gestalt des Don Juan aus dem berühm-ten Geschlecht der Dávila, des Erziehers und Pflegevaters Don Juans, des einzigen Sohns der Reyes Católicos. Er trägt Panzer und Helm und ruht neben seiner Gemahlin; beider Augen sind halb offen.

Das Grabmonument seines Zöglings, des Prinzen Juan, zieht uns indessen besonders an. Mächtig und schwer erhebt es sich unter der Vierung. Auf einem Bett liegt der frühver-storbene Infant, die Hoffnung des Königshauses und des ver-einigten Spanien. Wäre er am Leben geblieben, so hätte es nie eine habsburgisch-spanische Allianz mit ihrer Prosperität, doch auch mit ihren verhängnisvollen Folgen gegeben. Spa-nien hätte sich nicht in Europa verbraucht, sondern mit mehr

Energie die nationalen und überseeischen Belange verfolgt. Das Denkmal des Infanten, das der Florentiner Domenico di Alessandro Fancelli auf Empfehlung des Conde de Tendilla ausgeführt hat, ähnelt dem gleichfalls von ihm gemeißelten Grabmonument der Katholischen Könige in Granada von 1511/12. Das kurz vorher gearbeitete marmorne Ruhebett Juans wird an den Ecken von Greifen gestützt. Medaillons an den Seitenwänden zeigen die Jungfrau und den Täufer Johannes. In Nischen erscheinen die Kardinaltugenden und die Tugenden der Theologie, Glaube, Liebe und Hoffnung. Der Kopf des Prinzen, der auf einem feinornamentierten Kissen ruht, trägt ein Diadem auf dem glatten langen Haar. Sein Gewand ist mit Mäandermustern bordiert. Um den Hals hat er eine breite, exakt ziselierte Kette. Die Hände sind über dem Griff des Schwertes gefaltet. Die Panzerhandschuhe liegen gesondert zu beiden Seiten des Grabbildes. Diesem Teil der Rüstung schien man bei Grabdarstellungen besondere Bedeutung beizumessen, denn er ziert auch auffällig die Sarkophage des ersten portugiesischen Königs Afonso Henriques in Coimbra und des schwarzen Prinzen in Canterbury. Eine Tafel zwischen zwei Engeln hält am Fußende einen Text fest, den König Fernando für seinen früh verblichenen Sohn verfaßt hat, darüber, zwischen Girlanden, ist ein geschlossener Helm zu sehen. Die Züge der anmutigen ›figura serenísima‹ gleichen einem Lebenden, allenfalls Schlafenden, bei dem der schönste Lebenstraum, den er in seinen kurzen Jahren träumte, noch immer nachklingt. Ein Anflug von Lächeln ist über dem weichen Antlitz und zugleich das Wissen um eine der größten Erbschaften der Welt, die er freilich nicht mehr antreten sollte. Er ruht allein in dem mächtigen, kühlen Schiff.

Die Katholischen Könige hatten alle Sorgfalt angewandt, ihren 1478 in Sevilla geborenen Sohn, den »Erben des himmlischen Königreiches«, für die Thronfolge vorzubereiten. Von der Exaltiertheit seiner Schwester Juana (der späteren Juana der Wahnsinnigen) hatte er nichts. Er war von zarter Gesundheit, und darin lag wohl die Ursache seines frühen Endes. Die Chroniken schildern ihn blond und blauäugig; seine Vorliebe galt der Musik, er beherrschte mehrere Instrumente. Auch Latein lernte er mühelos. Im Sattel saß er gut. Als Zwölfjähriger erhielt er bereits den Ritterschlag. Seine Eltern nahmen ihn oft auf ihren Reisen mit, zu denen sie die Regierungsgeschäfte zwangen. Bei der Belagerung Granadas war er im königlichen Zelt von Santa Fé. Mit fünfzehn saß er im Tinell in Barcelona neben dem Königspaar, als der aus Amerika heimkehrende Kolumbus empfangen wurde.

Zehn ausgesuchte Söhne des hohen Adels sind die Mitschüler und Spielgefährten des Infanten. Das Lehrerkollegium besteht großenteils aus Italienern, illustren Humanisten, die am Hof einen Lehrbetrieb nach dem Muster der Schola Palatina Karls des Großen eingerichtet haben. Zu den Lehrern des Prinzen zählt der Oberhofmeister Diego de Deza, späterer Erzbischof von Sevilla und zweiter Großinquisitor Spaniens. Ganz besonders hängt Juan an Juan Dávila aus Ávila und dessen Gemahlin Juana de Velázquez. Der Infant betrachtet Dávila als seinen »Pflegevater«, denn bei seinen langen Aufenthalten in Ávila wohnt er in dessen Palast. Der Sohn des Ehepaars, Juan Velázquez, ist Juans engster Freund. Die Bindung des Infanten zu den Dávilas hat zur Folge, daß Ferdinand und Isabella sich im Sommer besonders gerne in der mauerumgürteten Stadt aufgehalten haben. Die Mutter liebt ihren Sohn und nennt ihn zärtlich »Mi ángel« – vielleicht auch ein Hinweis auf seine nicht gerade robuste Konstitution. Juan ebenso wie seine Schwester Juana sind inzwischen in heiratsfähigem Alter. Beim Machtanstieg Kastilien-Aragóns kommen nur Partien erster Höfe Europas in Frage. Der Blick der Katholischen Könige fällt auf Wien: Für Juan ist Margarethe von Österreich ausersehen, für Juana deren Bruder Philipp (nachmalig Philipp der Schöne). Juana reist zur Vermählung nach Flandern, Margarethe nach Spanien. Beider Flotten geraten in einen Sturm, doch sie kommen wohlbehalten ans Ziel. Die junge, hübsche Österreicherin betritt 1497 in Santander spanischen Boden. Sie findet am Hof und beim Volk Gefallen, vor allem aber bei dem Infanten, der sich sofort in die heitere Erzherzogin verliebt. Isabella die Katholische überhäuft ihre künftige Schwiegertochter mit einer Fülle von Geschenken, 150 Perlen von Haselnußgröße, andere Preziosen, Kleider, Möbel, Tafelgeschirr. Die bevorstehende Hochzeit ist in Spanien Tagesgespräch. Kolumbus nennt auf seiner zweiten Amerikafahrt 1498 eine Insel vor der Küste Venezuelas nach der Braut; der Name hat sich bis heute erhalten.

Da Margarethe während der 40tägigen Fastenzeit angekommen ist, muß Juan mit der Eheschließung bis zum Ablauf dieser Frist warten. Sein ungeduldiges Ersuchen um eine heimliche Vermählung fruchtet bei der strikten Einhaltung kirchlicher Vorschriften am spanischen Hofe nichts. Danach aber findet das feierliche Zeremoniell in der Kathedrale von Burgos statt. Nie ist eine Hochzeit unter iberischem Himmel so feierlich-aufwendig begangen worden. Die in Kastiliens Hauptstadt veranstalteten Feste werden gegen Ende des Sommers in Salamanca fortgesetzt, wo das junge Infantenpaar im Bischofspalast wohnt. Vielleicht von den Anstrengungen der Festlichkeiten, doch auch des turbulenten Septemberjahrmarkts, überfordert, erkrankt Juan am Fieber.

Die Katholischen Könige befinden sich in diesen Tagen an der spanisch-portugiesischen Grenze, in Alcántara, wo die Verlobung ihrer Tochter María mit König Manuel dem Glücklichen von Portugal angesetzt ist. Hier erreicht die Schreckensnachricht von Juans ernstlicher Erkrankung die Eltern. Isabella ist zu erschöpft, um zu reisen, so begibt sich Ferdinand mit Gefolge allein im Gewaltritt nach Salamanca. Dort trifft er den Infanten nur noch als Sterbenden an. Juan sagt, es trage zu seiner Seelenruhe bei, daß Margarethe ein Kind erwarte. Und er äußert den Wunsch, im Kloster Santo Tomás in Ávila bestattet zu werden, in der Nähe seines Lehrers und Pflegevaters Dávila. Nach einer glücklichen Jugend und kurzen Hochzeitsfreuden endet das Leben des Prinzen nach 19 Jahren, 3 Monaten und 6 Tagen.

Der Trauerzug begibt sich bei kaltem, feuchtem Wetter nach Ávila. Die Prachtgewänder der Priester werden vom Regen durchweicht, die Kerzen verlöschen. Neben der auf Schultern getragenen Bahre – das Bahrtuch zeigt das Wappen Kastiliens – gehen Diego de Deza und Juan Velázquez, der einstige Spielgefährte. In Ávila hängen wie in ganz Spanien schwarze Wimpel von Türmen, Toren und Palästen. Die Glocken läuten. Die kleinen Leute betrauern den Tod Juans ebenso wie Adel und Klerus; selbst die Juden, für die Juan eingetreten ist, jammern und klagen.

Nach einer Trauerzeremonie in der Kathedrale schlägt der Zug den Weg zu Santo Tomás ein, wo Ferdinand und Isabella sich bereits in ihrem Wohntrakt eingefunden haben. Mit den Dominikanermönchen erwarten sie ihren Sohn im Patio de los Reyes. Nach der Beisetzung in der Klosterkirche legt man statt der üblichen weißen Trauerkleidung Sackleinen an. In Ávila herrscht 40 Tage Arbeitsruhe. In der tiefen Niedergeschlagenheit bleibt aber eine Hoffnung: Margarethe, die junge Witwe Juans, wird den Thronfolger zur Welt bringen. Da trifft ein neuer Schlag die Katholischen Könige: Das Kind, eine Tochter, kommt tot zur Welt.

Kurz vor ihrem Ende 1505 legt Isabella urkundlich fest, daß ihr Sohn ein Alabastergrabmal in Santo Tomás erhalten solle, nach dem Wunsch des Infanten in unmittelbarer Nähe seines Pflegevaters Dávila. Die Fertigstellung erlebt sie nicht mehr. Mit dem Tod des Infanten ist der Weg zur Krone frei für seine Schwester Juana, bei der sich damals schon – Erbteil ihrer portugiesischen Großmutter – erste Spuren des später ausbrechenden Wahnsinns zeigen. Das Schicksal geht seinen Gang, während auf tonnenschwerem Marmor in der wuchtigen, totenstillen Klosterkirche Santo Tomás ein Neunzehnjähriger ruht, unter dessen Zepter die beiden Länder Kastilien und Aragón hätten glücklich sein sollen.

Ein Erinnerungsstück an Juans Pflegevater Dávila befindet sich in der Sakristei von Santo Tomás. Dort wird nämlich die Portaltür des Palastes Don Juans de Dávila verwahrt. Die *Sacristía* enthält aber ein noch wichtigeres historisches Dokument: das Grabmal des ersten spanischen Großinquisitors und zeitweise Priors dieses Klosters, Tomás de Torquemada. Er ist in Spanien ebenso Symbolfigur für die Institution der Ketzerverfolgung wie Konrad von Marburg in Deutschland.

Und wie eine große Fürstin der deutschen Geschichte, Elisabeth von Thüringen, in dem Marburger Ketzerverfolger eine furchterregende, in ihrer Glaubensstrenge verhärtete Persönlichkeit zum Beichtvater hatte, so vertraute Isabella von Kastilien dem ebenfalls unbarmherzig-fanatischen Torquemada ihre Beichte an. Daß sie zu Torquemada hielt, ist leicht erklärlich: Als sie Ferdinand von Aragón heiraten wollte, stellte sich König Enrique IV., ihr Stiefbruder, gegen diesen Plan. Torquemada hingegen unterstützte ihn. Als Isabella dann nach dem Tod Enriques die Krone trug, stieg der finstere Kirchenmann immer höher empor. Die königliche Huld dauerte bis zu Torquemadas Tod 1498; aber die Königin war in Spanien nahezu die einzige, die ihn beklagte.

Ketzerverfolgungen gab es schon im Spanien des Mittelalters. Es ist eine Paradoxie der Weltgeschichte, daß die Entstehung dieses furchtbaren Instruments der Kirche letzten Endes auf das Wirken eines ausgesprochen humanen Gottesmannes zurückzuführen ist, des aus Caleruaga bei Aranda de Duero stammenden Altkastiliers Dominico Guzmán (1170–1221). Nach dem augustinischen Grundsatz, daß man die Häretik hassen, den Häretiker aber lieben solle, führte er mit Ketzern, besonders Albigensern, Gespräche, tolerant und klärend, wenn auch mit der nie aufgegebenen Absicht zu bekehren. Beeindruckt von dieser Methode, übergab Papst Gregor IX. nach dem Tode des bald darauf heiliggesprochenen Dominikus die Jurisdiktion über die Ketzer vor allem den

Dominikanern. Gegenüber den Gottesgerichten stellte das ordentliche Verfahren zunächst einen Fortschritt dar. Doch der gleiche Orden, der zum milden Richter berufen schien, schuf später jenes Amt, vor dem Europa zitterte und das den Fortschritt jahrhundertelang in Fesseln hielt.

Spanien übertrumpfte an inquisitorischem Eifer alle anderen Länder. Zu einer der wichtigsten Einrichtungen von Staat und Kirche wurde die Ketzerjagd indessen erst unter den Katholischen Königen, für die kein Unterschied bestand zwischen der Einheit des Reichs und der Einheit des Glaubens, eine Vorstellung, welche die Habsburger von ihnen übernehmen sollten. 1483 kam es zur Gründung des ›Consejo de la Suprema y General Inquisición‹, kurz ›Suprema‹ genannt. Sie war ein Teil des Staatsrats, der gleich einer Regierung verschiedene Ressorts umfaßte. In Kastilien ließ sich die Einrichtung leicht einführen, die Cortes gaben ihre Zustimmung. Anders verhielt sich Aragón und dort vor allem Katalonien mit dem Handelszentrum Barcelona. Die Kaufmannschaft fürchtete für ihre ›fuertas‹, freiheitlichen Rechte, und witterte die Gefahr, daß man ihresgleichen um so eher für Ketzer erklärte, als sie vermögend waren, denn das beschlagnahmte Eigentum Verurteilter fiel der Suprema zu. Außerdem verfolgte die Inquisition vor allem die Moriscos, die islamisch gebliebenen Mauren. Diese aber waren die tüchtigsten und billigsten Arbeitskräfte der katalanischen Kaufleute, so daß das Wort umging ›Más moros, más ganancias‹, ›Mehr Mauren, mehr Gewinn‹. Trotz dieses Widerstandes gelang es der Krone nach einiger Zeit, auch die Stimmen der aragonesischen Cortes zu gewinnen. Das Heilige Offizium war geboren, Papst Innozenz VIII. gab seinen Segen.

Ein weites Arbeitsfeld erwuchs der Suprema nach der Einnahme von Granada 1492, wodurch sich die Zahl der ›Ungläubigen‹, ob Moslems oder Juden, beträchtlich vermehrte. Sie mußten das Land verlassen oder als ›Conversos‹, Konvertiten, den christlichen Glauben annehmen. Von vielen bedeutenden Persönlichkeiten Spaniens im 16. und 17. Jahrhundert nimmt man an, daß es sich um Conversos handelte. Es gibt Stimmen, die Kolumbus für einen Converso halten. Erwiesen ist es beim Schatzmeister Isabellas, Santangel. Und mit großer Wahrscheinlichkeit stammte der Großinquisitor Torquemada selbst aus einer Converso-Familie.

Die Moslems und Juden, die sich weigerten, Christen zu werden, verfielen der Inquisition. Die Folge war, daß viele nur zum Schein den Glaubenswechsel vollzogen. Mancher Converso besuchte mit frommer Geste die Messe und schloß dann zu Hause einen verriegelten Raum auf, in dem er Thorarolle, Lesepult und den siebenarmigen Leuchter verwahrte. Moslemische Conversos hatten in einem verschlossenen Gemach ihres Hauses eine Gebetsnische eingebaut, wo sie fünfmal am Tage ihr Gebet sprachen.

Unter den ersten Habsburgern waren Häretiker namentlich Christen, die den lutherischen Lehren zuneigten, doch auch solche, die für mehr Liberalität in Glaubensdingen plädierten. Viele waren auch gänzlich frei von jeder Schuld, was den Vorwurf der Ketzerei anging, aber persönliche Feinde zeigten sie an oder Rivalen, die sich von einer Verurteilung materiellen Gewinn versprachen. Anzeigen blieben anonym.

Die weiterästelte Organisation der Tribunale geht auf Tomás de Torquemada zurück, der von Segovia mit einigen Dominikanern nach Ávila gekommen war, wo er den Grundstein für Santo Tomás legte – doch auch den Grundstein für den schreckenerregenden Bau der Inquisition. Dieser Verfechter der ›limpieza‹, der ›Reinheit‹, wird als langer, hagerer Kleriker mit fanatischem Blick geschildert, ein authentisches Bild haben wir nicht. Das von ihm begründete Tribunal tagte im Hochchor der Klosterkirche, dessen im Flamboyant-Stil gehaltene Silleria das Wappen der Reyes Católicos trägt. Mit seiner Unerbittlichkeit drückte Torquemada dem Gericht seinen Stempel auf. Papst Sixtus IV. lobte ihn 1484 dafür, daß er »unsern Eifer auf die Angelegenheiten lenkte, die zum Lobe Gottes und der Nützlichkeit des orthodoxen Glaubens beitragen.«

Blieb der der Häresie Verdächtigte vor dem Tribunal verstockt, so brachte man ihn in die Folterkammer. War er bei Vorzeigen der Marterinstrumente immer noch nicht geständig, so wurde als letztes Prozeßmittel das ›peinliche Verhör‹ angewandt, die Folterung. Als Foltermeister fungierten in Personalunion die bei den weltlichen Gerichten angestellten öffentlichen Henker. Bei den Prozessen mußten neben den Inquisitoren ein Vertreter des Erzbischofs und sein Sekretär sowie ein Medikus zugegen sein. Nach den Bestimmungen durfte das Opfer nicht in Lebensgefahr geraten und kein Glied verlieren. Doch in der Praxis hielt man sich nicht daran.

Die drei üblichen Foltergeräte waren die Garrucha, die Toca und der Porto. Die Garrucha war ein Flaschenzug, an dem man den Angeklagten an gebundenen Handgelenken zur Decke emporzog, während schwere Gewichte an den Füßen hingen. Dann lockerte man den Flaschenzug mehrmals, so daß der Delinquent jeweils ein Stück herabfiel; Arme und Beine wurden langgezerrt und nicht selten ausgerenkt. Bei der Toca band man das Opfer auf die Folterbank. Man öffnete den Mund mit Gewalt, schob ein leinenes Tuch in den Schlund und goß durch die schauerliche Vorrichtung mehrere Krüge Wasser. Der Porto kam erst später auf: Der Delinquent wurde mit Stricken gebunden, wobei der Henker an den Enden drehte, so daß die Fesseln immer stärker in das Fleisch des Opfers schnitten. Man zog die Opfer, ob Mann oder Frau, nackt aus. Ohne Zweifel spielten bei der Tortur sexuelle Momente mit: Ein Zeitalter der Verdrängungen machte sich in der Aggression gegen Unschuldige Luft.

Nahezu alle, ob Ketzer, Juden oder Moslems, gestanden. Nun wurden sie von der Inquisition »freigegeben«, das heißt den weltlichen Gerichten überantwortet, denn »an der Kirche darf kein Blut kleben«. Mit Stricken um den Hals, Fackeln in den Händen und drei Fuß hohen Papiermützen auf dem Kopf führte man die Verurteilten zum Scheiterhaufen. Sie loderten im 16. Jahrhundert in ganz Spanien. Der Regierungsantritt Philipps II. in Valladolid wurde mit einem großen Autodafé begangen, das von morgens bis abends dauerte. Besonders Hartnäckigen steckte man Knebel in den Mund, damit sie auf ihrem letzten Gang keine gotteslästerlichen Worte äußern konnten. Eine Messe leitete die Ketzerverbrennung ein. Danach hängte man das gelbe Gewand des Gerichteten, den sogenannten Sanbenito, am Portal einer der Kirchen auf. Bereits verstorbene Ketzer wurden in effigie verbrannt.

Es ist vom heutigen Standpunkt leicht, sich über die Inquisition zu entrüsten, schwieriger, den Gründen so merkwürdiger Auswüchse nachzugehen. Das Hauptmotiv lag in der noch im mittelalterlichen Denken wurzelnden Vorstellung einer im Glauben der alleinseligmachenden Kirche verwirklichten göttlich-menschlichen Ordnung, die anzugreifen oder auch nur anzuzweifeln zugleich Gotteslästerung war und Rebellion gegen die weltliche Obrigkeit. Daß die Inquisition eine wirksame Waffe darstellte, um die innere Opposition zu ersticken, darf kein Argument sein. Auch die Auffassung, daß Spanien durch die Santa Inquisición Religionskriege erspart geblieben sind, zählt nicht. Große Geister jener Zeit, wie Lope de Vega, bejahten sie. Das gleiche gilt vom Volk, das bei der Manipulierbarkeit der menschlichen Natur in seiner breiten Masse die Ketzerverbrennung für richtig hielt. Die Suprema war populär, sie fand die innerste Zustimmung des kleinen Mannes. Außerdem bot das Autodafé ein interessantes Schauspiel im Rahmen eines großartig feierlichen Staatsaktes, begleitet von Fiestas. Ketzerverbrennungen waren im Spanien des Siglo de Oro eine Selbstverständlichkeit, bei deren alltäglichem Anblick niemandem der Atem stockte. Von dem großen Berruguete gibt es ein Bild ›Auto de Fé in Ávila‹. Darauf sehen wir unter den Zuschauern einen dickleibigen Priester, der, während die Flammen hochschlagen, gelangweilt einnickt.

Wenn man Ávila so anspruchsvolle Prädikate wie ›Tierra de Santos y de Cantos‹, ›Land der Heiligen und der Steine‹, oder ›Ciudad mística‹ verleiht, so vor allem wegen seines Ruhms, daß im 16. Jahrhundert Heilige von starker Ausstrahlungskraft in seinen Mauern lebten: San Juan de la Cruz, San Pedro Bautista, San Pedro de Alcántara. Die weitaus populärste Heiligengestalt der Tierra, Santa Teresa de Jesús, wurde 1515 in Ávilas Mauern geboren.

Es ist ein geistiges Vergnügen, auf dem Boden der altehrwürdigen kastilischen Stadt den Spuren ebendieser Avileserin zu folgen, die deswegen aus der großen Zahl der Kalenderheiligen herausragt, weil sie nicht nur ein spirituelles Phänomen gewesen ist, sondern daneben in dingfester Diesseitigkeit ein Beispiel praktischen Verstandes, zupackender activitas, entlarvenden Humors und entwaffnender Logik geboten hat. Doch bei all ihrem irdischen Scharfsinn, ihrer Lebensklugheit war sie durchglüht von missionarischem Eifer, von puristischer Reformsüchtigkeit, angerührt von außergewöhnlichen Glaubensenergien, dies freilich nicht ohne kräftige Betonung der eigenen Berufung, aber doch so unmittelbar elementar, daß man der Visionärin nicht zu Unrecht den Namen ›Das Mädchen mit dem feurigen Geist‹ gegeben hat. Ebenso aktiv mit der Feder am Schreibtisch wie mit dem Besen in der Hand, hat Ávilas ekstatische Mystikerin als einzige neben Katharina von Siena den Titel einer Kirchenlehrerin erhalten. Zugleich gehört sie zu den Klassikern der spanischen Literatur, zumal mit der Beschreibung ihres inneren Lebens (›Libro de su vida‹) und der ›Seelenburg‹ (›El Castillo interior‹). Die Gründerin des Ordens der Unbeschuhten Karmeliterinnen, ›Carmelitas descalzadas‹, wurde wenige Jahrzehnte nach ihrem Tod heiliggesprochen und 1617 von den spanischen Cortes zur Patronin Spaniens erhoben, gleichrangig mit Santiago. Dabei war sie, die umschwärmte Tochter eines Granden, die alle Chancen weltlicher Entfaltung besaß, durchaus nicht a priori auf ein geistliches Leben ausgerichtet. Sie liebte Geselligkeit, auch Passionen werden der attraktiven Angehörigen eines hochangesehenen Hauses nachgesagt, darin anderen Heiligengestalten nicht unähnlich, etwa den Santos Augustinus, Franziskus, Ignatius von Loyola, doch gerade durch das Nacheinander extremer Weltlichkeit und – nach ihrem Damaskus – extremer Spiritualität ziehen uns die heiliggesprochenen Verfechter des Glaubens über das Theologische hinaus an.

Die ›Puerta mural de Montenegro‹, durch die man im Süden die Stadt betritt, heißt im Volksmund ›Arco de la Santa‹. Denn man kommt sogleich auf die Plaza de la Santa mit dem Blick auf die Front jener Kirche, die 1635 an der Stelle des Geburtshauses der heiligen Teresa errichtet worden ist, die Kirche des Convento de Santa Teresa de Jesús. Über dem dreigeteilten Portal sieht man in einer Nische ihre Statue, das darüberliegende Fenster wird von den Wappen der Familie Teresas, Cepeda y Ahumada, und des Karmeliterordens umrahmt, während man in der obersten Zone der Kirchenfassade den ›escudo‹ des Gründers erblickt, des Conde-duque de Olivarez, welcher der allmächtige, von Velázquez verewigte Minister Philipps IV. gewesen ist. Zwei offene Glockentürme mittelmeerischer Prägung rahmen das Giebelfeld.

Das Zimmer der Heiligen wurde in eine Kapelle umgewandelt. Gregorio Fernández, der realistische Barockmeister von Valladolid, hat in den molluskenhaften Dekor des Altars die Santa gestellt, goldgekrönt und kostbarer gekleidet, als es ihrem schlichten Sinn entsprochen hätte. ›Aqui nació Santa Teresa de Jesús‹, ›Hier wurde Santa Teresa de Jesús geboren‹, steht auf einer Plakette zu ihren Häuptern. Das zugeordnete Museum verwahrt Reliquien, einen Finger der Heiligen, ihren Rosenkranz, den gekrümmten Wanderstab. Im anschließenden Garten des Elternhauses hat die kleine Teresa mit ihrem Bruder Rodrigo das klösterliche Leben im Spiel vorgeübt.

Und einmal ist sie mit ihm aus dem Elternhaus ausgebrochen, um in Marokko das Martyrium zu erleiden. Die Kinder kamen nicht weit. Ihr Onkel Francisco hielt sie bei ihrem wahnwitzigen Vorhaben auf und führte sie zu den Eltern zurück. Die Szene ist auf einem Farbglasfenster des Museums festgehalten.

An Teresas Lebensweg erinnern in Ávila weiterhin die bereits genannte Kirche San Juan, in der sich noch ihr Taufstein befindet, und das Kloster *Nuestra Señora de Gracia*, wo sie ihre Erziehung erhielt. Das Monasterio liegt außerhalb an der Südostecke der Stadtmauern. Bemerkenswert der reiche Barockaltar von Juan Rodriguez und Lucas Giraldo. Zum Kummer ihres Vaters wurde Teresa nicht die Verlobte eines Duque, sondern die Braut Christi, indem sie als Novizin in den *Convento de la Encarnación* eintrat, der talabwärts unterhalb der Nordmauer liegt. Strebepfeiler stützen das strenge Gebäude mit seinem im 17. Jahrhundert angefügten offenen Glockenträger. Das Kloster besitzt ein von Teresa in ihren Schriften erwähntes Gemälde, Christus an der Geißelsäule, sowie eine Handzeichnung Juans de la Cruz, expressiv und in perspektivischer Verkürzung den Gekreuzigten darstellend; das Bild hat Dalí zu seinem surrealistischen Crucifixus angeregt. Teresa nimmt bald schon Anstoß am allzu weltlichen Treiben der Klostergemeinschaft, das ihrer Vorstellung vom absoluten Leben der Nachfolge Christi keineswegs entspricht. Der Konvent ist keine Festung des Glaubens, die Welt ist eingesickert und das Sprechzimmer voll von meist männlichen Besuchern, die Adelsprivilegien der Insassen dauern fort.

So wächst in Teresa die Idee einer klösterlichen Reform, einer Rückführung zu apostolischer Einfachheit, die sie – inzwischen hatte sie ihr Gelübde als Ordensfrau abgelegt – mit der Gründung des Karmeliterinnen-Klosters *San José* verwirklicht. Das Gebäude, außerhalb der Stadtmauern im Osten Ávilas, ist bis auf unsern Tag erhalten geblieben, ein Werk Francisco de Moras, eines Mitarbeiters Herreras. Über

der Pforte hält der heilige Zimmermann den Jesusknaben an
der Hand, der die Säge seines Ziehvaters trägt. Man nimmt
an, daß die Klostergründerin Sankt Joseph deshalb als
Namensgeber wählte, weil er das werktätige Leben verkörpert. Rechts vom Presbyterium kniet, in Alabaster gehauen,
der Bischof Álvaro de Mendoza, einer der Förderer des
Reformwerks der Santa. Ebenfalls kniend im Gebet dargestellt ist der Caballero Francisco Guillamas Velázquez. Spitz-
bart und riesige Halskrause geben dem Marmorbild aus dem
17. Jahrhundert etwas Donquijoteskes. Auch hier werden verschiedene Erinnerungsstücke an die Heilige gezeigt: Musikinstrumente – Pfeife, Tamburin, Handtrommel und Flöten –,
die Teresa bei klösterlichen Feiern benützte, ein Knochen des
Arms, den sie 1577 hier brach, ein Riemen ihres Gewandes,
ihr Stuhl, ein Exemplar der Schriften Gregors des Großen mit
Anmerkungen von ihrer Hand.

Der Plan einer eigenen Klostergründung stößt zunächst auf
Widerstand. Ihre Mitschwestern von Encarnación empfinden
die Tat als Anmaßung. Sie sehen bei den strengen Regeln, die
Teresa den Karmeliterinnen vorschreibt, ihr freizügigeres
Leben gefährdet. Der Provinzial der Karmeliter gibt zwar
anfangs zur Gründung von San José sein Jawort, als er aber
die Entrüstung des Klosters Encarnación, ja der ganzen Stadt
gewahr wird, zieht er sein Plazet zurück. Mit Hilfe eines
Dominikaners von Santo Tomás erreicht es Teresa dann, das
päpstliche Breve zur Klostergründung zu erlangen.

San José in Ávila folgen zahlreiche weitere Häuser der
unbeschuhten Karmeliterinnen, Klöster in Alt- und Neukastilien, in León und selbst in Andalusien. Überall taucht der von
Mauleseln gezogene Karren der unermüdlichen Klostergründerin auf. Inspizierend, organisierend ist sie unterwegs. Ihrer
menschlichen Ausstrahlung, ihrem religiösen Eifer gelingt es,
stets neue Geldquellen zu erschließen, hochgestellte Stifter
und Stifterinnen zu gewinnen, um das umfängliche Werk so
vieler neuer Nonnengemeinschaften möglich zu machen, die
in strengerer Zucht Christo nachleben.

Einmal muß sie auf ihren strapaziösen Reisen – welche Bequemlichkeit boten schon die Zufallsquartiere am Wegrand? – einen Fluß überqueren. Fast wäre sie ertrunken. Sie beklagte sich beim Heiland. Dieser sagte: »Solches tue ich an denen, die meine Freunde sind.« Sie erwiderte: »Darum hast du so wenig Freunde.«

Anekdotisches dieser Art, Zeugnisse urwüchsiger Lebensnähe, fernab aller Bigotterie, sind sehr typisch für Teresa. Nur zu bekannt ist ihr keineswegs asketischer Ausspruch: »Wenn Fasten, dann Fasten, wenn Rebhuhn, dann Rebhuhn.« Auch weiß man, daß sie Gott darum bat, sie vor trübsinnigen Heiligen zu bewahren. Diese »gütigste, fröhlichste, verständnisvollste der Heiligen des Himmels« (H. V. Morton) hat über allzu selbstbewußte Santos ausgesagt: »Sie hielten sich selber für Heilige, aber als ich sie kennenlernte, entsetzten sie mich mehr als alle Sünder, die mir je begegnet sind.« Als man die Frömmigkeit einer Bewerberin um Aufnahme in den Orden der Karmeliterinnen rühmte, machte Teresa geltend: »Hat sie auch Verstand? Frömmigkeit können wir ihr anerziehen, Grips dagegen nicht.«

Legte die »rastlose Vagabundin«, so nannten sie schon einmal ihre Ordensschwestern, auch einen derb-realistischen praktischen Sinn an den Tag, so war sie daneben doch immer wieder eine Visionärin von hohen Graden. Physisch und psychisch fragil und übersensitiv, schwebte Teresa meist zwischen Krankheit und Verzückung. Gesichte stellten sich bei ihr jederzeit ein; ihr erschienen Lebende und Tote, Pedro de Alcántara, Sankt Joseph oder die Mutter Gottes, die ihr sehr zart und jugendlich vorkam, mit einem überirdisch leuchtenden Kreuz an goldener Halskette. Satan setzte sich auf ihr Gebetbuch, Engel und Dämonen rangen miteinander, sie roch den Gestank der Hölle. Über die irrealen Begegnungen, ihre zweite Wirklichkeit, führte sie gewissenhaft Buch. Wie jene andere vom Licht der Transzendenz Getroffene, Jeanne d'Arc, erfuhr sie die Skepsis der kirchlichen Autoritäten, sah sie sich ungläubigen Befragungen ausgesetzt. Teresas bekannteste Vision sei hier wörtlich zitiert: »Ich schaute nahe bei mir einen Engel, mir zur Linken, in leiblicher Gestalt. Er war nicht groß, sondern zierlichen Wuchses und unaussprechlich schön – sein Antlitz glühte von Feuer, als wäre er einer der höchsten Engel, die aus Flammen zu bestehen scheinen. In seiner Hand sah ich einen langen, aus Gold gefertigten Speer, an dessen Spitze ein kleines Feuer zu leuchten schien. Zuzeiten war es mir, als stoße er ihn mir ins Herz und bohre ihn tief in meine Eingeweide. Der Schmerz war so gewaltig, daß er mich stöhnen machte, und dennoch: die Süßigkeit dieses maßlosen Schmerzes war so selig, daß ich nicht wünschen konnte, seiner ledig zu werden.«

Diese Vision hat Bernini, der Barockmeister der Ewigen Stadt, im 17. Jahrhundert in einem Marmorbild wiedergegeben, welches viele Besucher in die römische Kirche Santa Maria della Vittoria zieht. Ein Putto, der einem Eroten gleicht, stößt seinen Liebespfeil in die Brust der verzückten Heiligen. 1739 sagte der Präsident de Brosses über die Liegefigur aus: »Der Ausdruck ist wundervoll. Aber frei heraus, ein bißchen allzu lebendig für eine Kirche. Wenn das die himmlische Liebe ist, kenne ich sie auch.«

Insgesamt gehen 18 Klöster auf die heilige Teresa zurück. Die nötigen Gelder erhielt sie nicht zuletzt von ihren Brüdern, deren sechs mit den Konquistadoren in die Neue Welt gezogen waren. Nur zwei von ihnen kehrten nach Spanien zurück; Rodrigo, Teresas Lieblingsbruder, starb am Río de la Plata. Zu den Förderern der Barfüßer-Karmeliterinnen gehörte aber vor allem Philipp II., der König. Teresa ist ihm, nach vorherigem Austausch von langen Briefen, begegnet. Es war ein Treffen von welt- und geistesgeschichtlicher Bedeutung. Das strenge Konzept des ›Mädchens mit dem feurigen Geist‹ entsprach der Vorstellung Philipps von der Einheit von Staat und Religion, von der Übereinstimmung von Majestas und Religio. Die königliche Lizenz gab dem neuen Orden der Unbeschuhten die offizielle Sanktion. Der König ließ den päpstli-

chen Nuntius wissen: »Man hat mir von dem Widerstand berichtet, den die beschuhten Karmeliter den Barfüßern entgegenstellen; das könnte zu dem Verdacht führen, daß man sich gegen diejenigen wendet, die Strenge und Vollkommenheit üben. Ich bitte Euch dringend, die Sache der Tugend zu vertreten; denn man hat mir gesagt, daß Ihr kein Freund der Reform seid.«

Teresa stirbt 1582 in einem der von ihr gegründeten Klöster, in Alba de Tormes bei Salamanca. Man setzte sie im Mauerwerk der Kapelle bei, auf ihren Wunsch im geflickten Kleid und fadenscheinigen Schleier. Reliquien der Heiligen ruhen in einem Schrein, den Isabel Clara Eugenia, die Tochter Philipps II., dem Monasterio gestiftet hat. Dort, neben dem Hauptaltar, wird in einem Reliquienkästchen das Herz der Heiligen aufbewahrt, das »in der Mitte wie von einem Speer durchbohrt zu sein scheint«. 1872 fertigten Ärzte der Universität Salamanca ein Gutachten. Sie stellten fest, daß das Herz in so gut erhaltenem Zustand war, wie es nicht durch natürliche Ursachen erklärt werden konnte. Sie glaubten Anzeichen einer Durchbohrung zu finden.

Die heilige Teresa von Ávila und Ignatius von Loyola waren die Vorkämpfer der Gegenreformation, die auf der katholischen Seite eigentlich die Ziele der Reformatoren verfolgten, die Verinnerlichung des Glaubens. Durch die Zeiten erklingt die mahnende Stimme der Santa: ›Ya no durmais, ya no durmais, que no hay paz en la tierra‹, ›Schlaft nicht, schlaft nicht, denn es gibt keinen Frieden auf Erden‹. Ihre vernünftige Weltbetrachtung, ihre Auffassung, Gott sei auch ›entre pucheros‹, ›zwischen Suppentöpfen‹, das heißt im Alltag, nimmt uns immer wieder gefangen.

Am 14. Oktober, der Fiesta der Heiligen, zieht unter großem Festgepränge die Statue Teresas durch die Altstadtstraßen Ávilas. Über weißer Kutte trägt die Figur den schwarzen Schleier der Karmeliterinnen. Man stellt sie am Hochaltar der Kathedrale neben die Skulptur Marias. Dort bleibt Teresas Bildnis zu Gast über Nacht. Am nächsten Tag werden die Pasos beider Heiligen zur Santa-Teresa-Kirche gebracht; gewissermaßen stattet die Madonna einen Gegenbesuch ab, bleibt aber nicht über Nacht. Sie verbeugt sich vor Teresa, indem die Träger des Pasos sich bücken, wodurch sich die Figur senkt. Teresa bedankt sich mit einer gleichfalls so vollführten ›despedida‹, ›Verabschiedung‹. Die Heilige nimmt dann wieder ihren Platz an der Altarwand der Kirche ein, die an der Stelle ihres Elternhauses errichtet worden ist, während die Mutter Christi ohne weitere Feierlichkeit zu ihrem Standort in Ávilas Kathedrale zurückkehrt.

Segovia und sein Tuchhandel

Von Ávila aus fährt man in nordöstlicher Richtung, immer im Angesicht der Schneegipfel des Guadarrama-Gebirges, über Villacastín nach *Segovia*, der ehemaligen Lieblingsresidenz des kastilischen Hauses der Trastamara, der Stadt der berühmten Tuchmacher und der Comunero-Revolution – um bedeutende Fakten der Stadtannalen vorwegzunehmen. Die Meseta ist dort, wo die alte Römerstadt sich auf einer Erhebung zwischen den Flüssen Eresma und Clamores trutzig aufbaut, nicht mehr so ganz die Stein-Steppe wie im Umkreis der Nachbarstadt, auch in geringerem Maße heilig; von Santos und Cantos ist kaum die Rede.

Zunächst nehmen wir Segovia nur unvollkommen wahr. Das atemberaubende Panorama auf das türmereiche Kastell und die großartigen Kirchensilhouetten wird aus entgegengesetzter Richtung gewährt. Doch plötzlich steigt der Turmhelm der Kathedrale hinter einem Höhenrücken empor, und im Vordergrund erhebt sich unübersehbar ein Kalvarium mit einer Kapelle und fünf Kreuzen, *Cerro de la Piedad*, von wo wir nun das breitgelagerte Segovia überblicken können. Diese Nachbildung der Kreuzigungsstätte erinnert uns an die ›Cuatro Postes‹ von Ávila. Die Straße führt uns noch einmal im Bogen ins Tal hinunter, wobei wir links zur hochgelegenen Stadtmitte hinaufschauen. Ehe wir von der Avenida Fernández Ladreda, der Einfallstraße her, die Plaza Azoguejo mit ihrem regen Verkehrs- und Gewerbebetrieb berühren, haben wir den Anblick des imponierendsten *Aquädukts* des römischen Iberien. Er wird nicht einmal von der mächtigen Wasserleitung bei Tarragona übertroffen.

Von dem ›Caput Aquae‹, dem Beginn der Leitung im Osten, zieht sich das Bauwerk mit 75 Bögen zur Unterstadt, überquert dann mit 43 Doppelbögen die Senke des erwähnten Platzes und mündet schließlich durch die Stadtmauer in die ›Piscina limaria‹, den Wasserspeicher, ein. Die Gesamtlänge beträgt 813 Meter, die Höhe der Talüberbrückung 29 Meter. 20 000 Tonnen Granit dienten als Baumaterial. Die römischen Ingenieure schichteten die Steine mörtellos übereinander. Durch die im Verhältnis zur Höhe, besonders an der Plaza Azoguejo, überaus schmalen Stützen der doppelstöckigen Bögen überwiegt der Eindruck von Leichtigkeit und Eleganz. Außer einem nicht einfachen hydraulischen System gehörten zur Anlage Sammel-, Reinigungs- und Verteiler-Einrichtungen. Daß unter dem aus Spanien stammenden Trajan das riesige Bauwerk entstanden ist, wird angenommen. Juan de Valdés hat 1527 noch die Bronzebuchstaben am Gemäuer gesehen, die dies verkündeten, und in seinem Buch ›Diálogo de la lengua‹ festgehalten.

Während der Reconquista zerstörte Al Mohamed, Emir der Taifa von Toledo, bei einem Vorstoß in die Meseta elf Bögen, die später von den Katholischen Königen wieder hergestellt worden sind, wobei man den Unterschied der antiken und mittelalterlichen Bauweise erkennt. Der Aquädukt, heraldisches Wahrzeichen Segovias, war bis 1974 in Funktion, dann trat er erschöpft in den Ruhestand. Aus Rom holte man Tiberwasser und ließ es ein letztes Mal in sinnigem Gedenken an den römischen Ursprung dieses Monuments der Latinität durch die Leitungsrillen fließen.

Etwa zweihundert Jahre flatterte die grüne Fahne des Propheten über Segovia, bis Alfonso VI., der Befreier Toledos, auch in der alten Römerstadt am Río Eresma dem Kreuz zum Sieg verhalf. Sein Schwiegersohn Raimundo de Borgoña, der Ávila neu besiedelte, brachte ebenso nach Segovia Christen aus dem Norden, die sich der besonderen Gunst der Krone erfreuten. Die junge Bevölkerung profitierte bald von einer reichen Schafhaltung auf den weiten Flächen der Meseta. Ein böses Wort besagt, die kastilische Hochfläche sei deswegen so waldarm, weil man das Holz für die Scheiterhaufen der Inquisition gebraucht hätte. In Wahrheit haben riesige Schafherden, die kaum eine grüne Spur übriglassen, das Land auf große Strecken hin zur Ödnis gemacht; doch sie brachten auch reichen Gewinn. Schon im 11. Jahrhundert, bald nach Vertreibung der Moslems, webte man in Segovia Tuche. Die Feinheit der Stoffe wurde im 12. Jahrhundert, der Epoche Ferdinands III., gerühmt. Man sah unter Karl V. und Philipp II. segovianische Textilien auf allen Märkten Europas, sie galten als die besten überhaupt und zeigten sich den flämischen überlegen. Die Manufakturen der Stadt stellten pro Jahr 25 000 Ballen von hervorragender Qualität her. Die Welser, die in Sevilla, die Ravensburger, die in Barcelona ihre spanischen Hauptfaktoreien unterhielten, brachten spanisches Tuch auch nach Deutschland.

Für diesen Erwerbszweig wie für die allgemeine wirtschaftliche Lage des Landes aber wirkte sich der reiche Zufluß von Gold aus den in Amerika neu eroberten Ländern verhängnisvoll aus. Die hierdurch erleichterten Importe setzten die einheimische Industrie einem Konkurrenzdruck aus, dem sie in vielen Fällen nicht standhalten konnte. Immer schneller wanderte das Edelmetall in andere Länder und stärkte die dortige Wirtschaft, die nun lieber Rohstoffe als Fertigwaren aus Spanien einführte. Die Verarmung und Inflation ruinierte bald auch die Textilfertigung Segovias. Statt des Tuchs führte man nun Rohwolle aus. Im 17. Jahrhundert billigte die Krone den Tuchfabrikanten besondere

Privilegien zu, um diesen Wirtschaftszweig neu zu beleben. Aber der Aufschwung fand mit dem Niedergang der Habsburger ebenfalls sein Ende. Unter Karl III. fertigte man im Jahr nicht mehr als 3000 Ballen. Im 19. Jahrhundert mußten die letzten Firmen schließen. Segovia wurde zum Museum seiner großen Vergangenheit, Spiegelbild monarchischen Repräsentationsbedürfnisses und vergangener wirtschaftlicher Blütezeit.

Das museale Segovia begegnet uns vor allem in der Oberstadt, die man mit einer Lanze verglichen hat, deren Spitze das Kastell wäre. Auch diese altkastilische Königsresidenz ist noch in sich geschlossen, eine Altstadtkulisse, wie wir sie oft in Spaniens Mitte finden. Neben dem Aquädukt besitzt die Stadt Teilstücke ihrer alten Mauern und die drei Tore San Cebrián, San Andrés und Santiago sowie über zwanzig romanische Kirchen, die etwa zur Hälfte in der Oberstadt liegen. Sie treten augenfälliger in Erscheinung als die des benachbarten Ávila, nicht allein wegen ihrer größeren Zahl, sondern weil sie hohe, schlanke Türme wie Leuchter des Glaubens zum Himmel strecken, in den Mittelgeschossen meist mit Blendbiforien, im Oberstock mit offenen Triforien versehen. Kleine Säulenvorhallen, oft auf der West- und Südseite, mit besonders expressivem Kapitellschmuck, sind für sie typisch, Querschiffe ersparen sie sich vielfach. Trotz dieser segovianischen Eigenheiten ist keines der Gotteshäuser eine Kopie des anderen. Es sind keine großen Kirchen, nur der Turm präsentiert sich in imponierender Größe.

Den schönsten Turm – man spricht vom König der spanischen Türme – hat *San Esteban;* über einem glatten Sockel bis zur Höhe des Kirchenschiffs steigen fünf Stockwerke hinauf, belebt mit doppelten, zuletzt dreifachen Fensterbögen. Neben dem Portikus mit schönen Kapitellen wird man im Innern einen holzgeschnitzten, farbig bemalten Kalvarienberg aus dem Ende des 13. Jahrhunderts bewundern, von jenem Ausdruck, den man in Spanien keineswegs abwertend

>Primitivismus‹ nennt. Der rechte Arm Christi hängt, zur
›Kreuzabnahme‹ bereits vom Querbalken gelöst, schräg in
den Raum. Auch *San Martín*, mitten in der Oberstadt, verfügt über die segovianischen Attribute der Romanik. Die Vorhalle der 1975 grundlegend renovierten Kirche weist besonders eindringliche Kapitellformen auf, so Christus in der
Mandorla, einen schwebenden Engel und als bizarren Beitrag
menschengesichtige Vögel. An den beiden Seiten des West-
portals stehen je zwei hochgereckte Apostelfiguren. Im
Innern befindet sich ein kraß-realistischer ›Herren-Leichnam‹
von Gregorio Fernández. *San Juan de los Caballeros*, an
der Nordostecke der Oberstadt, gilt als älteste romanische
Kirche Segovias. Der Turm ist bis zur zweiten Fensterreihe
herunter abgenommen. Die unteren Fenster haben Kleeblatt-
bögen.

Gut erhalten zeigt sich der Portalschmuck. Die südliche
Vorhalle ist auch hier vorhanden, bei *San Millán* in der östlichen Unterstadt sogar die ›portici‹ rundum; dieser Bau ist
wohl die besterhaltene romanische Kleinkirche Segovias und
lag im alten Maurenviertel. Ein kantiger Vierungsturm erhebt
sich über das Hohlziegeldach. Das Kirchenhaupt besitzt drei
Apsiden. Die Interieurs der romanischen Sanktuarien Segovias halten im allgemeinen nicht, was das Äußere verspricht,
aber im Innern von San Millán setzt sich die erstklassige
Kapitellskulptur der Vorhalle fort; auch sieht man Fresken.
Ein Großteil der Wandmalereien der wichtigsten segovianischen Kirchen des Mittelalters ist übrigens erst in jüngerer
Zeit von der verbergenden Kalkschicht befreit worden, dies
gilt besonders für die in der gleichnamigen Vorstadt gelegene
Kirche *San Justo*: Neben Wandbildern im Innenraum – Pan-
tokrator, apokalyptische Engel, Passionsszenen – fand man
überraschenderweise ein polychromes Relief im Portalgiebel-
feld, das eine Königin mit ihren Damen, einen Bischof und
einen Engel darstellt, der über der Monstranz das Räucher-
faß schwingt. Die Archivolte ist mit Flecht- und Rollenmu-
stern dekoriert.

Zu Füßen des schroff abstürzenden Kastellfelsens, jenseits des Río Eresma, treten wir in eine der von Teresa von Ávila gegründeten Kirchen. Ihr geistlicher Nachfolger, der um seinen Einsatz für die Unbeschuhten Karmeliter sehr zu leiden hatte, ist hier beigesetzt: San Juan de la Cruz (1542–1591), Hymniker und Mystiker, der allnächtlich im Freien betete und ›die schönsten Liebesgedichte an Gott‹ geschrieben hat. Zuerst war er in der Gruft der Barfüßerkirche beigesetzt, und dort lesen wir noch: ›Hier ruhte der unverweste Leichnam des Johannes vom Kreuz bis zu seiner Heiligsprechung 1675‹. Über dem ursprünglichen Grab sieht man eine Apotheose des Santo, neben ihm Santa Teresa. Anläßlich der Kanonisierung wurde er in einen Prunksarkophag gebettet, der dem Repräsentationsbedürfnis der Kirche, doch weniger der demütigen Seele des Heiligen entspricht.

Wir brauchen nur die Cuesta Zamarramala zu überqueren und gelangen zu einer nicht weniger bemerkenswerten Kirche: dem auf einer Erhebung liegenden Bau der Templer *La Vera Cruz*, für sie von Alfonso VIII. gegründet, dem sie 1212 in der Schlacht von Navas Waffenhilfe geleistet hatten. Die Kirche ist an der Stelle einer Moschee errichtet und später den Johannitern übergeben worden. Als Vorbild nahm man die Rotunde der Grabeskirche in Jerusalem, doch die Verwandtschaft beschränkt sich auf die Form des Zentralbaus. Das Oktogon wird bei La Vera Cruz in ein Zwölfeck verwandelt; im Innern erhebt sich ein gleichfalls zwölfeckiger, zweistöckiger Kern. Bekannt ist die Vorliebe der Templer für Zahlenmystik, wobei sicher orientalische Einflüsse ihre Rolle spielen. Sie schätzten alle Werte, die mit der Zahl 3 zusammenhängen: die 6, die 9, die 12. Das Portal der Kirche Saint Gervais et Saint Protais in der Templerstadt Gisors in Frankreich ist aus 9 Steinen zusammengesetzt. Bei der Templerkirche Segovias herrscht die 12 vor. Templer-Novizen stellten sich 3mal dem Kapitel vor, 3mal baten sie um Brot, Wasser und Aufnahme, 3mal legten sie ihr Gelübde ab, 3mal im Jahr fasteten sie streng, 3mal in der Woche gaben sie Almosen.

Blick auf Segovia

Auch das Innere der Templerkirche im portugiesischen Tomar, Convento de Cristo, besteht aus einem Kern mit Umlauf. Im Falle Segovias weist der Kern an den Ecken schlanke Säulen auf. Im Obergeschoß mußten die Aspiranten in Waffen übernachten, ehe sie den Ritterschlag erhielten. – (Die Fresken im Kircheninnern sind jünger.)!

Die frühe Gotik ist in Segovia spärlich, die späte außer der Kathedrale noch in zwei Gotteshäusern vertreten, die ebenfalls jenseits der Nordmauer der Oberstadt liegen: die Kirche des Hieronymitenklosters *El Parral* (Weinlaube) und *Santa Cruz la Real*, die der heilige Dominikus als seine erste Gründung über einer Felsgrotte, die ihm Zuflucht geboten haben soll, errichten ließ. Die heilige Teresa hat hier eine ihrer Visionen gehabt, in der ihr der Ordensstifter erschien. Beide Kirchenbauten weisen jenen an Fächern und Schleifen überreichen Übergangsstil zwischen Gotik und Renaissance auf, den man als ›isabellinisch‹ bezeichnet – auch in England hat man einen Stil, den elisabethanischen, nach einer Königin benannt. Es drängt sich der Vergleich mit den überschäumenden Schmuckformen des portugiesischen Manuelismus auf, vor allem beim Betrachten seltsam gekurvter Zierfelder über den Portalen.

El Parral, dessen Standort einen besonders fesselnden Blick auf das hochliegende Stadtpanorama gewährt, wurde 1447, während der Regierung Enriques IV., von dessen Günstling Juan Fernández Pacheco gestiftet, einem Granden, dessen Familie aus Portugal kam und dort im Zuge der Reconquista Ruhm an ihren Namen heftete – ein Pacheco ruht in der Kathedrale von Lissabon. Juan Fernández war zum Marqués de Villena aufgestiegen. Sympathien gewann er wenig, vor allem war er der jungen Isabella verhaßt, der späteren Katholischen Königin, gegen deren Thronansprüche er intrigierte. Enrique machte ihn zum Duque von Trujillo, doch die Trujillanos lehnten sich gegen ihn auf. Bei einem Turnier am Ufer des Río Eresma trug er einen Lanzenstich davon, den nach seiner Vorstellung die Jungfrau Maria heilte. Er kaufte die im

Portal im Kloster El Parral in Segovia

Gelände des Turnierplatzes gelegene Eremitei Santa María del Parral und gelobte, zum Dank eine Klosterkirche zu errichten. Die Söhne erfüllten das Gelübde und beauftragten den einheimischen Juan Gallego mit dem Bau. Auch zogen sie den berühmten Juan Guas heran. Über einem Portal der Epistelseite sieht man im Gerank verschlungener Linien eine Verkündigung und wappenhaltende Engel. Die Kirche ist zugleich Grablege der Pachecos. Neben dem Gründer ruht seine Gemahlin, in der Nähe seine natürliche Tochter, die Gräfin von Medellín, auf deren Grabtrog drei Kirchenväter abgebildet sind. Der Sarkophag eines späteren Anverwandten trägt die Inschrift ›Muerto en la jornada de Ynglaterra Ano 1588‹. Dies ist das Jahr des Untergangs der Großen Armada.

Santa Cruz, einschiffig wie El Parral, besitzt eine reich skulptierte Portalzone, die von einem Alfiz streng umrahmt wird. Eine ›Beweinung‹ unter einem Kleeblattbogen verdient besondere Aufmerksamkeit, weil Ferdinand und Isabella kniend in die Komposition einbezogen sind. Die Kirche, sowie sie heute vor uns steht, geht so auf die Katholischen Könige zurück, deren Embleme sie überall zur Schau bietet: die Namensbuchstaben f und y, Joch und Pfeilerbündel, den Wahlspruch ›Tanto monta‹; ein heraldischer Prolog zu der Kirche San Juan de los Reyes in Toledo.

Einzigartig in Spanien sind die segovianischen Sgraffito-Ornamente, die textilartig die Schauseiten klerikaler und profaner Gebäude überziehen, sicher ein Nachklang islamischer Gepflogenheit. Wie aufgesetztes Filigran muten die Blattmotive der *Casa de los Marqueses de Moya* an, wie ein Spiralgitter die der *Casa San Quirce*; das einstige Kloster nimmt heute die Academia de Historia y Arte auf. Ein ähnliches Gespinst feiner Musterung finden wir an der Fassade der ehemaligen *Capilla de los Viejos*. An der italienisch inspirierten *Casa de los Picos* fallen die pyramidal zugeschnittenen Ziersteine auf, die in strenger Regelmäßigkeit die Fassade überziehen. Eine ähnliche Dekor-Spielerei treffen wir am Palast der Duques de Infantado in Guadalajara an.

Die Granden des 15. und 16. Jahrhunderts unterhielten Herrenhäuser auf ihren ausgedehnten und oft weitverstreuten Ländereien, doch zugleich besaßen sie – ähnlich wie die Feudalherren Italiens – in kleinen und mittleren Städten Prunkpaläste, in denen sie wie Souveräne residierten. Da der Adel oft mit seinesgleichen, doch auch mit der Krone in Streit lag, baute er seine Palacios als kleine Festungen aus, wovon namentlich die Wehr- und Geschlechtertürme zeugen. Sie werden uns später beim Besuch in Städten der Extremadura, Cáceres und Plasencia, auffallen, doch auch Segovia prunkt damit. Einen solchen ›Torreón‹ besitzt der *Palast der Marqueses de Lozoya*. Der massive Bau begnügt sich mit lukenartigen Fenstern und trägt ein vorkragendes Kranzgesims. Die Caja de Ahorros, eine um Denkmalschutz verdiente Sparkasse Spaniens, hat den benachbarten *Palacio de Arias Dávila* wieder aufgeputzt; nicht auf der oberen Plattform des Torreón, sondern auf der umlaufenden Balustrade sind mächtige Zinnen martialisch angebracht. Das Gebäude mit seinem eleganten Patio, mit sechs antiken Säulen, dient der Stadt als Quartier für Ehrengäste.

Der Patio des *Palastes der Marqueses del Arco* ist frühplateresk; fast vollplastische, antikisierende Kopfmedaillons schmücken das Gebälk. Die Archivolte des *Palacio de Quintanar* ist aus einer Kette von Helmen mit geschlossenen Visieren gebildet; ein Helm krönt auch den von Waldmenschen getragenen ›blasón‹ des Geschlechts. Eine der führenden Adelsfamilien der Stadt waren die Bravos, deren Palast zu den eindrucksvollsten Herrenhäusern gehört. Über dem festungsartigen Gemäuer ›schwebt‹ eine zierliche Loggia. Ein Alfiz umrahmt das Wappenbild über dem Portal. In der Kirche San Martín befinden sich Reste der Sarkophage der Señores de Bravo, ornamentierte Grabplatten. Der bekannteste aus dem Geschlecht ist Juan Bravo gewesen, der 1520 »die erste moderne Revolution in Spanien, wenn nicht sogar in ganz

Europa« (José Antonio Maravall) entfacht hat. Er zählte zu den gescheiterten Helden, und diese finden ja meist die größere Teilnahme als die erfolgreichen. Seine Aufsässigkeit gegen die bestehende, im Mittelalter verankerte Ordnung büßte er mit dem Leben.

An der Kirche San Martín führt die nach dem Revolutionär benannte Straße vorbei, die Hauptschlagader der Oberstadt. Man steigt einige Stufen zu einem schrägen, trichterförmigen Platz empor, an dessen Oberteil neben einem Delphinbrunnen der Renaissance wieder Torsos von Granit-Wildschweinen Kastiliens Frühgeschichte vertreten. Auf einer Seitenrampe steht der Dávila-Palast. Im Vordergrund des ansteigenden altstädtischen Platzes hält ein Jüngling im Harnisch ein Banner in der Rechten; fest umklammert die Linke das Schwert. Wir lesen am Sockel ›Segovia á Juan Bravo 1921‹ und fragen uns: Was vollbrachte im einzelnen dieser Edelmann, den seine Vaterstadt so ehrt, der aber jenseits von Spaniens Grenzen kaum bekannt ist.

Aufstand der Comuneros

Der Aufstand der Comuneros, der unter der Führung Bravos in Segovia ausbrach, verdient deswegen innerhalb der Geschichte Spaniens ausführlichere Erwähnung, weil er Einblicke in das werdende demokratische Bewußtsein Spaniens während seines größten Zeitalters gestattet. Außerdem ist die Beziehung des ›dritten Standes‹ zur Krone, das Spannungsverhältnis zwischen beiden – wobei man zur Partei der Monarchie die Geistlichkeit, die Militärorden, den Hochadel rechnen muß –, historisch aufschlußreich.

Die Problematik führt in das Hochmittelalter zurück. Das Volk war bis dahin weitgehend ungeschichtlich, und nur die beiden ersten Stände übten in der ›Curia Regia‹ politischen Einfluß aus. Doch der Kampf der Reconquista, an dem das ganze christliche Spanien teilhatte, führte zur Vergabe von Rechten, den bereits erwähnten ›fueros‹, an breitere Schichten, zumal an Siedler im von Moslems geräumten Gebiet, denen man zum Nutzen des Landes und zum rascheren Aufbau der neuen Gemeinwesen sonst nicht übliche Freiheiten zubilligte. In dieser Situation entstanden die Cortes als frühe Volksvertretungen, unterschiedlich strukturiert in den einzelnen Königreichen. Zwar wurden sie anfangs nur einberufen, wenn der Souverän Geld brauchte, auch waren sie keine gesetzgebende Körperschaft, doch immerhin zeichnete sich in ihrer Wirksamkeit eine Frühform des Parlamentarismus ab, von dem in den übrigen Ländern Europas noch kein Anzeichen zu spüren war.

Für den König wurden die Cortes bald zu einem Ärgernis, das sich aber nicht mehr aus der Welt schaffen ließ. Sie bildeten drei Gruppen, die zwecks Gültigkeit der Übereinkünfte stets geschlossen am Ort der Einberufung zugegen sein mußten: die Nobiliarios (Aristokratie), Eclesiasticos (Klerus) und Populares – diese rekrutierten sich ausschließlich aus den Städten, nicht aus ländlichen Bezirken. Ihre Sprecher hießen Procuradores. Jede Stadt entsandte im allgemeinen zwei Abgeordnete, Saragossa deren fünf. Sie wurden bestimmt durch Wahl oder Los. In León traten die Cortes erstmals 1188, in Aragón 1163, in Katalonien 1228, in Kastilien 1250 zusammen.

Das Präsidium hatte der Monarch inne. Nur er konnte die Versammlung einberufen, auch den Ort bestimmen. Besonders häufig traten die Cortes unter Karl v. zusammen, nicht zuletzt wegen der stets neuen Mittel, die der Habsburger für seine europäische Großmachtpolitik und die von ihm verfochtene ›Universitas Christiana‹ benötigte. Die Erträge aus der Schafzucht der Krongüter reichten nicht aus, auch nicht der Zehnte der Edelmetalle aus der Neuen Welt. Karl schuf, um Geldforderungen nicht langfristig vertagen zu müssen, einen permanenten Ausschuß, der in gewissem Sinne mit dem ›immerwährenden Reichstag‹ im Regensburg des 17. Jahrhunderts verglichen werden kann.

Das Säkulum Karls v. ist die Epoche des beginnenden Nationalbewußtseins, das sich in Spanien nach den glorreichen, unvergessenen Siegen der Reconquista stärker bemerkbar machte als anderswo. Die Spanier mochten in ihrem sprichwörtlichen Stolz den halbwüchsigen, ausländischen Habsburger nicht, der nur flämisch sprach und die hohen Ämter und Pfründen des Landes an Flamen vergab. Selbst auf den erzbischöflichen Stuhl von Toledo, den obersten Kirchensitz nächst dem Papstsessel, gelangte ein Flame aus der königstreuen Familie Croy. Dagegen protestierten die Cortes. In Valladolid (Kastilien), Saragossa (Aragón), Barcelona (Katalonien) verweigerten sie dem jungen Karl den Treueid.

Als dieser dann 1520 zur Kaiserwahl nach Deutschland reiste – für die Spanier der Beweis, daß seine Hauptinteressen nicht im Lande lagen –, brach der Aufstand los. Er wurde durch den undiplomatischen Akt des noch unerfahrenen Herrschers genährt, in Adrian, dem späteren Papst Hadrian VI., wiederum einen Landfremden zu seinem Regenten in Spanien zu ernennen. Dies ist die notwendige Vorgeschichte der nun anlaufenden Revolution der ›Comunidades‹, der Vertreter der merkantil aufstrebenden Städte. Sie erhielt den Namen ›Aufstand der Comuneros‹. Hatte Deutschland um etwa die gleiche Zeit seinen Bauernkrieg, so entstand südlich der Pyrenäen ein ›Städterkrieg‹, der sich namentlich in Spaniens Mitte ausbreitete.

In Segovia nimmt die Unzufriedenheit zuerst Gestalt an. Volksbewegungen schwelen von unten her, aber dennoch bedarf es der Organisatoren, die ihnen Kontur geben. Wie im Bauernkrieg macht auch hier ein Teil des Adels mit den Rebellen gemeinsame Sache. In Segovia ist es vor allem Juan Bravo, der auf dem gleichnamigen Platz so heroisch das Banner schwingt. Neben ihm tritt der Toledaner Juan Padilla, auch er von Adel, als Anführer auf. Und – wiederum eine Parallele zur deutschen Bauernerhebung – selbst Geistliche sind in der sogenannten ›Heiligen Junta‹ vertreten, die sich schnell konstituiert und Ansprüche auf eine eigene Regierung anstelle der verhaßten königlichen Instanzen erhebt. Der wehrhafte Bischof Antonio de Acuña von Zamora erhält bald den

Beinamen eines ›spanischen Luther‹. Die ›12 Artikel‹ der Bauern sind in Spanien die ›Capítulos‹. Man will einheimische Statthalter, Steuersenkung, Verwaltungs-, Justiz- und Münzreform, keine Vergabe von Königsgut zu privatem Nutzen, Festbezüge für die Abgeordneten der Cortes.

Trotz der Angriffe auf die Obrigkeit erlaubt das mittelalterliche Denken keinen Zweifel an der Unantastbarkeit der von Gott eingesetzten Monarchie. Der Comunero-Aufstand wendet sich so keineswegs gegen die Autorität des Königs, die Krone wird respektiert. Die Unruhen gelten Karls Kreaturen. In Toledo wirft man die königlichen Administratoren aus der Stadt und wählt Volkskomitees. Sendboten durchstreifen Kastilien. Der Funke zündet. Auf Segovia und Toledo folgen Guadalajara, Madrid, Ávila, Alcalá, Toro dem Aufruf der Comunidades. In einer gemeinsamen Proklamation der Junta erklärt man in Ávila den Regenten Adrian für abgesetzt. Uneingeschränkt herrschen die Comuneros.

Adrian hat unterdessen Truppen gesammelt, darunter ein schlagkräftiges Kontingent von Berufssoldaten aus Valladolid. Er zieht gegen Ávila und Segovia, die Brandherde. Da er voraussieht, daß es artilleristischen Einsatzes bedarf, will er sich der Munitionsdepots von Medina del Campo bemächtigen. Bei dem Versuch fliegen sie in die Luft. Die Stadt brennt nieder, nie mehr ganz wird sie sich erholen. Vernichtet sind die Lagerhäuser mit unermeßlichen Vorräten.

Die Erbitterung der Städte ist groß. Nun treten den aufständischen Comunidades auch Valencia, Cáceres, Sevilla, Murcia, Jaén bei. Der Zorn richtet sich selbst gegen Leute aus dem eigenen Lager, die Procuradores, die Karl angeblich zuviel Geld bewilligt haben. Die Häuser einiger werden eingeäschert. Zwei Abgeordnete aus Zamora verbrennt man in effigie, zwei aus Segovia hängt man an den Füßen auf. Ein Abgesandter der Rebellen, Antonio Vasquez, reist zu Karl nach Worms. Er wird festgenommen, nach kurzer Haft freigelassen, angehört. Doch der Kaiser winkt ab, sendet neue Instruktionen an Adrian.

Vor Adrians Streitkräften weichen die Bürgerlichen nach Tordesillas aus. Dort haben sie einen ausgeklügelten Coup vor. Sie wollen Juana, die seit Jahren inhaftierte Tochter der Katholischen Könige, die von der eigenen Königssippe für verrückt Erklärte, befreien. Sie ist Spanierin, die rechtmäßige Herrscherin Kastiliens und seit dem Tod ihres Vaters, den man ihr bis zur Stunde verheimlicht hat, auch Aragóns. Wenn es gelingt, die halbwegs Umnachtete zu einer Unterzeichnung zu bewegen, bleibt die Tradition des Hauses Trastamara, des unabhängigen Spanien gewahrt, Habsburg wird die Bühne des Königreichs nie betreten.

Die Ereignisse überstürzen sich. Denn nun sind auch die Vertreter Karls zur Stelle, sie kommen den Comuneros, von deren Absicht sie erfahren haben, sogar zeitlich zuvor. Sie werben desgleichen um diese Frau, die keiner Entscheidung, ja nicht einmal des Begreifens der Situation fähig ist, die kaum ahnt, was von ihr abhängen soll.

Hier müssen wir zur Vergangenheit Juanas zurückblenden, der Schwester des Infanten Juan, von dessen frühzeitigem, verhängnisvollem Tod an seinem Grabmonument in Ávila die Rede war. Von ihm ging das Kronerbe, das Schicksal Spaniens, auf diese Kranke über. Im Bemühen, durch Heiraten Verbindungen zu führenden Höfen Europas zu knüpfen, gaben die Katholischen Könige Isabel und María an Portugal, Catalina an England, Juana an Österreich. Die Tragweite der Vermählung Juanas mit Philipp dem Schönen, dem Sohn Kaiser Maximilians, konnten sie nicht voraussehen.

In den Niederlanden begegneten sich Philipp und Juana zuerst, sogleich eine Beziehung beiderseitigen Gefallens, die aber bald bei dem anziehenden, doch unbeständigen Philipp in Gleichgültigkeit überging, bei Juana in psychopathische Anwandlung von Verfallenheit – ersten Anzeichen des später ausbrechenden Wahnsinns, der ihr den Namen ›Juana la Loca‹ einbringen sollte. Auf Anfälle von Leidenschaft folgten solche dumpfen, depressiven Schweigens.

Als Philipp der Schöne 1506 in Burgos plötzlich am Fieber
verstarb, wurde Juana trotz der allseits bekannten Eskapaden
des Gemahls von einem Schmerz erfüllt, der archaische Formen annahm. Sie gestattete nicht die Schließung des Sargs, da
sie den Toten täglich betrachten wollte. Endlich willigte sie
ein, den Schrein mit großem Gefolge nach Torquemada zu
verbringen, dem Ort des vorläufigen Begräbnisses. Als man
unterwegs bei einem Nachtquartier haltmachte und es sich
herausstellte, daß es ein Nonnenkloster war, befahl Juana
strikt den Weitermarsch und Nächtigung auf freiem Feld: In
pathologischer Eifersucht duldete sie auch posthum keinerlei
Nähe Philipps zu irgendeinem weiblichen Wesen.

Juana, die man bald danach unter unwürdigen Bedingun-
gen lebenslang einsperrte, hatte sechs Kinder. Der Knabe Karl
hieß ›das Kind von Gent‹ nach dem Ort seiner Jugendjahre.
Unter ihm ist Habsburg zu einer Macht aufgestiegen, die sich
über die damals bekannten Ländergrenzen hinwegsetzte,
nahezu ein Mythos.

Die in Tordesillas festgehaltene Juana, Karls Mutter, sieht
sich in den Sturmtagen des Jahres 1520 zwei Parteien gegenüber, deren jede sie gewinnen will, die eine, um sie gegen den
Kaiser auszuspielen, die andere, um dies auf jeden Fall zu verhindern, indem man dieses brisante Werkzeug antihabsbur-
gischer Politik unter eigener Kontrolle behält. Die Bewohner
der Stadt, die es mit den Aufständischen halten, verbarrika-
dieren ihre Tore gegenüber Adrians Truppen. Dieser muß
nach Valladolid umkehren. Doch gleich danach gelingt es den
Königlichen, in den Palacio, der in Wahrheit ein Gefängnis
ist, zu Juana vorzudringen; sie versuchen von ihr das Edikt zu
erlangen, das die Junta auflöst. Bei dem Nimbus, den die
Tochter Ferdinands und Isabellas im Volk genießt, wären
damit die Comuneros diskreditiert. Juana begreift nicht,
warum jene, die sie so lange gepeinigt haben, nun plötzlich
ihre Freunde sein wollen. Sie lehnt ab.

Ein neuer Auftritt: Mit Trompetenschall treffen jetzt die

Rebellen in Tordesillas ein, mit Jubel aufgenommen vom Volk. Die Königstreuen retirieren. Bravo und Padilla reiten in den Patio des Palastes, knien vor Juana nieder, küssen ihr die Hand, bieten ihr die Kronen der spanischen Königreiche an, die ihr ohnehin rechtmäßig gehören. Man verlegt die Junta nach Tordesillas, die Cortes tagen im Palacio, Juana wird der Vorsitz aufgedrängt. Man entfernt den ihr verhaßten Kerkermeister und leistet den Treueid.

Alles sieht gut aus, aber dann schlägt Juana alle Angebote aus, trotz der einzigen Chance, in die alte, ihr zustehende Stellung zurückzukehren, trotz der Aussicht, bei einem Nein weiterhin ihr Leben in diesen Mauern verdämmern zu müssen. Was mag sie dazu bewogen haben? Die psychische Verwirrung? Oder Unsicherheit gegenüber einem Unternehmen, dessen Ausgang nicht feststand? Etwas anderes ist wohl entscheidend: Die Angehörige eines der angesehensten Königsgeschlechter Europas ist doch im Grunde ihrer Vorstellungen – dies mag selbst die seelisch Kranke instinktmäßig empfunden haben – Aristokratin. Nur von Gleichrangigen kann sie Freiheit und Krone annehmen, nicht jedoch aus den Händen einfacher Bürger.

Padilla und Bravo begehen einen grundlegenden Fehler. Bei Juanas Schwanken, ihrer Halsstarrigkeit, schicken sie einen Medikus zu ihr, ja einen Priester, der sie exorzieren soll. Das trifft den wunden Punkt ihrer zerstörten Seele. Sie mißtraut. Ihr Beichtvater Juan von Ávila schürt ihre Skepsis. Im Unentschieden des Werbens um Juana nähern sich erneut Royalisten der Stadt, nehmen sie ein; nun ist es an den Aufständischen, das Feld zu räumen. Die Junta setzt sich ab nach Valladolid.

Vom Rhein her greift der Kaiser ein, und diesmal gelingt ihm ein Schachzug, der das Blatt wendet. Er stellt nämlich dem unerwünschten Adrian zwei kastilische Granden, den Admiral Fadrique Enriquez und den Konnetabel de Velasco, als Mitregenten an die Seite. Damit entkräftet er das Argument unspanischer Politik; sein Kurs ist nun eindeutig kastilisch-aragonesisch orientiert. Zugleich gewinnt er mit der Erhebung zweier Vertreter des hohen Adels die Aristokratie für sich, die ohnehin die Partnerschaft mit den Städten leid ist, zumal seit der Aufstand – Gesetz der meisten Umstürze – in Radikalismus übergeht, zu sozialrevolutionären Tendenzen neigt, die dem Adel suspekt sind. So löst sich diese wichtige Gruppe, zugleich die waffenstärkste, aus dem Verband.

Das Ergebnis ist die Niederlage der Comunidades 1521 in der Schlacht von Villalar. Die Reiterei der Königlichen entscheidet den Ausgang. Padilla wird sofort nach der Schlacht enthauptet. Seine Witwe María de Pacheco kämpft in Toledo weiter, flieht aber dann über die Grenze nach Portugal. Der Bischof von Zamora wird mit der Garrota erwürgt. Danach beschließt der Regentschaftsrat Maßnahmen gegen Segovia. Zur Abschreckung fallen dort die Häupter von 73 Comuneros, Juan Bravo ist darunter.

Die Folgen des Aufstandes sind antidemokratische Beschlüsse der Krone. Die Stadtämter werden nicht mehr an Bürgerliche, sondern ausschließlich an Hidalgos vergeben, Kleinadelige, die auch die Procuradores in den Cortes stellen. Sie denken und handeln antibürgerlich, im Sinne ihres Standes. Der Absolutismus unter den späteren Habsburgern entmachtet die Cortes ganz. 1810 treten sie wieder auf, und zwar in Cádiz, einem von den Fronten des Guerillakriegs nicht berührten und damit sicheren Platz. Nun tragen sie gesamtspanischen Charakter, Vorspiel zur konstitutionellen Monarchie des 19. Jahrhunderts. Im Bürgerkrieg aufgelöst, werden die Cortes 1942 wieder ins Leben gerufen, doch nur als Scheinparlament mit teils gewählten, teils ernannten Abgeordneten, die immer noch den Namen ›Procuradores‹ tragen. Die Juni-Wahlen 1977 aber geben den Cortes einen neuen, ihren eigentlichen Sinn.

Im Verlauf des Comunero-Aufstandes ist die Kathedrale von Segovia, *Santa María*, in Trümmer gefallen. Fast nur der Kreuzgang, das Gestühl, ein Gitter blieben erhalten. Damals stand die Bischofskirche im Kastellbezirk, dort wo sich heute Gartenanlagen ausdehnen. Im Kastell lag eine königstreue Besatzung. Darum tobten die Kämpfe in diesem westlichen Stadtteil am heftigsten.

Im Auftrag Karls v. wurde vier Jahre nach Niederschlagung der Revolution mit dem Neuaufbau begonnen, allerdings an anderem Platz, eine kleine Strecke stadteinwärts. Hierzu mußte man 100 Häuser und den Konvent der Klarissinnen niederreißen. Wurde die Weihe des Gotteshauses auch 1558 mit feierlichem Gepränge begangen, so dauerten die Arbeiten doch noch fort, so daß die Gesamtbauzeit nahezu hundert Jahre betrug.

Der zunächst beauftragte Architekt Juan Gil de Hontañón starb bereits nach einem Jahr. Er war auch beim Bau der Neuen Kathedrale von Salamanca tätig gewesen, was im Detail zu erkennen ist. Sein Sohn Rodrigo Gil de Hontañón folgte ihm bis 1577. Von ihm stammt vor allem das Sterngewölbe und der Chorumlauf. Juan de Mugaguren schuf dann Vierungsturm und Kuppel. In einer Zeit, in der bereits die Renaissance triumphierte, baute man in Segovia noch spätgotisch, doch nicht im Sinne einer flachen Neugotik, sondern mit der ganzen Kraft gotischen Lebensgefühls, das damals kontinuierlich ins 16. Jahrhundert fortwirkte. Die Kathedrale Santa María ist das letzte gotische Bauwerk Spaniens, ein ausgewogener, edler Bau, dem man den Namen ›Dama de las Catedrales‹ gab. Schon stand das Fundament, das Gerüst des Escorial, da hielt in Segovia das Mittelalter noch für eine kurze Weile den Atem an.

Trotz der späten Entstehungszeit weist der 33 Meter hohe Baukörper (höher als Notre-Dame) spezifisch normannische Bauformen auf, die auf das Hochmittelalter zurückgehen:

Vierungsturm, stufenweise ansteigender Chor, Chorumlauf, ein Wald von Fialen. Der Turm, fast ein Campanile, könnte mit seinen vier Ecktürmchen englisch sein, würden Helmkuppe und Laterne fehlen. Die Turmsilhouette im Stadtbild ähnelt der von Salamanca. Ursprünglich war die Torre 12 Meter höher, mit einer spitzen Pyramide aus amerikanischem Hartholz mit vergoldeten Bleiplatten. Nach dem Blitzschlag von 1614 stellte Juan de Mugaguren den Turm neu auf.

Löwen halten vor dem Eingang Königswappen. Die drei Schiffe geben den Eindruck eines fünfschiffigen Raums, da die Strebepfeiler nach innen gezogen sind und Kapellen umrahmen. Spanischem Brauch entsprechen Capilla Mayor, Coro und Trascoro. Die aus der alten Kathedrale stammende Sillería, das Gestühl, wurde um acht Sitze erweitert. Der Hochaltar von Sabatini, ein frühklassizistisches Werk aus Marmor und Bronze, das sich konkav in die Apsis schmiegt, wurde von Karl III. in Auftrag gegeben; der König hatte den Maestro bereits gefördert, als er noch die neapolitanische Krone trug, und von dort hat er Vanvitellis Schwiegersohn mit nach Spanien genommen. Die elfenbeinerne ›Virgen de la Paz‹, die ›Jungfrau des Friedens‹, aus dem 14. Jahrhundert ist ein Geschenk Enriques IV. an die alte Kathedrale.

Unter den Kapellen verdient die Capilla de la Piedad, die erste des rechten Seitenschiffs, einen Hinweis wegen Juan de Junis ›Beweinung Christi‹ von 1571. Christi Leib ist nicht mit der schockierenden Drastik eines Gregorio Fernández wiedergegeben; die Frauen und Wächter scheinen in ihrer Bewegtheit wie von einem Windstoß umgeworfen; ihre Hände sprechen erregt. José Benito de Churriguera (1665–1725) hat die Capilla del Sagrario ausgestaltet, mit gedrehten Säulen, Rocailles und Muscheln, mit Engeln und Putten. Zwei Putten ziehen einen Vorhang auf, hinter dem theatralisch Christus als Erlöser erscheint. Im Oberteil hält Ferdinand III., der heilige König, unter einem Baldachin das Zepter.

Die in Salamanca ansässige katalanische Familie der Churrigueras – eine Handwerker-Dynastie gleich den Cosmaten in

Rom – hat viele Kirchen, in die wir auf unserer Reise durch Zentralspanien eingetreten sind, mit ihrem unverwechselbaren, reichen und manchmal bizarren Figuren- und Dekorationsschmuck versehen. José Benito standen die Brüder Joaquín und Alberto zur Seite. Auch Joaquíns Neffe Manuel Lara machte sich einen Namen. Der Churriguerismus wurde sogar in die westliche Hemisphäre ›exportiert‹.

Der von Juan Guas stammende *Kreuzgang*, 1472–75, aus der alten Kathedrale ist Stein für Stein zu seinem neuen Standort versetzt worden. Das reiche Maßwerk (Fischblasen) verrät den gotischen Spätstil des Flamen, den er auch in Toledo zu meisterlicher Darstellung brachte. Die beiden Architekten Juan und Rodrigo Gil de Hontañón sind im Claustro beigesetzt. Im *Kapitelsaal* hängen flämische Tapisserien nach Entwürfen von Rubens, darunter eine Szene aus dem Leben der Königin Zenobia von Palmyra. Im *Kathedralmuseum* stehen wir erstaunt vor Chefs-d'œuvre von Ribera (›Il Spagnoletto‹), Morales (›El Divino‹), van Eyck. Pedro Berruguete, den man wie kaum einen anderen in Spaniens Kirchen antrifft, ist mit einer ›Messe des heiligen Gregor‹ vertreten. Zahlreiche Inkunabeln, Früh- oder Wiegendrucke vor 1500, zählen zu den wertvollsten der Halbinsel. Ein barocker Prozessionswagen für das Corpus Christi-Fest wird von den Evangelistentieren gezogen; ein Engel dient als Kutscher.

Das Ergreifendste des Museums ist indessen das Grabbild eines Knaben mit Ponyfrisur, der die Augen geschlossen hält. Das Haupt ruht auf zwei Kissen. In der Hand hält der als Page gekleidete Frühverstorbene ein kleines Schwert. Bei dieser Relieffigur der alten Kathedrale handelt es sich um den Infanten Don Pedro, Sohn des kastilischen Königs Enrique II., des ersten aus dem Hause Trastamara. Die Amme des Prinzen hat ihn 1366 aus Fahrlässigkeit vom Mauerkranz des Kastells fallen lassen. Sie sprang sofort nach. Man wollte an ein rächendes Schicksal glauben: Der Vater des verunglückten Knaben hatte seinen Halbbruder ermordet und die Macht usurpiert. Das steinerne Denkmal, das an den Unglücksfall erinnert, weist auf den letzten wichtigen Bau hin, den wir in Segovia aufsuchen wollen, das *Kastell*.

Wir erreichen es durch die engen, leicht abwärts führenden, historisch geprägten Gassen Marqués del Arco und Daoiz, vorbei an der stark renovierten romanischen Kirche *San Andrés*, deren Backsteinturm einen Herrerahelm trägt. Durch Torbögen mit ›armas‹ blicken wir auf dem mehrfach gewundenen Weg in aristokratische Höfe. In einem steht eine Römersäule mit vier Stierköpfen. Ein Denkmal in den Kastell-Anlagen trägt die Aufschrift: ›A los capitanes de Artillería D. Luiz Daoiz y D. Pedro Velarde La Nación española‹. Karl III. hatte im Castillo eine Schule für Artillerieoffiziere untergebracht, und die hier genannten erwarben sich ein wenig später Meriten im Abwehrkampf gegen Napoleon.

Das Kastell

Während in Toledo der Alkazar den höchsten Punkt der Stadt einnimmt, nicht die Kathedrale, übertrumpft in Segovia das Haus Gottes das Domizil der Könige, in diesem Fall der kastilischen Könige. Daß es sich dabei um einen wuchtigen Komplex handelt, haben wir bereits erfahren, doch tritt die Mächtigkeit nur von der tiefgelegenen Flußseite majestätisch in Erscheinung, wie eine Gralsburg auf steil ansteigendem Fels, der 80 Meter mißt, aber viel höher erscheint. Fels und Mauern bilden an manchen Stellen eine Einheit; struppiger Wald wuchert um das natürliche Postament dieses Märchenschlosses mit seinen Türmen und Türmchen, geschuppten Balustraden, Zwillingsfenstern, Schießscharten und Zinnen, deren pyramidaler Zuschnitt in Marokko wiederkehrt. Hoch ragt an der Seite der ›Entrada‹ der Turm Juans II. empor, und dieser, von einem Sgraffito-Muster überzogen und dadurch in seiner Wucht gemildert, trägt wiederum neun kleinere Türme. Wo Eresma und Clamores zusammentreffen – Karl I. von England fischte hier übermäßig große Forellen –, stößt das Mauerwerk wie ein Schiffsbug in die Meseta vor, ein Vergleich, der auf der Hand liegt.

Diese Burg, vielleicht aus der vue romantique die populärste Spaniens, hat nicht das Urtümliche und trotz des Ruinös-Ausgebrannten nicht das Gewaltige der Hunderte anderen Kastelle des Landes, die schroff abweisend sind, mehr Heraldik in Stein als Bau- und Kunstwerk. Alles ist recht hübsch und freundlich hergerichtet, gekonnt restauriert nach dem großen Brand von 1862, Touristenziel wie Neuschwanstein, aber nun doch originaler, wie überhaupt die Spanier zu kopieren, historistisch zuzubereiten verstehen; das sieht man beispielweise im berühmten Pueblo español in Mallorca, wo viel aus Spaniens Mitte überraschend originalgetreu wiederkehrt.

Weil der Alkazar von Segovia aber doch Kunst aus zweiter Hand ist, besteht der Reiz eines Rundganges mehr in Geschichte als in Stilkunde. Die Restauratoren haben es leichtgemacht, die Jahresringe, die geschichtlichen Spuren dieses Baukolosses zu erkunden, da sie in äußerster Treue die Säle und Gemächer, die Höfe und Galerien wiederhergestellt haben. Wenn man in die *Sala de los Reyes* tritt, den langgestreckten Haupt- und Repräsentationssaal, so glaubt man im Geist jene 34 polychrom gefaßten Schnitzfiguren spanischer Könige zu sehen, die Enrique IV. hier hat aufstellen lassen, die aber der Zeit zum Opfer gefallen sind. Zeugen früherer Jahrhunderte berichten uns davon; man hat später die Ahnenreihe noch bis zu Juana der Wahnsinnigen ergänzt und die beiden ruhmreichsten Haudegen der spanischen Geschichte hinzugefügt, den Cid und Fernán González, der dafür gesorgt hat, daß Süditalien den Spaniern nicht verlorenging. Der Saal heißt auch ›La Galera‹, weil das Holzschnitzwerk der Decke – es wurde nach dem Vorbild von 1412 erneuert – dem umgekippten Rumpf eines Schiffes gleicht. Bei der Restaurierung hat man an der Stirnwand von ›La Galera‹ vier Prunkfenster freigelegt, die erkennen ließen, daß der Saal an der früheren Außenmauer lag. Man setzte an ihre Stelle zwei Zwillingsfenster, stellte an den Wänden spanische Truhen auf und ließ dazwischen Attrappen von Geharnischten Posten beziehen, als seien sie gerade eben hierher beordert, um das Leben des

Königs zu bewachen. Ein Historienbild im Piloty-Stil feiert die Krönung Isabellas.

Der neogotische Thronsaal, *Sala de Solio*, ahmt mit seiner Achteckkuppel das 1456 von dem Mauren Xadel geschaffene Vorbild nach; zwischen den Stuckornamenten fehlt nicht die immer neue Beteuerung der Katholischen Könige, daß keiner tiefer stehe als der andere – das berühmte ›Tanto Monta‹, das sich ebenso dankbar zur Schmuckform eignet wie kufische Lettern. Die *Sala de Piñas* heißt nach den 392 Pinienzapfen der Kassettendecke, die Enrique IV. hier hatte anbringen lassen und die nach dem großen Brand des vorigen Jahrhunderts ihre Auferstehung erlebte. Die Wände des *Schlafsaals* der Könige mit seinem Himmelbett und seinen zwei maurischen Türen sind mit kostbaren Gobelins bespannt, den Vorläufern der Tapeten. Der Bourbonenkönig Ferdinand VII. schlief hier 1817, während er die Sala de Piñas zu seinem Arbeitszimmer herrichten ließ. Wie bei jedem Kastell gibt es auch in diesem eine Kapelle, außerdem zwei Höfe, den Haupthof im Herrerastil und den burgartigen Patio del Reloj mit einer Sonnenuhr weit oben, wo Sonnenstrahlen gerade noch hingelangen können. Der *Vestíbulo de las armaduras* dient zur musealen Aufstellung von Modellen Gerüsteter zu Fuß und zu Pferd, eine kleine Parallele zur Armería in Madrid; auch bei Rüstungen gab es modische Unterschiede, und die begehrtesten Arbeiten der Plattner kamen aus Alemania.

Als man in London und Paris schon feste Königssitze kannte, mußten die Monarchen Kastiliens noch von Burg zu Burg ziehen, ein unstetes Dasein, das dem der deutschen Kaiser glich. Die Kastilier hatten natürlich ihre Lieblingskastelle, und sie hielten sich besonders gerne in dem von Segovia auf, das sich zu Jagd, Bankett und Tanz bestens eignete. Es sah heiterer aus als die übrigen, sehr düsteren Burgen. Die Habsburger liebten das segovianische Kastell nicht weniger, und Karl V. ließ es besonders deswegen stattlicher ausbauen, weil es den Comuneros des Juan Bravo so tapfer Widerstand geleistet hatte. Philipp II. heiratete hier seine vierte und letzte

Gemahlin, seine Nichte Anna von Österreich, die ihm danach den Thronfolger, Philipp III., gebären sollte. Ein Infant aus früherer Ehe wäre willkommener gewesen, denn bei dem in Segovia geschlossenen königlichen Ehebündnis handelte es sich ja wieder um eine der verhängnisvollen Verwandtenheiraten zwischen den beiden Zweigen des Hauses Habsburg. Philipp wollte der Vermählung ein besonders festliches Gesicht geben, indem er durch Francisco de Mora, einen der Baumeister des Escorial, jene majestätische Haupttreppe einbauen ließ, die den Brand überstanden hat. Am Hochzeitstag mischte er sich verkleidet unter die Hofgesellschaft, um unerkannt einen ersten Blick auf die künftige Gemahlin zu tun.

Die zahlreichen Türme erhielten damals, einzig in Spanien, ihre Schieferbedeckung. Vom 16. bis zum 18. Jahrhundert wurde das Kastell zum Staatsgefängnis degradiert.

Kastilische Könige

Wie das Königreich Aragón entwickelte sich das von Kastilien aus kleinen Anfängen auf dem Abfall der Picos de Europa im hohen Norden. Mit der Reconquista wuchs es, doch auch durch friedliche oder gewaltsame Fusion mit benachbarten Herrschaftsgebieten, wobei vor allem Asturias, León und Navarra zu nennen sind. Es gab bei der kastilischen Machtausweitung Rückschläge, dann wieder siegreiches Vordringen. Wie Aragón war Kastilien zuerst Grafschaft, wobei als erster Graf der 971 verstorbene Fernán Gonzáles in das Licht der Geschichte tritt. Unter Ferdinand I. wird der Condado 1035 Königreich. Hauptsitz der Könige ist Burgos, und mit Burgen müssen sie bei der ständigen Gefahr für ihre Krone das ganze Land bespicken, was zum Namen und Wappenbild des Kastells geführt hat.

Unter den Königen der ersten Phase der kastilischen Königsgeschichte, des Hauses Navarra, zieht *Alfonso VI.* (1072–1109) die Blicke auf sich, tapfer, gewaltsam, verschlagen, kein guter Souverän, wie der Cid als sein tüchtigster, doch immer wieder enttäuschter Kronfeldherr meint, woraus er folgert, auch kein guter Vasall sein zu müssen. Auf der Flucht vor seinem Bruder Sancho findet Alfonso in Segovia Zuflucht. Der Ort gefällt ihm, auch hält er ihn für strategisch günstig. Er findet die Reste eines Alkazar des größten der Kalifen von Córdoba vor, Abd ar-Rahmans III. aus dem Geschlecht der Omaijaden. Alfonso baut die Maurenfestung aus und legt damit die Grundlage zu Segovias Kastell. Sein Schwiegersohn Raimondo de Borgoña setzt die dynastische Linie fort, von jetzt an trägt das kastilische Königshaus den Namen Burgund.

Unter den nachfolgenden Herrschern Kastiliens hält sich *Alfonso VIII.* (1158–1214), der Sieger von Las Navas de Tolosa, oft und gerne in Segovia auf. Mit seiner englischen Frau Leonor, einer Schwester von Richard Löwenherz, ist er in einem großartigen Doppelgrab im Kloster Las Huelgas bei Burgos beigesetzt.

Unter Alfonsos Enkel, *Ferdinand III.* dem Heiligen, werden 1230 Kastilien und León vereinigt, und damit kommt der Löwe in das kastilische Wappenbild (›León‹ ist die Verballhornung des Wortes ›legio‹ – eine Legion war zur Römerzeit in jenem Gebiet stationiert). Fernando läßt das damals noch gültige westgotische Gesetzbuch ins Kastilische übersetzen und gründet die Universität Salamanca, eine der ältesten Europas. 1219 heiratet er Beatrix von Staufen, Tochter des deutschen Königs Philipp von Schwaben. Fernandos Minister Ximenes de Rada sagt in seiner ›Cronica Hispaniae‹ von der Braut, sie sei ›pulcher, composita, prudens, dulcissima‹, ›schön, wohlgestaltet, klug, von großem Liebreiz‹. Der Sproß dieser Verbindung, *Alfonso X.*, geht als ›der Weise‹ in die Geschichte ein. Zeitweise ist er auch deutscher König, 1257 von den staufisch gesinnten Kurfürsten gewählt. Doch nie betritt er deutschen Boden. Die Kastilier sind über dieses Abenteuer ihres Souveräns wenig erbaut gewesen. Auf dem von dem Monarchen bevorzugten Kastell von Segovia stellt er astronomische Beobachtungen an, sammelt Literatur, unternimmt naturwissenschaftliche Experimente, darin seinem Verwandten Friedrich II. von Hohenstaufen ähnlich. Damals werden auch zum ersten Mal die Cortes nach Segovia einberufen, bis 1532 dann noch fünfmal. Alfonsos Losung lautete, man brauche drei Dinge, um glücklich zu sein: gute Gesellschaft, gute Bücher, guten Wein. Sein Sohn Sancho stürzte ihn; der andere Sohn Heinrich von Kastilien kämpfte an der Seite seines staufischen Verwandten Konradin 1268 bei Tagliacozzo und wurde nach der Niederlage 22 Jahre in Haft gehalten.

Ein Jahrhundert später hat *Pedro der Grausame* 1350–69 den Thron inne; es ist eine Zeit des Bruderkriegs. Sein unehelich geborener Halbbruder Enrique will die Macht usurpieren wie so mancher Bastard, wobei ihm der französische Konnetabel Du Guesclin hilft. Der hundertjährige Krieg zwischen England und Frankreich spielt hier in die spanische Geschichte hinein, indem der legendäre Schwarze Prinz König Pedro zu Hilfe kommt. Doch Pedro wird von seinem Stiefbruder in der Mancha heimtückisch erdolcht, wonach der Mörder als *Enrique II.*, 1369–79, die Dynastie Trastamara als Seitenzweig des bisherigen Königshauses begründet (Trastamara heißt das Gebiet jenseits des Río Tamara, wo Enrique begütert ist). Der neue König vergrößert das Kastell beträchtlich. Enriques Sohn *Juan I.*, der 1385 bei Aljubarrota den Portugiesen unterliegt, gründet in Segovia den Orden vom Heiligen Geist.

Die kastilische Chronik berichtet von schwachen Herrschern, aufrührerischen Granden, allmächtigen Günstlingen. Der Favorit *Juans II.* des Kranken ist Álvaro de Luna. Juans zweite Gemahlin, Isabel von Portugal, haßt ihn und erreicht, daß sein Kopf 1453 unter dem Beil fällt. In der Ära Juans II., eines Freundes von Kunst, Musik und Festlichkeit, wird ein Turnier in Segovia erwähnt, an dem ein deutscher Ritter teilnimmt, sein Name wird mit ›Micer Roberto, Señor de Balse‹ angegeben.

Enrique IV. (1425–1474) erbt die Krone, Sohn der verstoßenen ersten Gemahlin Juans. Dieser Trastamara ist der

übelste von allen, grobschlächtig, häßlich, launisch, mißtrauisch, ein kastilischer Richard III. Als ›Enrique el Impo-
tente‹ geht er in die Geschichte ein. Kinderlos bleiben seine
beiden Ehen. Von der zweiten Gemahlin Juana, Tochter des
portugiesischen Avis-Königs Duarte, weiß jedermann, daß sie
einen Liebhaber hat, Beltrán de la Cueva. Der König duldet
diese Liaison, ein ähnliches Dreiecksverhältnis wie sehr viel
später das des Dreigestirns Karl IV. – María Luisa – Godoy.
Eine Tochter kommt zur Welt, Juana. Sofort weiß man, wer
der eigentliche Vater ist, sie heißt im Volksmund nach diesem
›La Beltraneja‹; dies bleibt ihr Name in der kastilischen
Königsgeschichte. Man weigert sich, ihr Thronrecht anzuerkennen.

Und damit rückt die einzig würdige Persönlichkeit des
Hauses Trastamara ins Rampenlicht, *Isabella*, die nachmalige ›Reina Católica‹, Tochter Juans II. und seiner zweiten
Gemahlin Isabel von Portugal. Zusammen mit ihrer fort-
schreitend geisteskranken Mutter und ihrem Bruder Alfonso
lebt sie, vom König ungern gesehen und vom Hof verbannt,
im abgelegenen Arévalo. Als ihr Bruder 1468 15jährig stirbt,
darf sie auf den Kronreif hoffen, doch Enrique versucht mit
allen Mitteln, ihre Nachfolge zu verhindern, sie in eine auswärtige Ehe zu drängen. Gegen den Willen fast des gesamten
Adels hofft er für Juana, die Tochter, die nicht die seine ist,
den Thron zu sichern.

Dieser schwächliche König ist wie keiner sonst mit der
Historie des Kastells von Segovia verbunden. Hier ist er gebo-
ren, hier hält er sich fast dauernd auf, hier feiert er mit seinen
Günstlingen Feste. Sein Vater hat ihm als 14jährigem die
Stadt geschenkt. Enrique läßt die Burg durch maurische
Künstler ausschmücken und erweitern. Auf ihn geht der
Thronsaal zurück.

1474 stirbt der stets kränkelnde König in Madrid. Damit
schlägt die Stunde Isabellas, die inzwischen den aragonesischen Thronfolger Ferdinand geehelicht hat. Volk und Adel
wünschen in ihrer Mehrheit, daß sie die Krone erhält – unter

ELTOS
TADO

keinen Umständen darf die Beltraneja Königin werden, deren Legitimität umstritten ist. Isabella befindet sich gerade, als die Nachricht vom Tod des Monarchen durchs Land geht, in Segovia, im Kastell. Dies ist einer der Augenblicke, in denen sich Weitsicht und schnelle Entschlußkraft der Tochter Juans II. offenbart. Noch ist ihr die Krone nicht sicher, noch gibt es Stimmen, die der Beltraneja ein größeres Anrecht zubilligen. Ohne zu zögern, ordnet Isabella darum den Akt der Krönung an, indem sie gleichzeitig für das ganze Land halbmast zu flaggen befiehlt.

Schon schallt ihr Jubel entgegen, schon überbringt man ihr die Schlüssel von Stadt und Kastell. Auf der Plaza, dem heute noch bestehenden Hauptplatz mit dem Ayuntamiento, dicht bei der Kathedrale, ist rasch eine Tribüne aufgerichtet. Hier wird Isabella unter dem Banner Kastiliens zur rechtmäßigen Königin ausgerufen und dann zur Bischofskirche geleitet, die noch nicht dem Comunero-Aufstand zum Opfer gefallen ist. Ein Herold trägt das Reichsschwert voran, zum Zeichen, daß die neue Herrscherin zugleich Herrin über Leben und Tod ihrer Untertanen ist. Im Kirchenschiff erklingt ein wenig später das Tedeum. Habemus reginam.

Spanisches Versailles

Von Segovia aus kann man ihn einsehen, den 35 Meter hochschießenden Strahl der Hauptfontäne von *La Granja*, dem Versailles der spanischen Bourbonen, das nur wenig mehr als zehn Kilometer von der Stadt der Trastamaras entfernt in der rauhen kastilischen Meseta liegt, in einer Höhenlage von fast 1200 Metern und schon im Banne des Guadarrama-Gebirges, das für dieses künstlich erschaffene Elysium einen fast zu gewichtigen Hintergrund abgibt. Die Mönche des segovianischen Klosters El Parral hatten hier einst den Meierhof La Granja (= Landgut) angelegt. Als nach Abschluß des Spanischen Erbfolgekriegs der erste bourbonische König und Enkel des Roi Soleil, Philipp V., sich nach Versailles zurücksehnte, hoffte er, zumindest dessen Atmosphäre in das härtere spanische Klima versetzen zu können, eine Enklave des heiteren französischen Barock in der fremdartig-abweisenden Meseta.

Der aus Madrid stammende Architekt und Hofmaler Teodoro Ardemans, der auch in Toledo und Aranjuez tätig war und ein Werk über Baukunst verfaßte, errichtete fünf Jahre nach dem Krieg auf dem ausgewählten Terrain einen Vierflügelbau mit Herrera-Anklängen. Doch nach und nach, unter dem Einfluß von Philipps zweiter Gemahlin Isabella Farnese, gewann das Bauwerk italienische Züge, wurde leichter, zierlicher, weniger spanisch. Die Italiener Procaccini und Subisati bändigten den Guadarrama-Granit zu einem idyllischen Gedicht aus Stein im Geiste des 18. Jahrhunderts. Auf die beiden Nachfolger Ardemans' gehen auch die angefügten Höfe zurück, der strengere Patio de Coches, der Kutschenhof, und der musikalisch beschwingte Patio de la Herradura, der Hufeisenhof, den man als ›Tanzsaal im Freien‹ bezeichnet hat. Domenico Scarlatti, der Sohn des Staccato-Erfinders Alessandro Scarlatti und selbst Meister galanter Klavierstücke, hat diesen Hof gesehen, der seiner Empfindung entsprach; von 1733 bis 1749 war er als Gast des Königs mehrfach in diesem Buen Retiro, das die Depressionen des Monarchen mindern sollte. Ein ›dramma per musica‹ neapolitanischen Stils, in Granit und Marmor umgesetzt, ist der kapriziöse Lustsitz des ersten spanischen Bourbonen, auch ›Real Sitio de San Ildefonso‹ genannt, diese frohe Komposition aus Risaliten, Säulen, Pilastern, Koren, Okuli und Wappenbildern der Häuser Bourbon und Farnese.

In den Innenräumen des spanischen Versailles, heute Museum, lassen wir, ähnlich wie im Palacio Real zu Madrid oder in den Saalfluchten von Aranjuez, die Zeugnisse der Bourbonen-Dynastie vor uns Revue passieren, seien es Möbel im Louis-quinze-Stil, seien es Porträts von Monarchen, die, abgesehen von Karl III., kaum bemerkenswertes Profil besaßen – dominierend waren eher die Königinnen. Eine der ›Grandes Dames‹ auf den Thronen Europas im vorigen Jahrhundert, Isabel II. von Spanien, konnte La Granja dankbar sein, denn ihr Vater Ferdinand VII., der Restaurations-König, hat hier im Jahre ihrer Geburt (1830) das 1813 edierte Gesetz aufgehoben, das Frauen von der Thronfolge ausschloß. Damit war Isabel Thronerbin, nicht Carlos, der jüngere Bruder Ferdinands. Unentschlossenheit schafft oft größeres Unglück als konsequenter, wenn vielleicht auch harter Entschluß: daß der schwache Bourbonenkönig in La Granja während einer Krankheit und unter dem Einfluß karlistisch gesinnter Umgebung seinen Thronfolge-Entscheid wieder aufhob, führte zu Differenzen zwischen den Anhängern von Carlos und den Parteigängern Isabels. Die Karlisten-Kriege waren die Folge. Ihr politischer Nachhall ist heute noch nicht abgeklungen.

Die Interieurs von La Granja enthalten neben dem im Zeitstil gearbeiteten Meublement und Erinnerungsstücken an die Bourbonen – oft waren diese in harten, schneereichen Wintern von der Kapitale Madrid vollkommen abgeschnitten – namentlich flämische Gobelins der Renaissance und des Barock. Philipp mit seiner Gemahlin Isabella ruht nicht im Verein mit den anderen Königen Spaniens im Escorial, sondern in der Palastkapelle von La Granja, seinem privaten Pantheon. Über den Medaillons mit den sich zugewandten Profilreliefs Ferdinands und Isabels bläst ein Engel in eine mächtige Posaune; sicher ist es eine Kadenz des Rokoko, die das absolutistische Herrscherpaar vor den Thron des absoluten Herrschers ruft.

Mehr als das Schloß gefallen die Gärten. Die Trastamaras, vor allem Enrique IV., haben hier in den ausgedehnten Pinien- und Steineichenwäldern mit Vorliebe der Jagdleidenschaft, dem Privileg der Könige, gehuldigt. Hemingway hat die Wälder um La Granja zum zentralen Schauplatz seines Romans aus dem spanischen Bürgerkrieg ›Wem die Stunde schlägt‹ gewählt. Der im 18. Jahrhundert modische Ruf ›Zurück zur Natur‹ mag auch an die Ohren Philipps V. gedrungen sein, so

daß er im Sinne bukolischen Lebensgefühls den Auftrag gab,
Natur und Kultur harmonisch zu vereinen. Ein berühmter
Gartenarchitekt, Marchand, hat für den König die Pläne
geliefert, den Grundriß abgezirkelter französischer Garten-
Arrangements, die an Umfang die von Versailles noch über-
trafen. Nach Marchands Plänen gingen 1722 François Car-
lier und Étienne Boutelou ans Werk, ›Geometrie in Grün‹ zu
arrangieren, doch da die Weite des Terrains sich nicht ausschließlich französisch gestalten ließ, gehen die gekurvten
und geschnittenen Buchshecken, die verschnörkelten Wege,
die ornamentalen Blumenbeete, die Zieralleen bald in freizü-
gige, der Natur überlassene englische Parks über, durchsetzt
freilich von bewegten Skulpturen, von ›falschen‹ Felsen –
ähnlich wie im gleichfalls bourbonischen Caserta bei Neapel
– und von Wasserspielen, die man wohl in ihrer Anordnung
als ›Architektur aus Wasser‹ bezeichnen könnte. Man mag die
Anlage, in der die Natur der ordnenden Ratio des Menschen
unterworfen ist, als raffiniert und gekünstelt empfinden, aber
dennoch stehen wir entwaffnet vor der Fülle gartentechni-
scher Einfälle in der bourbonischen Parkanlage, sind beeindruckt durch die vielen mythologischen Marmorstatuen, wie
sie nur das späte Barock, das frühe Rokoko erfinden konnte,
ein ›dramma per musica‹ auch hier, nämlich der bildhaueri-
schen Phantasie. Neptun, Diana, Latona (die griechische
Leto), Pegasus und Äolus, der die Winde entfesselt, sind auf
den Boden der altkastilischen Meseta gebannt und feiern ins
18. Jahrhundert übertragene Urständ, als ›Corps de ballet‹ in
bronziertem Bleiguß. Isabel Farnese vor allem hat auf die
Vielzahl der Wasserspiele, der Fontänen und Kaskaden, Wert
gelegt und sie in das kastilische Arkadien verstreut. Durch
Knopfdruck konnte man sie allesamt theatralisch in Gang
bringen. Als Überraschung führte sie dem König das nasse
Schauspiel vor. Dieser, weniger hochgestimmt, dachte an sein
Budget und meinte: »Soviel Geld für drei Minuten Spaß.«

Nüchterner, doch nicht weniger festlich erscheint uns der gleichfalls bei Segovia inmitten von Steineichenwäldern gelegene *Palacio Ríofrío*. Er ist um eine Generation jünger als La Granja und entspricht dem haushälterischen Sinn des ›ersten Bürgermeisters von Madrid‹, wie man bekanntlich Karl III. genannt hat. Zwar war auch hier zunächst Isabel Farnese als Auftraggeberin federführend (1752), doch der dritte bourbonische König hat zehn Jahre später den von Virgilio Rabaglio begonnenen Bau fast schon klassizistisch beenden lassen. Hier frönte der Buchhalter auf dem Thron seiner Jagdleidenschaft, seiner großen Passion neben dem Bildersammeln.

Route der Kastelle

Als ›Ruta de los Castillos‹ wird jener Teil der altkastilischen Meseta bezeichnet, der sich von Segovia zum Río Duero hinzieht. An der Carretera nach Tordesillas, doch auch auf vielen Nebenwegen, liegen Spaniens eindrucksvollste Kastelle, ohne deren Silhouette die Landschaft arm und monoton wäre. So aber steht Kastiliens reiche Geschichte bildhaft und in der heraldischen Symbolik seiner Burgen uns vor Augen. Das trutzige Gemäuer über den meisten größeren Ortschaften rechtfertigt den Namen Castilla la Vieja.

Am Ufer des Río Cega, nordöstlich von Segovia, liegt das Gebirgsdorf *Pedraza de la Sierra*, über dem sich auf steinigem Boden der quadratische Bau des Kastells der Herzöge Don Iñigo und Don Pedro Fernández de Velásco aus dem 16. Jahrhundert erhebt; um den Kern fügt sich der Gurt eines zweiten, äußeren Mauergevierts. Hier wurden 1526 bis 1530 die Söhne Franz' I., der Dauphin François und Henri de Valois, als Geiseln gefangengehalten. Säulen des Kastells dienen als Portalschmuck der Adelshäuser an der pittoresken Plaza Mayor mit ihren langen Laubengängen. In westlicher Richtung führt der Weg weiter zur Burg von *Turégano*, die sich mit mehreren Rundtürmen und dem offenen Glockenträger der später hineingebauten romanischen Kirche San Miguel aus dem 13. Jahrhundert über dem einst aristokratischen Ort mit seinen Plaza-Arkaden erhebt. Antonio Pérez, Minister Philipps II. und Günstling der Herzogin von Éboli, saß hier unter Mordverdacht und wegen des Vorwurfs politischer Intrigen im Kerker. *Sepúlveda*, nun wieder nordostwärts, nicht weit von Turégano, liegt auf einer Anhöhe zwischen den Flüssen Caslilla und Duratón. Man hat es mit einem Schnitzaltar aus Felsgestein verglichen. Beachtenswert sind hier die romanischen Kirchen San Salvador und Virgen de la Peña. Auch besitzt der Ort eine Fülle von Adelspalästen mit dem Wappen des jeweiligen Eigentümers. In einem nahen Park kann man das Kastell *Castilnovo* besuchen, das einst den Lunas gehörte und heute Besitz der Marqueses de Quintanar ist. Man hat den Bau meisterlich restauriert und mit alten Möbeln ausgestattet.

Wir fahren etwa 50 Kilometer auf Valladolid zu, um nun *Cuéllar*, das keltiberische Colenda, aufzusuchen. Don Beltrán de la Cueva, Herzog von Albuquerque und mutmaßlicher Vater der Beltraneja, hat zwischen 1464 und 1476 die Burg erbauen lassen, einen Vierflügelbau, an dessen Mauern die ›armas‹ der Albuquerques prangen. Neben seinem Kastell wartet Cuéllar mit vier romanischen Backsteinkirchen auf, dergleichen nur Sahagún und Arévalo besitzen, zumal wenn wir den starken mudéjaren Anteil an der Gestaltung dieser einprägsamen Baukörper bedenken. Man hat die »vibrierende Haut des singenden Backsteins« der Gotteshäuser gerühmt, an denen nichts starr und ohne Leben ist. Bemerkenswert vor allem eines der ältesten, San Andrés, mit einer einzigen, sechsfach gestuften Arkade über die ganze Fassade hin. Die Apsis von San Esteban, polygonal, doch wie rund wirkend, zeigt in vier Stockwerken übereinander Blendarkaden und blinde Fenster, wobei die Vertikalen den bestimmenden Eindruck hinterlassen. Über einigen Feudal-Grabmälern im Innern spannen sich mudéjare Fächerbögen.

Cauce heißt auf keltiberisch ›Flußbett‹ und hat Coca den Namen gegeben, dessen Kastell über dem Flußbett des Río

Voltoyo liegt. Es gehört zu den mächtigsten und besterhaltenen Burgen des Landes und ähnelt in der aufwendigen Anlage der von Segovia, so daß wir uns beim Anblick von Coca ungefähr vorstellen können, wie das sehr restaurierte Kastell Segovias einmal ausgesehen hat. Die Umfassungsmauer des Castillo von Coca, das sich wie kaum ein anderes für ein attraktives Plakat spanischer Kastellherrlichkeit eignet, ist ebenso mit Luginsland-Türmchen ›garniert‹ wie der machtvoll aufsteigende, fenster- und lukenarme Bergfried. Eine einzige umgürtende Mauer genügte den Planern von Coca nicht, es mußten gleich deren drei sein. Eines der Kastelltore besitzt innerhalb des Spitzbogen-Portals eine Hufeisenpforte, wie wir es auch in Toledo sehen, wie es vor allem im Maghreb, jenseits der Straße von Gibraltar, anzutreffen ist.

Der Mudéjar-Stil wird in Coca vom kastigen, tiefgelaibten Stadttor, doch auch von der Kirche San Nicolás aufgenommen, deren hochragender, achtstöckiger Turm unten Blendfenster, oben je zwei offene Fenster aufweist. In der Pfarrkirche Santa María aus dem 16. Jahrhundert sind die Fonsecas beigesetzt; einige der Grabmäler stammen von Bartolome Ordóñez. Ein Fonseca hat während des Comunero-Aufstands erreicht, daß Coca Karl v. treu blieb, so daß dieser die Stadt mit Sonderrechten begabte. Und schließlich ist hier im Jahre 347 einer der Großen der spätrömischen Kaiser geboren: Theodosius, der das Christentum zur Staatsreligion erklärte und die heidnischen Tempel schloß.

Das Kastell von Coca in Altkastilien

Isabellinische Landschaft

Von Coca aus geraten einige Kastelle ins Blickfeld, die in der Biographie Isabellas der Katholischen eine Rolle spielen, so daß wir geradezu von einer ›isabellinischen Landschaft‹ sprechen können. Nach Südwesten fahrend finden wir *Arévalo* in der Provinz Ávila, das auf einem Bergvorsprung liegt und sich gleich vier auszeichnender Titel rühmt: ›muy noble, muy ilustre, muy leal, muy humanitaria‹, ›sehr vornehm, sehr berühmt, sehr treu, sehr menschlich‹. Der Platz besaß immer den Rang einer politischen Schlüsselposition, so daß es im Volksmund hieß »Wer Herr von Kastilien sein will, muß Olmedo und Arévalo auf seiner Seite haben.«

Noch steht in Arévalo die Burg Juans II., in der Isabella ihre Kindheit verlebte, zusammen mit ihrer energischen portugiesischen Mutter, der später wahnsinnigen Isabel, und ihrem Bruder Alfonso, dem Thronanwärter. König Enrique hatte die zweite Gemahlin seines Vaters und deren Kinder vom Hofe entfernt, mißtrauisch, daß das Kronrecht vorzeitig auf Alfonso übergehen könne. Auch hier waren sie den strengen Bestimmungen höfischer Abgeschlossenheit unterworfen, der Umgang der Kinder beschränkte sich auf das Schloßpersonal und vorwiegend klerikale Erzieher. Die engste Beziehung unterhielt die nachmalige Reina Católica zu Beatriz de Bobadilla, der etwas älteren Tochter des Kastellans. Diese blieb Isabellas lebenslange Vertraute, auch nachdem diese den Marqués de Moya geheiratet hatte. Sie begleitete die Königin ins Feldlager von Granada und war außer dem König die einzige an Isabellas Sterbebett. Beatriz und ihrem Gemahl gehörte die Stadt Segovia, und Isabella unterstrich testamentarisch die Rechte beider auf Stadt und Kastell – sie wollte verhindern, daß die Herrschaft einem der Favoriten ihres ungeliebten habsburgischen Schwiegersohns Philipp zugespielt würde. Dennoch kam es anders. Der Habsburger, voll Zorn über die Testamentsklausel, zog von Valladolid aus gegen die Moyas zu Felde. Beatriz und ihr Gemahl, den Streitkräften des ausländischen Kronerben nicht gewachsen, gaben nach und lieferten Segovia aus.

Die manchmal wohl zu einförmige Idylle von Arévalo war eines Tages zu Ende. Enrique IV. beorderte Alfonso und Isabella an den Hof nach Segovia, wo sie, getrennt von ihrer Mutter, fünf Jahre verblieben, »damit sie hier ein sittsames Wesen erwarben«. Das war natürlich ein Scheingrund. In Wirklichkeit wurde um jene Zeit (1462) die Beltraneja geboren, über deren Legitimität sofort Zweifel auftauchten. Enrique, der ihr gerne das Thronrecht sichern wollte, hielt es jetzt für vorteilhafter, Alfonso und dessen Schwester unter den Augen zu haben, um sie besser überwachen und Umtriebe zu ihren Gunsten unterbinden zu können.

Da Enrique wie alle spanischen Könige vor Philipp II. stets auf Reisen war und sich der Hof heute hier, morgen dort etablierte, mußte Isabella von ihrem elften Lebensjahr an sich bereits an ein Wanderleben gewöhnen – sicher im Sattel zu sitzen hatte sie schon in Arévalo gelernt –, das sich bis zu ihrem Tode fortsetzen sollte. Ihre fünf Kinder hat sie so an einem jeweils anderen Ort zur Welt gebracht.

Das Kastell von Arévalo hat die Zeiten gut überstanden, ein quadratischer Ziegelbau, an den sich eine ›torre de homenaje‹ aus Haustein anlehnt. Aus der isabellinischen Epoche der Landstadt mit großer Vergangenheit stammen noch einige weitere Bauwerke, durchweg im Mudéjar-Stil, so eine Spitzbogenbrücke und die Kirchen San Martín und Santa María, diese mit einer Backstein-Apsis der Art, wie sie bis Sahagún, der klassischen Stadt der Backstein-Romanik, bezeichnende Eigentümlichkeit der Meseta sind. ›La Lugareja‹, zwei Kilometer vor Arévalo, weist sogar drei wohlproportionierte Ziegelstein-Apsiden auf, dazu einen mächtigen Vierungsturm. Die Erbauer dieser Kirchen waren nicht nur ingeniöse Statiker, sie achteten auch auf die Kosten und sparten, wo möglich, Material ein. Nur die tragenden Teile fertigten sie aus Backstein, während sie die Zwischenräume mit Lehm füllten. Dennoch haben die Bauten standgehalten. Aus

Arévalo dürfen wir nicht scheiden, ohne an den Mystiker Johannes vom Kreuz zu denken, der hier den größten Teil seines Lebens zugebracht hat.

Geboren wurde Isabella die Katholische nicht in Arévalo. Ihr Geburtsort ist das nahe *Madrigal de las Altas Torres*, ebenfalls ein Ort der Provinz Ávila. Der Kastelltorso, der fast ein wenig ländlich wirkt, mit einem Steinkreuz vor dem Rundportal, zeugt in unsern Tagen nur wenig von der alten Herrlichkeit der Trastamaras und dient Augustinerinnen als Unterkunft. Von der einst hunderttürmigen Stadtmauer sind einige ›torreones‹ bruchstückhaft erhalten geblieben. Auch steht noch das nach innen offene, nach außen wehrhafte, fünfeckige Stadttor an der Straße nach Cantalapiedra, das mit seinem Portal zwischen zwei Turmstümpfen an die Kontur eines römischen Triumphbogens erinnert. San Nicolás de Bari, dem Heiligen der Seefahrer und Kinder geweiht, beansprucht den Ruhm, Taufkirche Isabellas zu sein. Wiederum mudéjare Rundapsiden besitzt Santa María del Castillo. Im Palacio del Tostado wurde im Jahre 1400 der Humanist Fernández de Madrigal, Bischof von Ávila, geboren, dessen prächtiges Grabbild unter dem Namen ›El Tostado‹ das bewegendste Steindokument der Ávilenser Kathedrale ist. In der früher bedeutsamen altkastilischen Stadt riefen die Cortes Isabella zur Infantin von Asturien aus.

Auf der Weiterfahrt nach Tordesillas führt unsere Straße durch *Medina del Campo*, einst ein Marktort, dessen Ruf als Stadt der Wechsler und Händler weit über Kastiliens Grenzen hinausging. Enrique IV. hatte 1465 der Stadt das Privileg eines Freimarktes zugestanden, und Karl V. gestattete zwei Märkte im Jahr, im Mai und im Oktober, eine Einrichtung, die bis 1643 Bestand hatte. »Cuando la Banca de Medina templa«, sagte man damals, »templa la Banca del mundo«, »Wenn die Bank von Medina wankt, wankt die Weltbank«. Der bekannteste Bankier am Ort, Simon Ruiz, stiftete ein Hospital und ging mit diesem Beispiel manchem späteren Finanzgewaltigen voraus, der mit Dotationen sein nicht immer reines Gewissen entlastete. Juan de la Cruz und Teresa von Ávila begegneten sich hier 1567.

Auch Medina, die schon in der Provinz Valladolid gelegene Stadt mit dem arabischen Namen, hat ihr spätgotisches Kastell, das aus großen roten Backsteinen erbaute Castillo de la Mota mit einem hohen Turm, mit ›torreones‹, die das Zugbrückentor umrahmen, und teilweise erhaltenen mudéjaren Innenräumen. Cesare Borgia, Renaissancemensch mit allem Glanz und allen Untugenden seines Zeitalters, saß hier gefangen. 1506 gelang es dem Papstsohn zu entfliehen.

Im gleichen Castillo de la Mota stand Isabella die Katholische harte Auseinandersetzungen mit ihrer Tochter Juana aus, bei der nervliche Überspanntheit damals schon in geistige Störung überging. Die Infantin wollte unter allen Umständen nach Flandern zu ihrem Gemahl Philipp dem Schönen, der indessen wenig nach ihr fragte. Daß man sie in Medina zurückhielt, steigerte ihre Hysterie und führte zu häßlich exaltierten Szenen mit ihrer Mutter. Nur halb bekleidet floh sie aus dem Kastell. Schon munkelte das Volk über ihre Eskapaden, schon hörte man das Wort, das danach nicht mehr verstummen sollte: Juana la Loca … Isabella blieb nichts anderes übrig, als ihre unselige Tochter ziehen zu lassen. Aus Brüssel drang dann die Nachricht zu ihr, Juana habe in ihrer unmäßigen Eifersucht einer Adligen am Hof in Anwesenheit der Diplomaten das Gesicht zerkratzt.

Jahre zuvor, 1481, hatte die Königin den dreijährigen Thronfolger Juan, ihren ›Engel‹, nach Medina gebracht, um der Pest zu entrinnen. Dennoch sollte der Prinz niemals den Thron besteigen. Neben vielen Schicksalsschlägen der zuvor vom Glück begünstigten Königin hat vor allem der Tod des einzigen Sohnes sie tief getroffen und die Abnahme ihrer Lebenskraft beschleunigt. Ihre letzte Station war wiederum Medina del Campo. Man weiß nicht genau, ob sie am 25. November 1504 im Castillo de la Mota die Augen schloß oder im Palacio Real, der bis auf ein geringes Fragment, eingebaut in ein neueres Haus, verschwunden ist.

Medina del Campo gehörte seit 1468 zu Isabellas persönlichem Besitz. Als sie ihr Ende nahen fühlte, zog sie sich hierher zurück. Wie in den Jahren ihrer Herrschaft, brachte sie auch jetzt mit Sorgfalt alle ungeklärten Fragen ins reine. Cisneros, nach Medina gerufen, half ihr bei der Abfassung des Testaments. Der sterbenden Königin lag daran, daß Ferdinand von Aragón, ihr Gemahl, im Falle von Juanas Abwesenheit von Spanien die kastilische Regentschaft führe, dies aber auch, wenn sich bei fortschreitender Umnachtung der Tochter deren Regierungsunfähigkeit herausstellen sollte, und das so lange, bis der in Gent befindliche Enkel, der spätere Karl v., zur Machtübernahme alt genug wäre. Diese Bestimmung führte zum Konflikt zwischen Ferdinand und Juanas Gemahl, Philipp dem Schönen, dessen Tod 1506 erst den Katholischen König unangefochten zum Regenten Kastiliens machte. Neben vielen aus der Strenggläubigkeit Isabellas erklärbaren Verordnungen, die man heute unmenschlich nennen würde, mutet das Dekret sympathisch an, man solle die Indios human behandeln. Das Schriftstück trug die bekannte stolze Unterschrift ›Yo La Reina‹, ›Ich die Königin‹. Bis in den Tod begleitete sie ihre körperfeindliche Sittsamkeit: Nicht einmal bei der Letzten Ölung durften ihre Füße entblößt werden. Einige Tage später trat der Leichenzug mit ihrem Sarkophag, angeführt von Vortragekreuzen und umsäumt von Räucherfässer schwingenden Mönchen, den beschwerlichen Weg durch Alt- und Neukastilien an, um über die Bergpässe der Sierra Morena Granada zu erreichen, die Stadt ihres größten Triumphes und zugleich ihrer letzten Ruhestätte.

Medina del Campo, Geburtsstadt auch des Chronisten und Kriegsgefährten von Hernán Cortés, Bernal Diaz de Castillo, verfügt wie die Nachbarorte über beachtliche Kirchen, so die Iglesia de la Magdalena, deren kunstgewerblich verziertes Gewölbenetz wahrscheinlich von Rodrigo Gil de Hontañón stammt, und das Gotteshaus San Martín mit einem Hauptaltar (Marienszenen) von Alonso Berruguete. –

Etwa 20 Kilometer ostwärts, an der Straße 112, liegt *Olmedo*, Schauplatz von Lope de Vegas ›El Caballero de Olmedo‹. Die Fabel spielt sich während der Regierung von Isabellas Vater, Juan II., ab, der zusammen mit dem Condestable Álvaro de Luna (den die zweite Gemahlin Juans zu Fall gebracht hat) handelnde Person ist. Alonso, Herr von Olmedo, entflammt während der Corrida in Medina del Campo für Doña Inés, die einem jungen Mann, Don Rodrigo, versprochen ist. Beim Stierkampf rettet Alonso unter dem Beifall der Menge dem Rivalen das Leben. Ausgerechnet dem Nebenbuhler müßte er dankbar sein – das läßt der überspitzte Stolz des Kastiliers nicht zu. In seiner Ehre verletzt, ermordet Rodrigo seinen Retter. Zuletzt tritt wie in Shakespeares ›Maß für Maß‹ der König als Richter auf, freilich mit simpler Verurteilung des Täters, nicht mit einem ins Allgemeingültig-Humane gehobenen Urteilsspruch wie bei dem Briten. Olmedo, der Schauplatz des Stückes, heißt im Volk ›la villa de los siete sietes‹, ›Die Stadt der sieben Sieben‹, gemeint sind die 7 Kirchen, 7 Konvente, 7 Plätze, 7 Tore, 7 Brunnen, 7 Paläste, 7 stadteigenen Dörfer.

Von Medina del Campo erreicht man auf der Nationalstraße VI den Río Duero und *Tordesillas*, die Stadt der lebenslangen Haft Johannas der Wahnsinnigen und des Vertrags von 1494, in dem die Welt unter Spaniern und Portugiesen aufgeteilt wurde. Doch hier befinden wir uns schon in Spaniens Norden. Die Meseta breitet sich aus, der karge, unwirtliche, waldarme Hochlandgrund, auf dem man manchmal noch mit Stroh und Mist heizt, das ›Land der Heiligen und Steine‹, zugleich aber auch der Mutterboden der Hispanität, auf dem weltweites Denken das Provinzielle überwunden hat. »Wer auf der rauhen Hochebene geboren ist, die sich vom Ebro bis an den Tajo ausstreckt«, dies wiederum eine Sentenz des Ortega y Gasset, »kann nur mit Erschütterung den Eingliederungsprozeß verfolgen, durch den Kastilien die Iberische Halbinsel bis an die Peripherie ergriffen hat. Man spürt sofort, daß Kastilien herrschen kann: man braucht nur die

Energie zu sehen, mit der es sich selbst beherrscht. Kastilien müht sich, das Übel, woran die anderen iberischen Völker kranken, die Neigung zu dörflicher Abgeschlossenheit und engherziger Wahrnehmung der eigenen Interessen, in seinem Herzen zu überwinden. Es faßt von Anfang an bedeutende Unternehmungen ins Auge, welche Zusammenarbeit großen Stils erfordern, und es entwirft als erstes Volk weitgreifende und verschlungene Wege einer internationalen Politik, ein weiteres Zeichen des staatenbildenden Genies.«

REGION DER ENTDECKER

Zur Extremadura

Als steiniges, unwirtlich-karges Land gilt Extremadura, Spaniens an Portugal angrenzendes Westgebiet, arm an Menschen, von Fremden weniger aufgesucht als andere Regionen und doch von einem kulturellen Reichtum, der sich mit dem übrigen Spanien wohl messen kann, mit Städten, die uns gerade deswegen anziehen, weil hier die Zeit stehengeblieben ist und so viel Mittelalterliches sich erhalten hat.

Von manchen Plätzen wie der Oberstadt von Trujillo möchte man meinen, daß kein Stein angerührt worden ist, seit sie vor Jahrhunderten zusammenfielen. In Cáceres hingegen hat der Konservator Hand angelegt, doch ohne Originales zu verfälschen, so daß die aus Haustein errichteten Häuser ein geschlosseneres Bild der ausgehenden Gotik vermitteln als etwa die vielgerühmte Ritterstadt von Rhodos, von der gleichen honiggelben Farbe des Kalksteins.

Extremadura ist also eine wenig veränderte, in manchen Gegenden wilde und urwüchsige Landschaft, äußerste Möglichkeit spanischer Daseinsform, eine Landschaft, die Menschen wachsen ließ, die etwas aushalten, die bei aller Frömmigkeit nicht unbedingt vor Mitleid vergehen, wo Härte notwendig ist, die sich von den überall am Horizont blauenden Bergketten und von den Flüssen der Region, Tajo und Guadiana, abenteuerlich-unternehmend anziehen ließen. Extremadura ist das Land der Entdecker. Ohne die Extremeños wäre nie aus der Halbinsel ein Weltreich geworden.

Die Reise nach Extremadura – auf der Nationalstraße v – läuft durch einen breiten Taleinschnitt, mehr eine Ebene als ein Tal, zur Rechten die stattliche Sierra de Gredos (Pico Almanzor, 2592 Meter), die eine südwestliche Fortsetzung der Sierra de Guadarrama ist, zur Linken, weiter entfernt, die Toledo-Berge. Bei *Maqueda*, einer altertümlichen, hügelauf kletternden kleinen Stadt mit exponiertem Kastell überquert eine Straße zweiten Ranges die Nationalstraße; sie verbindet

Toledo mit Ávila. Da man bei dem Fremdenzustrom in der alten Königsstadt oft kein Quartier erhält, empfiehlt es sich, in einstündiger Fahrt nach Maqueda auszuweichen und von hier aus bequem Toledo zu besuchen. Von der Herberge aus genießt man einen großartigen Blick auf den hochgelegenen Vierflügelbau des Castillo mit seinen Rundtürmen. Die wichtige strategische Lage hat Maqueda noch mit einem zweiten Schloßbau bereichert, von dem die Torre de la Vela, ein Turm mit einem halbkreisförmigen Grundriß, als letzter Rest im Stadtinnern übriggeblieben ist. Santa María kann sich rühmen, eine mudéjare Apsis aus dem 15. Jahrhundert zu besitzen. Außerdem sieht man dort Azulejos aus Talavera de la Reina, unserem nächsten Reiseziel. Einsam überragt eine Windmühle die kleine wehrhafte Stadt, und am Eingang, zu ihren Füßen, steht ein alter Pranger mit Löwen-Emblemen, der sich nach oben zu einer kleineren Säule verjüngt.

Noch immer in der Provinz Toledo, durchqueren wir ein Stück Land, das mehr Frucht trägt als die zurückliegende Gegend in der Nachbarschaft von Madrid. Gepflegte Ölbaumkulturen werden abgelöst von Tabakfeldern, auch kleine Tabakfabriken und -lagerhäuser liegen an der Straße. Im Río Alberche, den man auf einer neueren Brücke überquert, sind in einigem Abstand noch die Backstein-Brückenpfeiler des abgerissenen historischen Puente zu sehen.

Fayencen aus Talavera

Es wäre verfehlt, *Talavera*, das Caesarobriga der keltisch-römischen Zeit, eine schöne Stadt zu nennen, trotz ihrer geschichtlichen Bedeutung im Halbinselkrieg gegen Napoleon und ihrer namhaften blau-ocker-gelben Keramik, auf der man neben figürlicher Darstellung die lokale Flora findet. Die Atmosphäre bestimmen die vielen Industrieunternehmen, die sich hier angesiedelt haben, an Markttagen die Menge lebhafter Menschen, die hier zusammenströmen. Die Straßen sind eng, schmutzig, voller Abgase und ohne viel Gesicht.

Talavera ist eine Stadt der Fabriken und Werkstätten, die vorwiegend im westlichen Teil liegen.

Bei der Einfahrt von Osten her vermag man allerdings Bemerkenswertes zu entdecken: einen Niederschlag der Fayencen-Tradition in Form reichen Kachelschmucks am Gemäuer der *Einsiedelei de la Virgen del Prado*, der ›Jungfrau im Feld‹, die in einem kleinen Vergnügungspark liegt und einst von Kardinal Cisneros umgebaut worden ist. Azulejo-Paneele säumen die Fassade. Unter dem Dach des Portikus marschiert auf der Kachelwand ein Trupp bärtiger Krieger in Pluderhosen mit Schärpen und Arkebusen. Unter dem reichen Dekor an bemalten Ziegeln innen und außen, teilweise aus dem 14. Jahrhundert, sieht man Geistliches und Weltliches, Jungfrauen mit Palmwedeln, einen gehörnten Klosterbruder – sicher der gehörnte Luzifer –, den Teufel, der Christus versucht, den auferstandenen Christus, neben dem ein prächtig gepanzerter Ritter kniet. Die Heiligen Drei Könige halten Talavera-Keramik in den Händen; einer von ihnen hat seine Krone auf dem Boden abgestellt; das Christuskind krault ihm das Haar. Man entdeckt die Stadt Jerusalem, Sankt Antonius mit dem Schwein, Santiago, der mit einem Stock den Teufel vertreibt. Im Vorraum ist das Grabbild einer seitlich ausgestreckten Nonne ins Gemäuer eingelassen; auf einem barocken Mönchsgrab tragen Engel gerade die Seele des Verstorbenen in den Himmel.

Daß die Kunst der Keramiker die Stadt zu schmücken weiß – wenn auch keineswegs verschwenderisch –, erleben wir noch anderswo, so in einer unscheinbaren Gasse der Innenstadt. Dort steht das intime *Teatro Victoria*. Auf Feldern und Zwickeln des Obergeschosses sind auf glasierten Ziegeln Zarzuela-Komponisten verewigt, Chapí, Barbieri, Ayala, Zorilla, Caballero, de la Vega – einigen sind wir in Madrid begegnet. Man liest die Titel der wichtigsten dieser Kurzopern und sieht sie in Medaillons bildlich dargestellt, ›La Verbena de la Paloma‹, ›Don Juan Tenorio‹, ›Juego con Fuego‹ und viele andere.

Mit Azulejos geschmückt, dazu mit Palmen bestanden, ist die rechteckige Plaza Ruiz de Luna. Dies ist der Name eines der ersten ›decoradores cerámicos‹, und neben dem Ayuntamiento finden wir hier das nach dem Meister genannte, in einem niedrigen alten Palast etablierte *Fayencen-Museum*. Die Schaustücke sind in den wenigen Räumen ohne Raffinesse, ein wenig provinziell, ja ländlich aufgestellt; ein freundlicher Kustode hat viel Zeit, sich genau und engagiert zu allem zu äußern, wobei es durchaus nicht nur gute Objekte sind, die uns hier zu Gesicht kommen. Keine königliche Manufaktur wie Buen Retiro oder La Granja hat Talaveras Ruf begründet. Die örtliche Nobilitas und die kirchlichen Spitzen zeichneten verantwortlich.

Die wichtigsten Stücke sind große Bildgestaltungen aus Renaissance und Barock: das Bischofswappen mit dem Märtyrerrad Santa Catarinas, einem Löwen, Krone und Bischofsring; zwei Putten halten den Schild. Im Rahmen eines römischen Tempels weist der Vorläufer Christi auf das Lamm; darunter erscheint dann gleich die ›Geburt‹. In ähnlicher Vorausschau zukünftigen Geschehens ist unter einer sprechenden ›Verkündigung‹ die ›Kreuzigung‹ wiedergegeben.

Der größte Teil des an den Wänden hängenden oder auf alten geschnitzten Tischen ausgebreiteten Ausstellungsguts sind Krüge, Teller, Dosen, ornamentiert oder mit naiven figürlichen Bildern versehen. So sieht man einen Reiter der französischen Okkupationsarmee, für die Talavera auch gearbeitet hat. Auf einem Teller von 1859 ist ein Vorhang hochgezogen, und der Name Ildefonso Ruiz erscheint; dies war ein Vorfahr jenes Ruiz de Luna, der die Sammlung 1961 gegründet hat und dessen heraldisches Zeichen ein Halbmond ist.

Aus Keramik gebildet ist ein Brunnen mit gedrehten Säulen, ein springendes Pferd in tiefer Schale, sind ›blasones‹ und Kandelaber, Apothekervasen, Weihwasserbecken. Auf einem mächtigen Henkelkrug von der Größe, wie sie uns von der antiken Schnurkeramik bekannt ist, sieht man Jesus über den

Initialen JHS, darunter die Nägel der Kreuzigung in Jesu
Herz.

Talavera nennt auch einige gotische Kirchen von kunstgeschichtlichem Wert sein eigen. Die Fensterrose von *Santa
María Mayor* ist Flamboyant spanischer Prägung, mehr Wur-
zel- als Maßwerk, gegen den Uhrzeiger rotierend. *Santiago de
los Caballeros* hält dem, was äußerst selten ist, eine Rosette
in Mudéjar entgegen. Man könnte meinen, die filigranartigen
Steinmuster beider Kirchen ständen im Zusammenhang mit
den Spitzen, die neben dem Steingut in Talavera gefertigt werden. In der Umgebung vergesse man nicht die *Torres Albar-
ranas* aus dem Mittelalter, 18 maurische Wehrtürme mit
Spitz- und Hufeisenbögen.

Wellingtons Sieg

Eines der effektvollsten Theaterstücke der neuen amerikanischen Literatur ist O'Neills ›Nur ein Poet‹. Man hätte es auch
›Die Schlacht von Talavera‹ nennen können. Ein Offizier Wellingtons, der in der berühmten Schlacht des Guerillakrieges
Ehre und Anerkennung gewonnen hatte, kann sich Jahre
danach als einfacher Gasthauswirt im amerikanischen Mit-
telwesten nicht mehr in seinem öden, ruhm- und glanzlosen
Alltag zurechtfinden. Er holt seine alte scharlachrote Uniform
heraus, zieht sie an, zehrt vor dem Spiegel von dem einstigen
Ansehen und drangsaliert gleichzeitig seine Familie.

Die Schlacht von Talavera, die hier eine poetische Auferstehung erlebt, war einer der militärischen Wendepunkte im
spanischen Volksaufstand gegen die napoleonische Erobe-
rungspolitik. Auf diesen Krieg näher einzugehen ist auf einer
Reise durch Spaniens Mitte vor allem deswegen aufschlußreich, weil Goyas Leben und Werk mit den Gescheh-
nissen eng zusammenhängen und aus ihnen zu verstehen
sind. Zugleich erlebt man aus der Schilderung der kriegerischen Operationen die Topographie der bereisten Landschaft
in einer anderen Dimension. Alle die Orte, die man berührt,

werden auch hier genannt, und man stellt fest, daß sie ihr Gesicht oft vollkommen geändert haben. Man reist synoptisch, in der Zeit des ›imperio‹ und in der Gegenwart.

Wir haben von dem spontanen Widerstand der Madrider 1808 an der Puerta del Sol gehört. Ihrer Monarchen beraubt und ohne eigentliche Führung führten die Spanier und Portugiesen einen fortgesetzten fanatischen Kleinkrieg gegen die Franzosen. Das rebellische Blut eines Viriatus, der Kreuzritter der Reconquista, der Comunero-Aufständischen gegen Karl V. wallte wieder auf. Das französische 300 000-Mann-Heer in Spanien erlitt zunehmend Verluste. Im Frühjahr 1809 kam England, Hauptgegner Napoleons, den beiden iberischen Völkern in ihrem Freiheitskampf zu Hilfe, um von hier aus im eigensten Interesse die Kontinentalsperre aufzubrechen, die seinen Handel lähmte. Über Ciudad Rodrigo und Badajoz marschierten Lord Wellesleys Truppen durch die Extremadura und auf Talavera zu. Dort kam es am 27. und 28. Juli zu jener Entscheidungsschlacht, die dem britischen Feldherrn den Titel eines Herzogs von Wellington bescherte. Nachdem der Heerführer noch die beiden großen Siege von Salamanca (1812) und Vitoria (1813) errungen hatte, mußten die Franzosen über die Pyrenäen nach Norden zurückweichen. Mit gewissem Recht wird gesagt, Napoleon sei nicht erst in Rußland, sondern eigentlich schon in Spanien geschlagen worden, hier hätten die geknechteten Völker seiner kometenhaften Laufbahn das Ende gesetzt.

Nun hatte der Kaiser nicht nur die Brandfackel ins Land getragen, sondern zugleich als Vollstrecker der Errungenschaften der Französischen Revolution viele alte Zöpfe abgeschnitten. In Spanien beseitigte er die Inquisition, schaffte er die Feudalprivilegien ab, strich er die Binnenzölle. Es ist ein Kuriosum der Weltgeschichte, daß das spanische Volk dem Kaiser der Franzosen einen tödlichen Widerstand entgegensetzte, sich andererseits dessen Reformen gefallen ließ und sie nach Kriegsende beibehielt, ja gegen die Restauration der früheren Herren verfocht.

Das Heer, das unter dem französischen Marschall Victor 1809 bei Talavera kämpfte und unterlag, bestand nicht nur aus Franzosen. Polnische, holländische, hessische, badische Truppen leisteten Schützenhilfe, nicht nach ihrem heimischen, sondern nach französischem Reglement, in einer eigens für dieses Hilfskorps angefertigten Uniform. Die ›Deutsche Division‹ stand unter den Fahnen Napoleons aufgrund der Rheinbund-Bestimmungen und der freundschaftlichen Beziehungen des Korsen zu dem hessischen und badischen Fürstenhaus. Auch in Wellingtons Reihen fochten Deutsche, nämlich Hannoveraner; Deutsche und Deutsche standen sich gegenüber.

Das badische Kontingent unter Oberst Porbeck marschierte am 24. August 1808 über die Kehler Brücke, durch Frankreich hindurch nach Spanien. In der relativ kleinen Einheit – es handelte sich um ein eigens zusammengestelltes Infanterieregiment – war ein junger Capitaine (Hauptmann), Karl Franz von Holzing, der den Feldzug und auch die Schlacht von Talavera in seinen ›Denkwürdigkeiten‹ beschrieben hat. Der Offizier empfand durchaus eine gewisse Kameradschaft zu den französischen Waffengefährten, aus deren Schicksalsgemeinschaft nicht so leicht auszuscheren war, doch er bewunderte auch die spanische Selbstbehauptung. Der Zwiespalt klingt in seinen Sätzen mit.

Die Spanier unterschieden zunächst sehr wohl zwischen den französischen Aggressoren und den zum Bündnis gezwungenen Auxiliartruppen vom Rhein, denen sie mehr Schonung angedeihen ließen. Die Franzosen wiederum setzten ihre Hilfsvölker gerade dort ein, wo man sich im Krieg besonders verhaßt macht, bei Gefangenentransporten und Exekutionen etwa, so daß die Guerillas bald keine Rücksicht mehr übten. Was bei Talavera geschah, aber auch das übrige Kriegsgeschehen, der Furor des sich gegenseitig steigernden Hasses, wird aus Holzings freimütig-realistischem Bericht mit greifbarer Deutlichkeit lebendig.

Am 11. Mai 1809 meldeten Spione im Hauptquartier Marschall Victors die Annäherung eines englisch-portugiesischen Korps von der Grenze auf Talavera zu. Die Absicht Wellesleys, die Franzosen von der Hauptstadt abzuschneiden, schien offensichtlich. Victor hatte kurz vorher in Medellín eine Schlacht gegen die Spanier geschlagen und Napoleon einen Siegesrapport übermittelt. Der Kaiser bezeichnete diesen als »farce victorienne« – mit doppeldeutiger Anspielung auf den Namen des Marschalls – und erteilte Victor eine Rüge. Sie ließ diesen eine Gelegenheit herbeisehnen, die Scharte auszuwetzen.

In Talavera sah vorerst aber noch alles friedlich aus. »Die Natur selbst«, schrieb Holzing, »schien uns das kleine Städtchen am Taio, über den eine gotische Steinbrücke führte, mit ihrem Schmuck freundlich beleben zu wollen, aus allen Gärten winkten uns die Bäume voller Zitronen, Pomeranzen und Orangen, die man im Vorübergehen pflückte und aß. Ich fand mein Quartier im verlassenen Hause eines Seifensieders.«

Bald schon ändert sich das Bild. Die nahe Ankunft des Gegners ist an der zunehmend widerspenstigen Haltung der Bewohner abzulesen. Als die Weinvorräte in Talavera zu Ende gehen, begeben sich Soldaten heimlich in umliegende Dörfer, um dort neuen Wein zu beschaffen. Sie werden von den Bauern umgebracht. In der Stadt selber ermorden Guerillas Ordonnanzen auf der Straße; auch Schildwachen fallen Schüssen aus dem Hinterhalt zum Opfer. Als zwei Kanonen an der Tajobrücke unbewacht bleiben, stürzen die Einwohner über sie her und vernageln sie; die halbe Munition schleudern sie in den Fluß. Einer der Täter wird von den zurückkehrenden Artilleristen ergriffen und in den Tajo geworfen.

Holzing urteilt: »Wir waren über die Teilnahme der Bewohner am Kampf wütend und empört, auch nahmen wir an ihnen Rache nach dem gültigen Kriegsrecht, doch im Herzen konnten wir diesen Männern nur Bewunderung zollen.

An allen Straßenecken fand man oft morgens angeschlagene Proklamationen, die unsere Leute zum Abfall von Napoleon aufforderten, da er zu einem neuen Krieg gegen Österreich rüste, aber die deutschen Soldaten standen damals noch ganz im Banne der französischen Waffenbrüderschaft.«

Der Tag der Schlacht brach an. Am frühen Morgen begann der Geschützdonner. Die Bewohner der Stadt läuteten in geheimer Siegeszuversicht sämtliche Glocken. Vier Kilometer nördlich des Tajo stießen die Truppen aufeinander. Mit wildem Ungestüm versuchte Victor, den Feind von der Flanke her aufzurollen und auf die Stadt zu in den Río Tajo zu drängen. Wellesley ließ den vordringenden Voltigeurs mit dem Bajonett zu Leibe rücken.

Das badische Kontingent kämpft in der vordersten Linie – wie meist in diesem Krieg. Pulverdampf steigt auf. Wer nicht durch Kugeln fällt, wird durch abgeschossene Äste verwundet. Eine Kartätschenkugel trifft Oberst Porbeck, dringt in seine Brust, zerreißt ihm das am Hals getragene Kommandeurkreuz des badischen Ordens. Und nun erscheinen an der rechten Flanke die Scharlachröcke und Bärenmützen der englischen Garde, während halblinks rückwärts, wo ein breiter Weg nach Talavera führt, das Dragonerregiment ›El Rey‹ herangaloppiert. Obwohl der König längst abgesetzt ist und das Land verlassen hat, besteht und kämpft immer noch die nach ihm benannte spanische Kavallerie.

Vielleicht mehr als die Schlachtenschilderung interessieren uns heute die Betrachtungen der Zeitumstände. Die ›Denkwürdigkeiten‹ sparen auch die bekannten Persönlichkeiten nicht aus. Im Schloß von Aranjuez, dem Lustsitz der Bourbonen, liegt Holzing im Quartier und räsoniert über das Schlafzimmer der Königin María Luisa: »In diesem Gemach, so erzählt uns der Klatsch von Aranjuez, hat sich die verwerfliche Königin täglich nach dem Aufstehen mit frischem Kalbfleisch belegen lassen, dann ließ sie sich die blutige Haut durch stärkende und erfrischende Bäder reinigen und setzte sich gepudert in einem feinen Mantelschleier der warmen Morgensonne aus, um so die schlaffen Reize ihres verlebten Alters zu verschönern. Ich sah später in Madrid bei der Marquesa Rosa Vitoria Radierungen von Goya, die dieses Ungeheuer von Sinnengier äußerst treffend darstellen.«

Im Madrider Palast der genannten Marquesa, die eine Verwandte der Herzogin von Alba war, sieht Holzing auch Goyas gerade eben fertiggestelltes Gemälde der Erschießungen vom 3. Mai. Mit einem Geistlichen betritt er die Schloßkapelle: »Als ich zum Altar blickte, hatte der blasse Priester sich umgekehrt, und sein Blick war finster auf mich gerichtet. Er stieg die Stufenbank herab und zog an der Wand einen Gobelin zurück, der eine Madonna in einem Rosenhag mit vielen bunten Vögeln darstellte, und beleuchtete mit einer Kerze ein darunter erscheinendes Ölgemälde von großem Format. Es war das Werk eines mir unbekannten Meisters namens Francisco de Goya, das hier vor den Blicken der Franzosen verborgen wurde. Die Tafel stellte die standrechtliche Erschießung von Straßenkämpfern durch die Franzosen am Abhang der Montaña del Principe Pio dar. Ich habe nie mehr im Leben ein Bild von solch erschütternder Wirkung gesehen. Der Geistliche deutete finster auf das Bild, seine Worte fielen halblaut in zischender Hast, daß ich sie nicht verstand, doch nahm ich alsbald wahr, sie seien auf mich gemünzt.«

Karl Franz von Holzing, der diesen fesselnden Bericht über das verborgen gehaltene Meisterwerk Goyas vermittelt, überlebte den Guerillakrieg. Zu seinen Nachkommen zählen der letzte Flügeladjutant Wilhelms II. und, als dessen Tochter, die Dichterin Marie Luise Kaschnitz.

Der Río Tajo bildet stromabwärts eine Reihe großer ›embalses‹, jener Stauseen, die seit 1940 entstanden sind und in vielen Gegenden Spaniens die Wasserwirtschaft ebenso grundlegend änderten wie das Landschaftsbild. Die Nationalstraße v verläßt freilich nach Talavera den Tajo wieder und zieht sich weiter nördlich, immer neben der eingleisigen Schienenspur der nach Cáceres führenden Bahnlinie nach Oropesa hin. Kurz vor der Schlacht bei Talavera lag dort der Autor der ›Denkwürdigkeiten‹ mit seiner Truppe im Quartier, allerdings nicht in dem gralsburgartig aufragenden türmereichen Kastell, sondern in Erdhütten mit Zeltdächern, die man mit Wällen umgab.

Die kleine Stadt *Oropesa*, die linker Hand etwas oberhalb der Autostraße liegt, verfügt über einen dreieckigen ›Salón‹ in Form der Plaza de los defensores del Alcázar de Toledo, Platz der Verteidiger des Alkazar von Toledo. Auf dem Dachgesims des Stadttors, zu dem hin der Platz sich verjüngt, stehen Feuertöpfe nach Art des iberischen Barock. Die Parroquia prunkt mit einem Renaissanceportal. Ein Palast von 1760 bietet im Oberstock eine Galerie zur Schau, deren Bögen Vorhängen gleichen, die raffiniert an Schnüren halb emporgerafft sind. Eine altertümliche, weißgekalkte Gasse führt hinauf zum Kastell.

Das Castillo von Oropesa wurde im Guerillakrieg zum Teil zerstört, aber mit großer Treue wurde die prachtvolle Gesamtanlage wiederaufgebaut, die Innengalerien, einige der Festsäle mit schweren Holzdecken, der überragende Beobachtungsturm und das Geviert des Waffenplatzes. Hier veranstaltet man Freilichtspiele, und abends ist die Wehranlage angestrahlt. 1930 hat man den Palast in einen staatlichen Parador umgewandelt, und kaum anders als die einstigen Herzöge von Frías genießen wir im Bankettsaal die für diese Gegend typische erlesene Jagd- und Angelbeute.

Wie kaum ein anderes ist das Kastell mit der Geschichte

des Landes verbunden. Der erste Graf von Oropesa (er löste die hochmittelalterlichen Herzöge ab) hatte sich dem Erbanspruch Isabellas von Kastilien widersetzt. Zum Glück zogen die Katholischen Könige den Befehl zur Brandschatzung der Festung aus dem 14. Jahrhundert zurück. Auch als Padilla, der Anführer der Comuneros, von Oropesa aus den Truppen Karls v. Widerstand leistete, drohte der Burg die Zerstörung. Doch später waren die Grafen treue Gefolgsmänner der Habsburger. Eine Tafel ist in die Mauer der offenen breiten Treppe eingelassen, die zu Galerie und Saalflucht führt. Wir lesen auf dem von Ruiz de Luna aus Talavera-Ziegeln gefertigten Kachelbild, daß Graf Francisco (1515–1582), hier als Sohn des Oberkämmerers Karls v. geboren wurde. Zwölf Jahre hatte er das Amt eines spanischen Vizekönigs inne. Er bereiste die Andengebiete, rief die Universität San Marco in Lima ins Leben und gründete eine Reihe südamerikanischer Städte, so Oropesa – nach seinem Geburtsort – und Cojabamba im heutigen Bolivien. Sein Vermögen nutzte er, um in seiner Heimat Prediger für die Neue Welt ausbilden zu lassen

Abgeerntete Kornfelder, vergilbte Weideflächen, dazwischen Ölbaumkulturen. Wieder Tabak-Lagerhäuser. In der Ferne langgezogene Bergrücken. *Navalmoral de la Mata*, an der Nationalstraße gelegen, ist Sammel- und Verarbeitungsstätte der ländlichen Produkte des umliegenden Campo de Arañuelo. ›Mata‹ heißt Gebüsch, doch heute sind hier Sträucher rar. Der Ort hat immerhin die gotische Rosette von La Consolación und einen barocken Pranger zu eigen.

In Navalmoral zweigt rechts eine Seitenstraße über den Río Tiétar in die Sierra de Gredos ab, nach *Jarandilla*, das auf einem ›Balkon‹ des waldreichen Gebirgsabfalls liegt. Die Häuser passen sich der Reliefform des Gebirges an, die roten Dächer ›fließen‹ geradezu den Hang hinab. An einer Straßenkurve steht das ehemalige Schloß, das den Grafen von Oropesa gehörte und heute Parador ist, ein Vierflügelbau mit runden Ecktürmen und einem Innenhof, an dessen Westseite sich

eine zweistöckige Galerie entlangzieht; Vierpässe zieren die
durchbrochene Balustrade des Oberstocks. An den Flanken
der Galerie stehen zwei wehrhafte Vierecktürme, aus denen
barock geschwungene Konsolen herausragen.

Das Castillo von Jarandilla ist 18 Kilometer vom Kloster
San Jerónimo de Yuste entfernt, in dem Kaiser Karl v. seine
16 letzten Lebensmonate verbracht hat, nachdem er die
Mönche wissen ließ: »Deseo retirarme entre vosotros a aca-
bar la vida; y por eso querria que me labracedes unos apo-
sentos en San Jerónimo de Yuste«, »Ich wünsche, mich zu
euch zurückzuziehen, um das Leben zu beenden, und darum
bitte ich euch darum, daß ihr mir einige Zimmer herrichtet
in San Jerónimo de Yuste«.

Eine genaue Kenntnis der letzten Lebensstation Kaiser
Karls v. besitzen wir durch José de Sigüenzas Geschichte des
Hieronymiten-Ordens. Sigüenza war selbst Hieronymit und
zeitweise in der Bibliothek des Escorial tätig, wo er sich der
besonderen Gunst Philipps ii. erfreute. Von diesem Gewährsmann, halbwegs Zeitgenossen Karls, erfahren wir,
daß der Kaiser an der asturischen Küste landete und dann den
Weg westlich des Guadarrama- und Gredo-Gebirges nach
Plasencia nahm, ungeduldig, die ›vera‹ zu sehen, das fruchtbare Land zu Füßen von Yuste. Dem dortigen Hieronymi-
tenkloster stand damals Juan de Ortega vor, der möglicher-
weise den ›Lazarillo de Tormes‹ verfaßt hat. Die Bauleitung
für den Palazuelo des Kaisers neben dem Kloster lag in Händen von Antonio de Villacastín, der später auch am Bau des
Escorial mitwirken sollte. Als der Kaiser am kalten, nebligen
12. November 1555 seine Ankunft melden ließ, waren die
Mönche mit der Einrichtung der Räume noch nicht fertig, so
daß Karl als Gast des Grafen von Oropesa bis zum 3. Februar
1556 auf dessen Burg Jarandilla zubringen mußte. Der Graf,
Oberhaupt eines Zweigs der Herzöge von Toledo, war ein
Bruder des Vizekönigs von Peru, von dem wir auf Kastell
Oropesa erfahren haben. Er ritt eigens nach Jarandilla, um
dem abgedankten Imperator dort Gesellschaft zu leisten, ver-

abschiedete sich aber, als die Wochen sich hinzogen. Karl, der dem Haushalt seines Gastgebers nicht so lange zur Last fallen wollte, übernahm nun die Kosten für den Aufenthalt, bis der Umzug vonstatten ging.

Karl v. in Yuste

Es mag der Welt von damals merkwürdig vorgekommen sein, daß ein Kaiser mit 55 Jahren, also im Alter bester Schaffenskraft, seiner Machtfülle entsagte, um sich in die Einsamkeit einer entlegenen Mönchsgemeinschaft in Extremadura zurückzuziehen. Eine Kronniederlegung dieser Art war seit dem Westgotenkönig Warnba nicht mehr vorgekommen. Karl, durch die vielen Verbindungen innerhalb des Hauses Habsburg ohnehin nicht allzu widerstandsfähig, hatte ein aufreibendes Leben hinter sich. Die Vielzahl der Länder zwang ihn zu dauerndem Reisen auf unbequemen Schiffen und schlechten Straßen, in Kälte, Hitze, Sturm und Regen. Das Erbübel der Habsburger, die Gicht, plagte ihn. Er litt an Depressionen, war regierungsmüde. Zugleich resignierte er, was seinen Lebensplan, was seine politischen Ziele betraf. Zwar hatte Karl die Zahl seiner Länder, das Ansehen seines Hauses vermehrt, aber sein Anliegen, ein weltlich-geistliches Universalreich zu schaffen, die Glaubensspaltung zu überwinden, war mißglückt. Wie später sein Sohn Philipp meinte er, daß er lieber auf seine Länder verzichten als über Ketzer regieren wolle. Vor allem der Protestantismus erfüllte ihn mit tiefer Sorge. In Yuste bedauerte er, daß er auf dem Reichstag von Worms das Geleitversprechen für Luther nicht wie Kaiser Sigismund im Falle von Hus gebrochen hatte: »Ich irrte, als ich damals den Luther nicht umbrachte. Ich war nicht verpflichtet, mein Wort zu halten. So wuchs dieser Irrtum ins Ungeheure. Das hätte ich verhindern können.«

Doch auch persönliche Glaubensfragen bestimmten den Kaiser. Er war von der Existenz des christlichen Himmels zweifelsfrei überzeugt; auf seinen Platz darin wollte er sich durch mönchische Lebensweise vorbereiten. Vielleicht fühlte er sich seiner Mutter gegenüber schuldig, der eigentlichen spanischen Königin Juana, deren Gefangenschaft in Tordesillas er zugelassen hatte. War der lebenslange Gewahrsam ihres Geisteszustandes wegen auch wahrscheinlich geboten, so kam er Karl und seinem Herrschaftsanspruch doch zu gelegen, um seine Notwendigkeit nicht immer wieder in Zweifel zu ziehen.

Weiterhin wäre es denkbar, daß der Kaiser um die zukünftige Entwicklung seiner Länder besorgt war. Eine kontinuierliche Linie war eher gewährleistet, wenn er das Erbe zu Lebzeiten schon weitergab. Doch es war mit dem Vorbehalt geschehen, daß er immer noch lenkend in die Reichspolitik eingreifen konnte. So verstand er es, in Yuste ein subtiles Nachrichtensystem zu unterhalten, das ihn über die Neuigkeiten des Weltreiches genau unterrichtete. Man nannte das Hieronymus-Kloster darum ›die Flüstergalerie der Welt‹.

Es fragt sich, ob den abgedankten Kaiser manchmal Zweifel wegen seines Rücktritts überkamen. Hätte er das Ruder doch nicht aus der Hand geben sollen? Macht ist eine Droge, deren Entziehung eine Krise beschwören kann. Wir wissen, daß Karl, als er den östlichen Teil seines Imperiums, Österreich, und damit die Kaiserkrone, seinem Bruder Ferdinand zugebilligt hatte, den Ausspruch tat: »Nun bin ich nichts mehr.«

Doch das waren Stimmungen. Im Grunde suchte er die Soledad, die Einsamkeit; auf den Glanz des Hofstaats konnte er verzichten. Auch hat er sich nie selbstgefällig an seiner Macht gesonnt, das Bewußtsein der Herrschaft ausgekostet. Das war ein Teil seiner Größe. Eine gewisse Müdigkeit kennzeichnet indessen schon seine frühen Regierungsjahre. Er scheint damals bereits beschlossen zu haben, abzudanken, als er beschloß zu herrschen. Nachdem er »Palast und Purpur mit Zelle und Sacktuch« vertauscht hatte, machte er keine Anstalten, in seine alte Sphäre zurückzukehren, obwohl seine Tochter, die Infantin-Regentin Juana in Valladolid, und sein in Flandern befindlicher Sohn Philipp ihn mehrfach darum baten, in schwierigen Situationen des riesigen Reiches nochmals die kaiserliche Autorität einzusetzen. Karl winkte ab. Er ›mischte mit‹, aber er hielt sich fern.

Daß Karl die spanische Extremadura für seine letzten Tage auswählte, ist gleichfalls verschieden gedeutet worden. Man hat gesagt, der Herrscher über ein atlantisches Reich habe den Ländern der westlichen Hemisphäre, der Quelle seines Reichtums, näher sein wollen. Extremadura sei ihm als Zentrum seines Imperiums, als Mitte zwischen Ost und West erschienen. Dies ist unwahrscheinlich. Glaubwürdiger dürfte die Vermutung sein, daß der in Gent aufgewachsene Habsburger, den man in Spanien anfangs als ›Ausländer‹ empfand, dartun wollte, daß er ganz Spanier sei und daß Spanien für ihn der Schwerpunkt seines Weltreiches war. In Deutschland seinen Alterssitz zu wählen, daran hinderten ihn sicher Vergrämung und Ängste hinsichtlich der Ausweitung des Luthertums. Und schließlich mag er seiner rheumatischen Beschwerden wegen die trocken-heiße Extremadura dem feuchteren Klima der Länder nördlich der Pyrenäen vorgezogen haben.

Im Jahr des Augsburger Reichstags, auf dem die von Karl erstrebte Einheit im Glauben endgültig gescheitert war, legte der Kaiser im Brüsseler Schloß der Herzöge von Brabant am 6. Juni 1554 die Krone nieder, wobei er sein Riesenreich in zwei Hälften teilte – sein Bruder Ferdinand herrschte nun über Österreich und das Reich, sein Sohn Philipp über Spanien und seine überseeischen Besitzungen, Unteritalien und die Niederlande. Der scheidende Monarch gab einen Rechenschaftsbericht, wobei er stolz seine 23 großen Reisen erwähnte. Überliefert sind die Worte: »Wenn ich meinen Tränen freien Lauf lasse, ihr Herren, glaubt nicht, daß ich den Verlust der Macht beweine, deren ich mich in diesem Augenblick begebe. Ich weine, weil ich das Land meiner Geburt und meine Getreuen verlassen muß.«

Die Legende, Karl v. habe in Yuste sein Leben als Mönch

und in mönchischer Askese beendet, ist längst hinfällig. Zwar hielt er sich Allzu-Irdisches dadurch fern, daß es weiblichen Wesen streng verboten war, in seine Umgebung zu treten; sie wurden vertrieben, wie dies der Löwe des Hieronymus tat, und bei zu großer Aufdringlichkeit sogar mit Stockschlägen bestraft. Es ist freilich kaum anzunehmen, daß diese selbstgewählte Kasteiung den Kaiser um jene Zeit allzu viel Mühe kostete. Karl trat nicht in den Orden der Hieronymiten ein, auch verbrachte er seine Tage nicht im Kloster selbst, sondern in dem eigens für ihn errichteten Anbau von vier Räumen, bescheiden für einen Monarchen, doch bequem ausgestattet. Nach wie vor hatte er ein Gefolge um sich, mit allen erforderlichen Chargen vom Geschmeidebewahrer bis zum Barbier, insgesamt 60 Bedienstete, die Luis Méndez de Quijada unterstanden, einem Hofmann, der ein Menschenalter lang in Krieg und Frieden dem Kaiser gedient hatte. Der in Villagarcia bei Léon begüterte Edelmann bekleidete im Hofstaat seines Herrn den Rang eines Majordomus und Geheimsekretärs. Philipp II. brachte Quijada später die gleiche Gunst entgegen wie sein Vater, machte ihn zum Stallmeister des Infanten, zum Präsidenten des Indienrats und zum Komtur des Calatrava-Ordens von Viso, El Moral und Argamasilla. 1569 wurde er beim Niederwerfen eines maurischen Aufstands schwer verwundet und starb ein Jahr später.

Daß in der Biographie des Majordomus von Yuste der Ort Argamasilla eine Rolle spielt, unterstützt eine interessante Hypothese. Quijada soll nämlich das Urbild des Don Quijote gewesen sein. Cervantes nennt zwar den von ihm gedachten Geburtsort seines Helden nicht mit Namen, doch mit Sicherheit hat er Argamasilla gemeint, wo er auch mit der Niederschrift begann. Auf all dies weist ein gewisser Pater Colonna in seinen ›Recuerdos‹, seinen ›Erinnerungen‹, hin; die 1958 in Madrid edierte spanische Enzyklopädie hat diese Hypothese übernommen. Für die Identität von Cervantes' fingiertem Helden mit der geschichtlichen Persönlichkeit spricht der Beginn des ›Don Quijote‹: »Der Verfasser dieser wahrhaften

Geschichten meint, er müsse eher Quisada oder Quesada geheißen haben, wie andere behaupten wollten.« An anderer Stelle liest man: »Der Ritter nannte sich Don Quijote, obwohl man nicht länger zweifeln dürfte, daß er in Wahrheit Quijada geheißen hat.«

Genannter Majordomus hatte, bevor der Kaiser in Yuste einzog, die Unterkunft inspiziert und dabei beanstandet, daß die Räume zu klein, die Fenster zu groß, das Erdgeschoß zu feucht und der Garten zu ungepflegt seien; hier vermißte er vor allem Orangenbäume. Karl hatte den Auftrag gegeben, in seinem Schlafraum eine Öffnung anzubringen, die ihm den unmittelbaren Blick auf das Allerheiligste gewährte (sein Sohn Philipp hat sich ja ein gleiches Fenster im Escorial einrichten lassen). Nach Quijadas Bericht aus Yuste war die Luke so ungeschickt angebracht, daß der Kaiser die Hostie gar nicht sehen konnte, daß andererseits die Mönche den Kaiser in seinem Bett erblickten.

Karl, der sein Lebtag Tafelfreuden liebte – vielleicht hatten sie zu seiner Gicht mit beigetragen –, wollte auch in Yuste nicht auf diese verzichten. Ein spöttischer Italiener meinte, der Tageslauf des Monarchen bewege sich »della messa alla mensa«, »von der Messe zur Mahlzeit«. »Sein Majordomus warf sich«, so schreibt Sigüenza, der Chronist von Karls Leben in Yuste, »zwischen seinen Herrn und eine Aalpastete, wie er sich früher zwischen die Person des Kaisers und eine maurische Lanze geworfen hätte.« Man schaffte auf Maultierrücken in Eis und Nesseln verpackte erlesene Speisen herbei, so Austern, Sardinen, Rebhühner, Pasteten, scharf gewürzte spanische Würste, dazu Rheinwein und kaltes Bier. Karls klösterliche Villa war ausgestattet mit Tapeten aus Flandern, mit Kissen, Leinen- und Daunendecken, mit Waschbecken und Silberkannen, silbernem Tafelgeschirr, Stühlen mit schwarzen Samtbezügen. Für seine politischen und wissenschaftlichen Interessen standen dem Kaiser Karten aus Deutschland, Flandern und Italien zur Verfügung, für seine Erbauung rotsamten gebundene, silberverzierte Andachtsbücher. Zum Zeitvertreib dienten ihm mehrere Uhren, für die ein eigener Uhrenmeister in seinem Gefolge war; mit dem Aufziehen der Uhren begann auch sein Tageslauf, ehe der Beichtvater mit ihm betete, einer der Diener ihn ankleidete, der Barbier seinen Bart pflegte. Bald hörte Karl eine Predigt an, bald nahm er an einer Messe teil, bald zog er im Refektorium die Klosterbrüder ins Gespräch. Meist an den Nachmittagen widmete er sich den Audienzen; der persönliche Kontakt mit Madrid und seinem Sohn war eng. Wenn Karl die Zeit zu lang wurde, angelte er vom Balkon aus im Fischteich im Garten, oder er spielte mit Katze und sprechendem Papagei, Geschenken seiner Schwester Eleonore, der Gemahlin des französischen Königs Franz I.

Das bisher kaum bekannte Kloster San Jerónimo de Yuste erlangte europäische Berühmtheit. Den Mönchen war auferlegt, täglich Messen für Karls Eltern Philipp und Juana, für seine frühverstorbene Gemahlin Isabel und für sein eigenes Seelenheil zu lesen, dazu jeden Donnerstag für das Haus Habsburg. Gerne hörte der Kaiser den Mönchen beim Singen zu; sang einer falsch, korrigierte er ihn.

Sein körperlicher Zustand verschlechterte sich. Makaber inszenierte er in der Klosterkirche seine eigene Beisetzung, gewissermaßen als Generalprobe des bald schon zu erwartenden Aktes. Im sechzehnten Monat seines Aufenthaltes in Yuste ergriff Fieber den Kaiser. Er fühlte den Tod nahen, ließ sich das von Tizian gemalte Bild Isabels bringen, die er bis zu ihrem Tod 1539 geliebt hatte, und sagte: »Es ist Zeit«. Im Frühjahr 1558 starb der einst mächtigste Potentat der Welt, der Herr über Deutschland, Spanien und Amerika, Flandern, Burgund und Italien, im selbstgewählten Exil von Extremadura. In der einen Hand hielt er das Kreuz, mit dem Isabel gestorben war, in der andern eine brennende Kerze, die ihm auf dem Gang in eine andere Welt leuchten sollte. Sein mit erlöschender Stimme gesprochenes letztes Wort war »Jesus«.

Der Hieronymiten-Orden ist 1370 in Spanien gegründet worden; die Mönche tragen ein braun-weißes Habit. Patron war der Kirchenvater Hieronymus aus Cäsarea, der in einer Grotte in Bethlehem die Bibel ins Latein übersetzt und so die Vulgata geschaffen hat. Im wesentlichen ist der Ordo San Jerónimo ein spanischer Orden geblieben, doch finden wir ihn auch in Portugal (San Jerónimo in Belém). Das *Monasterio de Yuste* wurde von dem Orden zu Beginn des 15. Jahrhunderts ins Leben gerufen. Als Karl V. einzog, lag das Gründungsdatum so weit zurück wie für uns das Sterbedatum Goethes.

Einen halben Monat vor der Schlacht von Talavera plünderten französische Soldaten das Kloster, betranken sich im Weinkeller und wurden in ihrem Rausch von Bauern der Umgebung erschlagen. Ein Kommando, das sie suchen sollte, fand ihre Leichen und steckte San Jerónimo de Yuste in Brand. Fast nur die Mauern blieben erhalten. In neuerer Zeit hat man das Kloster und den kaiserlichen Aufbau wieder hergerichtet.

Unabhängig von den Erinnerungen an Karl V. darf Yuste Aufmerksamkeit beanspruchen. Zunächst besticht die einzigartige Lage, so hoch am Gebirgsanstieg, daß man einen weiten Blick auf den Campo de Arañuelo, die Landschaft um Navalmoral, und die dahinterliegenden Berge von Guadalupe genießt. Und als weitere Überraschung: Yuste ist nicht der Sonnenglut ausgesetzt, sondern in Wälder gebettet, hohe Eichen, Kastanien, Ulmen, Ahorn von mitteleuropäischer Üppigkeit. Auch Feigenbäume wachsen hier. Sie umgeben den Teich, in dem der Kaiser geangelt hat. Der Garten, der sich von dem Palazuelo Karls bergab senkt, ist ein Ort wohltuender Beschaulichkeit, die der damaligen Seelenlage des Weltflüchtigen entsprochen haben muß, gemäß jenen Zeilen, die Lope de Vega ein Menschenalter später niedergeschrieben hat:

In die Einsamkeit zu ziehn,
Komm ich aus den Einsamkeiten,
Meine innersten Gedanken
Sind mein einziger Begleiter.

Am Gartengemäuer sieht man nahe einer Laube das kaiserliche Wappen mit Doppeladler, Goldenem Vlies und vier Säulen, dazu die Aufschrift: ›Seine Majestät der Kaiser Don Carlos Quinto, unser Herr, hat sich hier niedergelassen, als er sich am 31. August 4 Uhr nachmittags schlecht fühlte. Er starb am 21. September 2.30 Uhr frühmorgens. Im Jahr des Herrn 1558.‹

Zum kaiserlichen Palazuelo führt eine Rampe hinauf, die für Pferde benützbar war. Die von Säulen getragene Eingangshalle verläuft parallel zur Fassade der nebenan gelegenen Klosterkirche. Der Historienmaler Agrasot hat die Szene festgehalten, wie der Kaiser am 2. Februar 1557 hier von den Padres empfangen wird. Das Gebäude, ursprünglich fast ganz aus Holz, ist mit Hau- und Backstein gemauert; eine breite Loggia, auf Arkaden ruhend, wendet sich dem Garten und schilfigen Teich zu.

Im Arbeitszimmer steht der Schreibtisch des Imperators sowie der lederbezogene Tragstuhl mit Halterung für das ausgestreckte rechte Bein. Ein Lesepult fällt auf. Die Fenster haben sechs einzeln aufklappbare kleine Holzläden. Der Schlafraum wird vom Himmelbett ausgefüllt. Die Lücke zum Altarraum der Kirche ist mit einem grünen Vorhang verdeckt, an dem ein Christusbild hängt. Geschnitztes Mobiliar aus dem 16. Jahrhundert, Helme aus der Zeit Karls v. und das von Tizian posthum gemalte Bildnis Isabels bilden das bescheidene Inventar.

Über dem Portal des Gotteshauses nebenan öffnet sich eine Rosette. Die gotischen Gewölbegurte im Innern vereinen sich zu einer Scheitelrippe. Stufen führen zum Herrera-Altar, der von einer Kopie des Tizian-Bildes ›Gloria‹ gekrönt wird. Das Original dieses Bildes, das Karl v. und seine bei Entstehung des Gemäldes bereits verstorbene Gemahlin betend vor der

Dreifaltigkeit zeigt, hatte der Kaiser, als er der Welt entsagte, eigens mit nach Yuste genommen. Philipp II. nahm es nach dem Tod seines Vaters zu sich in den Escorial und gab den Mönchen von Yuste statt dessen eine Zweitfassung. Über Bild und Altar prangt das kaiserliche Wappen. An wertvoller Ausstattung des Kirchenraums fallen die säulengestützte Kanzel mit Kerbschnittmustern, eine schöngeschnitzte Silleria und ein gotisches Tafelbild mit der Muttergottes vor dem Gekreuzigten auf.

Gut wiederhergestellt sind die beiden Claustros, der eine gotisch, mit Blendmaßwerk an der Balustrade, der andere plateresk; Säulen mit ionischen Kompositkapitellen stützen die zwei Galerie-Umläufe. Das Refektorium, in dem der Kaiser gelegentlich an den Mahlzeiten der Klosterbrüder teilgenommen hat, ist mit Mudéjar-Ziegeln geschmückt. In der Krypta wird auf den Eichensarg hingewiesen, in dem Karls sterbliche Reste sechzehn Jahre ruhten, bis Philipp II. die Überführung seines Vaters in den Escorial veranlaßte. Ursprünglich hing der Schrein an der Decke, wurde dort aber, da erreichbar, mehrfach beschädigt, so daß man ihn später hoch an der Mauer auf Eisenkonsolen stellte. Karl hatte den Wunsch geäußert, unmittelbar unter dem Altar beigesetzt zu werden. Dieser Platz ist aber Heiligen vorbehalten. Man umging die Regel, indem man den Schrein so aufstellte, daß zumindest ein kurzes Stück des Sarges unter dem Allerheiligsten lag.

Der Knabe Jeromín

Zwei Kilometer von Yuste bergabwärts liegt das pittoreske kleine Dorf *Cuacos* mit gotischer Pfarrkirche und weißen Häusern in gekrümmten Gassen. Am runden Brunnen mit Kugelornamenten aus dem 16. Jahrhundert hocken schwarzgekleidete Frauen strickend auf Stühlen, die sie auf das Kopfsteinpflaster hinausgestellt haben. Eine der unauffälligen Casas hat historische Bedeutung. Denn hier wuchs der natürliche Sohn Karls V. auf, der damals den Namen Jeromín

(Jerónimo) führte. Von seiner hohen Herkunft wußte Jeromín nichts. Der Kaiser hat, solange er lebte, das Geheimnis des unehelichen Sprosses nicht gelüftet.

Als Karl v. 1546, zehn Jahre vor Yuste, 46jährig in Regensburg weilte, begegnete er in dem Haus, in dem er untergebracht war, der Bürgertochter Barbara Blomberg. Das zinnengekrönte ›Haus zum Goldenen Kreuz‹ am schildförmigen Haidplatz steht heute noch. Folge dieser Begegnung war Jeromín. Nach der Geburt des Knaben wurde Barbara Blomberg mit dem Deutschen Hieronymus Kegell verheiratet (Carl Zuckmayer hat in seiner ›Barbara Blomberg‹ das Leben des Regensburger Bürgerkindes in genialer Weise nachempfunden). Jeromín brachte man, mit vier Jahren von seiner Mutter getrennt, nach Spanien und gab ihn in die Obhut eines beim Kaiser beliebten Musikers namens Massi in dem Dorf Leganes bei Madrid. Nach dem Tod des Ziehvaters blieb der Knabe noch einige Jahre bei dessen Witwe, lernte im Pfarrhaus, spielte mit den Dorfkindern und schoß mit der Armbrust nach Spatzen. 1554 ließ Don Luis Méndez de Quijada ihn durch einen Vertrauten aus Valladolid seiner Gemahlin Magdalena de Ullua auf Schloß Villagarcia übergeben, mit dem Vermerk, er bedürfe guter Pflege, denn es handle sich um den Sohn »eines großen Mannes, seines teuren Freundes«. Die Schloßherrin vermutete, daß es sich um einen außerehelichen Sohn ihres Gemahls handle, widmete sich aber dennoch dem jungen Jeromín mit Liebe.

Dann befahl Karl den Knaben in Begleitung seiner Betreuerin nach Cuacos. Einige Male ließ er ihn auch nach Yuste kommen und freute sich am guten Aussehen und Gedeihen des Sohnes. Es war der kaiserliche Wunsch, daß sein Bastard in den geistlichen Stand trete. Seinem Sohn Philipp trug er auf, nach seinem Tod dem Halbbruder die wahre Herkunft zu enthüllen und ihn in die königliche Familie aufzunehmen.

Philipp ii. kam dem Auftrag des Vaters nach. Die Szene hätte in einer Oper ihren Platz gehabt. Der König legte eine Jagd in die Nähe von Cuacos, trat Jeromín in einer Waldlichtung mit prächtigem Gefolge gegenüber, umarmte ihn und eröffnete ihm seine erlauchte Geburt. In einem festlichen Akt wurde Jeromín danach im Schloß von Valladolid offiziell als Mitglied des Hauses Habsburg anerkannt. Er erhielt den Namen Don Juan d'Austria.

Doch später, als der Glanz Don Juans den seinen überstrahlte, hielt Philipp II., der lebenslang Eifersüchtig-Mißtrauische, den Halbbruder kurz, verweigerte ihm den Titel ›Infant‹; Don Juan war nur Prinz. Der Habsburger-Prinz machte sich im Kampf gegen mittelmeerische Seeräuber einen Namen. Doch seinen eigentlichen Ruhm erlangte er als Capitán general vor Lepanto. Lepanto war eine der historischen Schlachten zur Abwehr des Halbmondes durch das Kreuz. Der Westen hatte sich noch einmal zu einer gemeinsamen Aktion – wie zu einem Kreuzzug – gegen die Bedrohung durch die Türken aufgerafft, und mit zweihundert Galeeren kreuzten die vereinigten Flotten Spaniens, Savoyens, Venedigs sowie der Malteser und des Päpstlichen Stuhles unter dem Kommando des Don Juan d'Austria vor dem Eingang des Korinthischen Golfs. Im Oktober 1571 kam es zu dem erhofften Treffen mit den Galeeren Sultan Selims des ›Trunkenen‹, das mit einer vollkommenen Niederlage der Türken endete. Sie verloren in dieser Auseinandersetzung 130 Schiffe und Tausende von Soldaten. Durch die Schlacht war die Türkengefahr zwar nicht aufgehoben – man hat sie sogar als ›Schlag ins Wasser‹ bezeichnet –, aber für den Augenblick war die Christenheit gerettet und dem Mythos von der Unbesiegbarkeit der osmanischen Flotte ein Ende bereitet. Jahrhunderte hindurch blieb das Seegefecht im Gedächtnis der abendländischen Menschheit lebendig.

Der Held von Lepanto war Don Juan d'Austria, der einstige Knabe Jeromín aus Cuacos. Don Juan hatte als spanischer Prinz den Oberbefehl inne, obwohl sein Beitrag am Sieg umstritten blieb. Sicher hatten die älteren Admirale der vereinigten Flotte größere Kampferfahrung. Doch der Nimbus des habsburgischen Prinzen spornte die Mitkämpfenden an.

Nachher, als alle Welt von dem Sieger sprach, schanzte ihm Philipp die undankbare Aufgabe zu, die ihre Freiheit erstrebenden Niederlande in Schach zu halten, eine Mission gegen den Lauf der Geschichte. In Gent trat er das einzige Mal seiner bürgerlichen Mutter gegenüber. Die Begegnung blieb kühl-distanziert. Don Juan veranlaßte Barbara Blomberg, in ein spanisches Dominikanerinnenkloster zu gehen, wo diese auch ihre Tage beschloß: ein Leben schicksalhaft bestimmt und fortgeleitet durch die eine flüchtige Stunde einer kaiserlich-bürgerlichen Begegnung.

Monasterio de Guadalupe

Nach seinem Sieg bei Lepanto übergab Don Juan d'Austria die Hecklaterne des türkischen Flaggschiffs der in Kloster *Guadalupe* verehrten Gottesmutter. Dieses Monasterio Extremaduras ist das bedeutendste spanische Marienheiligtum neben Montserrat. Es ist eine Ironie der Geschichte, daß der Wallfahrtsort, genau wie Fatima in Portugal, einen arabisch-islamischen Namen trägt. Wurde Montserrat gerne von gekrönten Häuptern aufgesucht, so Guadalupe von Weltentdeckern, von denen ja viele Extremeños gewesen sind. Kolumbus nannte eine der von ihm angesteuerten Inseln der Neuen Welt Guadalupe. Und als er am 14. Februar 1493 in Seenot geriet und die Wogenberge eine für das kleine Schiff erschreckende Größe annahmen – die ›Niña‹ fuhr nur noch mit dem halben Segel des Mittelmasts –, trug er folgendes in sein Logbuch ein: »Ich gebot, durch das Los zu bestimmen, welcher von den Seefahrern zum Wallfahrtsort der Santa María von Guadalupe pilgern und dieser wundertätigen Muttergottes eine Kerze, die fünf Pfund wog, darbringen sollte. Zu diesem Zweck ließ ich soviel Kichererbsen sammeln, als Leute an Bord waren, in eine von ihnen ein Kreuz ritzen, worauf sie in eine Mütze getan und fest durcheinandergeschüttelt wurden. Als erster griff ich hinein und zog die mit dem Kreuz versehene Erbse heraus. So war also das Los auf mich gefallen, weshalb ich mich denn auch von jetzt ab als Pilger betrachtete, der sein Gelöbnis einzulösen hatte.« Der Sturm legte sich, man erreichte die Azoren. Kolumbus kam, nach Spanien zurückgekehrt, dem Versprechen nach.

Auch von Hernán Cortés, dem Eroberer Mexikos, wissen wir, daß er in Guadalupe gewesen ist. Das größte Wallfahrtsheiligtum Amerikas, zugleich eine der fünf wichtigsten Pilgerstätten der katholischen Welt, ist nördlich von Mexiko-Stadt Nuestra Señora de Guadalupe geweiht. An der Stelle eines der Muttergöttin Tonantzin gewidmeten Aztekentempels sah der Indio Juan Diego 1531 die Erscheinung der Gottesmutter, worauf jene barocke Basilika errichtet wurde, in der sich bis heute alljährlich am 12. Dezember, dem Tag der Vision, viele Tausende von Gläubigen betend einfinden.

Wie andere wundertätige Schnitzfiguren auch, wird die Marienstatue von Guadalupe dem Apostel Lukas zugeschrieben, der nach der Überlieferung Arzt, Schriftsteller, Maler und Bildhauer gewesen ist. Gregor der Große soll das Heiligenbild dem Erzbischof Leander von Sevilla geschenkt haben. Beim Einbruch der Moslems hat man die Skulptur in den Bergen Extremaduras vergraben, wo der Schäfer Gil Cordera sie später auffand. Man errichtete ihr zu Ehren eine schlichte Kapelle. Die ›Morena‹ – so nannte man sie des nachgedunkelten Holzes wegen – tat Wunder und gewann an Ansehen. Sie stieg zur bedeutendsten der Madonnen Spaniens auf. Könige wurden auf sie aufmerksam. Alfonso XI. von Kastilien versprach ihr ein prächtiges Haus, falls er auf seinem Zug gegen die Mauren, die gerade aus Afrika übersetzten, siege. Am Río Salado, bei Tarifa in Südspanien, errang er dann zusammen mit seinem Schwiegersohn Afonso IV. von Portugal den entscheidenden Sieg über den Sultan von Marokko. Der König hielt sein Versprechen und legte 1340 den Grundstein für Guadalupe, wobei er der dunklen Madonna einen Teil der Kriegsbeute stiftete. Zuerst lag das Heiligtum in Händen von weltlichen Priestern; 1389 zogen Hieronymiten ein. Heute hüten Franziskaner die Madonna.

Auch in unseren Tagen ist die Mühsal einer Pilgerfahrt notwendig, will man Guadalupe erreichen. Der Ort liegt hoch im Gebirge, im Bereich zahlreicher Sierras, die sich an die Toledoberge anschließen, die Sierra Marianique, die Sierra de Viejas und viele andere, teils sanfte, wohlbepflanzte Höhenzüge, teils schroffe verkarstete Berghänge. Um das Weiterschwelen von Bränden im heißen Sommer zu verhindern, hat man vertikale Schneisen durch die Macchia gezogen, die im tonhaltig-rötlichen Boden wie frische Wunden aussehen.

Man kann von Oropesa wie von Navalmoral anreisen, dem Ausgangspunkt für Yuste. Von hier glaubt man bald an einem gewaltigen See zu stehen, der sich für die Planung eines Freizeitparadieses eignen könnte. Es ist der Río Tajo, den man zum Embalse de Valdecañas aufgestaut hat. Bei einer Fahrt durch Extremadura wird man ihm noch mehrfach begegnen; von Toledo kommend durchmißt er die ganze Region, durchstößt dann das portugiesische Bergland und mündet schließlich in den Atlantik.

Von dem Embalse aus zieht sich der Weg in vielen Serpentinen hoch, durch Korkeichenwälder und akkurat angelegte Oliven- und Maulbeerkulturen, dann wieder durch steinige Gebirgswüstenlandschaft mit nackten Kalksteingebilden, die Hahnenkämmen gleichen. Steinbrocken liegen im Gelände. Hie und da Eukalyptus am Straßenrand. Je höher man gelangt, desto erhebender wird das Panorama der Montaña. Immer wieder durchqueren wir kleine Flußtäler, die nach Norden zum Río Tajo oder nach Süden zum Río Guadiana ziehen. Einer der sich in die Tiefe schlängelnden Flüsse heißt wie das Gebirge – und nach beiden der Wallfahrtsort. Guadalupe (Wada lubim) bedeutet ›verborgenes Wasser‹. Im Sommer sind hier fast alle Wasserläufe ›verborgen‹.

Erste Ankündigung des Marienheiligtums ist eine quadratische Kapelle aus dem Mittelalter, die den Namen El Humilladero trägt. Hier haben die Pilger gebetet, ehe sie Nuestra Señora de Guadalupe gegenübertraten. Der Eindruck, den die Behausung der dunklen Madonna bald danach bietet, ist

heute noch bezwingend, selbst für den, der dem Kult fern-
steht; man begreift, daß er Pilger früherer Jahrhunderte in die
Knie zwang. So hat auch Kolumbus Guadalupe gesehen, als
er mit seiner fünfpfündigen Kerze eintraf. Aus dem Meer der
Ölbäume heraus steigt der kleine Ort und aus seiner Mitte
der mächtige bräunliche Block des Klosters auf. An kompak-
ter Wucht erinnert der Riesenkomplex schon aus der Ferne
an die Päpsteburg in Avignon.

Tritt man in die Ortschaft ein, die nach der Gründung um
das Kloster entstanden ist, so hat man das Empfinden, in ein
Alpendorf zu treten. Denn hinter den rustikalen einstöckigen
Häusern mit ihren niedrigen Dächern steigen Gebirgskämme
empor, die oft auch schneebedeckt sind. An reizvoll-maleri-
scher Altertümlichkeit läßt sich mit Guadalupe vielleicht nur
Santillana del Mar in Altkastilien vergleichen. Die vorkra-
genden Obergeschosse werden von Holzstützen unterfangen.
Einfache Loggias sind voller Blumen, meist dem Scharlachrot
der Geranien. Wo Häuser keine Stützen haben, neigen sie sich
altersmüde nach vorne, man meint, sie müßten auf die engen,
gepflasterten Gassen herabsinken. Die Gassen münden auf
den Platz vor dem Kloster, wo Markisen die Sonne abweh-
ren und, für eine solche Kulisse unentbehrlich, ein Brunnen
bepackte Maulesel an sich zieht. Breite Stufen laden ein, auf
die Terrasse vor dem Klostereingang hinaufzusteigen. Zwei
festungsartige Türme, Reloj (Uhr) und Santa Ana genannt,
flankieren eine vierteilige Fassade, deren Portal-Giebelfelder,
vierteilige Fenster, Balustrade und Rosette einen Reichtum an
Dekor darbieten, der Goldfiligran ähnelt: Sternmuster und in
sich verschlungene Fischblasen, die von den Standardformen
gotischen Maßwerks erheblich abweichen und sich auch mit
einer Klöppelarbeit vergleichen lassen. Das Massive der
Türme gibt dem Überquellenden der Schmuckformen in der
Portalzone sicheren Halt.

Der Eingang in die *Klosterkirche* liegt an deren südlicher
Breitseite. Wir treten durch ein Portal, deren Türverkleidung
Juan Francés 1402 aus Bronze getrieben hat und dessen Bil-

derzyklus die Muttergottes verherrlicht: Wir sehen Maria
von Engeln gekrönt, von musizierenden Engeln umringt.
Durch die Capilla de Santa Ana tritt man über wenige Stufen
unter einer breiten Arkade hindurch in das dreischiffige Kir-
cheninnere (1349/63) hinauf, dessen Schlankwüchsigkeit
fasziniert. Vor dem Chor steht man unter der erhabenen
oktogonalen Kuppel. Eine platereske Reja, ein Gitter, von
Francisco de Salamanca 1510 kunstvoll angefertigt, ist vor
die Capilla Mayor gesetzt, deren Sterngewölbe Juan de
Flandres, ›El Flandesco‹, der Hofmaler Isabellas von Kastilien, ausgemalt hat. Churrigueresk ist das Chorgestühl. Am
skulptierten, polychromen Hochaltar hat der Sohn El Grecos,
Jorge Manuel Theotocópulos, mitgearbeitet. In den Altar ist
ein Schreibtisch Philipps II. eingefügt, den Juan Guiamín
1561 in Rom gefertigt hat, ein Renaissance-Möbel, das mit
goldenen und silbernen Beschlägen versehen ist. Das in der
mittleren Altarzone stehende Gnadenbild der Morena von
Guadalupe, eine romanische Sitzstatue mit Kind, ist bis zu
den Füßen prächtig gekleidet und meist angestrahlt. Sofort
zieht sie den Blick an, wenn wir unter der Empore ins Kirchenschiff treten.

Zu den jeweiligen Festen wird die Statue im sogenannten
Camarín (kleine Kammer) umgekleidet, einem kleeblattför-
migen Rokoko-Raum mit Kuppel und zwanzig Meter hoher
Laterne. Wir müssen zu ihm 42 Stufen aus rotem Jaspis hinaufsteigen, da sich das Niveau nach dem Standort der
Marienstatue richtet, zu der von hier ein Durchbruch durch
die Apsis führt. In der reich dekorierten Altarkapelle sei vor
allem auf die Bildtafeln Luca Giordanos hingewiesen. Der
Maler hat alttestamentliche Frauen dargestellt, denen man
hier eine gewisse Vorläuferschaft Marias zugesteht. Auf
einem der Bilder ist Rahel mit Hammer und Nagel, auf einem
anderen Abigail mit Trauben in der Hand wiedergegeben. An
der Statue der Judith fallen die Glasaugen auf; oft hat man im
Barock den Figuren mittels einer ›Operation‹ Augen von der
Rückseite aus eingefügt.

Die Umhänge, mit denen man im Camarín die Marienfigur bekleidet, befinden sich in der benachbarten *Schatzkammer*. Es sind deren viele, erlauchte Geschenke an die Morena aus verschiedenen Zeiten, darunter ein Manto, den die Tochter Philipps II., Isabel Clara Eugenia, selbst auf Goldgrund gestickt hat. Der Saum ist mit Edelsteinen und Perlen besetzt. 1795 hat man den Umhang restauriert.

Die größten Kunstschätze des Klosters befinden sich in der geräumigen *Sakristei*, die von einer reichbemalten Tonnendecke der Renaissance überwölbt wird. Hier sieht man die von Don Juan d'Austria gestiftete Hecklaterne der türkischen Galeere, eine für Juan I. von Kastilien geschaffene Schatztruhe mit Bildfeldern aus getriebenem Silber, doch als kostbarstes Inventar Meisterwerke von Zurbarán, der, 1598 in La Fuente bei Badajoz geboren, ein echter Extremeño gewesen ist. Guadalupe war der einzige Ort in seiner Heimat, wo er ausgiebig tätig war; er hat aber auch in Jerez de la Frontera und Madrid große Aufträge ausgeführt, in der Hauptstadt ist er gestorben, verarmt im Gegensatz zu Velázquez, dem ›Maler der Könige‹. Der ›Maler der Mönche‹, Zurbarán, hat in Guadalupe Bilder aus dem Leben des Klosterpatrons Hieronymus hinterlassen und dazu die Bildnisse der Klosteräbte, groß- und kleinformatig. Diese Bilder gehören in ihrer kalten Glut, ihrer Menschenzeichnung, ihrer Glaubensintensität mit zum Besten, was spanische Kunst jemals hervorgebracht hat.

Glänzend porträtiert ist Padre González de Illescas, Beichtvater Juans II., Bischof von Córdoba und erster Abt des Klosters. Er blickt den Beschauer prüfend an, im Briefschreiben innehaltend. Es wurde gesagt, niemand habe der Farbe Weiß soviel Kolorit gegeben wie Zurbarán; bei diesem Abt trifft es zu. Schädel und Stundenglas auf dem Tisch mahnen an die Vergänglichkeit auch eines Priesterlebens. Im Hintergrund, durchs Fenster sichtbar, sieht man den gleichen Abt vor der Klosterpforte Almosen an Arme austeilen, die gerade die Steinstufen hinaufsteigen. Der Pater Salmerón, ein anderer

Abt, hatte das Gelübde getan, nur mehr kniend sich fortzu-
bewegen, ein Exzeß der Askese, der eigentlich eher östlichen
Mönchen angestanden hätte. Auf Zurbaráns Darstellung legt
Christus dem Knienden die Hand auf die Stirn, ihm himmlischen Lohn versprechend, die Engel schauen schon aus den
Wolken hervor, einer entlockt einer Laute sphärische Musik.
Und was den Padre Pedro de Cabañuelas betrifft, so sind ihm
beim Zelebrieren der Messe plötzlich Zweifel gekommen, ob
bei der Verwandlung auch wirklich alles nach dem eucharis-
tischen Dogma vor sich gebe. Da sieht er, das Bild Zurbaráns
zeigt es, wie die Hostie aufsteigt und Blut in den Kelch und
auf das Meßtuch tropft. Auf einem Spruchband lesen wir
›Tace quod vides et inceptum perfice‹, ›Schweige über das,
was du gesehen hast, und walte deines Amtes‹. Im Hintergrund öffnet sich eine sehr italienische Landschaft, italienisch
gemalt. Übrigens hat man die Episode des Meßwunders erst
posthum in den hinterlassenen Schriften des Padre gefunden.

Ein besonders schönes Bild aus Zurbaráns Hieronymus-
Zyklus hängt in der Capilla de San Jerónimo. Es gibt,
magisch beleuchtet, die Versuchung des Heiligen wieder,
doch freilich ganz unkonventionell. Die Versucherinnen bilden ein kleines Orchester und ähneln eher raffaelischen Frauengestalten als Kurtisanen. Daß Hieronymus, von dessen
welkem Leib ein rotes Laken fällt, so entsetzt die in kostbare
Gewänder gehüllten Damen abwehrt, wäre nicht vonnöten:
Diese hier verführen nicht.

Guadalupe verwahrt auch einen großen Goya aus dessen
später, moderner Phase, modern vom Thema und vom fast
impressionistischen Farbauftrag her, ›Confesión en la cárcel‹.
Im Hintergrund vertraut ein Häftling einem Schicksalsgenos-
sen seine Tat an, ein anderer liegt schnarchend am Boden, ein
vierter steht grellweiß im Vordergrund, die Beine an den
Stock gefesselt.

Trotz der Plünderung im Guerillakrieg ist das Kloster ein
Schrein der Kostbarkeiten geblieben. Wir bekommen sie zu
Gesicht im Kapitelsaal, in der Bibliothek, im Paramenten-

Museum. Auf einem der dort ausgestellten Priestergewänder, das offenbar für Totenmessen gedacht war, tritt der Knochenmann mit Sense aus einem Sarg. Die *Antesacristía* birgt ein Porträt Karls II. und seiner Gemahlin Maria Luisa von Orléans. Der Maler Carreño hat, wie kein anderer, mit unbarmherzigem Scharfblick Stumpfheit und Geistesarmut des letzten spanischen Habsburgers auf die Leinwand gebannt.

In dem großen *Kreuzgang* mit mudéjaren Hufeisenbögen – auch ein ›kleiner Kreuzgang‹, rein gotisch, verdient einen Besuch – ist die Geschichte der Marienfigur en fresco am Gemäuer zu sehen, von der legendären Herstellung durch Lukas bis zur Ausgrabung durch den Hirten und zu den Wundern des Gnadenbildes. Glorieta, Laube, heißt ein in Mudéjar gebildetes Ziegelbrunnenhaus inmitten des klösterlichen Patio, ein quadratischer Unterbau, auf dem drei Oktogone, jeweils verkleinert aufeinandergesetzt, den Turmhelm bilden. Der Ziegelbau ist mit bunten Ziegeln inkrustiert. Das im Kreuzgang befindliche Grab des Abtes Illescas – des von Zurbarán gemalten – stammt von Annequín Egas, einem Niederländer aus der berühmten, in Spanien tätigen Architektenfamilie. Im Kirchenschiff von Guadalupe sehen wir von ihm außerdem die spätgotischen Alabasterfiguren der knienden Alfonso und Isabel Velasco.

Der oberhalb des Klosters gelegene komfortable Parador steht in der Nachfolge der ehemaligen Pilgerherbergen. Gleich dem Kloster enthält er zwei Höfe, deren einer das klösterliche Motiv der Hufeisenbögen in den Laubengängen aufnimmt. Der Parador trägt den Namen des großen Malers Zurbarán.

Trujillo

Zurück zur Nationalstraße V. In Einschnitten des Gredo-Gebirges hängen Wolken. Auf der Fahrbahn eine Mauleselkolonne, vollgepackt mit Tabakblättern. Vom Stoppelfeld fliegen Rebhühner auf. Die gezackte Bergkette, der man in einer Art Niemandsland entgegenfährt, kommt nicht näher, sie weicht aus, begrenzt und lockt zugleich in die Ferne. Die baumlose Landschaft bietet fast ausschließlich, bis zum Horizont, die stets wechselnde Mischung der Farben Braun, Gelb und Blau; blau die Berge, die Ferne, Leitmotiv der Extremadura, die Schwermut und Einsamkeit bedeutet. Die spanische ›Soledad‹ – Lieblingswort Philipps II. – ist gegenwärtig.

Das Land erscheint geschichtslos, wenig Spuren, wenig Orte. *Jaraicejos* wuchtige Pfarrkirche aus dem 16. Jahrhundert bietet dem Beschauer vier kräftige Stützen dar, die dem hochragenden Kirchenschiff etwas Wehrhaftes geben. Auf dem Friedhof voller Kolumbarien stehen ernste Zypressen. Der Boden wird eben und steinig. Verstreute Ginsterbüsche. Eine alte Brücke mit einem Bildstock buckelt sich romantisch über den Río Almonte, aber unsere Straße überquert den Fluß auf einem modernen Übergang. Junge, hellgrüne Pappeln bilden eine Oase der Heiterkeit. Hinter einer Gruppe von Schirmpinien steigt plötzlich ein Höhenrücken auf, eine Akropolis mit der scharfgeschnittenen Silhouette von Kastell, Kirchen und Palästen: Trujillo, die Heimat der Konquistadoren. Ehe wir in die sich am Berghang emportreppende Stadt einkehren, kündigt uns eine die Gerichtsgrenze markierende Säule mit Wappen, ›rollo‹, aus dem 16. Jahrhundert an, daß wir wieder auf historischem Boden stehen.

Der aus Alexandria stammende Geograph Ptolemäus aus dem 2. Jahrhundert hat die Extremadura schon gekannt und den Namen der Stadt Turgalium überliefert. Edrisi, der Länderkundige aus Córdoba, der auch am moslemfreundlichen Hof des normannischen Königreichs Sizilien gewirkt hat, nennt Trujillo auf arabisch Torgiela. Ferdinand III. der Heilige, der Befreier Sevillas, hat auch Trujillo wieder christlich gemacht. Doch die große Stunde der Stadt schlug erst, als sie wie kein anderer spanischer Platz die Führer für die Eroberung Amerikas stellte. Kolumbus hatte die Neue Welt zwar entdeckt, aber nicht in Besitz genommen. Diese schwierige militärische Aufgabe fiel den Extremeños zu, und die berühmtesten Namen sind mit Trujillo verbunden. Francisco Pizarro und seine Brüder Hernando, Gonzalo und Juan eroberten Peru. Nufrio de Chaves war entscheidend an der Durchdringung Paraguays beteiligt und gründete Santa Cruz in Bolivien. Francisco de las Casas war einer der Kampfgefährten des Cortés in Mexiko. Diego García Paredes gründete Trujillo in Venezuela. Daneben finden wir zahlreiche weitere Städte dieses Namens auf der Landkarte des iberoamerikanischen Subkontinents, auf Kuba, in der Dominikanischen Republik, in Honduras, Nicaragua, Kolumbien, Peru und Chile. Am Südzipfel Südamerikas können wir in einer Trujillo-Bucht vor Anker gehen. 56 Konquistadoren sind uns namentlich bekannt, die aus Trujillo stammen. In der kleinen Streitmacht des Pizarro, die das Inka-Reich vernichtete, waren allein 37 Haudegen aus Trujillo. Viele dieser Glücksritter und Desperados sind in der Neuen Welt umgekommen, oder sie haben die westliche Hemisphäre nie mehr verlassen, nachdem sie indianische Frauen geheiratet hatten und so die Ahnen der iberoamerikanischen Mestizenbevölkerung geworden sind. Andere, die Gewalttätigsten und Tüchtigsten von ihnen, kamen goldüberhäuft nach Trujillo zurück. Wenn auch der größte Teil der Beute der Krone zufiel, so blieb den Heimkehrern doch noch genügend Reichtum, um die Vielzahl der Paläste zu erklären, die die Stadt von heute zieren, zu aufwendig und prächtig für das Trujillo unserer Tage, das allenfalls 15 000 Einwohner zählt. Viele der Palacios tragen die Namen bekannter Entdecker und Eroberer; manches Geschlecht, das in Trujillo Herrenhäuser besaß, hat gleich mehrere Konquistadoren gestellt.

Ein großer Teil der Palacios und Palazuelas ist allerdings heute verfallen oder halbverfallen. Zumal in der Zona Monumental dieser Museumsstadt der Conquista reihen sich viele Palastbauten aneinander, von denen gerade noch die Feldsteinmauern stehen und die sich allein durch Prachtportale und verschnörkelte Adelswappen als einstige Residenzen vermögender Herren erkennen lassen. Andere wieder sind zwar

noch bewohnt, aber sozial herabgesunken. Korn ist aufge-
stapelt zwischen Gemäuer mit gotischem Gewände oder eleganten Kielbögen des isabellinischen Stils. Ruinenstädte kennen wir im allgemeinen nur aus der Antike. Doch hier, in
Trujillo, stoßen wir erstaunt auf ein ausgedehntes archäolo-
gisches Feld aus Mittelalter und früher Neuzeit.

Auf der obersten Plattform der über mehrere Terrassen den
felsigen Hang hinaufkletternden Stadt liegt das Kastell, dessen Mauern zwei Höfe einschließen. Den maurischen Ursprung des Baus verraten die quadratischen ›torreones‹, die
islamischen Wehrbauten entsprechen, sowie der Hufeisenbogen des Tors, das in einen der Patios führt. Vor der Burg
stehend, hat man einen umfassenden Überblick über Trujillos Altstadt, über die neueren Bezirke am Bergfuß, einen
hochragenden Silo am Stadtrand und die Berge, die gleich
einem Wogenschlag scheinbar endlos nach Westen verebben.

Vor allem lenkt die Plaza Mayor mit ihren Arkaden und
Palästen die Aufmerksamkeit auf sich. Sie vor allem hat von
der einstigen Größe etwas bewahren können. Auf der Burg-
seite führen breite Stufen zur Häuserfront. An Festtagen sammelt sich das Volk auf dem Platz. Früher fanden hier Capeas
statt, Kämpfe mit Jungstieren. Etwas erhöht steht San Martín, eine einschiffige Kirche mit gotischem Gewölbe und Portal, vor dem einst öffentliche Ratssitzungen abgehalten wurden. Das Presbyterium der Kirche birgt das Familiengrab der
Orellana-Pizarro. Rechts neben San Martín steht der Palast
der Herzöge von San Carlos mit barockem Portal und reich-
geschmücktem Eckbalkon. Der Palast wurde im 16. Jahrhundert von dem Geschlecht Vargas-Carvajal erbaut – beide
Namen spielen eine Rolle in der Geschichte der Entdeckungen. Für ihre Meriten in der Neuen Welt haben die ehemaligen Grafen den Herzogstitel bekommen. Das Wappen, ein
Doppeladler, ihnen von Karl V. verliehen, findet man überall
am Gemäuer und im mächtigen Treppenhaus. Heute ist das
Gebäude Nonnenkloster. Die Bewohnerinnen führen bereit-
willig durch die Räume außerhalb der Klausur.

An der gleichen Platzseite finden wir den Palacio de Piedras Albas mit einer doppelten Galerie und schmiedeeisernen Fensterbrüstungen. Einer aus dem Geschlecht der Pizarros hat im 17. Jahrhundert den Titel eines Marqués de San Juan de Piedras Albas erhalten. Jenseits der Plaza kommen wir zum alten Rathaus und gelangen dann durch eine Säulenhalle zum Palast der Orellana-Pizarro. Ihm ist eine vielstufige Treppe vorgelagert, über der in voller Breite die vier zierlichen Bögen einer Loggia im Obergeschoß einen reizvollen Kontrast bilden. Das Gebäude, heute ein Kloster, besitzt einen plateresken Patio. Neben dem Ayuntamiento Viejo, auf der Plaza, werfen wir einen weiteren Blick auf den Palacio de Quintanilla, der zum Stadtbild Trujillos gedrehte Säulen beiträgt, die das Tor einfassen, sowie spätgotisch-isabellinische Fenster. Die Chaves-Cardenas waren ehedem die Eigentümer, aus deren Reihen der Gründer von Santa Cruz stammte.

Aber am bemerkenswertesten unter den Palacios der Plaza Mayor ist der der Marqueses de la Conquista, San Martín diagonal gegenüber. Das Gebäude ist eng mit der Geschichte der Eroberer-Dynastie Pizarro verbunden. Der Konquistador von Peru, Francisco Pizarro, hatte von seiner illegitimen Verbindung mit der Inka-Prinzessin Yupanqui zwei Kinder. Die Tochter Francisca, deren Schönheit gerühmt wurde, kam 18jährig nach Spanien und heiratete ihren 51jährigen Onkel Hernando Pizarro. Dieser war der Bauherr des Palastes. Der reiche Eckbalkon trägt an den Seiten Medaillons mit den Büsten beider Paare, wie wir es von Renaissancebauten her kennen. Über dem Balkon in der Zone des zweiten Oberstocks prangt das reiche Wappen, das den Marqueses de la Conquista von der Krone verliehen wurde. Man erkennt darauf Karavellen, die am Kai einer Stadt vor Anker gehen, und Indios, die mit Eisenketten aneinandergebunden sind; die Ketten umschlingen die Hälse der Versklavten, deren Hände man zusätzlich noch gefesselt hat: Sinnbilder grausamer Unterwerfung. Auf dem Dachgesims stehen die allegorischen Figuren der zwölf Monate.

Pizarro hat sein martialisches Denkmal im Nordwesten des Platzes, das, auf einem granitenen Postament, mit Verrocchios Colleoni in Venedig an strotzender Kraft konkurrieren will. Der nordamerikanische Bildhauer Charles Rumsey hat das Bronzebild in der ersten Hälfte unseres Jahrhunderts geschaffen. Seine Witwe ließ in Paris zwei Abgüsse herstellen, den einen für die peruanische Hauptstadt Lima, wo Pizarro beigesetzt wurde, den anderen für seinen Geburtsort Trujillo. Der Helm ist mit riesigen Federn verziert. Auch der Pferdekopf trägt Eisenwehr. Der Bildhauer läßt den Eroberer Perus zwar kühn sein Schwert zücken, hat aber vergessen, die zugehörige Scheide an der Montur des Konquistadors anzubringen. Jugend sitzt auf den Stufen vor dem Postament und unterhält sich über das letzte Fußballspiel im Stadion von Real Madrid.

Francisco Pizarro

Es gibt kaum eine steilere Karriere als die des Schweinehirten und Analphabeten Francisco Pizarro, der in der Neuen Welt zum Marqués und Statthalter Perus aufgestiegen ist. Seine Mutter Francisca González war die Tochter eines Bauern namens Mateo Alonso und dessen Frau María, wahrscheinlich aus einem nahen Dorf, das später den Namen La Conquista erhielt. Dort, im bäuerlichen Milieu, ist Francisco aufgewachsen. Sein Vater hingegen war ein Hidalgo und Hauptmann aus dem Geschlecht der Pizarro, in dessen Haus Francisca González wohl Magd gewesen ist. Der Hidalgo hat sich zu seiner Vaterschaft bekannt, und der Konquistador hat später nie versäumt, auf die Nobilität des Erzeugers und damit sein eigenes blaues Blut hinzuweisen.

Das Haus des Hidalgo Pizarro wird in Trujillo heute noch gezeigt. Es liegt hinter der Kirche Santa María im oberen Teil der Stadt. Über dem Torbogen ist das Wappen angebracht, eine Pinie zwischen zwei Bären.

Der 1478 geborene Francisco folgte 1502 dem Lockruf des goldreichen ›Indien‹ – für das man Amerika damals noch hielt

– und schloß sich dort anderen Konquistadoren an. Mit ihnen
unternahm er mehrere Erkundungszüge, so begleitete er Balboa, als dieser im Küstengebiet des heutigen Panama den
Pazifik entdeckte. Seine Brüder Hernando, Gonzalo und Juan
waren ihm nachgereist, aber es sollten noch viele Jahre vergehen, ehe die vier Pizarros zu dem Gewaltstreich aufbra-
chen, der namentlich Francisco berühmt und berüchtigt
gemacht hat. Bei Entdeckungsfahrten in der unbekannten
›Südsee‹ erreichte er die Küsten von Ecuador und Peru und
brachte es 1529 fertig, von der spanischen Krone zum Statthalter und Oberbefehlshaber des von ihm gefundenen Landes
›Piru‹ ernannt zu werden, von dessen sagenhaften Gold-
schätzen er erfahren hatte. Gold zu erraffen trieb ihn wie alle
Konquistadoren, und die Botschaft Christi zu verbreiten war
oft nur der allzu fadenscheinige Vorwand bei ihren Unternehmungen, mochte auch die Krone die Missionierung
immer wieder anmahnen.

Die Streitmacht, mit der Pizarro endlich im Jahre 1532 auf
dem Altiplano, dem Hochland der Kordilleren, ankam, war
lächerlich klein. Er verfügte über 106 Mann Fußvolk, 62 Reiter, 20 Armbrustschützen, 3 Musketiere und ein paar kleine
Kanonen. Das Heer der Inka, dem sie entgegentrat, wird auf
20 000 Krieger geschätzt.

Die erste Begegnung zwischen den Spaniern und dem Hofstaat des Inkaherrschers Atahualpa fand in Cachamarca
statt. Die Begrüßung war höflich und zeremoniell. Doch
heimtückisch hatte Pizarro in umliegenden Häusern sein
Fußvolk verstecken, auf den Dächern seine Geschütze aufstellen lassen. Atahualpa näherte sich in einer Sänfte. Diener
fegten den Weg. Der ›Sohn der Sonne‹ war so vornehm, daß
er nicht auf die Erde, sondern in die Hände von Dienerinnen
spuckte. Pizarro war hoch zu Roß erschienen, eine furcht-
einflößende Gestalt im Harnisch, mit wehendem Federbusch
und langem schwarzem Bart. Nach der Begrüßung hielt der
Feldprediger des Capitán, Vicente de Valverde, eine Anspra-
che, der Versuch einer Bekehrung zum Christentum, an deren

Ende er dem Inkaherrscher eine Bibel überreichte. Dieser wußte mit dem ihm unbekannten Gegenstand nichts anzufangen und ließ die Schrift einfach auf den Boden fallen. Dies war für die Spanier das Zeichen zum moralisch gerechtfertigten Angriff. Unter dem Schlachtruf ›Santiago‹ brach das Fußvolk hervor, die Kanoniere lösten ihre Geschütze. Unter den Indios brach Panik aus. Nach wenigen Stunden waren die Inkakrieger teils niedergemetzelt, teils in die Flucht geschlagen. Atahualpa geriet in die Gewalt des Eroberers.

Man fragt sich, wie dieser rasche Sieg der winzigen Heerschar möglich war. Ein Zwist zwischen Atahualpa, der den Thron usurpiert hatte, und seinem Bruder Huascar hatte die Widerstandskraft entscheidend geschwächt. Auch kannten die Inkas weder Pferde noch Feuerwaffen. Sie glaubten, ›Zentauren‹ vor sich zu haben: Mann und Roß ein Wesen. Das Donnern der Geschütze erschreckte sie zutiefst. Zwar verfügte das Inkareich über eine hohe Kultur mit imponierenden Bauten und wohldurchdachtem Staatssystem, doch militärtechnisch hatte es nur einen Stand erreicht, den man vielleicht mit dem des Imperium Romanum vergleichen könnte. Ein Feldherr mit Armierung und Waffentechnik der frühen Neuzeit würde jederzeit auch über die Legionen Cäsars siegen, ohne daß er hierfür starke Kräfte einzusetzen hätte.

Von ungleich größerem Gewicht muß es gewesen sein, daß bei den Inkas – wie bei den Mayas und Azteken in Mexiko – die Vorstellung lebendig war, eines Tages würden menschenfreundliche Götter aus der Gegend der aufgehenden Sonne glückbringend eintreffen. Beim Anblick der weißhäutigen Spanier glaubten die Indios, daß sich die Voraussage erfüllt habe. Sie waren wie gebannt. Als sie durchschauten, daß es sich um Menschen und Eroberer handelte, war es für einen entschlossenen und wohlorganisierten Widerstand zu spät. Pizarro erkannte mit gesundem Instinkt, daß das Staatswesen, auf das er getroffen war, einem Termitenstaat glich, wir würden heute sagen, die Struktur eines autoritären Staatssozialismus hatte. Beraubt man das Termitenvolk seiner Königin, so bricht die Ordnung zusammen. Und so geschah es, als Pizarro sich mit spontanem Zugriff des Herrschers bemächtigte.

Atahualpa versprach, den Raum seines Gefängnisses mit Gold zu füllen, falls Pizarro ihm die Freiheit zurückgebe. Der Konquistador versprach es. Nun eilten Stafetten auf das Geheiß des gefangenen Inkakaisers auf den hervorragenden Straßen in alle Himmelsrichtungen, auch in die Hauptstadt Cuzco, um das Gold in kürzester Frist zusammenzutragen. Doch Pizarro hielt sein Wort nicht. Nur der Tod Atahualpas sicherte ihm die eigene Herrschaft. Nach einem Prozeß, in dem die Anklage europäischen, aber nie indianischen Vorstellungen entsprach – Vielweiberei, Götzendienst, Verschwendung öffentlicher Gelder und Beanspruchung göttlicher Verehrung –, wurde er zum Tode verurteilt: »Der Inkahäuptling ist in allen Punkten der Anklage für schuldig befunden. Er wird auf dem großen Platz von Cachamarca lebendig verbrannt. Das Urteil ist sofort zu vollziehen.«

Geradezu blasphemisch klingt für heutige Ohren der Augenzeugenbericht des Fray Celso García: »Als Atahualpa an den Pfahl gebunden worden war, den die Holzbündel umgaben, die entzündet werden sollten, kniete Valverde nieder und hielt dem zum Tode Verurteilten das Kreuz entgegen. ›Umfasse es‹, rief er laut aus, ›und lasse dich taufen. Wenn du dies tust, wird dir der qualvolle Tod, zu dem du verurteilt bist, erspart bleiben.‹ – ›Ist das wahr?‹ fragte Atahualpa, und Valverde bejahte. Nun schwor Atahualpa seinem Irrglauben ab und ließ sich taufen. Valverde spendete ihm das heilige Sakrament. Der Inkahäuptling erhielt den Namen Juan de Atahualpa, zu Ehren Johannes des Täufers, an dessen Tag die Taufe stattfand. Dann wurde das Todesurteil mittels der Garotte vollzogen. Der letzte wahre Inkaherrscher erstickte. Die ringsum versammelten Spanier murmelten ein Credo zum Heil seiner Seele. Valverde durfte das Verdienst in Anspruch nehmen, daß Atahualpa die Strafen im Jenseits erspart blieben.«

In einer Sänfte langte der Sieger in der Hauptstadt Cuzco, 3400 Meter über dem Meer, nach Inka-Auffassung dem ›Nabel der Welt‹, an. Cuzco wurde eingeäschert, danach alle anderen Inka-Städte, auf die Pizarro und seine Leute stießen. Auf Tempeltrümmern baute man christliche Kirchen. »Es ist das einzige Beispiel für den gewaltsamen Tod einer Kultur«, stellte Oswald Spengler fest, »sie verkümmerte nicht, wurde nicht unterdrückt oder gehemmt, sondern in der vollen Pracht ihrer Entfaltung gemordet, zerstört wie eine Sonnenblume, der ein Vorübergehender den Kopf abschlägt.«

Nachdem Pizarro das ganze Land in Besitz genommen hatte, gründete er Lima als künftige Hauptstadt des Landes. Francisco Pizarro ist am 26. Juni 1541, wenige Jahre nach seinem Sieg, von ehemaligen Kampfgefährten dort in seinem Holzpalast an der von ihm angelegten Plaza de Armas ermordet worden. Im Glauben, als guter Christ zu sterben, tauchte er seinen Finger in seine Wunde, malte mit seinem Blut das Kreuzzeichen auf den steinernen Estrich und verschied. Sein mumifizierter Leichnam liegt in der barocken Kathedrale von Lima in einem Glassarkophag. Neuerdings wird die Echtheit der Mumie angezweifelt.

Verfallende Adelspaläste

Die Kirche Santa María Mayor, im 13. Jahrhundert über den Fundamenten einer Moschee erbaut, liegt am Rande des vieltorigen und -türmigen Mauerrings, der heute noch die Hälfte der Altstadt Trujillos umgürtet. Neben einem prächtigen romanischen Portal besitzt die Kirche einen der ehrwürdigsten spanischen Innenräume, der, nicht übermäßig groß, in allen seinen Teilen von Romanik bis Renaissance ›gewachsen‹ erscheint. Wir glauben der Gegenwart entrückt zu sein im mystischen Halbdunkel, unter den kunstvollen Schleifen der Gewölbegurte, vor den sparsam ausgestatteten Seitenkapellen und angesichts der zahlreichen Sarkophage, die teilweise römisch sind, mit vollplastischer figürlicher Skulptur. Das

Grab von Juana Pizarro, der Schwägerin Franciscos und Gemahlin Juans, liegt links vom Chor. Der Choraltar, der aus 25 ›tablos‹ besteht, stammt von Fernando Gallego, wahrscheinlich einem Galicier. Auch Morales, ›el Divino‹, ›der Göttliche‹, ist in der Kirche mit einem Bild der beiden Johannes, des Vorläufers und des Evangelisten, vertreten. Am Taufstein des Eroberers von Peru lehnt ein Blumenkranz: ›El Peru a Francisco Pizarro.‹ Die südamerikanische Republik hat ihn zum 400. Todestag des Konquistadors hier niedergelegt, und er liegt immer noch dort.

In einer der Kapellen der Kirche Santa María Mayor ruht ein Kriegsheld, der als ›spanischer Samson‹ in die Geschichte eingegangen ist. Eine lateinische Inschrift hält seine Abenteuer fest. Unterhalb des Chors zeigt man einen schweren Taufstein, den er einmal mühelos emporgehoben hat. Dieser hochgeschätzte Trujillano hieß Diego García de Patedes und war unentbehrlicher Schlachten-Begleiter des Gonzalo Fernández de Córdoba, des Kronfeldherrn der Katholischen Könige, der 1492 die Übergabeverhandlungen von Granada führte und 1496 Karl VIII. von Frankreich zurückschlug, als dieser den Spaniern das Vizekönigreich Neapel entreißen wollte. In Córdoba sehen wir Gonzalo Fernández, den ›Gran Capitán‹, hoch zu Roß; in Granada können wir sein Sterbehaus besuchen. Im Leben dieses legendären Kondottiere spielte nun der Trujillaner Diego García eine wichtige Rolle, und noch Cervantes rühmte die Tapferkeit des Haudegens aus Extremadura, indem er sagte, dieser allein habe mit seinem Degen eine französische Truppe am Überschreiten einer Brücke gehindert. Auf Korfu hielt sich Diego García eine große Zahl von Türken vom Leib, bis er sich wegen Hunger und Erschöpfung ergeben mußte. In vorgerückten Jahren starb er in Bologna, worauf sein gleichnamiger Sohn die sterblichen Reste in die Heimatstadt verbringen ließ.

Ferdinand und Isabella, die nachmaligen Katholischen Könige, erfuhren in Trujillo den Tod des aragonesischen Königs Juan II., Ferdinands Vater, und ordneten in der Marienkirche eine Totenmesse an, die der berühmte Toledaner Kardinal Mendoza zelebrierte.

Bei der von Ruinen umgebenen Kirche mit ihren beiden quadratischen Türmen beginnt die steil abwärts führende enge Calle de las Palomas, in der sich die alten Adelspaläste mit ihren wehrhaften Fronten ohne Zwischenräume aneinanderreihen. Das gleiche Bild findet der Besucher in der von ihr abzweigenden Calle de los Naranjos. Überall Namen, die in der Conquista ihren Platz haben, seien es die Hinojosa, die Calderones-Torres oder die Zárare y Zuñiga. Als die Bauherren dieser jetzt teilweise zusammensinkenden, oft schon von Gras überwachsenen Stadtpaläste ausgezogen waren, um dem damals zeitgemäßen Run nach dem rasch zu erwerbenden Gold zu folgen, gab es die Herrenhäuser noch nicht; Trujillo war wohl ein armes Landstädtchen inmitten dürrer, steiniger Felder und karstiger Hänge, auf denen man Schafe und Schweine hielt – die schlanken, dunkelgrauen, die man heute noch antrifft. Als die Abenteurer, im va banque ihres Lebens reich geworden, von jenseits des Meeres heimkehrten, erinnerten sie sich des hundertfachen Todes, den sie in ›Indien‹ ausgeteilt und dem sie glücklich entgangen waren, und so bauten sie sich ihre Häuser wie Festungen; vielleicht fühlten sie sich auch dazu verpflichtet durch die neuen Adelsnamen, die die Krone als Nutznießer der Conquista ihnen billig verliehen hatte.

All diese Draufgänger, die dem Trommellaut der Werber oder den aufschneiderischen Schilderungen ihrer Landsleute gefolgt waren, hatten spanisches Blut und spanische Mentalität, wobei man annehmen darf, daß Extremeños extreme Españoles gewesen sind, härter und verwegener, die nichts wagten, wenn es nicht das Außerordentliche war, und auf die mehr noch als auf die Spanier von heute das Wort Ortega y Gassets zutraf: »Das macht sie zu einem gefährlichen Instrument – Leben heißt für sie: sich abschnellen …«

Zwei weitere Kastelle trifft man noch in diesem musealen, wenig bewohnten, an manchen Stellen wieder in den Boden

versinkenden Viertel ehemaliger Zeugnisse des Siglo de Oro
an, den monumentalen Alcazarejo nahe dem Arco de San
Andrés und den Alcázar de los Bejacaños mit seinem steil
ragenden Turm aus dem 13. Jahrhundert, der einem toskanischen Geschlechterturm gleicht, und seinen mudéjaren Fenstern. Hier stiegen die Katholischen Könige ab, wenn sie,
noch vor der Conquista, Trujillo besuchten. Und man steht
inmitten dieser Anhäufung von Hau- und Feldsteinen, die
einst feudale Fassaden abgegeben haben, plötzlich vor dem
grünlich-trüben Wasser eines eingefaßten Teiches, zu dem
Stufen hinunterführen, einst ein arabisches Bad und nach der
Reconquista als solches weiterbenützt. Immer wieder steht
man vor neuen Ruinen, hinter denen sich die Geschichte dieser Stadt verbirgt, sei es der Palacio de Altamirano, der Palacio Vargas-Sotomayor, der Palacio Vargas-Carvajales oder
das Haus von Francisco Pizarros Ururgroßvater Diego
Hernández Pizarro. Die Familie Chaves-Orellana, deren
Palast außer dem gekachelten Wappen über dem Eingang
eine Kette vorweist – Zeichen des Privilegs, Asyl zu gewähren –, hat den Beichtvater Philipps II. gestellt.

Der Trujillano, der nächst Francisco den größten Ruhm
durch seine Entdeckungsfahrten erlangt hat und der wie jener
in höchster Not zur Virgen de la Victoria, der Patronin der
Vaterstadt, betete, ist gleichfalls mit einem trutzigen Palast
vertreten. Er liegt in der Calle de las Palomas, besitzt ein
mächtiges Portal mit stolzem ›blasón‹ und schießschartenar-
tige Fenster an der breiten Frontseite. Es ist der Palacio Orellana, und der hier geborene Konquistador hat als erster den
Río Amazonas befahren, von den Quellflüssen bis zur Mün-
dung.

Das Urwaldschiff

Im Jahre 1539 gab der Eroberer Perus, Francisco Pizarro, seinem Bruder Gonzalo den Auftrag, den oberen Río Amazonas
zu erkunden und womöglich das sagenhafte Goldland Dorado zu entdecken. Über dieses Goldland herrschte durchaus

keine einheitliche Vorstellung. Bald wurde es Manoa genannt – wonach die spätere Stadt Manaus ihren Namen erhielt –, bald El Dorado, bald Paytiti, bald Zimtland, womit man den Reichtum der Gewürze insgesamt meinte.

Nach jahrelanger Vorbereitung brachte der Pizarro-Bruder eine Streitmacht von 350 Spaniern zusammen, denen ein Troß von Handwerkern, Proviant- und Munitionsfahrzeugen und, als lebende Vorratskammer, 5000 grunzende Schweine folgten. Dazu hob er als Pfadfinder und Diener 4000 Hochlandindios aus, einstige Untertanen Atahualpas, die wiederum Herden von Lamas mit sich führten.

Wir wissen von dieser Expedition durch die Geschichtsbücher zweier Historiographen Philipps II.: Antonio de Herrera und Garcilaso de la Vega, dessen Mutter eine Inkaprinzessin gewesen ist. Doch der eigentliche Chronist des Unternehmens war der Dominikanermönch Carvajal, bischöflicher Generalvikar von Lima, der zweifellos der gleichnamigen Familie aus Trujillo entstammte. »Ich, Fray Gaspar de Carvajal«, so schrieb er, »der Geringste der Mönche des Ordens unseres Vaters Sancti Dominici, habe mir die leichte Mühe genommen, den Verlauf unseres Wegs und unserer Navigation zu vermelden.« Schlicht fügt er hinzu: »Es ist Wahrheit in allem.« Und der Beherzigung aller künftigen Berichterstatter könnte der weitere Satz des Dominikaners anempfohlen werden: »Weil Weitschweifigkeit Überdruß erzeugt, faßte ich mich kurz.«

Man überquerte die Kordilleren. Von der Hochebene Perus gelangte die Truppe in den feuchtheißen Regenwald der amazonischen Quellflüsse. Es ist die erste Begegnung der Spanier der Westküste mit dem Dschungel. Die Hochlandindianer sind dem Klima nicht gewachsen. Sie versuchen, sich mit ihren Lamas davonzuschleichen. Die Spanier aber fangen sie ein, hetzen ihre Bluthunde auf die Spur der Ausgerückten – 2000 dieser Bestien stehen ihnen zur Verfügung, abgerichtet auf Menschen. Doch was nützt den Spaniern die tollwütige Blutgier der Hunde, was nützt es ihnen, daß sie die Inkas nun in Ketten gehen, besser: stolpern lassen über den verwurzelten und verfilzten Grund? Sie verenden alle. Ihnen folgen die Hunde, denn da die Lebensmittel knapp werden, schlachtet man die bellende Eskorte ab.

Es regnet tagelang. Die Leute Pizarros schwitzen in ihren schweren, engen Kürassen. Mückenschwärme umwolken sie. Unter bleierngrauem Himmel brütet lähmende Hitze. Pizarro, hart wie sein Bruder, treibt die Ermüdenden zum Weitermarsch an. Und immer wieder blüht neue Hoffnung auf – das Goldland! Die Genarrten werden nicht klug – aber mit Klugheit wäre Südamerika, wäre der Amazonas nie erobert worden.

Als man einen Fluß erreicht – es ist der Coca, ein Nebenlauf des Napó, der wiederum in den Amazonas fließt –, beschließt Gonzalo Pizarro, ein Schiff zu bauen. Die Stämme der Urwaldriesen fallen, um aus ihnen die Wrangen und Spanten zu fertigen. Aus den jetzt ohnehin unbrauchbaren Kürassen und den Hufeisen der längst verendeten Pferde gewinnt man das Eisen für die Nägel. Der Schmied bedient sich eines Blasebalgs aus Tapirhaut. Das Skelett des Schiffes wird mit Brettern ausgelegt, ›geteert‹ und ›kalfatert‹; als Pech dient Baumharz, als Werg Baumwolle. Es wird das erste Binnenschiff Amerikas und erhält den Namen ›Victoria‹, nach der Stadtpatronin Trujillos.

Nach zwei Monaten erreicht die Brigantine den Río Napó. Da man von Eingeborenen erfährt, daß stromabwärts reiche, mit Vorräten versorgte Indiodörfer liegen, gibt der Anführer die Order, ein Zeltlager aufzuschlagen, um mit der stark reduzierten Mannschaft zu kampieren. Die ›Victoria‹ schickt er mit dem Auftrag, zu furagieren, weiter.

Orellanas Amazonasfahrt

Zum Kapitän der 50 Mann starken Expedition ernennt Gonzalo Pizarro den graubärtigen Francisco de Orellana, der sich nach zehnjährigem Abenteuerleben in Peru bereits einen Namen in der Conquista gemacht hat. Er gilt als der Grün-

der der Stadt Santiago de Guayaquil und hat den Posten eines
Generalkapitäns und Vizegouverneurs der Provinz Culata,
nördlich von Lima, bekleidet. Den Pizarros mag er dadurch
verbunden sein, daß er auch ein Trujillano ist. Das Schiff
fährt auf die Einmündung des Curaraí zu. Ob es die ›fetten‹
Dörfer finden wird? Auf seinem Erfolg ruhen die Hoffnungen
einer dem Sterben nahen Truppe.

   Doch es ist eine Fahrt auf Nimmerwiedersehen. Am 31. De-
zember 1540, kurz nach der von Carvajal zelebrierten Mor-
genmesse, beschließt Orellana, nicht mehr zurückzukehren.
Er läßt sich Treue schwören und entbindet jeden, der zu
Pizarro und den andern umkehren will, der Gefolgschaft.
Einer meldet sich, Hernando Sanchez de Vargas aus Trujillo.
Er wird ausgesetzt und erreicht nach vielen Mühsalen das
Lager Pizarros, um dort den Ungehorsam zu melden. Die
andern hissen die Segel und fahren weiter den Napó hinab.
Über die genaue Ursache dieses Treubruchs weiß man nichts.
Doch in der Historie dieser Expedition ist nun das Kapitel
›Pizarro‹ zu Ende, und das Kapitel ›Orellana‹ beginnt, das der
Berichterstatter Carvajal mit folgenden Worten überschreibt:
›Relation del Nuevo descubrimiento del famoso Río Grande
que descubrió por muy gran ventura el Capitán Francisco
Orellana‹, ›Kunde von der Neuentdeckung des sagenhaften
Großen Stromes, den Kapitän Francisco Orellana in aben-
teuerlicher Weise auffand‹. Mit den Taten der alten Römer
vergleicht der berichtende Mönch die ›Gran Aventura‹, die
Jahre nachher noch in Liedern der spanischen Heimat auf-
klingt: ›Capitán de Extremadura/Capitán de gran Aventura.‹

   Wie man auch über die Entscheidung Orellanas denken
mag, das eine ist sicher: Habgier hat ihn nicht dazu getrieben,
sich von seinen Gefährten zu trennen, sie im Stich zu lassen.
Im Gegenteil, der Fünfzigjährige verscherzt sich alles: seine
Stellung als Generalkapitän und Vizegouverneur, als führen-
des Mitglied im Stadtrat von Santiago de Guayaquil, Hunderte Quadratmeilen Land, Tausende von Sklaven, dazu
Minen und Vieh, sein ganzes ›repartimiento‹, den Anteil an

Land- und Sklavenbeute, den er durch seine Teilnahme an der Eroberung Perus gewonnen hatte. Er setzt sogar sein Leben aufs Spiel, denn er muß damit rechnen, daß Pizarro ihn später als Deserteur anklagen wird. Und was tauscht Orellana dagegen ein? Eine Chimäre. Nicht einmal die Hoffnung auf Paytiti – denn ans Goldland glaubt er zu diesem Zeitpunkt, glauben seine Getreuen keine Sekunde mehr.

Mit der großen Stunde Orellanas, des Mannes der Tat, beginnt zugleich auch die große Stunde des Mönchs Carvajal, des Mannes der Feder. Er beginnt, Tag für Tag, Zeile für Zeile, das Nuevo Descubrimiento der Stromwelt des Amazonas niederzuschreiben, und unter den Eintragungen im Logbuch findet sich auch das Erlebnis, das schließlich dem ganzen Strom den Namen geben sollte: die Begegnung mit den Amazonen. Dieser Name gehört zu dem Volk kriegerischer, männerfeindlicher Frauen der griechischen Sage, das unter ihrer Königin Penthesilea dem Europa zur Zeit der Renaissance, der Rückbesinnung auf die klassische Antike, durchaus bekannt war. Carvajal, wenn er von den Amazonen der Neuen Welt sprach, wurde von der Alten Welt sofort verstanden.

Man stößt also auf der Stromfahrt auf eine große Schar von Frauen, nahezu unbekleidet, die ihre Pfeile auf die ›Victoria‹ abschießen, daß diese bald aussieht »wie ein Stachelschwein«. Die Spanier geraten in Bedrängnis. Und sie tun, wie es in sagenhafter Vorzeit die Griechen beim Nahen der Scharen Königin Penthesileas taten: Sie hissen die Segel, als das Rasseln der amazonischen Kriegstrommel schon am Heck ihres Schiffes ertönt, und fahren in schneller Flucht stromab.

Wir wissen heute nicht recht, was wir von dieser Schilderung Carvajals halten sollen. Einesteils hat er sich mit seinem sonstigen Bericht als zuverlässiger Chronist ausgewiesen und sein Versprechen »Es ist Wahrheit in allem« gehalten. Andererseits hat nie mehr, auch in späteren Jahrhunderten nicht, eine Expedition ausschließlich weibliche Kriegerstämme in

Südamerika angetroffen. Ob Carvajal in der Hitze des Erzählens ins Flunkern geraten ist? Ob er sich von den Pony-Frisuren, die auch die indianischen Männer tragen, hat täuschen lassen? Jedenfalls hat sein Bericht dem Strom den späteren, heute noch gültigen Namen ›Río Amazonas‹ verschafft; bald nach Orellanas Fahrt taucht er auf den Landkarten auf.

Am 26. August kann der federführende Mönch notieren: »Wir erkannten, daß wir nicht mehr ferne waren vom Meer, denn es stieg schon die Flut herauf.« Man erreicht das Delta, dort, wo heute die Stadt Belém do Pará liegt, und den Ozean, dann, am 11. September 1542, die westindische Insel Cubugua, wo die Bewohner der spanischen Siedlung Nueva Cádiz den Rest von Orellanas Mannschaft aufnehmen.

Verständlich, daß Orellana sich von dort aus nicht nach Peru begibt, wo seiner vermutlich der Block wartet. Er segelt nach Spanien, dem König die Entdeckung des Amazonas zu melden. Und er erfährt, als er im Mai 1543 in Valladolid eintrifft, zu seinem Glück: Francisco Pizarro ist ermordet, Gonzalo Pizarro, nachdem er sich in entbehrungsreichem Marsch nach Lima zurückgeschlagen hat, in Ungnade gefallen, der dritte Pizarro, Hernando, wegen seiner Gegnerschaft zu dem damals in Peru allmächtigen Almagro eingekerkert.

Medellín und Hernán Cortés

Trujillo liegt in der Provinz Cáceres. In ihr und der Nachbarprovinz Badajoz liegt eine weitere Reihe von Orten, die einmal die Heimat berühmter Entdecker gewesen sind, so daß das Spanien unserer Tage bestimmte Verkehrswege als ›Rutas de los Conquistadores‹ bezeichnet. Von der Stadt der Pizarros aus können wir den nächstwichtigen Platz in der Topographie der Entdeckerlandschaft, Medellín, über die Nationalstraße v erreichen, von der wir knapp 20 Kilometer hinter Miajadas links abbiegen zum Río Guadiana, dem zweiten großen Fluß der Extremadura und in seinem Unterlauf streckenweise spanisch-portugiesische Grenze. Neben der Fülle exakt ausgerichteter Ölbäume sieht man weite Weinfelder, und Feigen bilden hier Pflanzungen, wobei man um jeden Stamm die Erde sorgsam aufgehäufelt hat.

Medellín kündigt sich an durch den unregulierten und oft ungebärdigen Fluß, der zerklüftete Ufer bildet und von kleinen Inseln durchsetzt ist. Über ihm liegt der 150 Meter lange Mauerring des Kastells, das seine Existenz sicher der günstigen strategischen Position verdankt, Sicherung des Flußübergangs im Verlauf der früheren Verbindungslinie Mérida–Córdoba. Die Brücke aus dem 17. Jahrhundert, übrigens die längste Spaniens, zieht schon von weitem den Blick auf sich und kehrt auch in Medellíns Wappen wieder: die Jungfrau zwischen zwei Brückentürmen. Philipp IV. hat den eleganten Bau anstelle der 1603 durch Hochwasser zerstörten alten Römerbrücke errichten lassen. Denn Medellín ist eine Römerstadt gewesen und nach dem 74 vor Chr. hier stationierten Konsul Quintus Caecilius Metellus benannt. Neben der Brücke aus römischen Tagen wurden die Fundamente des Theaters unter der Kirche Santiago gefunden, in dem zur Zeit Neros die Ortsheiligen Eusebius und Palatinus nebst neun weiteren Gefährten das Martyrium erlitten. Auch Teile des Burg-Mauerrings und der Torre del Reloj, des Uhrenturms, zeigen Reste des antiken Mauerwerks.

Als das Gebiet um Medellín in arabischen Händen war, sprach Alfonso IX. es dem Santiago-Orden zu, falls dieser es den Ungläubigen entreißen sollte. Es gelang 1229 unter Fernando dem Heiligen, worauf man mit dem Bau des Castillo begann, in dem später ein eigenes Grafengeschlecht seinen Sitz hatte. Von dessen Wohlstand zeugt die gastfreundliche Geste eines der Grafen, der dem von Guadalupe heimkehrenden portugiesischen König Dinis 50 reichgesattelte Pferde als Geschenk mitgab. In der Geschichte des Kastells spielte Beatriz de Pacheco, die Witwe des ersten Grafen, eine berüchtigte Rolle, weil sie sich gegen Isabella von Kastilien auflehnte und außerdem ihren die Erbschaft fordernden Sohn fünf

Jahre im Turm festhielt; dies bildete übrigens die Fabel für Calderóns Stück ›Das Leben ein Traum‹.

Im unbedeutenden Dorf zu Füßen der Burg liegt am Ende einer langen Straße, die mit niedrigen Häusern gesäumt ist, der Paseo de Hernán Cortés, dessen Name uns wieder ins Zeitalter der Entdecker versetzt. An der Stirnseite des kleinen rechteckigen Platzes – auch hier sind die gekalkten Häuser nicht höher – steht das auf Arkadenbögen ruhende Ayuntamiento, von dem aus über die kleine Plaza hinweg der hochgelegene mächtige Mauerring des Kastells sichtbar wird. In der Mitte des Platzes steht das 1890 errichtete Bronzebildwerk voller Pathos, das den Konquistador Cortés in voller Rüstung und mit dem Banner in der Hand darstellt. Das anspruchsvolle Denkmal bildet einen grotesken Gegensatz zu dem dörflichen Platz und dem nahebei gelegenen Tabakspeicher; ebensogut könnte es auf der Plaza de Cataluña in Barcelona oder der Plaza de España in Madrid stehen. Die Proportion des Monuments, das zu dem Pueblo nicht passen will, entspricht jedoch der Bedeutung des Mannes, der hier geehrt wird und dessen wichtigste Siege auf Bronzeplaketten am Fuß des Denkmals aufgezählt sind: ›Méjico‹, ›Tlascala‹, ›Otumba‹, ›Tebasco‹. Eine steinerne Bank mit Wappen kennzeichnet das Haus, in dem Cortés als Sohn kleiner Adliger mutmaßlich geboren wurde; man darf annehmen, daß der ganze Ort den Herren droben auf dem Castillo dienstbar gewesen ist. In der Kirche San Martín, die auf halbem Weg zum Mauerring am Berghang liegt, zeigt man den Taufstein des Konquistadors, der durch die Eroberung Mexikos im Jahre 1519 mitgeholfen hat, daß im Reich seines Königs Karl 1., des Kaisers Karl v., die Sonne nicht unterging.

In mancher Hinsicht unterscheidet sich die Vita des Hernán Cortés von der des Eroberers von Peru. Zweifellos war er gebildeter und humaner als jener; nur wenn die Not es befahl, wandte er grausame Mittel an. Sein indianischer Gegenspieler Montezuma wurde nicht, wie Atahualpa, hingerichtet, sondern als Kollaborateur von seinem eigenen Volk gesteinigt. Cortés versuchte anfangs, die Okkupation Mexikos friedlich durchzuführen; erst als mit der ›noche triste‹, der ›traurigen Nacht‹, der offene Aufstand der Azteken ausbrach, griff er zur Gewalt.

Über die Anabasis von Medellíns größtem Sohn auf dem Isthmus Amerikas sind wir gut unterrichtet durch den Kriegsberichter Bernal Diaz del Castillo aus Medina del Campo in Altkastilien, dem Sterbeort Isabellas der Katholischen. Bernal Diaz hat seine ›historia verdadera‹ erst im Alter auf seiner Hazienda in Guatemala geschrieben, doch sein Gedächtnis reichte aus, sich an die Namen seiner Gefährten, das Aussehen der mitgeführten Pferde zu erinnern.

Hernán Cortés, seit 1504 auf Kuba, hatte zunächst den Feind nicht vor sich, sondern im Rücken. Der ›Feind‹ war der Statthalter von Kuba, Velázquez, der den ungebärdigen Medellíno mehrfach maßregelte und sogar einsperrte. Gegen den Willen des Statthalters brach Cortés 15 Jahre nach Betreten der Insel kurzerhand auf, um das Festland auf eigene Faust nach Schätzen zu durchforschen. Die Aura seiner Persönlichkeit hatte ihm die willige Gefolgschaft von 600 Mann eingebracht. Man setzte auf 11 Schiffen über, wobei man 18 Pferde und 10 Geschütze mitführte. Am 16. August 1519 landete die Expedition bei Vera Cruz (heute der größte Hafen im Golf von Mexiko). Drei Monate lang marschierte Cortés mit seinen Leuten landeinwärts. Viele Indianer schlossen sich der Streitmacht als Hilfswillige an. Sie berichteten von dem großen Reich der Azteken im Hochland und der glanzvollen Stadt Tenochtitlán.

Tenochtitlán, die Mutterstadt der heutigen mexikanischen Hauptstadt Ciudad de México, lag als Inselstadt in einem großen See, dem Texcoco-See. Sie gehörte zum Gebiet der Mejicanos, die ein Unterstamm des mächtigen Volks der Azteken gewesen sind, und von diesem Stamm hat später der neuzeitliche Staat den Namen erhalten. Cortés staunte, daß er in ›Indien‹ nicht nur Wilde antraf, sondern ein Großreich mit mächtigen Tempelpyramiden, das allerdings noch den grausigen Brauch der Menschenopfer kannte. An der Spitze des Reiches stand der Kaiser Montezuma, der sich gleich Atahualpa als Sohn der Sonne ausgab.

Cortés und seine Streitmacht wurden von Montezuma zunächst als Gäste aufgenommen, und dem Konquistador gelang es sogar, ein gewisses Vertrauen herzustellen. Doch dies änderte sich, als er Tenochtitlán vorübergehend verlassen und sich mit einem Teil seiner Kräfte gegen eine ›Polizeitruppe‹ zur Wehr setzen mußte, die sein Widersacher Velázquez hinter ihm her nach Santa Cruz gesandt hatte, um ihn gefesselt nach Kuba zurückzubringen. An der Küste gelang es seiner starken Persönlichkeit, die zu seiner Verhaftung ausgesandte militärische Einheit für sich zu gewinnen und seiner Streitmacht einzuverleiben.

Inzwischen hatte sein Kampfgefährte Alvorado – er stammte aus Badajoz und sollte später Guatemala entdecken –, der in der Hauptstadt zurückgeblieben war, aus Goldgier eine große Torheit begangen, indem er sich an den Tempelschätzen vergriff, wovor Cortés sich immer gehütet hatte. Die Gastfreundschaft Montezumas und die friedliche Haltung der Azteken gegenüber den Fremden schlug jäh um. Als der Konquistador aus Medellín mit den Seinen zurückkam, geriet er in den Hexenkessel des Aufruhrs, die bereits erwähnte ›noche triste‹. Nur seiner persönlichen Tapferkeit war es zu danken, daß sich die kleine Schar spanischer Abenteurer gegen die erbitterte Gegenwehr eines Großreichs behaupten konnte.

Aus dem Sonnenkönigreich der Azteken wurde das spanische Vizekönigreich Nueva España. An die Stelle altamerikanischer Naturgötter trat der christliche Gott. Nuestra Señora de Guadalupe löste die aztekische Fruchtbarkeitsgöttin Cuatlicue ab. Der Goldschatz Montezumas ging allerdings in den Wirren der Conquista verloren. Nur das für Kaiser Karl v. bestimmte Fünftel konnte in Santa Cruz eingeschifft werden. Französische Kaperschiffe fingen es ab und brachten es zu König Franz i.

Die bedeutenden Auswirkungen von Cortés' Entdeckungen und Eroberungen auf den Fortgang der Weltgeschichte sind bekannt. Im heutigen revolutionären Mexiko ist er aber trotz seines weniger rigorosen Vorgehens im Vergleich zu Pizarro ›persona ingrata‹. Er gilt als der Totengräber der Kulturblüte des altmexikanischen Reiches, in dem die Mexikaner unserer Tage das Fundament ihres Staatsbewußtseins erblicken. Der ›Indigenismo‹ hat eine ausgesprochene Indianer-Renaissance bewirkt, obwohl ein großer Teil der Bevölkerung aus Kreolen, Abkömmlingen von Spaniern, besteht und das Spanische die Landessprache ist. Doch es wurde von Staats wegen verboten, Hernán Cortés auch nur ein Denkmal zu errichten, während wir überall im Lande Monumenten der letzten altmexikanischen Herrscher begegnen; neben Montezuma verehrte man vor allem den Aztekenprinzen Cuautemoc (Der herabstoßende Adler), den Cortés 1523 im Dschungel von Yucatán hat erdrosseln lassen. Im Nationalpalast von Mexiko-Stadt befindet sich eine der sogenannten ›brüllenden Mauern‹: schreiende, tendenziös aggressive Wandbilder des Revolutionsmalers Diego Rivera. Da ist Cortés als Verbrecher wiedergegeben, der den Indios ihre Schätze raubt, sie auf den Feldern und in den Minen fronen läßt und schließlich an die Bäume knüpft. Außerdem kennen die Mexikaner heute noch das Schimpfwort ›malinchismo‹, das soviel wie ›Verräter‹ bedeutet: Es spielt auf die Indianerprinzessin Malinche an, die Cortés bei seinem Eroberungszug als Dolmetscherin und Geliebte dienlich gewesen ist.

Don Benito, Valdivia, Zalamea

Die Strecke von Medellín nach Ciudad Real (das bereits in Neukastilien liegt) ist die vielleicht einsamste, menschenleerste von Spanien. Nicht umsonst nennt man den östlichen Teil von Extremadura ›Siberia Extremeña‹. Man folgt zuerst dem aufgestauten Guadiana, der mit seinen weiten Wasserflächen malerische Aspekte bietet, vor allem bei der Embalse de Orellana, und fährt dann auf kleinen Straßen ostwärts durch weite Steppen und verkarstetes Hügelland, in dem gelegentlich der Stumpf einer namenlosen Burg in den Himmel ragt. Daß hier, im Südwesten der Toledoberge, Grafen ihren Sitz hatten, läßt darauf schließen, daß im Siglo de Oro hier kein Niemandsland gewesen ist, in dem höchstens aufgescheuchte Trappen an Leben erinnern. An manchen Stellen von Extremaduras Sibirien bemüht man sich um Aufforstung, wie sorgfältig angelegte Eukalyptus- und Pinienwäldchen erkennen lassen.

Don Benito liegt am Anfang dieser nur auf Landschaft abgestimmten Route, die dem empfohlen werden kann, der unberührte Erde liebt. Die im Herrera-Stil erbaute Santiago-Kirche zeigt im Innern den unverputzten Haustein und ist doch ohne Schwere; die Pfeiler steigen elegant zum Gewölbe und zur Scheitelrippe auf. Ein barocker Goldaltar schmiegt sich in die Apsis. In unmittelbarer Nachbarschaft beansprucht das Landstädtchen *Villanueva de la Serena* Aufmerksamkeit, dessen Kirche, ebenfalls ein ›templo herreriano‹, ein Bild des ›göttlichen‹ Morales besitzt. Auf der Plaza de España, vor dem schlicht-barocken Ayuntamiento, steht das Monument des Konquistadors von Chile, Pedro de Valdivia (1600–1664), der in der Rechten den gezückten Degen, in der Linken – wie Cortés in Medellín – das Banner hält. Villanueva beansprucht Valdivia für sich und tritt damit in Wettstreit mit Castuera, das mit größerem Recht als Geburtsort gelten darf, weil im Barrio de San Juan, einem Ortsteil Castueras, das Stammhaus der berühmten Hidalgo-Familie steht.

Der in der flachen Landschaft Serena klangvolle Name *Valdivia* hat einer landwirtschaftlichen Siedlung in der Nähe des Río Guadiana den Namen gegeben. Das weit angelegte Dreieck zweistöckiger Häuser und gerader Straßen liegt inmitten bewässerter Felder, auf denen Obst, Baumwolle, Tabak und Reis gedeihen – Geschenke der Irrigation, die das Staubecken von Cijara – es hat einen Umfang von 320 Kilometern, seine Staumauer eine Höhe von 90 Metern – mit seinen 1700 Millionen Kubikmetern Wasser ermöglicht. ›El Plano de Badajoz‹, die staatliche Planungsbehörde, hat inzwischen eine Reihe weiterer Embalses stromabwärts ins Leben gerufen, die wiederum zur Gründung von Siedlungen führten. Da man sich im Land der Entdecker befindet, hat man den Neugründungen die klangvollen Namen der Konquistadoren gegeben; neben Valdivia treffen wir die properen, blendendweißen Ortschaften Pizarro, Hernán Cortés, Balboa an.

Östlich von diesem ›Kanaan‹ breiten sich Kork- und Steineichenwälder aus, dann wird der Boden wieder hügelig und macchiabedeckt. Immer wieder tauchen Schilder auf, die die freie Jagd verbieten. Inmitten eines ausgedehnten ›Llano‹ – Flachland, wie es die Konquistadoren ähnlich jenseits des Atlantik angetroffen haben – erhebt sich der Burgberg von *Puebla de Alcocer*, an dem, von Terrasse zu Terrasse, die ländliche, sehr malerische Ortschaft aufsteigt, geweißelte Häuser, aus denen das Kalkstein-Gewände der Türen und Fenster heraustritt, niedrige Hohlziegeldächer, da und dort ein feudales Wappen, opuntienüberwachsene Hofmauern, holprige, steil aufwärts führende Gassen, eine überdimensionale Parroquia aus dem 15. Jahrhundert, Santiago gewidmet, mit platereskem Portal und Attributen des Mudéjar-Stils. Gekrönt ist die Gipfelstadt von der mächtigen Burg des Alcántara-Ordens; bis zu fernen Horizonten überblickt man hier die Weite der Llanos. In der Santiago-Kirche ist der Großmeister des Ordens aus der ersten Hälfte des 15. Jahrhunderts beigesetzt, Gutierrez de Sotomayor, der einst im Kastell residierte und trotz des Keuschheitsgelübdes 15 Söhne neben einem unermeßlichen Vermögen hinterließ; er verfügte über mehr als eine halbe Million Hektar Land. Sein in Puebla de Alcocer geborener Urenkel verzichtete auf Titel und Reichtum und lebte, später heiliggesprochen, am Ort als schlichter Fray Juan de Puebla. Vielleicht läßt sich mit ihm die merkwürdige Eremita de la Virgen, die Eremitei der Jungfrau, in biographischen Zusammenhang bringen, die als Grottenkirche in das Felsgestein hineingebaut ist.

Von *Castuera* aus, Valdivias Geburtsort, können wir einen kurzen Abstecher nach Süden unternehmen, um *Zalamea* einen Besuch abzustatten, jenem Pueblo, der durch Calderóns ›Richter von Zalamea‹ Berühmtheit erlangt hat. Das Dorf liegt in einer sanften Mulde der Landschaft Serena, und man zeigt noch das niedrige, weißgestrichene Haus des Alcalde Pedro Crespo, der als Dramenfigur von den größten Schauspielern der Welt verkörpert wurde, Sinnbild der unerbittlichen Gerechtigkeit und Rächer der verletzten Ehre. Den Begriff der Frauenehre, der als maurisches Erbe zugleich die Unfreiheit des weiblichen Geschlechts mit einschließt, ist in dieser Konsequenz sonst nur noch von dem andern spanischen Dramatiker, García Lorca, in seinem Stück ›Bernalda Albas Haus‹ behandelt worden.

Calderóns Stück geht auf eine Geschichte zurück, die sich früher in Zalamea zugetragen hat. Spanische Truppen rückten 1581, als Portugal durch Erbschaft an die spanische Krone fiel, gegen die portugiesische Grenze vor. Ein Hauptmann verführt Pedro Crespos Tochter, und da der Verführer das Mädchen nicht heiraten will, wird er von dem Dorf-Alcalden zum Tode verurteilt und erdrosselt. In der letzten Szene läßt der Dichter sogar Philipp II. auftreten. Er heißt das Urteil gut und beläßt den Richter in seinem Amt. In Spanien berühmt sind Calderóns Trochäen:

> Meinem König Gut und Leben
> Das ist Pflicht; die Ehre doch
> Ist das Eigentum der Seele,
> Und der Seele Herr ist Gott.

Das Stück erschien 1651 unter dem Titel ›Die gut angebrachte Erdrosselung‹. Bereits vor Calderón hatte Lope de Vega den Stoff dramatisch gestaltet. Der Schauspieler Friedrich Ludwig Schröder übersetzte den ›Richter von Zalamea‹ 1778 aus dem Französischen und brachte ihn erstmals in Hamburg auf die deutsche Bühne, mit dem spröden Titel ›Amtmann Graumann oder die Begebenheiten auf dem Marsch‹.

Die größte Stadt am Río Guadiana vor der Grenzstadt Badajoz – und zugleich die heißeste von Spanien – ist Mérida, an
der alten römischen Silberstraße von Salmantica (Salamanca)
nach Italica (nahe Sevilla) gelegen. Der Name geht auf das
›Emerita Augusta‹ des Imperium Romanum zurück. ›Emeri-
tierte‹ Legionäre, Veteranen der v. und x. Legion, wurden
unter Kaiser Augustus im Jahre 25 vor Chr. am Río Guadiana
angesiedelt. Ein großer Teil der römischen Städte außerhalb
Italiens ging auf Veteranenkolonien zurück. Schon früh
erfreute sich Mérida hohen Ansehens, und Ausonius dichtete
sie an: »Emerita, erlauchte Stadt, vor der Hispania demütig
ihr Antlitz neigt.«

Die Römer waren Verwaltungsgenies. Sie hatten die von
ihnen eroberte Welt in Provinzen eingeteilt, und zwar so klug,
daß ›Gebietsreformen‹ auch in den fortschreitenden Jahr-
zehnten und Jahrhunderten kaum notwendig wurden. Emerita Augusta war die Hauptstadt von Roms Provinz Lusitania, die sich großenteils auf das heutige Portugal mit den
Städten Conimbriga (Coimbra) und Liberalitas Julia (Évora)
erstreckte, aber auch einen Teil der spanischen Extremadura
mit einschloß. Südwestlich grenzte an Lusitania die Provinz
Baetica mit der Hauptstadt Italica, während die mittelmeerische Seite der Halbinsel zur Provincia Tarraconensis mit der
Hauptstadt Tarraco, dem heutigen Tarragona, gehörte. Die
Bedeutung Emeritae Augustae in früher Zeit ließ es heute zu
einer wichtigen Ausgrabungsstätte werden, kein römisches
Zentrum hat reichere Spuren hinterlassen. Was eine römische
Provinzstadt benötigte, um den Rang eines ›oppidum‹ zu
rechtfertigen, ist durch die Spatenarbeit der Archäologen,
voran José Ramón Mélidas, wieder ans Tageslicht getreten:
Forum, Tempel, Mithräum, Theater, Amphitheater, Zirkus,
Thermen, Wasserleitung, Brücke und eine Vielzahl von
Skulpturen, Mosaiken, Inschriften, die uns aufs anschaulich-
ste in das Mérida der Pax Romana führen.

Aus der flachen, wasserreichen und fruchtbaren ›Vega‹ laufen zwei römische *Aquädukte* auf die Stadt zu, ›Los Milagros‹, von dem 37 Pfeiler von 20 bis 30 Meter Höhe noch stehen, während von ›San Lazaro‹ nur noch 3 Pfeiler erhalten sind. Im Südwesten strecken sich die 60 Granitbögen der alten römischen Brücke in 800 Meter Länge über die beiden Arme des Río Guadiana. Immer wieder finden sich Mauerstücke der römischen Stadt, so wie im Nordabschnitt der *Trajans-bogen*, heute Arco de Santiago, der freilich seiner Marmorplatten beraubt ist. Die Stadtmitte von einst, das Forum, ist auch heute das Zentrum, die palmenreiche Plaza de España, von der die geschäftige Calle Santa Eulalia als Fußgängerstraße nordostwärts zur Plaza de la Villa führt. In der abzweigenden Calle Santa Catalina kann man Reste des einstigen Augustus-Tempels betrachten – der fälschlich als Diana-Tempel bezeichnet wird: Fünf kannelierte korinthische Säulen sind in das weißgekalkte Mauerwerk des Barockpalastes der Condes de los Corbos einbezogen, der an der Stelle des antiken Bauwerks steht. Bauteile des *Concordia-Tempels*, der auf dem Grund der Plazuela de Santiago stand und in dem mehrere vergöttlichte Kaiser verehrt worden sind, wurden in den Parador ›Vía de la Plata‹ eingebaut, der von der alten römischen Silberstraße den Namen hernimmt. Die noble Herberge, ursprünglich ein Konvent und dann ein Gefängnis, besitzt einen stimmungsvollen Patio mit Säulenumrahmung, in dem römische Architekturteile aufgestellt sind. Zur Gartenseite öffnet sich ein barockes Tor mit Dreieckgiebel; in sparsamer Weise deuten Vierpaß-Okuli, ›blasones‹ und schmiedeeiserne Laternen das 18. Jahrhundert gerade nur an. Die Kamine tragen Storchennester.

Aber es drängt uns, das bemerkenswerteste *Theater* der ganzen Halbinsel zu besuchen, das von der Portada de la Villa aus leicht zu erreichen ist. Das weite Halbrund der Sitze, es faßte 5500 Zuschauer, schloß die halbkreisförmige Orchestra ein, hinter der sich früher die Bühne erhob. Ihre Rückwand, ein Hof von 32 Säulen auf hoher Basis mit korinthischen

Kapitellen, gibt der Anlage eine Geschlossenheit, wie wir sie
sonst nirgendwo in Spanien finden und die uns einen lebhaften Eindruck von dem Glanz der damaligen Zeit vermittelt.
Heute werden in dem Theater Konzerte gegeben, denen die
hervorragende Akustik zugute kommt. Die Größe des Baus
unterstreicht die Bedeutung der Emerita Augusta, wie dies
auch das Fassungsvermögen des angrenzenden *Amphitheaters* mit seinen 1 5 000 Sitzen erkennen läßt. Hier fanden Tierhetzen (venationes), Gladiatorenkämpfe und Seeschlachten
mit bemannten Kriegsschiffen (naumachiae) statt, wie uns
die Einrichtung von Kanälen vermuten läßt. Weiter im Norden stoßen wir auf den riesigen *Circus maximus* mit seiner
400 Meter langen Pferderennbahn. Die Sitzreihen sind verschwunden, und von der ›spina‹, dem mit Obelisken und
Trophäen geschmückten Podest, um das die Wagen um die
Wette fuhren, ist nur noch eine leichte Erderhöhung zurückgeblieben. Man hat in seiner Nähe Unterkünfte der Gladiatoren und Tierkäfige entdeckt. Ein römisches Haus mit Peristyl, Therme und Mosaiken südlich des Theaters sowie eine
Gräberstätte, ein Kolumbarium, ergänzen das am Rande
Méridas gelegene größte Ausgrabungsfeld Spaniens.

Im reichen *archäologischen Museum* sieht man Gesimsteile, Kapitelle, Statuen von einem Tempel der Göttertriade
Jupiter, Juno, Minerva. Fundstücke eines Serapis-Tempels
und eines Kybele-Tempels sind der Beweis, daß in der Spätzeit mit der Pax Romana die Verehrung ägyptischer und orientalischer Gottheiten auch in Spanien Eingang gefunden
hat. Andere Ausstellungsstücke stammen aus einem Mithräum, das sich unmittelbar bei der Stierkampfarena befunden haben muß. Teile von ihm sind in die Arena eingebaut –
ungewollt sinnvoll, da Mithras, der von den Legionären verehrte Gott, ja der Töter des heiligen Stiers war. Hingewiesen
sei noch auf eine Statue des Augustus als Pontifex Maximus,
einen sitzenden Merkur, den man beim Mithräum gefunden
hat, sowie ein Standbild des Chronos, des Gottes der Zeit,
mit sehr ausgefallenen Attributen: Auf der Brust trägt der

Gott einen Löwenkopf, eine Schlange umwindet seinen Leib; ein Bockskopf lehnt an seinem linken Bein.

Auch Mars der Kriegsgott hatte seinen Tempel in der Emerita Augusta, den wir am Nordrand der Stadt beim Besuch der Kirche *Santa Eulalia*, eingebaut in ihre Vorhalle, wiederfinden. Über dem antiken Architrav, der zwei korinthischen Säulen aufruht, wölbt sich eine geschuppte Kugel, flankiert von zwei Feuertöpfen. Auf dem Architrav lesen wir, daß Vetila, die Frau des Paculus, den Tempel dem Mars gewidmet hat. Als man 1617 die alten Bauteile zur Errichtung des Kirchen-Portikus verwandte, verfehlte man nicht, durch eine weitere Inschrift den heidnischen Bann zu brechen. ›Nicht Mars gewidmet, sondern dem allmächtigen Jesus Christus sowie der Jungfrau und Märtyrerin Eulalia, der dieser Tempel neu geweiht wurde.‹ Weiterhin wird mitgeteilt, daß zur Zeit der Erstellung des Portikus der Santiago-Ritter Don Luis Manrique de Lara Gouverneur von Mérida gewesen ist und daß man die Marmorquader den Ruinen dieser Stadt entnahm. Eulalia, Santa Olalla, hatte als ganz junges Mädchen, und darin ›der Letzten am Schafott‹ von Gertrud von Le Fort verwandt, ihr Martyrium geradezu heraufbeschworen: Als sie abschwören sollte, spuckte sie dem zuständigen Beamten ins Gesicht. Sie wurde unter Diokletian in einem Ofen verbrannt. Horno (Ofen) de Santa Olalla heißt demnach auch die Kapelle vor ihrer Kirche, in der sie besonders verehrt wird. Neben der Eulalia-Kirche tritt man in den Hof einer Schreinerei, in dem man überrascht die Reste eines romanischen Kreuzgangs mit doppelter Säulenreihe und Alcántara-Wappen erkennt.

Im Alkazar neben dem nördlichen Brückenkopf der Römerbrücke, 835 von Abd-ar-Rahman II. von Córdoba erbaut und nach der Reconquista von den Santiago-Rittern übernommen, sind interessante römische Mosaiken betrachtenswert. Vor allem sei aber dort auf westgotische Steinmetzarbeiten aufmerksam gemacht, worunter das Relief einer Zisterne mit schönen Traubenmustern hervorsticht.

Der Name der Stadt Mérida ist, von Extremeños dorthin gebracht, so wie Trujillo auch in der Neuen Welt vertreten. Es ist die Kapitale des mexikanischen Staates Yucatán und Ausgangsort zum Besuch der Monumente des jüngeren Maya-Reiches.

Grenznähe

Wollen wir uns von Mérida nach Badajoz begeben, der Hauptstadt von Spaniens größter Provinz, so können wir den direkten Weg auf der Nationalstraße v wählen, die den Río Guadiana entlangführt. Ein Umweg über die Nationalstraße 630 ermöglicht indessen den Besuch einiger beachtenswerter Orte, die in der korn-, wein- und früchtereichen Tierra de Barros liegen, einem der ergiebigsten Böden Spaniens. Es heißt, er regeneriere sich durch organische und mineralische Stoffe, Ablagerungen eines Urmeers, die fortlaufend an die Oberfläche drängen. In *Almendralejo*, wo man südlich von Mérida zuerst einkehrt, steht der stattliche Palast des Marqués de Monsalud mit über Eck gesetztem prunkvollem Barockwappen, um das sich Engel tummeln. *Fuente de Cantos* ist der Geburtsort Zurbaráns; im Taufbuch lesen wir: »Am 7. Tag des Monats November 1598 taufte der Señor Diego Martinez Montes einen Sohn des Luis de Zurbarán und seiner Frau Isabel Marquez, und man nannte ihn Francisco.« Das nahe *Llerena* verdient Erwähnung wegen des Renaissance-Backsteinturms – mit fünf aufgesetzten Kuppeltürmchen – von Nuestra Señora de la Granada und weil hier 1518 Cieza de León geboren wurde, der mit seiner ›Crónica del Perú‹ das Gegenstück zu Bernal Diaz' mexikanischer Chronik geliefert hat.

Indem wir uns nun nach Westen wenden, erreichen wir *Zafra*, in dessen Alkazar ein Parador installiert ist und das man wegen seiner reizvollen altertümlichen Aspekte ›Sevilla la Chica‹, ›Klein-Sevilla‹, nennt. Vor allem die Plaza Chica ist bereits Ouvertüre Andalusiens, mit ihren zierlichen Arkaden, der Fülle der Blumentöpfe an den Eisenbalkonen und dem quadratischen Backsteinturm, der hinter den weißgestrichenen Häusern hervorschaut. *Barcarrota* hat ähnlich wie Villanueva de la Serena einem Konquistador ein Denkmal gesetzt, der gar nicht hier geboren ist, nämlich Hernando de Soto, dem Entdecker Floridas. In Wirklichkeit stammt er aus dem benachbarten *Jerez de los Caballeros* mit seinen zwei kandelaberartigen Kirchtürmen – der von San Bartolomé ist mit blauen Keramikscheiben verziert – und einer Templerburg, die wie der Tower in London einen ›blutigen Turm‹ besitzt. Außer Hernando de Soto treffen wir hier noch einen anderen, den letzten jener Wagemutigen an, die uns auf einer Reise durch die spanische Region der Weltentdecker ins Bewußtsein treten. Sein Name ist Vasco Núñez de Balboa. Wie die anderen Desperados aus Extremadura auch, die bald einen ganzen Subkontinent der spanischen Krone unterwarfen, war er Soldat, Abenteurer, Visionär in einem, ebenso mißgünstig wie goldgierig, unternehmungslustig wie grausam. Als blinder Passagier, in einer Kiste verborgen, beginnt er seinen Weg in den Ruhm; wie später Hernán Cortés startet er zu seiner wichtigsten Unternehmung, der Überquerung des amerikanischen Isthmus und der Entdeckung des Pazifischen Ozeans, als Verurteilter, hinter dem die Schergen wegen verschiedener Gewalttaten herlaufen, und am Ende fällt sein Haupt unter dem Beil. Aber Balboa ist dennoch der erste Europäer, der die beiden großen Weltmeere gesehen, der den Pazifik für Kastilien und Aragón in Besitz genommen, der nachgewiesen hat, daß Amerika nicht Indien ist, sondern ein gigantischer selbständiger Erdteil zwischen Europa und Asien. Am 25. September 1513 sah der Hidalgo aus Jerez de los Caballeros in Extremadura mit staunendem Blick den letzten bisher unbekannten Ozean der Erde.

Wir sind an Portugals Grenze angelangt. Es ist wenig bekannt, daß eine Reihe von Städten bis zum Beginn des vorigen Jahrhunderts portugiesisch gewesen sind und somit auf spanischem Boden in Geschichte und Kunst portugiesische Reminiszenzen bieten. Dies gilt vor allem für *Olivenza*, schon nahe bei Badajoz. Die von Diego und Francisco de Arruda erbaute Magdalenenkirche weist mit ihren gedrehten Arkadensäulen die gleiche Struktur auf wie São Jesús in Setúbal. Das Portal der Stadtbibliothek streckt wie gespreizte Finger krabbengeschmückte Blendfialen aus, dazwischen ist zweifach das Schiffahrtsinstrument des Astrolabium gefügt, das zugleich das Wappenbild des portugiesischen Königs Manuel gewesen ist. Nach ihm heißt dieser legitim portugiesische Stil ›manuelinisch‹; er ist der bauliche Niederschlag des Reichtums, den die Entdeckungen dem kleinen Land eingebracht haben, auch Portugal hatte sein ›Goldenes Zeitalter‹. Wie fließend die Grenze zwischen den beiden Nachbarländern und vor allem zwischen der spanischen Extremadura und dem portugiesischen Alentejo gewesen ist, mag auch daraus erkennbar sein, daß eines der bedeutendsten Adelsgeschlechter Portugals aus dem hochgelegenen spanischen Grenzort *Albuquerque* stammt und auch diesen Namen trägt; die Albuquerques stellten den ersten Vizekönig des portugiesischen Indiens.

Badajoz, Cáceres, Plasencia

Die Tochter des portugiesischen Königs Manuel, Isabella, wurde nach langen Verhandlungen zur Gemahlin Karls v. bestimmt, einer der vielen spanisch-portugiesischen Ehekontrakte, von denen aber keiner zur Wiedervereinigung führte. Beide Länder hatten sich geschichtlich, sprachlich und in ihrer Mentalität zu sehr auseinandergelebt. Perioden politischer Spannung wechselten mit solchen gutnachbarlichen Verhältnisses ab. Im Februar 1526 kam die kleine und zarte Infantin 23jährig in *Badajoz* an und wurde mit großem Gepränge empfangen. Sie trat in keine fremde Welt ein. Als sie dann kurz darauf in Sevilla war, wo sie dem künftigen Gemahl erstmals begegnete, wurde sie beim Anblick des buntbelebten Hafens an Lissabon erinnert. Die Flitterwochen verlebte das junge Paar im Alkazar von Sevilla und in der

Alhambra von Granada. Es wurde eine der wenigen aus Staatsraison geschlossenen Ehen, die den Opfern dynastischer Politik auch menschliche Erfüllung brachte. Karl v. hat Isabella voll vertraut, sie mehrmals als Regentin eingesetzt. Tizian mußte sie malen. Bekanntlich nahm der Kaiser das Bild später mit nach Yuste. Bei der Geburt des siebten Kindes starb sie 1539 in Toledo. Karl ging keine neue Ehe mehr ein.

Philipp ii. leitete 1580 von Badajoz aus die Besetzung Portugals, eine in den Augen der Portugiesen widerrechtliche Aktion, bei der sich der spanische Herrscher auf seine portugiesische Mutter Isabella berief. Die gewaltsam hergestellte Union beider Länder dauerte bis 1640. Während des Aufenthaltes in Badajoz starb dort Philipps dritte Gemahlin, Anna von Österreich.

Einige Jahrhunderte früher war die Grenzstadt Residenz eines maurischen Königreichs unter der Dynastie der Aftasíes gewesen. Der Grabstein des ersten Herrschers, Sabur, im Archäologischen Museum vermeldet in kufischen Lettern, daß es keine andern Götter gebe außer Allah. Batalyos (Badajoz) war damals als Musenhof berühmt. Die Aftasíes-Dynastie wurde später von den Almorávides und danach von den Almohades gewaltsam abgelöst, was ins Gedächtnis ruft, daß es auch unter den Moslems in Spanien unentwegt Zwistigkeiten gab. Schließlich machte Fernando iii. von Kastilien der morgenländischen Herrlichkeit ein Ende. Es fragt sich, ob der hohe Zivilisations- und Kulturstand gehalten werden konnte, doch dies ist wenig wahrscheinlich. Nur wenig erinnert in Badajoz an die maurische Zeit: Beim Aufstieg zur höhergelegenen Ciudadela, Zitadelle, geht man durch ein Hufeisentor; es stehen noch Reste der sarazenischen Mauern. Die Torre de Espantaperros, ein hoher Achteckbau mit einem schlanken quadratischen Turmaufsatz, ist ein Abbild der Torre del Oro in Sevilla, eines ehemaligen Leuchtturms der Araber am Ufer des Guadalquivir.

Nach der Reconquista von Badajoz unter den Katholischen Königen wurde aus der Stadt des Halbmonds um so entschiedener eine Stadt des Kreuzes. Als Leitspruch gilt heute noch ›Badajoz, tierra de Dios‹. Die Entdecker nahmen auch ihren Namen zu fernen Küsten mit. Wir finden ein Badajoz in Costa Rica, auf den Philippinen und sogar in Brasilien, das zwar von den Portugiesen kolonisiert worden ist, in das aber auch aus der grenznahen Stadt viele Spanier ausgewandert sind.

Beim Eintritt in die Stadt von Norden her ist zunächst Philipp II. gegenwärtig. Denn der Habsburger hat nach Plänen Herreras die granitene *Puente de las Palmas* in Auftrag gegeben, deren 32 Bögen den Guadiana überspannen. Auch die *Puerta de las Palmas* mit ihren zwei zinnenbesetzten Rundtürmen geht auf ihn zurück. An Palmen, auf die der Name von Brücke und Tor hinweist, fehlt es in der Umgebung nicht. Am stärksten versetzt uns die *Plazuela de San José* mit ihren Ziegelstein-Arkaden in die Vergangenheit. Unter den Adelspalästen zeigt man den Palacio der Eltern Manuel de Godoys, des Friedensfürsten. Karl IV. und María Luisa nahmen in ihm bei ihren Aufenthalten in Badajoz Quartier. Abweisend, eher eine Festung, steht der *Palast der Herzöge von Roca* mit mächtigen Ecktürmen zwischen den Häusern. Der Vierflügelbau trägt Mudéjar-Spuren.

Die an einem Dreieckplatz gelegene *Kathedrale* ist ein breit ausladender Bau des Hochmittelalters mit einem marmornen Renaissance-Portal als nahezu einzigem Fassadenschmuck. Der kraftvolle quadratische Glockenturm auf der linken Fassadenseite ist von Zinnen gekrönt, die gedrehten Knäufen ähneln, wie wir sie von Kommoden des 19. Jahrhunderts kennen. Wir treten in einen feierlichen dreischiffigen Raum, der ein lateinisches Kreuz bildet. Die Barockaltäre der Capilla Mayor schäumen über von churriguereskem Dekor. Zwischen Salomonischen Säulen steht inmitten des Hauptaltars der Täufer Johannes, dem die Kathedrale geweiht ist. In den Seitenschiffen öffnen sich Kapellen mit kunstvollen Gittern. Eine der Santa Barbara geweihte Capilla enthält einen Renaissance-Altar mit der Statue der Heiligen, umgeben von

einem Bilderzyklus aus dem Leben Jesu und Goldgeranke.
Eine andere, die Reliquienkapelle (1501), birgt den kostbaren Schatz eines Alabasterreliefs der Jungfrau mit dem Kind,
gefertigt von dem Florentiner Meister Desiderio Settignano.
Das Kunstwerk wurde von einem hochgestellten Adligen aus
Badajoz von einer Reise in die Toskana mit in die Heimatstadt gebracht: Lorenzo Suárez de Figueroa, einem Neffen
des ersten Conde de Feria. Dessen Grabplatte, gleichfalls eine
italienische Arbeit, zeigt den Magnaten nicht liegend oder
betend, sondern höchst weltlich-lebendig, mit langem
Umhang und Schwert, gleich einem Seefahrer in die Weite
blickend. Die Kathedrale San Juan nennt weiterhin ein Chorgestühl von Rang ihr eigen, das ein Schüler Berruguetes, Jerónimo de Valencia, im 16. Jahrhundert geschaffen hat. Eine
silberne Custodia der gleichen Zeit ist mit ihrem mehrstöckigen Säulenaufbau Architektur im Kleinformat. Die Arkaden
des Claustro aus dem Beginn des 16. Jahrhunderts lassen
Anklänge an Hufeisenbögen erkennen.

Der klassizistische *Palacio Municipal*, unmittelbar hinter
der Kathedrale, gleicht mit seinem Rundbogen-Entree und
seiner Säulen-Empore eher einem Theaterbau. Vor der etwas
kühlen Fassade steht das Denkmal des großen Malers Luis de
Morales, der in Badajoz geborene ›Göttliche‹, mit Pinsel und
Palette. Von dem Zeitgenossen El Grecos hängen einige Tafelbilder in der Kathedrale, darunter der ›Poverello von Assisi‹,
in der Kirche San Andrés ein Triptychon. Das Wappen von
Badajoz, Löwe und Säule mit dem Wort ›Plus Ultra‹, ›höher
hinaus‹ – dies war ja auch der Leitspruch Karls v. –, wird man
an mehreren Gebäuden entdecken.

Den Leitspruch, meist mit zwei Säulen, treffen wir auf
einer Kunstreise durch Spaniens Mitte immer wieder an
altem Gemäuer an. Die Devise des Kaisers, über das gewöhn-
liche Maß, über ›die Säulen des Herkules‹ hinauszugelangen,
ist eine Erfindung des Humanisten Marliano. Karl v. hat ihn
mit zwei Bischofsmützen belohnt, mit denen von Tuy und
Ciudad Rodrigo.

Jeder, der *Cáceres* zum ersten Male sieht, ist überrascht von der wuchtigen Geschlossenheit der vollständig erhaltenen, von einem Mauerring mit 12 Türmen eingefaßten Altstadt. Würde sie mit ihrem Gemäuer ähnlich exponiert in den Himmel ragen wie das auf natürlichem Podest erbaute historische Ávila und wäre sie geographisch weniger entlegen, so könnte sie einer der ersten Anziehungspunkte abendländischer Kulturlandschaft sein; zu den bemerkenswertesten Städten Spaniens zählt das alte Cáceres ohnehin. In Extremadura spricht man mit Recht von der ›monumentalidad cacerena‹.

Quintus Caecilius Metellus, von dem wir hörten, daß er im Auftrag Roms in der Extremadura militärische Operationen leitete, hatte am Platz der heutigen Provinzhauptstadt die Castra Caecilii ins Leben gerufen. Seinen Namen hat Cáceres von dem arabischen Alcázar. Nach der Rückeroberung wurde hier einer der drei großen spanischen geistlichen Ritterorden, der von Santiago, 1170 ins Leben gerufen, sein Sitz allerdings später nach Llerena verlegt. Man kann die ganze Gegend bis zur portugiesischen Grenze als Ordensland bezeichnen, denn auch ein weiterer Militärorden nahm 1213 seinen Sitz in der Nähe von Cáceres, in dem am Tajo gelegenen Alcántara, und nannte sich nach diesem Ort. Die dortige Ordenskirche San Benito mit einem Netzgewölbe kunstvoller Schleifengurte steht noch, außerdem eine Römerbrücke, an deren Brückenkopf ein kleiner Antentempel des vergöttlichten Cäsar erhalten blieb. Der dritte spanische Ritterorden, nach dem Schloß Calatrava genannt, nahm seinen Anfang in La Mancha.

Wir fahren von Badajoz zunächst zurück nach Mérida und von dort nach Norden durch eine fruchtbare ›vega‹, in der wieder Minervas Geschenk, der Ölbaum, vorherrscht. Die Straße läuft durch eine Senke zwischen den Ausläufern des Gredos-Gebirges zur Rechten und der sich zur Grenze hin ausdehnenden Sierra de San Pedro. *Aldea del Cano* (Hundsdorf) fällt durch seine drei Burgen auf; zwei jener schloßartigen Herrensitze, die an die Feudalstruktur des Landes durch

die Jahrhunderte erinnern und die man als ›solares‹ bezeichnet, liegen dicht beieinander, mit Zinnen und minarettartigen
Türmen. Über dem Río Salor, nahe dem heutigen Übergang,
sind Reste einer gotischen Brücke erkennbar. *Valdesalor*, ein
kurzes Stück weiter, ist eine gut angelegte landwirtschaftliche
Siedlung, ein Gegenstück zu Valdivia. Nach Norden zu wird
der Boden karger und steiniger. Mancherorts haben fleißige
Hände die Steine auf den Feldern abgesammelt und an den
Rändern aufgehäuft. Von sanfter Höhe aus erblickt man die
nüchternen Hochhäuser in den Außenbezirken von Cáceres,
die den alten Kern der Stadt ganz verbergen.

Ehe man die Altstadt in Augenschein nimmt, besuche man
die außerhalb der Stadtmauer gelegene einschiffige *Kirche
Santiago*, von Rodrigo Gil de Hontañón erbaut. Das Spitz-
bogen-Portal steht zurückgesetzt zwischen zwei mächtigen
Strebepfeilern auf kurzen, prächtig kannelierten Säulen-
stümpfen. Der Altar geht auf einen der namhaftesten Meister vor dem ›Goldenen Zeitalter‹, Alonso de Berruguete
(1490–1561), zurück. Unter den vielen Figuren ist eine dy-
namische Verkörperung des Maurentöters Santiago, wie sie
auch zu dem Ort der Gründung des ihm anbefohlenen
Ordens gehört.

In die Altstadt steigt man am besten von der *Plaza del
General Mola* hinauf, die sich als ›Vestibül‹ des historischen
Cáceres vor der Stadtmauer entlangzieht. An der hochgelegenen Stirnseite des Platzes liegt das arkaden- und wappengeschmückte Ayuntamiento. Die Türme der Stadtmauer
haben populäre Namen, die Torres de Púlpito, de Bujaco, del
Horno. Auf der Torre del Reloj steht eine antike Ceres-Sta-
tue, vor der vielleicht früher einmal die Bürger ihren Dank für
den Früchtesegen der oberen Extremadura darbrachten. Das
alte Stadttor *Arco de la Estrella*, das Sterntor, ist von zwei
Halbbögen überspannt, einem äußeren und einem inneren,
von denen der eine nach rechts, der andere nach links aus-
schwingt. Ist der General-Mola-Platz das Vestibül, so kommen wir nach wenigen Schritten auf der Plaza Santa María in

einen wahrhaften Festsaal. Ringsum von Palästen und Türmen eingeschlossen, gehört der Platz zu den eindrucksvollsten Spaniens. Außer dem Bischofspalast geben den feudalen Rahmen die Casa de Ovando, der Palacio Mayoralgo, die Casa de Carvajal mit arabischem Rundturm und einem – ähnlich wie die ›blasones‹ Extremaduras – schräg in die Hausecke eingesetzten Prunkfenster. Die Paläste, bis oben in warmem goldgelbem Kalkstein gemauert, weisen als fast einzigen Schmuck die Wappen ihrer Bauherren auf, und teilweise sind die Casas noch in der Hand der gleichen Familien. Im Ovando-Haus wohnt der Conde de Canilleros, ein Abkömmling der Ovandos, und Herr des Carvajal-Hauses ist Alvaro de Cavestani, früherer Landwirtschaftsminister Spaniens. Das löwengeschmückte Wappen der Carvajals ist von einem arabischen Alfiz umrahmt.

Nicht die Kirchen, sondern die Paläste aus dem 15. und 16. Jahrhundert geben Cáceres seine Note. Sie gleichen kleinen Forts, die Casas der Paredes, der Sánchez, der Torreorgaz. Eine mächtige Sonne ziert die Casa del Sol. In der Casa de los Golfines de Arriba wurde Franco zum Staatschef ausgerufen. Als schönstes Herrenhaus darf die platereske *Casa de los Golfines de Abajo* mit ihren zwei Patios gelten, in der die Katholischen Könige einzukehren pflegten. Eine aus Greifen gebildete Schmuckleiste zieht sich am Dachgesims entlang. Ein sich zweimal verjüngendes Alfiz gibt dem Portal und den darüberliegenden Prunkfenstern ein strenges Profil. Manche der Casas besitzen Turmanbauten, die sich gegenseitig als Sinnbilder des Adelsprestiges zu übertrumpfen trachten. Das hatte ähnlich wie im toskanischen Gimignano viel Zank hervorgerufen, so daß Isabella von Kastilien den Abbruch der Türme befahl – bis auf einen, der heute noch steht, die *Torre de las Cigüeñas* mit ihren trutzigen Zinnen. Aber nach dem Tod der Königin wurden die Türme zum Teil wiederaufgebaut, die Torre de los Platas mit einem an der Kante vorgestellten Balkon und unregelmäßig eingesetzten Luken, die Torre de los Espaderos mit elegantem Ajimez-Fenster – ein arabisch geprägtes Zwillingsfenster – oder die Torre des Montezuma-Palastes; dieser Turm ist im Gegensatz zu den anderen ein Ziegelbau. Die *Casa de las Veletas*, die den Platz des einstigen arabischen Alkazar einnimmt, enthält ein Museum, dessen Attraktion ein Aljibe, ein Wasserspeicher, ist, eine maurische Anlage der ursprünglichen Burg. Das niedrige Gewölbe der rechteckigen, 125 Quadratmeter großen Halle wird von Hufeisenbögen, die Säulen aufruhen, unterfangen. Der Wasserstand bleibt immer gleich. Man erinnert sich fern an die Zisterne des Kaisers Justinian in Konstantinopel, den aus dem Wasser ragenden unterirdischen Säulenwald. Im Museum wird noch eine prähistorische Grabstele aus Extremadura mit einer strahlenförmigen Aura aufbewahrt.

Die Kirchen im Mauerring von Cáceres treten gegenüber den Casas in den Hintergrund. Sie stehen dort, wo das Labyrinth von Bruchsteingemäuer, als das man die Adelsresidenzen bezeichnen kann, sich zu kleinen Plätzen öffnet. An der *Plaza Santa María* liegt die gleichnamige dreischiffige Kirche, teils Gotik, teils Renaissance, mit vielen Gräbern jener Duques und Condes von Cáceres, die bei der Einnahme von Granada und den Kämpfen in der Neuen Welt Ehren gewinnen konnten. *San Matéo*, eine frühere Moschee, ist einschiffig, mit platereskem Portal und barockem Altar. Beigesetzt ist hier Juan de Ovando aus einer der berühmten Familien von Cáceres; unter Philipp II. stand er dem Indienrat vor, der höchsten Instanz der überseeischen Angelegenheiten. Eine doppelläufige Treppe steigt zur zweitürmigen Jesuitenkirche auf, während der *Convento de monjas de Jesús* die Grabmonumente eines weiteren namhaften Geschlechtes der Stadt umschließt, der Golfines. Wir lesen: ›Aquí esperan los Golfines el día del juicio‹, ›Hier warten die Golfines auf den Tag des Gerichts‹.

12 Kilometer westlich von Cáceres, in *Malpartida de Saceres*, hat der deutsche Fluxuskünstler Wolf Vostell vor einigen Jahren sein eigenes Museum eingerichtet. Große Installationen aus Zivilisationsabfall weisen auf das alte Thema der Vergänglichkeit alles Irdischen hin.

Auf der Strecke von Cáceres nach Plasencia stößt man wieder auf einen der zahllosen ›Seen‹, die seit 1940 durch die Aufstauung von Flüssen entstanden sind. In diesem Falle handelt es sich um den Río Tajo, dort, wo der Río Almonte einmündet. Das angestaute Wasser füllt ein breites Tal aus, einige höher gelegene Punkte sind als Inseln stehen geblieben, und vom mergelgelben Ufer sieht man zur mittelalterlichen Torre de Floripes hinüber, die aus dem Stausee herausragt. Wo sich der Embalse flußaufwärts verengt, überspannen vier Bogen eines römischen Brückentorsos das Wasser. Jenseits des Embalse liegt *Garrovillas* mit einem halbverfallenen, doch reizvollen Stadtplatz. Die Pfeiler der leicht geschwungenen Arkadenfronten neigen sich, vom Alter geschwächt, nach vorne.

Es folgt Weideland mit vielen ›cotos‹, Pferchen, für die Schafherden. Im September sind die Tiere geschoren und drängen sich, wohl frierend, eng zusammen. Man fährt an Waldstücken aus Eukalyptusbäumen und Pinien vorbei, die manchmal noch Spuren überstandener Brände zeigen. Die Ortschaft *Cañaveral* besteht aus niedrigen, blendendweiß gekalkten Häusern, deren Fronten, ohne jedweden Absatz zum Nachbarhaus, den Eindruck einer durchlaufenden Mauer erwecken. Im Osten rückt die Sierra de Gredos näher. Die höchsten Gipfel tragen Schnee. Aus dem Bergland kommt der Río Jerte und beschenkt die obere Extremadura mit brauchbarem Humus; die gepflegte Felderwirtschaft fällt ins Auge. Am Flußufer stehen Pappeln.

Mitten in der freundlichen Oase des Río Jerte breitet sich *Plasencia* aus, das die bauliche Thematik von Cáceres eindrucksvoll aufnimmt. Auch hier haben wir eine Mauer mit 68 ›cubos‹, halbrunden Türmen, und 6 ›puertas‹. Jenseits der

Jerte-Brücke ist die 1488 erbaute Puerta de Trujillo erhalten geblieben.

Der landwirtschaftliche Reichtum des umliegenden Landes manifestiert sich im bunten Dienstagsmarkt mit seinen alten Volkstrachten, wo unter Markisen die vielfältigsten Früchte, aber auch Dinge des täglichen Gebrauchs und Talavera-Keramik feilgeboten werden. Das Ayuntamiento bildet die obere Front des schräg abfallenden Hauptplatzes. Die zwei übereinander gebauten Lauben stammen aus der Zeit der ersten Bourbonen.

Durch eine offene Markthalle und vorbei an der Kielbogen-Pforte eines ehemaligen Edelsitzes, über ihr das Wappen mit fünf Töpfen, gelangen wir zur Alten und Neuen Kathedrale. Wie in Salamanca sind beide zusammengewachsen, und an Salamancas Torre de Gallo erinnert auch der geschuppte massive Kegelturm aus dem 12./13. Jahrhundert über der Sakristei der Catedral Vieja; früher war hier die Sala Capitular; innen ein klarliniges Sterngewölbe. Rechts vom Hochaltar der Alten Kathedrale steht eine polychrome ›Virgen del Perdón‹, ein Gnadenbild aus dem 13. Jahrhundert. Unter den Tafelbildern finden wir einen Morales und zwei Riberas. Ein getaufter Araber, Asoyte, hat den gotischen Kreuzgang begonnen. Rodrigo Gil de Hontañón, den wir von Cáceres kennen, hat die 125stufige Stiege geschaffen, die zu einer Terrasse mit umfassendem Rundblick führt.

Die dreischiffige *Catedral Nueva* beeindruckt durch riesige Säulenbündel, die sich feinnervig zum Netzgewölbe verzweigen. Außer Hontañón war ein Team erster Architekten am Werk, darunter Diego de Siloé und Franz aus Köln. Ein zweiter Deutscher, Rodrigo el Alemán, hat das Chorgestühl skulptiert. Seine lebhaften Reliefs stellen Szenen aus dem Leben Christi dar: Bei der Vertreibung der Wechsler aus dem Tempelbezirk rollen einem von ihnen Goldmünzen vom Tisch, und um den halbwüchsigen Jesus in der Synagoge von Nazareth, er ist klein wie ein Putto, drängen sich die erregt diskutierenden Doctores, jeder mit einem mächtigen Folianten in der Hand. Oberhalb des Gestühls sind Marmor-Intarsien-Bildnisse angebracht, deren äußerste die Katholischen Könige wiedergeben, gekleidet in prachtvoll ornamentierte Renaissance-Gewänder. Der Hochaltar von Gregorio Fernández hält im Mittelfeld eine dramatisch bewegte Himmelfahrt Mariä (1629) fest. Die vier umrahmenden Tafelbilder von Francisco Rizi stellen die Verkündigung und Szenen der Geburt Christi dar. Beim Altar steht ein siebenarmiger Silberleuchter von drei Meter Höhe. Der Trascoro zeigt die Handschrift der dekorfreudigen Churrigueras. In der Kathedrale Plasencias ist ein Großinquisitor beigesetzt, der zugleich Bischof dieser Stadt gewesen ist, der 1573 in Jaraicejo verstorbene Don Pedro Ponce de León. Mateo Sánchez de Villaviciosa aus Granada hat den hohen Geistlichen kniend dargestellt, selbstbewußt und mit dem kühnen Blick eines Kondottiere; die Mitra liegt auf dem Gebetspult, der Bischofsstab lehnt daneben. Dieser Ketzerrichter war vor allem gegen kalvinistische Strömungen in Spanien vorgegangen, wobei er sogar einen Angehörigen seiner Familie, Don Juan Ponce de León, von der Verfolgung nicht ausschloß. Während die der Plaza de la Catedral zugeneigte Seitenfront mit Kopfmedaillons und ›blasones‹ verziert ist, ist die Hauptfassade in vier Zonen übereinander in eine Vielzahl von Säulenstellungen beiderseits des Portals und der über ihm angeordneten Bögen und Fenster aufgegliedert.

Wie das benachbarte Cáceres zeichnet sich die Altstadt von Plasencia durch viele trutzige Casas des Stadtadels aus, die mit mächtigen Geschlechtertürmen auftrumpfen, geradezu Wahrzeichen der Stadt. Wenn man vom Kathedralplatz durch die Calle Blanca zur Plaza Don Nuño Pérez de Monroy und zur Plaza Santo Domingo geht, wird man ihrer ansichtig, sei es die *Casa del Deán*, das Haus des Dekans, mit Eckbalkon, Wappen und darübergesetzter Sturmhaube, die *Casa del Doctor Trujillo* mit spätmittelalterlichem Wohnturm oder die *Casa de las dos Torres*, das Haus der zwei Türme, mit gotischem Portal, Triforium und Wappen der Monroy. Hier kehrten Ferdinand der Katholische und Petrus von Alcántara, der lokale Heilige, ein. Der *Palacio de Mirabel* mit seiner breiten repräsentativen Front, bei der unter dem Dach eine Galerie mit Zwergarkaden läuft, hat einen brunnengeschmückten zweistöckigen Renaissance-Innenhof mit weitgespannten Bögen von lateinischer Klarheit. Im Palast steht eine Büste Karls V. von Pompeo Leoni, dem gleichen Bildhauer, der die ganzfigurige Statue des Kaisers im Prado gemeißelt hat. Dies ist verständlich, da einer der Hausherren, Luis de Ávila y Zuñiga, zu den Vertrauten Karls zählte, diesen nach Deutschland begleitet und zuletzt noch in San Yuste besucht hat. Der Kurfürst von Köln hatte ihm sechs Schädel der Jungfrauen der Sankt-Ursula-Kirche geschenkt, die der Grande in der Familienkapelle der Kirche San Vicente verwahren ließ. Als Ruheständler in Plasencia betätigte er sich als Geschichtsschreiber, indem er den Krieg seines kaiserlichen Herrn mit den deutschen Protestanten beschrieb.

Das Kloster *San Vicente* besitzt ein monumentales Treppenhaus, ausgestattet mit Talavera-Kacheln, *San Martín* Altarbilder des ›göttlichen‹ Morales, der 1563–66 im nahen Arroyo de la Luz gelebt und gearbeitet hat. Die *Eremita de la Saludad* ist über einem der Stadttore errichtet. Mit Azulejos aus Talavera warten auch die *Eremiteien von San Crispin* und *San Lázaro* auf; hier verdient namentlich ein bilderreicher Altar Erwähnung (1599), naive Volkskunst mit biblischen Szenen und Heiligenporträts, eingerahmt von korinthischen Lisenen und Borden mit Engelsköpfen.

Von Plasencia aus lohnt ein Abstecher nach *Coria* am Ufer des Río Alagon wegen der granitenen Stadtmauern, des fünfeckigen Kastells mit seinen Ecktürmchen, der gotischen Kathedrale mit prächtigem Renaissance-Portal. Im Chorgestühl sind eigens Sitze den Herzögen von Alba vorbehalten, die einmal die Herren der Stadt gewesen sind.

Auf der Route nach Salamanca kommt man in die anmutige Gebirgsregion des sogenannten *Jardín de Extremadura* mit seinen Parks und Kaskaden. Eine ehemalige Abtei ist von den Herzögen von Alba im 16. Jahrhundert zu einem Lust-schloß mit Terrassen und Fontänen ausgebaut worden, das Lope de Vega besang. Der Anziehungspunkt in der kleinen Stadt *Hervás* ist sein ›barrio judío‹, sein Judenviertel, mit Häusern aus Ziegel oder Lehm und Fachwerk aus Kasta-nienholz. Oberstock und Dachtraufe springen vor, so daß sich die Casas in der Mitte der Gassen fast berühren.

NORDÖSTLICH VON MADRID

Santa María de Huerta

Das Monasterio von Santa María de Huerta an der Grenze zu Aragón ist eines der sehenswertesten Klöster Spaniens. Noch heute wohnen Zisterzienser dort, und ein Padre in weißer Kutte führt durch die weiträumige Anlage, die der zisterziensischen Regel gemäß schmuckarm ist; die ausgewogene Architektur kann jeglicher Arabeske entbehren.

Über dem Spitzbogenportal der Klosterkirche öffnet sich eine mächtige Rose mit Säulchen statt Speichen. Treten wir ein, so haben wir zunächst eine schmiedeeiserne, im Feuer vergoldete Reja, ein Gitter, von 1776 vor uns. Hier steht der mit Tierreliefs geschmückte Sarkophag des Erzbischofs Rodrigo Jiménez de Rada, der der ursprünglichen Eremitei im 13. Jahrhundert den Rang eines Monasterio verliehen hat. Sein mumifizierter Leichnam ruht aber jetzt, bekleidet mit einem arabisch gemusterten Seidengewand, Mitra, Handschuhen und Stiefeln, in einer der Apsiden. Rada, dessen Statue in einem der beiden Kreuzgänge steht, war Gründer der Kathedrale von Toledo und Kampfgefährte Alfonsos VIII. in der Schlacht von Las Navas de Tolosa – damals waren Kirchenmänner streitbare Krieger.

Zunächst hatten sich die Mönche vom ›Orden del Císter‹ mit einem Holzbau begnügt, der auf ein Gelübde Alfonsos VII. von Kastilien zurückging. Der König ließ Klosterbrüder aus der Gascogne kommen. Unter dem Abt Martín de Finojosa legte man dann den ersten Stein. Die sterblichen Reste des später heiliggesprochenen Mönchs liegen in der gleichen Seitenapsis wie die des Erzbischofs Rada.

Die Empore der Kirche trägt einen Schmuck von Talavera-Ziegeln. Die Silleria, das Gestühl, besitzt schmale Sitzrampen, auf die sich die Mönche halbwegs sitzend stützen konnten und die sinnig ›Misericordias‹ heißen, ›Mitleid‹ mit den ermüdeten Betern. Man entdeckt in den Schnitzereien volkstümliche Konsolenfiguren: eine weinende Frau, eine Alte, die ein Auge mit dem Kopftuch verdeckt.

Der Retablo Mayor stammt von Félix Malo aus Calatayud. Fresken im Altarraum von 1779 zeigen Rada beim
Verabschieden der Krieger, die in die Schlacht von Las Navas
ziehen, sowie Episoden aus dem blutigen Kampf. Der ältere
und wertvollere der beiden Kreuzgänge, in dem sich auch Rit-
tergräber befinden, versetzt uns ebenfalls in diese Zeit: Auf
Medaillons der Balustrade der oberen Galerie erscheinen die
Katholischen Könige, Don Rodrigo Jiménez de Rada, San
Martín de Finojosa, Bernhard von Clairvaux, der Initiator
des Zweiten Kreuzzugs. Inbegriff von Romanik ist das
Domus Conversorum, zweigeteilt durch eine Säulenreihe, ein
klargefügter und schmuckloser, allein durch seine Proportion
wirkender romanischer Raum. In ihm wurden Besucher empfangen und die durchkommenden Santiago-Pilger zur Rast
untergebracht. Zum gotischen Refektorium öffnet sich die
Durchreiche der Küche mit ihrem hohen, sich aufwärts ver-
jüngenden Rauchfang. Zur Kanzel des mönchischen Speisesaals führt eine Steinstiege hinauf, die mit neun Säulen ins
Gemäuer eingefügt ist. Man sieht einen ähnlichen Aufgang
in der Klosteranlage des portugiesischen Alcobaça. Dem
12. Jahrhundert ist eine in Santa María de Huerta verwahrte
kostbare Madonna im strengen Stil zuzuordnen.

Almanzor und der Dichter des ›Cid‹

Die Berge der Umgebung erscheinen sepiabraun, teilweise
horizontal oder schräg geschichtet. Manchmal ähneln die
Kämme der Montaña den Gebilden in Tropfsteinhöhlen. Die
Erosion hat phantastische Formen geschaffen, und was man
für die Silhouette eines Kastells hält, erweist sich beim Näher-
kommen als ein monolithisch aufragender Fels. Nur die
Stierattrappen des ›Veterano Osborne‹, einer in ganz Spanien
vertretenen Brandyreklame, sind sich gleichgeblieben und
stehen heute als Monumento Nacional unter Denkmalschutz. Kampfstiere im Gehege sieht man selten, dafür um so
häufiger ihre riesigen Abbilder. Und nun taucht doch ein rich-

tiges Kastell auf: *Arcos de Jalón*. Es ist eines der Hunderte, die dem Königreich den Namen gegeben haben.

Am lehmigen Steilhang rechts der Carretera – so heißen Spaniens Autopisten – blickt man in die Schlünde verlassener Höhlenwohnungen. In einige hat man hölzerne Bienenhäuser gestellt. Gelegentlich ›kleben‹ auch Bienenstöcke aus Lehm am Felsgestein. Häufig signalisieren Straßenschilder, daß hier Rinderherden die Carretera passieren.

Im kastilischen Grenzgebiet liegt auch *Medinaceli*. Die fesselnde Altstadt hockt auf einem Bergvorsprung, zu dem man auf gewundener Straße aufsteigt. Ehe man Medinaceli betritt, wird man an einem der besuchenswertesten Römerdokumente Hispanias haltmachen, einem dreiteiligen Triumphbogen aus der Kaiserzeit, dessen Bronzebuchstaben geraubt und eingeschmolzen sind, so daß wir den Imperator nicht kennen, der den Bogen errichtet hat. Im Mittelalter bezog man den Arco als Eingangspforte in die Stadtmauer ein, die teilweise noch von den Mauren herrührt.

Einer der bekanntesten und zugleich verwegensten Eroberer war bekanntlich der Großwesir Almanzor, der von Córdoba aus im Blitzkrieg Santiago de Compostela einnahm und dort aus der Jakobusbasilika die Glocken entführte. Auf seiner letzten ›Campaña‹ 1002 zerstörte er die Abtei San Millán nahe der über 2000 Meter hohen Sierra de la Demanda und zog mit seinem 2000-Mann-Heer beutebeladen südwärts. Christliche Streitkräfte griffen ihn unversehens an, um ihm das geraubte Gut abzunehmen. Der gefürchtete Krieger retirierte durch den ›Portillo de Andalucia‹, ›das andalusische Pförtchen‹, in das befestigte Medinaceli, wo er verstarb und in der Alcazaba beigesetzt wurde.

Der auffällige Turm der Stiftskirche Santa María macht es leicht, im Altstadtgewirr Medinacelis wichtigstes Gotteshaus zu finden, eine einschiffige Halle der Renaissance mit Goldretablo und den Gräbern der lokalen Herzöge. Ihr trutziger Palast mit schweren Altersspuren steht an der Plaza Mayor. Die Kirche San Ramón birgt eine umfängliche Knochensammlung, die Relikte der ›Cuerpos Santos‹, einer Vielzahl von Heiligen, die in der Ära des Vandalenkönigs Geiserich das Martyrium erlitten. Sie sind die Patrone Medinacelis. Eine kurze Wegstrecke abseits vom Ortskern liegt frei die Klarissinnen-Kirche Santa Isabel. Um das Königswappen über dem Portal hängt, in Stein nachgebildet, ein gedrehtes Seil. Das Fenster darüber ist von einem Alfiz eingerahmt, einem leistenförmigen Bauglied arabischen Ursprungs, das die Fensterstruktur betont und von abendländischen Bauhütten übernommen wurde.

Von der hochgelegenen Stadt aus ist die Aussicht in weite Talgründe höchst eindrucksvoll. Die Landschaft wird hier pathetisch; die Kargheit der Pflanzenwelt ersetzt sie durch eine Fülle von Farbschattierungen in unaufhörlichem Wechsel. Man denke daran, daß – von der Hochebene der leonensischen Meseta abgesehen – fast das ganze Innere Spaniens Bergland ist und daß sich aus dieser Zerklüftung bis heute der Partikularismus, früher auch der mühselige Kleinkrieg der Reconquista erklären läßt, die darum auch nur wenige sich in weitem Gelände entwickelnde Schlachten kennt.

Kaum bekannt, daß Medinaceli die Heimat des größten Ependichters Spaniens ist, des Autors des ›Cid‹. Er ist genauso anonym wie der Dichter des ›Nibelungenliedes‹, und wie man als dessen Geburtsort Bozen annimmt, so läßt man den Trovadore des berühmten spanischen Heldengedichtes Medinacelese sein. Viermal kommen die christlichen Kämpen in das Tal von Arbuxuela, unterhalb des Arco Romano; weitere umliegende Punkte sind genannt und bilden die Hauptachse der ›Geographie‹ des Poems:

> Salieron de Medina e Salón passavan
> Arbuxuelo arriba privado aguijaban
> El campo de Taranz luego atravessavan.
>
> Sie verließen Medinaceli und Salón,
> zogen durch Arbuxuelo
> und überquerten dann das Feld von Taranz.

Die Belagerung von Numancia

Wer schon Medinaceli besichtigt, sollte gleich einen Abstecher zum nahen Soria unternehmen, einem der historischen und kunstgeschichtlichen Schwerpunkte Kastiliens. Man nimmt die Nationalstraße III, die nach Logroño führt. Auf halbem Weg bis Soria steigt links *Almazán* auf, auch eine Museumsstadt. Sie erhebt sich über dem Tal des Río Duero. Den Fluß überquerend, durchschreitet man nach gemächlichem Aufweg die gotische Puerta de la Villa und freut sich über eine anmutige Plaza Mayor. Sie gefällt besonders, wenn die Marktstände sich um das Denkmal des Padre Diego Láinez, 1512–65, gruppieren, des Compañero des Ignatius von Loyola; in der Hand hält der geistliche Streiter Federkiel und Buch. Der kleine Platz ist eingefaßt vom Ayuntamiento, der Kirche San Miguel mit Mudéjar-Attributen und dem Palast der Mendozas, von dessen Eisenbalkonen die Obersten des Adels, der Kirche und des Stadtregiments jahrhundertelang den Fiestas und dem übermütigen Kampf mit jungen Stieren zuschauten. Bei den weißgekalkten Häusern Almazáns sind Anklänge an die Tradition der Moriscos noch heute wahrzunehmen.

Im 14. Jahrhundert war der bretonische Connétable Du Guesclin fünf Jahre lang Herr von Almazán. Dieser populäre Heerführer des hundertjährigen Krieges zwischen Frankreich und England erhielt die Herrschaft von dem Grafen Enrique von Trastámara, dem er das Königreich Kastilien erstritten hatte. Du Guesclins liegende Grabfigur können wir in der Kathedrale von Saint-Denis bei Paris finden. Sein gröbliches Draufgängergesicht machen die von ihm überlieferten militärischen Streiche glaubhaft. An dem entfernten Almazán war ihm wohl wenig gelegen, denn 1374 veräußerte er es an die kastilische Krone.

Almazán war lange islamisches Feldlager an der Kampflinie des Río Duero. Wir befinden uns jetzt am Oberlauf eines der Hauptströme Spaniens; er durchquert, nachdem er Tordesillas und Zamora berührt hat, das portugiesische Grenzgebirge und strömt unter dem Namen Río Douro bei Porto in den Atlantik. Hinter diesem natürlichen Hindernis konnten sich die zurückgeworfenen Sarazenen noch einmal für eine längere Zeit festsetzen. Die Kastilier nannten alles Land jenseits des Stromes ›Extremadura‹, das Äußere, Entlegene. Als sie dann den Tajo erreichten, war Extremadura das Gebiet südlich dieses Flußes, und dort ist der Name als Bezeichnung einer Region bis heute erhalten geblieben.

Wir stehen auf klassischem Boden hispanorömischer Geschichte. Die Ausgrabungen auf den nördlich von Almazán gelegenen Ruinenfeldern von Lubla und Cuevas lassen erkennen, daß in diesem Gebiet ein Zentrum Roms in Iberien lag. Man hat in Cuevas zahlreiche Ruinen wieder zugeschüttet, um sie vor Zerstörung zu bewahren, denn nur langsam kommt die Spatenwissenschaft nach, alles genau zu bestimmen und zu ordnen. Der bedeutendste Platz römischer Geschichte im Umkreis ist natürlich Numantia. Aber zuvor wollen wir uns in Soria umsehen, der Provinzhauptstadt, von der aus man diese Ruinenstätte aufsucht.

In *Soria* gab es 1256 eine Affäre, die in die deutsche Geschichte hineinspielt. Als damals der kastilische König Alfonso X. in dieser Stadt mit seinem Schwiegersohn, dem aragonesischen König Jaime el Conquistador, einen Grenzstreit bereinigte, meldete sich bei ihm der Gesandte der toskanischen Republik Pisa und ließ ihn wissen, daß man sich für seine Kandidatur als römischer Kaiser und deutscher König einsetzen wolle, so er geneigt wäre – der Thron war nach dem Tod des Gegenkönigs Wilhelm von Holland vakant. Es handelte sich in Deutschland um die ›kaiserlose Zeit, die schreckliche‹, das sogenannte Interregnum. Alfonso war nicht abgeneigt, die Kaiser- und Königskrone zu erlangen, die ihm Macht geben würde über Deutschland und Italien, das war schon sein Jugendtraum.

So einfach ließ sich das Unternehmen nicht an. Denn

Alfonso, Enkel des Staufers Philipp von Schwaben, sah sich einem Mitbewerber gegenüber, Richard von Cornwall, Schwager Friedrichs II. Es kam darauf an, wer mehr Geld zahlte. Richard gab 12 000 Mark Silber dem Erzbischof von Köln, 8000 Mark dem Erzbischof von Mainz, 18 000 Mark für Bayern, 8000 Mark für die übrigen Wähler. Alfonso unterlag. Doch mit Hilfe des Erzbischofs von Trier, dem er 20 000 Mark auf den Tisch gelegt hatte, siegte er bei einer Neuwahl. Der kastilische Adel zwang den König indessen in der Conjuración de Soria, von seinem ausländischen Vorhaben abzusehen. Nominell noch König, betrat er niemals deutschen Boden.

Die handelspolitisch günstige Lage Sorias im Schnittpunkt Kastiliens, Navarras und Aragóns förderte im Mittelalter Handel und Wandel und hatte das Anwachsen des Getto, ›aljama judía‹, zur Folge. Der damals anfallende Reichtum prägt sich noch heute im Stadtbild aus, das patrizisch ist mit zahlreichen Palästen, doch auch mit Kirchenbauten von besonderer Aufwendigkeit. Man bezeichnet mit Recht das Portal von *Santo Domingo*, am höchsten Punkt der Stadt, als eines der großartigsten Spaniens. Der reiche Schmuck der romanischen Kapitelle verbildlicht als ›biblia pauperum‹ Szenen aus der Genesis. Im Tympanon thront Gottvater mit dem segnenden Jesuskind, über ihm die Taube. Wie eine Blüte bricht die vierfach gegliederte Archivolte auf mit ihren 250 gemeißelten Figuren aus dem Neuen Testament. *San Juan de Rabanera* verdient Beachtung wegen der archaisch anmutenden Außenapsis mit ganz ungewohnten, orientalisch beeinflußten Schmuckformen.

Überschreiten wir die Brücke über den pappelgesäumten Río Duero, so lädt uns *San Juan de Duero* ein, seinen eigenwilligen Kreuzgang aus dem 12. Jahrhundert zu besichtigen. Sich überschneidende, in sich verschlungene Spitzbögen sind islamische Adaption, nicht etwa Gotik, die erst später auftrat. Nur die Bogenstellungen sind erhalten, nicht die Bedachung, aber darum wirkt das Geviert um so wuchtiger. Will

man Vergleiche suchen, so vielleicht in Sant'Andrea in
Amalfi, doch dort sind die Spitzbogenarkaden intimer, gera-
dezu ›niedlich‹, verglichen mit der fülligen Kraft derer von
Soria.

Wenig bekannt ist, daß Tirso de Molina, einer der Großen
des spanischen Dramas im Siglo de Oro, im Goldenen Zeitalter, als Prior im Kloster der Mercedarier in Soria 1648
starb. Er schrieb eine Geschichte seines Ordens. Heute noch
ist sein ›Don Gil von den grünen Hosen‹ ein internationales
Repertoirestück. Wie bei Lope de Vega nimmt es wunder,
daß ein Kleriker, der in der dumpfen Orthodoxie seines Jahrhunderts befangen war, so frech-frivole Comedias von solch
bezauberndem Charme verfassen konnte: Spaniens irisie-
rende Doppelgesichtigkeit.

Am Saum einer Grünanlage Sorias liegt das *Numantinische
Museum*. Es enthält eine Fülle beweglicher Objekte aus dem
nahen Ausgrabungsfeld von Numantia, Scherben-Inschriften
der Keltiberer, Tonkugeln mit magischen Einritzungen, Amu-
lette, Becher, Krüge, Schalen, Trichter, Messerklingen, Scher-
messer, Spieße, Pfeilspitzen. Charakteristisch für Numantia
sind großformatige tönerne Trompeten in Form von Jagd-
hörnern. Auch sieht man unter den Fundstücken die einzigen
spanischen Beispiele polychromer heller Keramik.

Die langschädligen Skelette, die eine der Vitrinen birgt,
zeugen vom Untergang der Stadt 133 vor Chr.; einige Kno-
chenstücke sind angesengt. Ein dickbauchiger Krug ist rundum mit geometrischen Mustern bedeckt, Beweis des keltiberischen Horror vacui – der sich im plateresken Stil des
ausgehenden Mittelalters in Spanien wieder bemerkbar
machen sollte.

Ein Modell erleichtert die Übersicht über das Gelände des
alten Numantia, das sich mit einer Fülle von Hausfunda-
menten halbmondförmig ausstreckt, 5 Kilometer von Soria
entfernt und in Nähe des Río Duero, des Durius der Römer;
Reste eines Uferkastells konnten nachgewiesen werden. Der

Obelisk, der aus dem Gelände der einstigen Stadt ragt, ist neuen Datums. Die Wissenschaftler haben sich bemüht, keltiberische und spätere römische Bauschichten unterscheidend zu bestimmen. Sie haben herausgefunden, daß die Römer nach der Eroberung Numantias die Stadt für ihre Zwecke funktionaler gestaltet haben, durch Anlage eines Straßenkreuzes nach Art des römischen Castrums und durch Begradigung und Pflasterung der Fahr- und Gehwege. Die anderthalb Säulen, die unkanneliert aufrecht stehen, stammen aus der Epoche des Imperium Romanum und gehörten einem vornehmeren römischen Wohnhaus an.

Nachdem die Römer die Aufstandsbewegungen des Lusitaniers Viriatus – auf dem Boden des heutigen Portugal – und der beiden Freiheitskämpfer Indibil und Mandonio – bei Ilerda/Lérida – niedergeworfen hatten, flammte der keltiberische Widerstand gegen Rom noch einmal, ein letztes Mal auf, ehe die römische Herrschaft in Iberien ganz gesichert war und die Halbinsel allmählich romanisiert werden konnte.

Die Stadt, die sich nicht unterwerfen wollte, war Numantia. Innerhalb von zwanzig Jahren rannten acht Heerführer vergeblich gegen die numantinischen Mauern an. Der Prokonsul Quintus Pompejus versuchte es mit Täuschung, indem er gegen Auslieferung der Waffen den Belagerten einen günstigen Frieden anbot. Die Numantiner gingen darauf ein. Doch der nachfolgende Konsul Marcus Popillius Laenes erklärte den Vertrag für ungültig. Dies verstärkte die blindwütige Entschlossenheit der Verteidiger zur Abwehr.

Im Jahre 134 übertrug der Senat in Rom das Kommando dem Cornelius Scipio Aemilianus. Dieser drillte nach seiner Ankunft in Spanien erst einmal das Heer, dem Kriegszucht mangelte, zog dann um Numantia Wälle und Gräben, welche die Stadt hermetisch abriegelten, und bemühte sich um Helfer, so den Numidier Jugurtha mit einem Kontingent Bogenschützen und den römischen Bauernsohn Gaius Marius. Diese beiden, die hier an einer Belagerungsfront standen, sollten sich später im Jugurthinischen Krieg in Nordafrika als Feinde gegenüberstehen. Bekanntlich siegte Marius, der danach noch weiteren Lorbeer ernten konnte, als er Rom von der bedrohlichen Gefahr der germanischen Stämme der Kimbern und Teutonen befreite.

Scipio brauchte vor Numantia keine Legionäre und keine Auxiliartruppen zu opfern, er hungerte die Stadt aus. Die Not muß innerhalb der Mauern unvorstellbar gewesen sein. In ihrem freiheitlichen Trotz zogen es die Eingeschlossenen vor, sich selbst zu entleiben, wie später im römisch-jüdischen Krieg (70–73 nach Chr.) die Extremisten Eleazars, die sich in der herodianischen Festung Masada hoch über dem Toten Meer verschanzt hatten. Als die Truppen Scipios in Numantia eindrangen, konnten sie ihres Sieges nicht froh werden: In den Straßen herrschte gespenstige Ruhe, und überall sah man Tote. Nur wenige blieben übrig und wurden später im Triumphzug des siegreichen Feldherrn in der Tiberstadt mitgeführt. Scipio erhielt nach dem Sieg, den er nach 15monatiger Belagerung im Jahre 133 errungen hatte, zu seinem Ehrentitel ›Africanus‹ noch das rühmende ›Numantius‹.

Wenig bekannt ist, daß Cervantes, der Autor des ›Don Quijote‹, der auch Dramatiker war, ein Stück ›El cerco de Numancia‹, ›Die Belagerung von Numantia‹, geschrieben hat. Die 1585 entstandene Szenenfolge rollt die ganzen Greuel des Untergangs der keltiberischen Stadt am Fluvius Durius auf. Neben den historischen Figuren, nicht weniger als vierzig, enthält das Personenverzeichnis auch allegorische, so Spanien, den Duero, den Hunger. Morando, der seine Geliebte Lira verhungern sieht, stiehlt sich ins römische Lager und erbeutet Brote, wird dabei verwundet und überreicht, in die Stadt zurückgekehrt, Lira sterbend die Laibe. Man hat das Werk mit den ›Persern‹ verglichen, eine arge Verkennung. Shelley, der vor Livorno ertrunkene englische Lyriker, schrieb 1821 über das Stück: »Ich habe die ›Numancia‹ gelesen, die mich, nachdem ich durch die außerordentliche Albernheit des ersten Aktes hindurchgekommen, durch die Gewalt des Autors, Mitleid und Bewunderung zu erregen, in hohem Grade erfreute und interessierte. Er wird darin schwerlich von einem andern übertroffen. Allerdings ist in diesem Stücke wenig, was man Poesie nennen kann, aber die Macht der Sprache, der Wohlklang der Verse sind so groß, daß sie einen in die Idee hineintäuschen, es sei Poesie.«

Der Doncel von Sigüenza

Nach Rückkehr auf die Nationalstraße II bietet sich bei Alcolea del Pinar die Gelegenheit einer lohnenden Visite in *Sigüenza*. Schon ihr Weichbild, das wir bei der Anfahrt in seiner ganzen Breite wahrnehmen, macht den Besucher neugierig. Wie Bug und Heck eines Schiffes fassen Kathedrale und Kastell die Stadt in ihrer Mitte ein.

In das weitläufige Kastell, Castillo-Palacio genannt, tritt man durch einen Torbogen, der von zwei wehrhaften Türmen flankiert wird. Der Bischof Girón de Cisneros hat sie im 14. Jahrhundert errichten lassen. Doch dies ist ein verhältnismäßig später Beitrag zu einer immer wieder ergänzten Wehranlage, die im Kern auf die Römerzeit zurückgeht und nach Osten hin durch den natürlichen Felsabfall uneinnehmbar gewesen ist. Die Annalen der Burg registrieren eine traurige Geschichte: Pedro el Cruel, der Grausame, König von Kastilien, hat dort seine Gemahlin Doña Blanca de Borbón, Bourbon, vier Jahre lang inhaftiert. Dieser kastilische Heinrich VIII. fand seine französische Angetraute fade, obwohl posthume Verse ihre Schönheit feiern:

> ... en ese castillo presa
> la más hermosa princesa
> que vió el solar castellano.

> ... gefangen in diesem Kastell
> die schönste Prinzessin,
> die das kastilische Schloß je gesehen hat.

Besser gefielen Pedro jedenfalls seine vielen morganatischen
Verbindungen, vor allem die berückende María de Padilla.
Um einen Vorwand zu haben, sich seiner Gemahlin zu ent-
ledigen, beanstandete der König die ihr zuteil gewordene
magere Mitgift. Da dieser Vorwurf zur Annullierung der Ehe
nicht ausreichte, konstruierte er das Delikt, Blanca de Borbón
habe einen Liebhaber, nämlich seinen eigenen Bastardbruder
Don Fadrique. Von Sigüenza ließ Pedro sie ohne Hofstaat
nach Jerez de la Frontera bringen, da das Kastell durch die
kastilisch-aragonesischen Grenzstreitigkeiten gefährdet war,
und dann nach Medina Sidonia. Dort starb die unglückliche
Inhaftierte 25jährig im Jahre 1362. Ihr Gedächtnis ist in
Sigüenza lebendig; man zeigt noch den Turm der Doña
Blanca, in dem der jungen Königin hoffnungslos die Zeit zer-
rann.

Vom Kastell fällt die an Palästen reiche, eng gebaute Altstadt zur Plaza Mayor ab, die auf der tiefergelegenen Seite
von der Südflanke der Kathedrale mit schöner gotischer Fensterrose, auf der oberen von den doppelten Laubengängen
des Rathauses, des Ayuntamiento, begrenzt ist, eine ideale
Kulisse für theatralische Repräsentation. Am Westwerk der
Kathedrale umsäumen zwei zinnengekrönte, nahezu fenster-
lose Wehrtürme den etwas zurückliegenden dreifachen
Bogenschwung der Portalzone aus dem 13. Jahrhundert.
Mächtige Pfeilerbündel tragen die Arkadenbögen des dreischiffigen Innenraums, in dem viele gotische Sarkophage stehen. Über 300 bärtige Köpfe blicken aus dem Kassetten-
gewölbe der Sakristei. Vom gotischen Gestühl schuf das
mittlere Roderich der Deutsche. Im linken Querschiff befindet sich der Altar samt silbernem Reliquiengefäß der Santa
Librada, der Patronin des Gotteshauses. Mit der Heiligen hat
es eine besondere Bewandtnis.

Librada, gebürtig aus vornehmem Hause, soll in Galicia
oder Portugal das Martyrium erlitten haben – wo sie heute
übrigens ganz unbekannt ist. Ihre Reliquien wurden in Aqui-
tanien verwahrt, später um 1300 mit Erlaubnis des Papstes

Bonifaz VIII., der das ›Heilige Jahr‹ eingeführt hat, nach Sigüenza verbracht. Die Heilige ist legendenumrankt. Es heißt, sie habe sich zur Verteidigung ihrer Jungfernschaft einen Vollbart wachsen lassen; so wurde sie unzählige Male dargestellt, und zwar am Kreuz hängend, da sie als Märtyrerin die Todesart Christi erlitt. Vor ihrer Statue geigte einmal ein armer Spielmann. Librada, voll Mitleid, ließ einen ihrer Silberschuhe fallen. Als man den Spielmann mit dem Schuh aufgriff, wurde er als Dieb angeklagt. Er beteuerte seine Unschuld und bat, zu der Statue zurückgeführt zu werden, worauf Librada unter Zeugen ihren andern Schuh fallen ließ. Die Unschuld des Spielmanns war erwiesen.

Nun wird von der heiligen Wilkeforde in Prag, auch Heilige Kümmernis genannt, genau die gleiche Geschichte erzählt. Dies führte zu Zweifeln der offiziellen Kircheninstanzen; man hegte den Verdacht, Librada habe es nie gegeben, sie sei eine erfundene Heilige, auf die irgendwann einmal die Fama von der Prager Märtyrerin übertragen worden sei. Papst Johannes XXIII. verbot darum 1961 den Kult. Doch Santa Librada war in Sigüenza so volkstümlich, daß man sie nicht einfach abschaffen konnte. So wurde sie unter Paul VI. 1967 als iberische Heilige wieder rehabilitiert und in den Kanon aufgenommen.

Den größten Eindruck in Sigüenza mag jedoch das Grabmal des Edelknaben Martín Vázquez, genannt El Doncel, in uns hinterlassen, die Alabasterfigur eines liegenden, sich bequem auf einen Ellbogen aufstützenden und in einem Buch lesenden jungen Mannes. Den Mantel der Ritter von Santiago über dem Kettenpanzer, die Waffe zur Seite, die Sturmhaube auf dem Kopf, schaut er versonnen auf die Schrift, die Züge von verblüffender Lebensechtheit, trotz aller gotischer Stilelemente. Wir werden von dem jungen Mann, der seines Adels bewußt, gelassen und mit einem Schimmer von Schwermut vor uns liegt, tief berührt. Neben dem Grabbild Juans, des Sohns der Katholischen Könige, in Ávila und dem des Pagen Padilla in der Casa de Miranda von Burgos gibt es in Spanien kein Steinporträt, das mehr ergreift. Der Doncel von Sigüenza verkörpert sprechend den Typ der spanischen Jugend adliger Herkunft im Siglo de Oro, im goldenen Jahrhundert des großen Aufbruchs der Nation zur ersten Weltmacht, der freilich auch mit schmerzlichem Blutzoll verbunden war. Ortega y Gasset nannte das Kunstwerk des lässig hingelagerten, die Beine überkreuzenden Jünglings »la estatua más bella del mundo«, »die schönste Statue der Welt«.

Verständlich, daß ein so lebensvolles Grabbild voll geheimnisvollen Charmes zu vielen Fragen nach den Lebensumständen des Jünglings, zu vielen Deutungen der Gestaltung Anlaß gegeben hat. Historisch gewiß ist nur, daß der Doncel in der allerletzten Phase der Reconquista ums Leben gekommen ist. Während der Belagerung von Granada, dem letzten islamischen Brückenkopf Spaniens, wollte er 1486 seinem Herrn, dem muy Ilustre Señor Duque del Infantado, gegen Angreifer aus Jaén zu Hilfe kommen, dabei traf ihn der tödliche Streich. Wo er fiel – die Stelle führt den Namen ›Acequia gorda‹, ›breiter Graben‹ –, steht heute ein Monolith zu seinem Gedächtnis. Fernando de Arce, der Vater des Gefallenen, ließ den Toten nach Sigüenza bringen und in der Grabkapelle der Familie beisetzen. Ein Knappe hält das Kissen zu seinen Füßen, Knappen halten an der Sockelwand den ›escudo‹, das Wappen des Doncel.

Die Eltern, die die Skulptur in Auftrag gegeben haben, ruhen ebenfalls in der Familienkapelle, ganz in der Nähe des auf seinem marmornen Bett ruhenden, frühverstorbenen Sohnes, während der andere Sohn, der als Bischof der Kanarischen Inseln 1523 verstarb, in einer Nische unmittelbar neben dem Doncel beigesetzt ist, über ihm das Relief des Pfingstwunders.

Was im Leben des Doncel dunkel bleibt, hat die Phantasie hinzuerfunden, angeregt von seinem Bildnis, das gerade im lebendig erfaßten Augenblick an die Vergänglichkeit erinnert. Es wurde behauptet, Martín Vázquez habe gegen seinen

Willen in Salamanca studiert und sich in die Tochter des Rechtskundigen Enrique de Montalbán verliebt, die zu jenem Zeitpunkt ihren toten Bruder beweinte. Dieser sei während der Attacke auf Málaga von einem vergifteten Pfeil getroffen worden. Das habe die ›Doncella‹ so gegen alles Kriegerische verschreckt, daß sie geschworen habe, in ein Kloster zu gehen oder lieber einen bettelnden Straßensänger zu heiraten als einen Krieger. Auch wurde dem Doncel eine natürliche Tochter namens Ana angedichtet. Weiterhin habe die Königin Isabella vor Martín Vázquez' Heldentod das Feldlager besucht, die Tüchtigkeit des Doncel gelobt, ihn aber auch wegen seiner riskanten Aventuras gerügt. Sie habe ihn ›el mi loco‹, ›mein Tollkopf‹, genannt.

Das Buch in Händen des Doncel, auf das sich seine Augen mit schweren Lidern versunken richten, ist nicht näher bezeichnet. Man will darin ein Stundenbuch erkennen, in dem der Gefallene als letzte geistliche Hilfe ein göttliches Perdón erbittet.

In Sigüenza zeigt man noch das Geburtshaus des Doncel; der kleine gotische Palast liegt in der Calle Travesana Alta. Die guterhaltene Fassade ist der Breite nach dreifach abgestuft, das Obergesims trägt einen Zinnenkranz, und über dem Schwung der Portalarchivolte sieht man dreimal das Wappen der Familie.

Die auf den Tod des Doncel folgende Epoche der ersten spanischen Habsburger ist durch zwei Kunstwerke des Diözesanmuseums vertreten: eine Grecosche ›Verkündigung‹ und das Grabmonument des mit seiner Gemahlin betenden Sekretärs Karls V., Don Francisco de Eraso. Beiden gesellt sich, wie zur Familie gehörig, der Namenspatron des hohen königlichen Staatsbeamten zu.

Der Infantado-Palast in Guadalajara

Wie aus einem Felsstumpf herausgewachsen wirkt das abseits von Sigüenza gelegene Kastell von *Atienza* – dort zieht übrigens an kirchlichen Festtagen die ›hermandad‹, die Laienbrüderschaft, noch zu Pferde um. Ist Atienzas Veste unverändert durch die Zeiten auf uns gekommen, so war *Torija*, an der Straße nach Guadalajara, ein towerartiger Vierflügelbau mit einem übereck gesetzten Donjon, hinreißend als ritterlicher Prospekt, den Restauratoren ausgeliefert.

Guadalajara hieß bei den Arabern ›steiniger Fluß‹. Gemeint ist der Río Henares, der wie der Río Jalón in der Sierra Ministra 1310 Meter hoch entspringt, aber in die entgegengesetzte Richtung fließt, vorbei an Sigüenza, Guadalajara und Alcalá, und schließlich in Madrids Hausfluß Manzanares mündet. Guad-al-Ajdjah wurde durch Alvar Fáñez de Minaya, einem Waffengefährten des Cid, von den Arabern zurückerobert.

Eine Moschee des islamischen Guadalajara ist in die Kirche Santa María de Fuente umgestaltet worden. Etwas vom Geist des Orients blieb erhalten. Der Bau zeigt wie kaum ein anderer in Zentralspanien arabische Merkmale, wie in der Minarettform des Turmes und einer Hufeisenpforte in der Backsteinfassade. Ionische Säulen tragen den Portikus. Bei der Kirche Santiago trifft man erstmals die aus Haustein gebildeten Einlagen im Ziegelgemäuer an, die zu rechteckigen Mustern geformt sind, typisch für Madrid und seine weitere Umgebung. Die Kirche hat innen einen offenen Dachstuhl. Ein Handwerker bessert mit subtiler Einfühlung Hausteine aus. Wie in Italien hat auch in Spanien das Handwerk von heute noch einen Nerv für das historisch Legitime (nicht etwa für platten Historismus).

Die modernen Hochstraßen und die Gruppen von Hochhäusern geben zunächst noch nichts von dem historischen Kern der Provinzhauptstadt, der alten Residenz der Duques von Infantado, frei. Dieses Herzogsgeschlecht, das im König-

reich einen hohen Rang einnahm, hieß eigentlich Mendoza,
doch die Mendozas nannten sich nach ihrem Palacio, dem
›Prinzenpalast‹ – ähnlich wie die schwäbischen Herren von
Büren nach ihrer Burg den Namen ›Staufer‹ angenommen
haben. Das fürstliche Gebäude aus honiggelbem Kalkstein an
der Plaza de los Caídos hat zwar im Bürgerkrieg sehr gelitten,
seine Fassade und der Innenhof sind aber wiederhergestellt.
Über die ganze Vorderseite stehen spitz facettierte Steine vor,
im ›Diamantschnitt‹ der Renaissance, der sich auch in Spanien findet. Zwei ›wilde Männer‹ im Zottelfell stehen beiderseits des prunkenden Wappens. Den oberen Abschluß der
Fassade bildet eine Galerie von Doppelfenstern und vorspringenden Erkern; sie ruht auf einer reich skulpturierten
Konsolleiste. Reliefs von Löwen und Greifen über den Arkadenbögen sind der Schmuck des zweistöckigen Innenhofes,
dessen Galerien von üppigem, molluskenhaftem Schmuck
überzogen sind; in Spanien findet man dergleichen sonst nur
noch im Patio des Colegio de San Gregorio in Valladolid.
Juan Guas, der das prächtige Gebäude 1461 begonnen hat,
ist auch der Baumeister von San Juan de los Reyes, jener Toledaner Kirche, die den Katholischen Königen besonders am
Herzen lag.

Der ›Prinzenpalast‹ hat viel an Geschichte gesehen. Hier
hat Philipp II. sich zum dritten Mal vermählt, mit Isabella
von Valois, jener französischen Prinzessin, in die sich in Schillers Drama der Infant Don Carlos schwärmerisch verliebte.
Ein anderer Philipp, Bourbone und der fünfte seines Namens,
ehelichte im gleichen Palast eine Farneserin, die auch Isabella
hieß. Doch das wichtigste Ereignis spielt in die Ägide Karls V.
hinein, dessen Wappen übrigens im Innenhof des Palacio wir-
kungsvoll angebracht ist.

Es war selbst für die turbulenten und oft rauhen Auseinandersetzungen in der Zeit der Renaissance ein spektakuläres
Ereignis, daß ein Monarch einen anderen Monarchen gefan-
gennahm. Nach der Schlacht von Pavia 1525 fiel Franz I.
in die Hände seines Gegners, des römischen Kaisers und zu-

gleich deutschen, spanischen und sizilischen Königs. Karl ließ den leichtsinnigen und kunstliebenden Franzosen, den Erbauer der schönsten Loire-Schlösser, nach Madrid bringen, wo er dann bis zum Aufbringen des hohen Lösegeldes festgehalten wurde. Nun bleibt der Träger einer Krone, wenn auch Kriegsgefangener, doch ein königlicher Standesgenosse, der entsprechende Behandlung erwarten darf. Da Franz I. nicht an einem Tag in die spanische Hauptstadt gebracht werden konnte, mußte man da und dort Station machen. Kurz vor Madrid, in Guadalajara, nächtigten der König Frankreichs und seine Begleitmannschaft zum letzten Mal. Als würdiges Quartier war der Infantado-Palast ausersehen. Doch der dritte Duque empfing den Roi de France mit so zuvorkommendem Prunk, daß dies Karl V. doch wieder übertrieben schien und er dem Herzog eine Rüge erteilte. Als Franz I. dann nach entsprechenden vertraglichen Abmachungen – die er später nicht einhielt, aber das ist eine Sache für sich – frei nach Frankreich zurückkehren durfte, wurden ihm auf der Rückreise im nahen Alcalá de Henares alle ihm zustehenden Ehren wieder uneingeschränkt zuteil.

SÜDLICH VON MADRID

Toledo, Spaniens Rom

Hat man in südlicher Richtung die karge Umgebung der Hauptstadt hinter sich gelassen, so erreicht man bald auf der Nationalstraße 401 die ›spanischste‹ aller Städte der Halbinsel, die reichste an Kunst und Historie, Spaniens Rom – das dreiseitig vom Río Tajo umschlungene, auf steilem Felsmassiv thronende *Toledo*. Kaum eine Stadt ist in ihrer Totalität so überschaubar, geradezu mit einem Blick – man könnte sagen: mit dem Greco-Blick – zu umfassen wie das Toletum der Römer, das Tolaitola der Muselmanen. Die Topographie dieses einmalig konzentrischen Stadtgebildes sorgt dafür, daß es seiner natürlichen Umgrenzung von Steilhang und Fluß nie verlustig geht, daß es zwar Häusermassen jenseits des streng abgezirkelten Areals des eigentlichen Stadtkerns auszuschütten vermag (bisher geschah dies mit Maß), daß es aber seine unverwechselbare historische Silhouette nie verlieren wird, so erhaben krönt die alte Königsstadt den Steinsockel ihres natürlichen Stadtgrundes. Ihn umarmt der Río Tajo, der sein breites Bett zwischen Baumgestrüpp, wie noch bei Aranjuez, verlassen hat und hier die Toledoberge tief durchschneidet, eine ideale Verteidigungslinie für die einst wehrhafte, von Mauern umgürtete Kapitale so vieler nachmalig zerstörter Reiche; darin ähnelt Toledo Jerusalem, das auch nur auf einer Seite, auf einer Landbrücke, ungeschützt zugänglich, sonst aber von felsigen Senken umgeben ist, deren eine der armselige Kidron durchfließt. Hier aber, in Toledo, gebot der jederzeit wasserreiche Tajo den Angreifern früherer Jahrhunderte Halt. Darum haben die iberischen Karpetaner, die Römer, die Westgoten, die Mauren und schließlich die kastilischen Könige diese natürliche Bastion als Herrschersitz genutzt und zur Festung ausgebaut.

Nicht durch uniforme Neustadtbezirke muß man sich bemühen, um des eigentlichen Toledo teilhaftig zu werden. Die Stadt ist plötzlich da, abweisend, wie manche sagen, aber doch auch geheimnisvoll anziehend, einladend, in dieses über den Berggrund ausgestreute Stadtgebilde einzukehren, sich im Gewirr seiner Gassen und Stiegen zu verlieren, Toledo für sich zu ›erobern‹ – so mögen auch die mittelalterlichen Heere auf den umliegenden Bergen gelagert haben, die diese Stadt einnehmen wollten. Oft wurde sie gestürmt, angeschlagen, gedemütigt – degradiert wurde sie nie, und auch heute, da Madrid die Staatskapitale ist, bleibt Toledo die geheime Hauptstadt Spaniens; von den alten Städten des Landes läuft ihr weder Burgos noch Sevilla noch Salamanca den Rang ab.

Die Gesamtschau, die wie keine andere überwältigt, wird vom Platz des Paradors Conde de Orgaz geboten, im Süden Toledos, und unabhängig von der Euphorie, die dieser Blick zu erwecken vermag, erfaßt das Auge die Fixpunkte des weit vor uns ausgebreiteten Stadtplanes, den Fluß, Brücken und Mauern, die sofort erkennbaren Komplexe der Kathedrale und der königlichen Kirche San Juan de los Reyes, den Monolith des Alkazar, der, auffälliger noch als die Kathedrale, die höchste Stelle einnimmt. Von diesem oder einem anderen Punkt des riesigen, von den Bergen jenseits des Tajo gebildeten ›Theatron‹, in dessen Zentrum sich Toledo auf einem Felsenpostament erhebt, blickt man auf die wirkliche Stadt, zugleich aber auch auf die Stadt in ihrer Transzendenz, als Vision, als Idee einer Stadt, wozu ganz besonders die Grecosche Schau verführt, die in dem, der sie in sich aufgenommen hat, nicht auszurotten ist: Toledo im Gewitter, Toledo unter Wolkenschleiern, Toledo von sphärischen Wesen beschützt, die in selbstverständlicher Realität über der Stadtkulisse schweben.

Den Engländer Morton hat dieser Blick von einer der Felsenterrassen, die sich um Toledo runden, dazu bewogen, von einem alten Ritter zu sprechen, der sein Schwert auf den Knien hält – ein Bild, das den Geist ritterlicher Zeiten einzufangen versucht, wie man ihn heute noch lebendig glauben möchte, wie auch die Bedeutung der Klingenherstellung seit maurischer Zeit, als man islamische Muster in den Stahl gravierte, nach dem Vorbild Damaszener Tauschierarbeiten.

Man müsse glauben, so empfand es Rilke, daß man beim Eintritt in Toledo einem Löwen oder einem Heiligen begegne. Und Cervantes sah in der Stadt, in der jeder Stein Geschichte ist, einen ehrfurchtgebietenden Felsblock, Ruhm Spaniens und Licht seiner Städte. Kann man den Escorial als Schemel Gottes auf spanischer Erde bezeichnen, so ist Toledo der Schrein der Nation.

Wer mit der Bahn zur alten Königsstadt gelangt, tritt dieser in ähnlicher Weise entgegen wie Ankömmlinge früherer Epochen, nämlich über die Alcántara-Brücke aus maurischer Zeit, die früher der einzige Zugang zu Toledos Granitberg gewesen ist. Heute können wir auch die jüngere Puente San Martín benützen. Dem Autoreisenden wird eine weniger malerische, weniger dramatische Einfahrt zuteil, indem er an jener Stelle auf die Stadtmauer stößt, die der Río Tajo nicht berührt, am Anfang der toledanischen Landzunge und auf einem Gelände, das mit der Stadt schon fast die gleiche Ebene bildet. Ganz anders die Puente de Alcántara, deren äußerer Brückenkopf ein Barocktor ist, während sich auf der Stadtseite noch ein alter zinnengekrönter Wachtturm erhebt. Von der Brücke aus blickt man unterhalb der Veste San Servando in den schluchtartigen Einschnitt des Tajo und hinauf zu den Herrera-Türmen des stadtbeherrschenden Alkazar.

Trotz des Flusses zu Füßen der Stadt herrschte früher in Toledo Wassernot, so daß der Italiener Juanelo Torriano, einer aus dem Gefolge Karls V. in San Yuste, mittels eines kunstvollen Zusammenspiels von Rädern in einem Gebäude am Ufer das Flußwasser auf die Höhe des Kastells hinaufbeförderte. Die Einrichtung, eine echte Idee der Renaissance, galt als Achtes Weltwunder und wurde von aller Welt bestaunt. Spanische Choreographen nahmen den Rhythmus der Anlage zum Vorbild für neue Tanzschöpfungen, deren eine ›El Mago‹ hieß: Die Tänzer hoben und senkten die Arme, als würden sie Wasser schöpfen. Gleich Leonardo beschränkte sich Torriano nicht auf eine einzige Technik. Er betätigte sich daneben als Uhrenhersteller und war besonders deswegen Karl v., der ein ›Uhrennarr‹ gewesen ist, unentbehrlich. Der begabte Mechaniker soll auch eine Gliederpuppe konstruiert haben, die selbständig gehen konnte, so daß die Straße, in der er wohnte, ›Calle del hombre de palo‹, ›Straße des hölzernen Mannes‹, genannt worden ist. Der Niedergang Toledos zur Bourbonenzeit brachte das Räderwerk Torrianos zum Stillstand, so daß von nun an wieder Maultiere Wasserkrüge den Berg hinaufschleppen mußten.

Der Alkazar

Von der Alcántara-Brücke tief unter der Stadt erreichen wir nach vielgewundenem Anstieg bald die Plaza de Zocodover (arabisch: Viehmarkt), einen dreieckigen Platz mit Anlagen, auf dem sich der Verkehr – im übrigen Altstadtgebiet mit seinem Gassenlabyrinth sehr behindert – zusammenballt, wo sich gegen Abend aber auch die Einwohnerschaft und zumal die Jugend ein Stelldichein gibt; Cafeterías und Steinrampen laden zum Sitzen ein. Die langgestreckte Comisaría de Policía mit den dorischen Säulen ihres Kolonnadenganges wird vom Westflügel des *Alkazar* fortgeführt, des quadratischen Kolossalbaus mit Ecktürmen und Arkadenhof, der in dieser Form auf die Architekten der ersten Habsburgerzeit, Alfonso de Covarrubias und Juan de Herrera, zurückgeht, jedoch bereits unter Römern, Mauren und dann den kastilischen Königen bestand, die von Alfonso x. an in Toledo residierten.

Da Kastelle wie alle reinen Zweckbauten meist allzu üppigen Zierats entbehren, entging der platereske Stil des 16. Jahrhunderts hier der Gefahr, in die sonst übliche überschäumende Dekorfreudigkeit auszuarten. Die Architekten Karls v. und Philipps ii. beschränkten sich auf Schmuckformen an Portalen, Fenstern und Balustraden. Das Gebäude, dessen Stallungen 500 Pferde aufnehmen konnten, diente nicht immer nur als Festung und Königsburg; zeitweise mußte es sich die weniger erhabene Funktion einer Kaserne, eines Gefängnisses, einer Teppichweberei gefallen lassen, dies unter dem Bourbonen Karl III. Öfter und nicht erst im Bürgerkrieg der 30er Jahre brannte es ab, so 1710, 1810, 1887, doch die Schäden, die das Bauwerk 1936 erlitt, waren die schlimmsten. Der Alkazar gehört indessen so notwendig zur Physiognomie Toledos wie die Nase zu einem Gesicht, so daß man trotz öffentlichen Geldmangels nach dem Krieg die Anstrengungen nicht scheute, dem Monument wieder seinen gewohnten Umriß zu geben. Heute ist darin ein Militärmuseum untergebracht.

Bei Ausbruch des Bürgerkriegs war der Alkazar Sitz der Militärakademie. Toledo befand sich in den Händen der Republikaner, doch der militärische Gouverneur der Provinz, Oberst Moscardó, war Parteigänger der Nationalen und als solcher entschlossen, die berühmte Festung unter allen Umständen zu halten. Es war Ferienzeit, viele Kadetten hatten gerade Urlaub. Innerhalb der Kastellmauern befanden sich immerhin 11 000 Menschen, darunter allerdings ein gutes Drittel Nichtkämpfer, auch Frauen und Kinder. 72 Tage hielt man sich gegen zehnfache Übermacht und dauernden Beschuß, der 103 Gefallene kostete. Im Spital der Festung gab es kein Chloroform. Unter den Kadetten war ein Medizinstudent, der ohne Narkose amputierte. Da das Wasser knapp wurde, mußte man es rationieren, auf $1/4$ Liter pro Kopf. Pferde und Maulesel in den Stallungen wurden aufgegessen.

Die Angreifer hatten unterdessen einen Stollen in den Felsen unter der Festung vorgetrieben, um diese in die Luft zu sprengen. Bei der Zündung am 18. September brachen eine Mauer und ein Turm in sich zusammen, aber den Verteidigern gelang es, die Bresche mit Barrikaden zu schließen. Endlich, am 25. September, überflogen nationale Flugzeuge die Stadt, und einen Tag später drangen die Streitkräfte Francos in Toledo ein. Oberst Moscardó meldete dem Befreier, General Valera: »Nichts Neues im Alkazar.«

Aus den Wochen der Belagerung wird die heroische Tat eines einzelnen überliefert, von der man glauben möchte, daß in der anonymen und technisierten modernen Kriegführung kein Raum mehr für sie hätte sein können. Man fühlt sich ins heldische Mittelalter versetzt, aus dem gleiches berichtet wird, so mit verblüffender Übereinstimmung in der Geschichte Portugals, als der kastilische König Enrique II. im 14. Jahrhundert Barcelos belagerte.

Der Sohn Moscardós befand sich in der Gewalt der Belagerer. Am 23. Juli erhielt der Oberst – die Leitungen in der Stadt waren unversehrt geblieben – einen Anruf des republikanischen Befehlshabers, der Alkazar sei binnen zehn Minuten zu übergeben, anderenfalls werde sein Sohn erschossen. »Damit Sie wissen, daß dies die Wahrheit ist, wird Ihr Sohn an den Apparat kommen.« Über die Kampflinie hinweg sprachen nun Vater und Sohn miteinander. Der Militärgouverneur wußte dem Sohn nur den Rat, seine Seele Gott zu empfehlen, ›Viva España‹ zu rufen und wie ein Patriot zu sterben. Luis fiel unter den Schüssen der Republikaner, allerdings erst im September, vielleicht unter der Psychose der an diesem Tage erfolgten Luftangriffe.

Die Kathedrale

Durch die verhältnismäßig breite Calle de Comercio oder über Treppenstufen beiderseits des Hotels ›Carlos Quinto‹ gelangen wir zur Kathedrale. Für sie trifft zu, was für alle Großkirchen des Landes, ausgenommen Sevilla, gilt: Von außen gesehen wirkt sie wenig grandios, eingeengt von den schmalen Straßenzügen der Altstadt, ihr Schiff erscheint relativ niedrig; hochragend ist nur einer der Fassadentürme, über dessen Helm drei ›Dornenkronen‹ gestülpt sind.

Sevillas gotische Hauptkirche ist größer, eine der größten der Christenheit. Doch nach ihr rangiert in Spanien die von Toledo, das ›Haus‹ des Kardinalprimas. In der Zeit der Völkerwanderung, auf der Scheide von Altertum und Mittelalter, hatte der Erzbischof von Braga, der Hauptstadt des schwäbischen (suebischen) Königreichs auf iberischem Boden, diesen Rang inne. Dann aber hat Toledo der heute portugiesischen

Stadt den Rang abgelaufen, und seine Kathedrale stand bald an der Spitze aller Gotteshäuser Iberiens. Doch unabhängig von jeglicher Rivalität: Die Kathedrale von Toledo ist eines der maßgeblichen Zeugnisse der Gotik überhaupt, spezifisch in ihrer spanischen Prägung, an Reichtum der Tradition, der Kunst, der Kirchenschätze von keiner andern in Spanien übertroffen. Spanische Gotik manifestiert sich nirgendwo so überzeugend wie hier.

Die Gotik ist die originärste Leistung des Christentums. Sie kommt aus Frankreich; Saint-Denis im Norden von Paris ist die früheste Kirche, die man gotisch nennen darf. Dieser Stil hat auf alle christlichen Länder übergegriffen und in jedem eine Sonderform hervorgebracht, die von der Landschaft und der Mentalität des Volkes bestimmt wird. Das eben macht den Reiz des Stils aus, wenn wir ihn europäisch betrachten. Eine gotische Kathedrale Englands ist sofort von einer französischen zu unterscheiden. Das gleiche gilt von den gotischen Domen und ›Parroquias‹, die Spanien hervorgebracht hat. Sie sind in jeder Hinsicht ›spanisch‹.

Spanische Sanktuarien der Gotik streben nicht in die Höhe. Sie bleiben erdhaft dem Boden verbunden – wie ganz Spanien bei aller Spiritualität ›irdisch‹ ist – und laden eher in die Breite aus. Auch das Diaphane, Lichtdurchströmte liegt ihnen nicht; der Spanier zieht den mystischen Raum mit kleinen Lichtdurchlässen vor. Darum spielt das bemalte Glasfenster, typisch für gotische Kirchenbauten anderswo, unter spanischem Himmel weniger eine Rolle. Was dem Fremden in gotischen Gotteshäusern Spaniens sofort auffällt und was ihm vielleicht ein Ärgernis ist, der Coro, Kirche in der Kirche und zum Gebrauch der Chorherren mitten im Langhaus errichtet, mag vielleicht das Langstrebige gotischer Innenräume verderben – doch der Freund spanischer Gotik will den Coro nicht missen, zumal wenn er bedenkt, welche Blüten der Kunst Coro und Trascoro mit ihren subtilen Skulpturen und Schnitzereien aufzuweisen haben.

Das Westwerk der Kathedrale in Toledo

Der Altar der gotischen Kathedralen Spaniens, auch dies eine Eigenart, steht nicht frei vor dem Halbrund der Apsis, sondern ist als ›retablo‹ in diese eingefaßt, eingeschmiegt, mehr Bildwand als umschreitbare Plastik. Typisch für spanische Gotik ist auch die Vorliebe für die gleiche Höhe der Schiffe (Hallenkirche), für Fünfschiffigkeit (wie in Toledo), für doppelten Chorumgang mit Kapellenkranz, für eine Zwerggalerie dicht unter dem Gewölbe, für maurische Schmuckelemente. Im Gegensatz zum Auseinanderstreben einzelner Bauteile bei der englischen Gotik ist für Spanien das Zusammengefügte, Gesammelte bezeichnend, so daß Dehio mit Recht sagt: »Beseitigung alles Trennenden ist das mit unerhörter Kühnheit der Mittel verfolgte Ziel.« Was das Dekorative betrifft, so liebt die spanische Gotik das Netzgewölbe und oft filigranartig durchbrochenes Maßwerk. Vor allem der Spätstil ergeht sich in üppiger Ornamentik, die man ›plateresk‹ nennt, weil sie an die Erzeugnisse der Silberschmiede (plateros) erinnert. Doch dies leitet schon halbwegs über zur Renaissance.

Die Kathedrale von Toledo geht auf den ersten Bischof, den heiligen Eugenius, zurück. Nach dem Einbruch der Moslems, ein Jahr nach der Schlacht von Jerez de la Frontera, wurde das Gotteshaus, wie viele Kirchen Spaniens, Moschee. Ferdinand der Heilige legte 1226 den Grundstein zu der Kirche, die wir heute vor uns sehen. Sie erhielt den Rang der vorislamischen, der westgotischen Ära zurück, Hauptkirche der Christenheit auf der iberischen Halbinsel und Sitz des Primas zu sein. Frühester Hausherr der Santa Iglesia Catedral Primada – dies der volle Name – war jener Erzbischof Jorge Jiménez de Rada, dessen Grab sich in dem aragonesischen Kloster Santa María de Huerta befindet.

Als erster Architekt ist in den Annalen des neugestalteten Gotteshauses Meister Martín belegt, den man für einen Franzosen hält; aus Frankreich kamen die ersten Impulse der Gotik über die Pyrenäen, wobei die mächtige Kathedrale von

Bourges als vermittelndes Glied anzusehen ist. Ähnlich wie bei der Kathedrale von Burgos, der altkastilischen Königsstadt, wirkten namentlich Fremde an Bau und Ausgestaltung der Kardinalskirche mit, darunter auch Deutsche. Was für Burgos Hans und Simon von Köln gewesen sind, waren für Toledo Roderich der Deutsche und Hans von Arfe. Daß die Santa Iglesia Catedral trotz nichtspanischer Meister dennoch in vielem dem spanischen Bild der Gotik entspricht, führt man auf Pedro Pérez zurück, der Meister Martín nach 12 Jahren abgelöst hat. Die 5 Schiffe erhielten durch ihn fast die gleiche Höhe, so daß der Innenraum sich dem in Spanien geschätzten Typ der Hallenkirche annähert; auch wurde der Chor gegenüber dem ursprünglichen Plan erhöht und verkürzt (die langen Chortrakte hatte man in der Normandie in die Kirchenbaukunst eingeführt). Auch im Dekor machte sich jetzt Spanisches geltend, indem wahrscheinlich maurische Steinmetzen mudéjare Schmuckelemente einfügten. Im 15. Jahrhundert, der dritten Phase der Baugeschichte der toledanischen Kathedrale, taucht der Name Hannequins aus Brüssel auf, der gemeinsam mit anderen flämischen Meistern den gotischen Spätstil, vor allem das französische Flamboyant, am Baukörper der Kardinalskirche wirksam werden ließ. Seiner Schule gehörten Pedro und Juan Guas sowie Antonio und Enrique de Egas an, auch sie wichtige Namen in der Geschichte der Toledaner Bauhütte.

Der schmale trapezförmige Platz vor dem Westwerk der Kathedrale, umschlossen auf den anderen Seiten vom Erzbischöflichen Palast, dem Ayuntamiento und dem Palacio de Justicia, diente im Siglo de Oro als Freilichtbühne, auf der man Mysterienspiele, ›autos sacramentales‹, von Calderón aufführte. Der Palast des Kardinalprimas, ein Renaissancebau mit vertikal wechselnder Schichtung von Hau- und Ziegelstein, konzentriert seinen Schmuck auf das Portal: Ionische Säulen stützen ein Gesims, auf dem je zwei weibliche Wesen das erzbischöfliche Wappen halten; im Giebelfeld er-

Die Brücke San Martín über den Tajo in Toledo

scheint der habsburgische Doppeladler. Das Ayuntamiento, flankiert von zwei unverkennbaren Herrera-Türmen, ist ein Werk des Architekten des Escorial, an dem später der Sohn El Grecos, Jorge Manuel Theotocópulos, weiterarbeitete. Ihm verdankt die Kathedrale die Kuppel auf dem unvollendet gebliebenen Nordostturm. Der andere, schon im Mittelalter fertiggestellte Fassadenturm, dessen oktogonaler Aufbau von Hannequin de Egas aus Brüssel stammt, ragt mit 92 Metern Höhe wie ein ›faro‹ des Glaubens in den toledanischen Himmel. Das Triptychon der drei Portale zwischen den Türmen (Puerta del Perdón, Puerta del Infierno, Puerta del Juicio) weist mit seinen originalen Figuren wieder ganz auf französische Herkunft. Das Südportal, zugleich das künstlerisch bedeutendste, heißt nach den wappentragenden Löwen auf den Gitterpfosten davor ›Puerta de los Leones‹ und zeugt nochmals von der Meisterschaft Hannequins.

Der weitgespannte *Innenraum* der Kathedrale mit seinen 16 hochstrebenden Säulenbündeln und 22 Kapellen ist ein Lobgesang auf die Glorie Gottes, die hier mit einer überwältigenden Zahl von Kunstobjekten gefeiert wird. An erster Stelle sei der *Hochaltar* der Capilla Mayor genannt, an dem 16 Meister gestaltend tätig waren, darunter Roderich der Deutsche und Juan de Borgoña. Den Auftrag zu dem gewaltigen Retablo mit fünf Bildreihen zu je vier Szenen aus dem Neuen Testament – in der Mitte die Monstranz – erteilte Kardinal Cisneros; das Werk ist eine in Lärchenholz geschnitzte und gefaßte Apotheose der Heilsgeschichte aus einer Epoche, in der die Gotik bereits Züge der Renaissance annahm, erkennbar vor allem an den Engelsflügeln, die uns an das Quattrocento Italiens erinnern.

Beiderseits des Altarschreins liegen in Nischen die Grabfiguren von Angehörigen des kastilischen Königshauses, darunter die Könige Sancho III., Alfonso VII. und Sancho IV. An historischer Würde sind die gotischen Liegestatuen vergleichbar den Grabbildern der Könige Aragóns im Kloster Santes Creus bei Barcelona. Ein Seitenraum der Capilla birgt den im Stil der Renaissance gestalteten Sarkophag des Kardinals González de Mendoza, den man wegen seiner Machtstellung in der Ära Ferdinands und Isabellas ›Spaniens dritten König‹ genannt hat. Die beiden Eckpfeiler der *Hauptkapelle* tragen die Namen ›Alfaquí‹ und ›Las Navas‹. Unter einem Alfaquí versteht man einen moslemischen Gesetzkundigen, und ein solcher ist unter den Figuren am Pfeiler zu sehen. Es handelt sich um Abu Walid, einen einflußreichen Muselmann, der nach der Einnahme Toledos durch das Schwert Kastiliens dafür eingetreten ist, daß die an dieser Stelle befindliche Moschee in eine Christenkirche umgewandelt wurde. ›Las Navas‹ bezieht sich auf den am andern Pfeiler abgebildeten Hirten Martín Alhaga, der 1212 Alfonso VIII. und seine Streitmacht durch unwegsame Pässe geführt und damit die siegreiche Schlacht von Las Navas de Tolosa ermöglicht hat. – Die von einem Sterngewölbe überfangene Hauptkapelle liegt hinter einer silbernen Reja mit dem Adler Karls V., 1548 gefertigt von Francisco Villalpando. Es heißt, das Gitter sei 1808 schwarz angestrichen worden, um ein Eisengitter vorzutäuschen, als die Truppen Napoleons Toledo besetzten.

Im doppelten Chorumlauf hinter der Capilla fällt der sogenannte *Transparente* von Narciso Tomé auf: In eine tageslichtdurchflutete Deckenöffnung hat der barocke Meister in kühner Perspektive eine Kaskade von biblischen Figuren in ekstatischer Verzückung und gebettet in Wolkenballen hineinkomponiert, theatralische Manifestation des Churriguerismus, der in Übertreibungen schwelgt. Im Jahr der Beendigung der Arbeit, 1732, bestaunte man den effekthaschenden Transparente und stellte ihn sicher an Kunstwert über die gesamte gotische Umgebung.

Diese spricht uns in zwei Grabkapellen des Chorumlaufs an. Die *Capilla de Santiago* dient als Familienmausoleum Álvaro de Lunas, Konnetabels von Kastilien. Die Liegestatuen des Herzogs und seiner Gemahlin aus dem 16. Jahrhundert nehmen die Mitte des achteckigen Raumes ein; Pagen

knien um die Sarkophage, an denen das Santiago-Keuz ange-
bracht ist. In Form von Porträts erscheint das Herzogspaar
auch am Altar des Maurentöters, dem die Capilla geweiht ist.
In der *Kapelle des heiligen Ildefons* tragen sechs Löwen den
Sarkophag des Kardinalerzbischofs Gil de Albornoz. Der
Altar verbildlicht die 1783 von Manuel Álvarez gestaltete
Szene, die auch El Greco mehrfach wiedergegeben hat: Die
Jungfrau überreicht San Ildefonso den Ornat.

Dieses Wunder ist auch in der *Capilla de la Descensión*
dargestellt, die sich an der Südseite des zweiten Pfeilers des
nördlichen Seitenschiffs befindet (Relief des Altaraufsatzes
von Gregorio de Borboña). Durch ein Gitter können die
Gläubigen den Stein berühren, auf dem nach der Überlieferung Maria gesessen hat, als sie dem heiligen Ildefons
erschien. Die Kapellen der Seitenschiffe sind ebenfalls reich
an Schätzen. In der *Capilla de San Pedro* steht ein sehr natu-
ralistisch aufgefaßter heiliger Franziskus in Mantel und
Kapuze von Pedro de Mena, dem Schüler Alonso Canos aus
Granada. Die *Capilla de la Pila Bautismal* enthält eine Gri-
saille von Francisco de Amberes, die eine Kreuzprozession
mit Toledo im Hintergrund wiedergibt. Vor dem Marienbild
der *Capilla de la Virgen de la Antigua* sind die Ritter der
Reconquista, bevor sie in den Kampf zogen, vereidigt worden. Eine Reja von Enrique de Egas weist die *Eugenius-
Kapelle* auf. In der *Capilla de los Reyes Viejos* ruhten
ursprünglich die Könige aus dem Haus Castilla, deren Sarkophage sich jetzt in der Hauptkapelle befinden, während die
Capilla de los Reyes Nuevos heute noch die sterblichen Reste
der späteren kastilischen Herrscher aus dem Hause Trastámara umschließt, Enrique II. und Enrique III. sowie dessen
Gemahlin Katharina von Lancaster. Enrique III. hieß zwar ›El
Doliente‹, ›der Gebrechliche‹, doch unter seinem Zepter
gelang Kastilien 1402 der Vorstoß zu den Kanarischen Inseln,
vorzeitige Ouvertüre der Conquista. Im 17. Jahrhundert war
Calderón damit betraut, für den Zustand der Kapelle der
Neuen Könige Sorge zu tragen.

Inmitten des Kirchenschiffs erhebt sich nach spanischer Eigenart der *Coro*, der besondere Beachtung wegen des Gestühls Roderichs des Deutschen verdient; man sieht auf seinem geschnitzten Basrelief die Einnahme von Granada 1492. Beim Vorrang alt- und neutestamentlicher Bilderfolgen in mittelalterlichen Gotteshäusern zieht uns immer wieder die seltene Begegnung mit zeitgenössischen Bildinhalten an, gewissermaßen aktuellen Rapporten, sei es der Einmarsch des Winterkönigs in Prag, dargestellt im Veitsdom, die Ermordung Thomas Beckets, wiedergegeben am Südportal der Bischofskirche von Bayeux, oder die Indienfahrt Vasco da Gamas in der Kirche Santa Cruz, der Grablege der burgundischen Könige, in Coimbra. Zu diesen skulptierten ›Reportagen‹ zählt auch der geschnitzte authentische Bericht der Einnahme der letzten arabischen Bastion auf iberischem Boden, und wir sehen die Katholischen Könige im triumphalen Augenblick ihrer an geschichtlichen Konsequenzen reichen Biographie; über dem Stadttor reicht ein Muselmane mit Turban dem berittenen Königspaar den Stadttorschlüssel. Roderich hat drei Jahre nach dem epochemachenden Datum, also als Gewährsmann, den Meißel geführt. Einige der Figuren am Oberteil des Gestühls zeigen die Handschrift Berruguetes, so das Bildnis des Täufers und die mit verbundenen Augen dargestellte ›Synagoge‹. Als bewegte Gruppe von barockem Überschwang schuf der gleiche Meister über dem Bischofssitz eine ›Verklärung Christi‹. Wie in allen Kathedralen Spaniens bot auch hier der *Trascoro*, die Chorrückwand, ein reiches bildnerisches Betätigungsfeld. Neben Berruguetes Gottvater, nach der Mode der Renaissance in ein Medaillon gesetzt, steht die Arbeit anonym gebliebener Meister, bei deren Erzählfreudigkeit man bedenken muß, daß sich hier nicht nur schöpferische Phantasie auslebte, etwa in der liebevoll-detaillierten Wiedergabe von Noahs Arche, sondern daß man biblische Geschichte für eine Gemeinde festhielt, die großenteils des Lesens unkundig war, der man sich also tunlich in Bildern mitteilte.

Zum kostbaren Inventar der Kathedrale zählen auch zwei Madonnen, die eine in der Capilla Mayor, die andere in einer Kapelle westlich der Sakristei. Die ›Virgen de la Blanca‹ mit dem typischen Lächeln französischer Gotik hält das Kind im Arm, das ihr zärtlich ans Kinn faßt. Mit Gewändern behangen ist das Gegenstück, die silberne, aber sehr nachgedunkelte romanische ›Virgen del Sagrario‹, die ähnliche Verehrung genießt wie die Madonnen von Montserrat und Guadalupe.

Im *Tesoro*, Schatzzimmer, steht ein Kirchengerät von hoher Qualität: Heinrich von Arfes 1517–24 geschaffene Custodia, mehr Miniaturbau als sakrales Kunstgewerbe, ein 3 Meter hoher gotischer Turmbau mit 260 Statuetten, angeblich aus dem ersten Gold Amerikas gebildet – diesen Anspruch erhebt man allerdings anderwärts auch. Die Monstranz des Kölner Bildhauers, gefertigt aus reinem Silber, Gold und Edelsteinen, steht an künstlerischem Wert gleichrangig neben dem Reliquiar, das Ludwig der Heilige der Kirche Saint-Taurin in Evreux geschenkt hat, und der Custodia Gil Vicentes im Nationalmuseum von Lissabon.

Den *Kapitelsaal* mit seiner prachtvollen Artesonado-Decke stattete Juan de Borgoña mit Tafelbildern aus – unter anderen ›Marienleben‹, ›Kreuzigung‹, ›Jüngstes Gericht‹. In der Galerie der toledanischen Kardinäle mit Kreuz und Mitra ist das Bild des 1645 verstorbenen Boixa y Velasco hervorzuheben, weil Velázquez diesen Kirchenfürsten malte.

El Grecos Apostelbilder und Goyas (schwächerer) ›Christus am Ölberg‹ hängen in der *Sakristei*, deren Decke der auch in El Escorial beschäftigte Lombarde Luca Giordano ausgemalt hat. Aber die Sacristía ist hauptsächlich wegen des Altarbildes El Grecos eine der ersten Sehenswürdigkeiten Toledos: Unter den verschiedenen Versionen des Themas der ›Verlosung des heiligen Rockes‹, die der kretische Meister gemalt hat – eine Fassung hängt in der Alten Pinakothek in München –, haben wir hier die vielleicht schönste vor Augen: Der scharlachrote Rock, der Christus noch einhüllt, beherrscht die Bildfläche; hier wird die Farbe zu einem Kompositionselement, das die Handlung expressiv verdeutlicht. Daß El Greco auch hervorragende Plastiken geschaffen hat, ist im allgemeinen weniger bekannt. In den im Prado aufgestellten Figuren Adams und Evas beherrscht er sogar glänzend die Aktdarstellung. In der Sakristei der Kathedrale von Toledo sehen wir eine skulptierte und gefaßte Figurengruppe aus der Werkstatt des Hispano-Griechen, die das oft gestaltete Motiv der Vision des heiligen Ildefons festhält.

Vorraum der Sakristei ist der *Vestuario*, der Umkleideraum, in dem Tizians berühmtes Sitzbild des herrscherlichen Papstes Paul III. aus dem Hause Farnese hängt, des Förderers Michelangelos und Raffaels, eines universal gebildeten Renaissance-Menschen. Doch wir entdecken im Vestuario auch El Greco, Rubens, Bellini, van Dyck. Die anschließende *Ropería*, die Kleiderkammer, verwahrt eine bibliographische Kostbarkeit: die dreibändige Bibel Ludwigs des Heiligen. Der französische König hat die blattgoldverzierte Heilige Schrift Ferdinand III. zum Geschenk gemacht. Die Ropería enthält weiterhin Paramente und das vollständige Pontifikale des Kardinals Mendoza, Fahnen der Schlachten von Salado und Lepanto sowie ein Fragment des kastilischen Königszelts aus der Zeit Ferdinands und Isabellas, wobei die Aufschrift ›Tanto monta‹, ›reitet ebenso‹, bekanntlich auf die Gleichrangigkeit beider Majestäten anspielt.

Der *Kreuzgang* der Kathedrale nimmt den Platz des ehemaligen jüdischen Marktes ein und gehört mit seinem Spitzbogengewölbe der Hochgotik zu. Alonso Berruguete und Juan de Borgoña hatten ursprünglich den Claustro ausgemalt, doch die Farben waren im Laufe der Zeit so verblaßt, daß Maella und Bayeu mit der Restaurierung beauftragt wurden, aus der aber dann eher eine Neuschöpfung geworden ist. Im Patio des Kreuzgangs blühen Oleander und Jasmin.

Unter dem südlichen Fassadenturm – ebenjenem, dessen Kuppel von El Grecos Sohn stammt – befindet sich die *Capilla mozárabe*, die Enrique de Egas 1504 ausgestaltete, nachdem Kardinal Cisneros, der den ›mozárabes‹ freundlich

gesinnt war, ihnen ihre Sonderform des Opus Dei an diesem
Orte zugestanden hatte. Die Reja vor der Kapelle ist eine
Arbeit von Juan Francés; ein Fresko von Juan de Borgoña
schildert die Einnahme von Oran 1509, die der militante Kirchenfürst selbst geleitet hatte.

Heute gibt es in Toledo noch 150 Familien, die in der
Capilla ihr Credo nach einer der ältesten Liturgien der Kir-
chengeschichte zum Ausdruck bringen. Täglich 9.30 Uhr
findet der Gottesdienst dieser kleinen nationalspanischen
Gemeinschaft statt, deren Name nichts anderes bedeutet als
›die Arabisierten‹.

Mozarabischer Ritus

›Arabisiert‹ waren diese Christen unter maurischer Herrschaft keineswegs. Sie lebten nur unter Arabern, gingen aber
bei der sprichwörtlichen Glaubenstoleranz der Moslems
ungehindert ihren gottesdienstlichen Pflichten nach. Die
Mozaraber entwickelten nicht – und hier muß ein verbreite-
ter Irrtum geklärt werden – ihre eigene Messe, sondern sie
behielten einfach die alte der vorislamischen Epoche bei, die
Missa des Westgotenreiches. Diese Missa war die sogenannte
gallikanische, die Karl der Große im Frankenreich zugunsten
der römischen abgeschafft hat, die aber auf der Iberischen
Halbinsel weiterlebte, auch als der Islam über einen großen
Teil Iberiens seinen Vorhang zog. Im 9. Jahrhundert wollte
der Karolingerkönig Karl der Kahle den ehrwürdigen Ritus
seiner Väter, den gallikanischen, kennenlernen, und zu diesem Zweck beorderte er Geistliche aus Toledo an seinen Hof,
die dort ihre mozarabische – mit nur geringen Abweichungen
gallikanische – Messe zelebrierten.

Man findet in der spanischen Literatur für den Begriff
›mozarabisch‹ auch die klarere Bezeichnung ›gótica‹ oder
›visigótica‹ (westgotisch), gelegentlich ›isidoriana‹, weil der
Sevillaner Erzbischof Isidor im 7. Jahrhundert die führende
kirchliche Autorität des Westgotenreiches gewesen ist und
unter ihm der gallikanische Kult auf der Halbinsel seine Blüte

erlebte. Doch auch der Name ›toledana‹ ist gebräuchlich; denn in der nachislamischen Zeit hatte die mozarabische Messe vor allem am Sitz des spanischen Primas eine Heimstätte.

Im 11. Jahrhundert sprach Papst Gregor VII. ein kategorisches Verbot der gallikanischen Messe aus, die der römischen keinen Abbruch tun sollte. Während man in der übrigen christlichen Welt dem Gebot der Kurie nachkam, hielten die Christen im besetzten Spanien, die ohnehin nicht der Jurisdiktion des Heiligen Stuhles unterstanden, an ihren von den Vätern überkommenen liturgischen Formen fest – dem gallikanischen Ritus, den man nun als mozarabisch bezeichnete. Folgender Vorgang wird erzählt: Auf der Plaza Zocodover, dem städtischen Zentrum Toledos während der Kalifenherrschaft, hat man in einer Art Gottesurteil römische und mozarabische ›misales‹ dem Feuer übergeben, in einem literarischen Autodafé, wie es die Weltgeschichte nicht nur einmal erlebt hat. Während das römische Missale verbrannte, blieb das mozarabische unversehrt. Auch heißt es, daß die Frage der Liturgie durch einen Zweikampf ausgefochten wurde. Der Kämpfer für den ›rito mozárabe‹ siegte. Doch der kastilische König Alfonso VI. entschied: »Allá van leyes/lo quieran Reyes«, »Zu Gesetzen wird, was die Könige wünschen«, was heißt, daß bei Meinungsunterschieden letztlich der Wille des Königs ausschlaggebend ist. Und der König war für den römischen Ritus, der dann auch in den vom Islam befreiten Gebieten eingeführt wurde – ungeachtet dessen, daß eine Minderheit am Mozarabischen festhielt.

Die mozarabische Messe ähnelt zum Teil mehr der orientalischen als der römischen, vor allem durch die langdauernden Gebete und Wechselgesänge. Bei der Verlesung der Diptychen (zweiteilige Aufzeichnung kirchlicher Namenslisten) werden zahllose Heilige, Märtyrer und Erzbischöfe von Toledo angerufen, darunter solche aus der römischen Epoche, Saturnius, und aus der Westgotenzeit, Raimundo. Im Gegensatz zum römischen Ritus erfolgt der Friedenskuß vor der Präfation, dem Lobgesang, der das eucharistische Gebet eröffnet. Auch dies erinnert an ostkirchliche Gepflogenheit, desgleichen der Brauch, daß der Priester die Hostie in neun kleine Partikel bricht, deren sieben er auf der Patene zu einem Kreuz formt; die letzten zwei legt er unter die Kreuzarme, da sie Glorie und himmlisches Königreich bedeuten und damit der Passion nicht mehr zugehören. Auf die Eigenständigkeit ihres Ritus legen die Mozaraber bis heute großen Wert; beim II. Vaticanum in Rom 1963 wurde ihnen ihre eigene Messe zugestanden.

Vor allem in den 6 Pfarrgemeinden Toledos bewahrte man die Tradition der alten Liturgie, die man über die Jahrhunderte moslemischer Okkupation gerettet hatte. Außer in der mozarabischen Kapelle der Toledaner Kathedrale pflegte man sie weiter in den Kirchen Santas Justa y Rufina, San Marcos, San Sebastián, Santa Eulalia, San Lucas. Auch die Kathedrale von Salamanca räumte den Mozarabern zu bestimmten Zeiten die Abhaltung ihrer Messe ein.

Als Kardinal Cisneros die mozarabische Liturgie veröffentlichte, fand dies großen Widerhall in der christlichen Welt, nicht zuletzt auch bei den Reformationskirchen. Bischof Cranmer publizierte damals in England das ›Book of Common Prayer‹, das Gebetbuch der Anglikaner, und er ließ verschiedene Wendungen des mozarabischen Ritus unter dem Eindruck der Cisnerosschen Edition in seine Texte einfließen. So finden wir am Ufer der Themse eine kirchengeschichtliche Spur, die sich zur alten Königsstadt am Río Tajo zurückverfolgen läßt.

Die Westgoten

Der morgendliche Gottesdienst in der Capilla mozárabe der Toledaner Kathedrale ist nahezu die einzige Erinnerung an das Reich der Westgoten, das in Toledo sein staatliches Zentrum besessen hat. Kaum ein größeres Stück Architektur, nur wenige Funde zeugen von der Hauptstadt der Visigotos. In der Calle de las Tornerías, der Drechslergasse, Hausnummer 27, weist man auf die Reste einer Moschee, bei der sich nachweisen ließ, daß sie auf westgotischem Fundament stand. Unter den Marmorsäulen, welche die Hufeisenbögen von *Cristo de la Luz* tragen, sind drei mit westgotischen Kapitellen und Kämpfern. Diese Kirche stand in der ersten westgotischen Zeit noch außerhalb der Stadt, wurde dann aber durch die Erneuerung der Mauer unter König Wamba in diese einbezogen. Nach der Einnahme Toledos durch die Streiter Mohammeds betete man hier über 300 Jahre zu Allah. Als Alfonso VI. Toledo den Mauren entriß, kniete das Schlachtroß des Königs vor der Moschee nieder und wollte seinen Weg nicht fortsetzen. An dieser Stelle fand sich ein Hohlraum in der Mauer mit einem Kruzifix, vor dem eine westgotische Lampe brannte. Das Kreuz hat in der Kirche *San Nicolás* die Zeiten überdauert. Westgotische Kapitell- und Freskenreste finden sich auch in den Kirchen *Santa Eulalia* und *San Sebastián*.

Am reinsten hat sich die westgotische Zeit in dem Innenraum der Kirche *San Román* mit seinen romanischen Fresken erhalten, darunter die reizvoll naive Darstellung der Erweckung der Toten. Und eine Inschrift im Kreuzgang der Kathedrale gibt bekannt, daß hier am 12. April 587 nach Abschwörung des Arianismus durch König Rekkared die westgotische Hauptkirche *Santa María* errichtet worden ist, die noch verhältnismäßig klein gewesen sein muß und zweifellos den romanischen Gotteshäusern in Bergdörfern Kataloniens und Asturiens geglichen hat. Von dieser westgotischen Kirche Toledos ist außer dem Inschriftenstein nichts mehr übrig.

Will man Fundstücke aus der Epoche der Visigotos sehen, so besuche man das Hospital de Santa Cruz, das über einem westgotischen Palast erbaut wurde und heute Museum ist. Vor allem im Patio sind Säulen, ornamentierte Mauerteile, Kapitell-Torsos aufgestellt. In der Mudéjar-Kirche, deren westgotischer Charakter noch deutlich wahrnehmbar ist, wurde sinnigerweise das Museo de los Concilios de Toledo y

de la Cultura Visigoda eingerichtet. Doch all dies ist gering-
fügig, verglichen mit den Schätzen, die das Archäologische
Museum in Madrid besitzt, die teilweise aus der Umgebung
Toledos stammen. Die meisten Gegenstände jedoch, welche
die Spatenwissenschaft ans Tageslicht hob, sind auf altkasti-
lischem Boden und hier vor allem in Gräbern gefunden worden. Denn Neukastilien war länger und intensiver maurischer
Herrschaft unterworfen, und damit wurde hier das Westgotische stärker vom Arabischen überdeckt. Vor allem traf
dies auf Toledo zu, das zwar nicht mehr gesamtspanische
Hauptstadt war wie unter den Westgoten, aber doch ein nen-
nenswerter Platz des Kalifats von Córdoba und später einer
jener selbständigen arabischen Herrschaften, die man ›Taifas‹
nannte.

Die Kopfzahl der Westgoten darf nicht überschätzt werden.
8 Millionen Hispano-Romanen standen im höchsten Falle
200 000 westgotische Immigranten gegenüber. Die Insel
Gotland soll die ursprüngliche Heimat der Goten gewesen
sein, dann zogen sie als nomadisierende Heerhaufen mit Frau
und Kind, Sack und Pack in die Gegend nördlich und nord-
westlich der Halbinsel Krim, wo man übrigens heute noch
gotischen ›Sprachkehricht‹ phonetisch feststellen kann. Sie
waren dort so lange anwesend und entwickelten so deutlich
ihre eigene Sprache, daß man sie zur großen Gruppe der Ost-
germanen zählt. Nach den Siedlungsplätzen geteilt in West-
und Ostgoten, setzten sie sich später in Richtung auf den Bal-
kan ab, wahrscheinlich durch hunnischen Druck. Hier zahl-
ten sie Tribut an den oströmischen Kaiser oder ließen sich
von ihm Tribut zahlen, um Frieden zu halten; gelegentlich leisteten sie ihm auch Kriegsdienste. Sie nahmen das Christentum an, wobei ihnen die leichter verständliche arianische
Richtung näher lag, die auch ihr Bischof Ulfila (Wölfchen),
der gotische Bibelübersetzer, vertrat.
   Der Arianismus ist das Denkergebnis des alexandrinischen
Presbyters Arius, für den Christus nicht ›homousios‹ (wesens-

gleich) mit Gottvater war, sondern ›homoiusios‹ (wesensähnlich). Um diese Frage, sozusagen den Buchstaben ›i‹, schlug man sich damals die Köpfe ein, wobei sich die leidenschaftliche Diskussion nicht auf Kirchenmänner beschränkte. Wollte einer einen Laib Brot kaufen, fragte der Bäcker nach der Parteinahme für oder gegen das ›i‹. Je nach der Antwort wurde der Käufer gut oder schlecht bedient.

Das 1. Konzil von Nikaia (325) entschied diese Frage. Die Lehre des Arius wurde zugunsten des Dogmas der Wesensgleichheit verdammt, die Athanasius, Bischof von Konstantinopel, vertrat. Während der Großteil der Christenheit sich diesem Urteil anschloß und die von Athanasius vertretene katholische Gottesvorstellung annahm, verharrten die ostgermanischen Völkerwanderungsstämme und damit auch die Westgoten in dem zur Häresie erklärten Arianismus. Diese Glaubensrichtung hat die lange durchgehaltene Bewahrung westgotischer Eigenart sicher erst ermöglicht.

Unter ihrem König Alarich I. zogen sie nach Italien, plünderten Rom und wanderten, nachdem ihr Heerkönig im Fiume Busento in Kalabrien sein Grab gefunden hatte, nach Südfrankreich – wo sie sich in Toulouse eine Hauptstadt schufen – und dann über die Pyrenäen auf die Iberische Halbinsel. All diese Gebiete des morsch und ohnmächtig gewordenen Römerreiches fielen ihnen als leichte Beute zu. Sie vergaben sich nichts, den weströmischen Imperator Honorius, bekanntlich ein Mann spanischer Herkunft, als ihren Herrn anzuerkennen, in Wirklichkeit schalteten sie aber nach eigenem Gutdünken.

Athaulf, der zweite Westgotenkönig, hatte Galla Placidia, die durch ihre frühbyzantinische Kapelle in Ravenna berühmte Kaiserschwester, zur Frau und mit nach Spanien genommen. Solche westgotisch-romanischen Verbindungen blieben anfangs selten. Mischehen zwischen Arianern und Athanasianern waren suspekt, und der Westgotenkönig Alarich II. erließ ein Gesetz, das ›Brevario de Alarico‹ von 506, das Mischehen ausdrücklich verbot. Betont unterschieden sich die Goten mit ihrem langen Blondhaar und ihren blonden Bärten von den Lateinern. Nur dieses Signum berechtigte zu einem höheren Amt.

Erst in der zweiten Hälfte der 293 Jahre westgotischer Herrschaft, nach der Annahme des katholischen Glaubens durch die germanische Herrenschicht, fand eine Vermischung statt, wobei das gotische Element in seiner Minderzahl fast ganz aufgesogen wurde. Am reinsten hielt es sich noch im Adel, dies weit über die arabische Besetzung hinaus. Es war der Westgote Pelayo, der mit einer kleinen bewaffneten Schar die Reconquista vom asturischen Bergland aus einleitete, weswegen ›Gote‹ in Spanien auch heute noch kein Schimpfwort, sondern ein Ehrentitel ist. Die kastilischen und aragonesischen Dynastien führten mit Stolz ihre Stammbäume auf westgotische Herrscher zurück, wobei Gote soviel bedeutete wie Christusanhänger, Kreuzritter, Glaubenskämpfer gegen den maurischen Erbfeind.

Die Westgoten verfügten nicht wie die Ostgoten über einen Prokop oder Jordanis, der ihre Geschichte, ihre Heldentaten und ihren Untergang mit historiographischer Akribie aufgeschrieben hätte. Ihre Annalen sind dürftig und beschränken sich auf den spröden Bericht dynastischer Streitigkeiten, einschließlich des Meuchelmords. Kaum einer der Westgotenkönige starb eines natürlichen Todes. Der uns von ihnen berichtet hat, von diesen undramatischen, untragischen Monarchen mit germanischen Namen, Witenich, Gundemar, Swintila und viele andere, war kein Gote, sondern ein Hispano-Romane, Isidor – der Name bedeutet ›Geschenk der Isis‹ –, dem die Nachwelt eine ›Historia de regibus Gothorum, Vandalorum et Suevorum‹ verdankt. Ja, auch Vandalen und Sueven (Schwaben) erschienen auf dem Schauplatz Iberien und wurden von den Westgoten teils nach Afrika vertrieben, teils in ihren Staatsverband aufgenommen. Isidor aus Cartagena hat außerdem 20 Bücher eines Etymologiarums und ein Chronicon geschrieben. Seinem Bienenfleiß verdanken wir zu großem Teil die Rettung antiken Geistesgutes über das wenig geschichtsbewußte, sich in seinem Mystizismus genügende Mittelalter hinweg. Man hat Isidor als den größten Exzerpisten und Kompilator bezeichnet, den es je gegeben hat. Isidors Zeitgenosse, Bischof Braulio von Saragossa, meinte, Gott habe den gelehrten Geistlichen eigens gesandt, um nach den schweren Zeiten, von denen Spanien heimgesucht worden war, die Denkmäler des Altertums wieder aufzurichten. Isidors Westgoten-Chronik datiert von 253 bis 625, wobei der Autor die irrige Ansicht vertritt, die Goten stammten von dem alttestamentlichen Magog ab, Japhets Sohn, und seien mit den Skythen verwandt. Isidor hält die Visigotos für das erste Volk der Welt, wobei man nicht weiß, inwieweit byzantinistische Schmeichelei am Hof eine Rolle spielte, und rühmt, was wohl eher der Realität entsprach, deren Kriegstüchtigkeit: »Wer kann die Größe der Kräfte des Gotenvolkes genugsam schildern? Während andere Völker mühsam durch Bitten und Geschenke ihre Herrschaft zu behaupten vermochten, bewahrten die Goten sich ihre Freiheit mehr durch Kampf als durch friedliche Unterhandlung und brauchten da, wo ein Krieg nicht zu umgehen war, ihre Kräfte statt der Bitten.«

Die Westgoten bildeten in ihrem iberischen Königreich zwar die Oberschicht, doch ihren Lebensstil übernahmen sie von den Unterworfenen, so daß man hier, wie in so vielen Fällen, von der Macht der Ohnmächtigen sprechen kann. Es waren Romanen, die das Kulturleben bestimmten, die Kirchen bauten, dem Repräsentationsbedürfnis der Herrenschicht und namentlich des Hofes mit der Anfertigung von Schmuckgegenständen nachkamen. Natürlich hat sich in die Ornamentik manches germanische Element eingeschlichen, doch der eigentliche Reichsstil war der von den Hispano-Romanen gepflegte Stil von Byzanz, den die Goten zu dem ihren machten.

Politisch sagten sie sich indessen von Rom los, indem Eurich die Römerherrschaft im 5. Jahrhundert beendete. Athanagild (554–67) gab Sevilla als Königsstadt zugunsten

Das Sonnentor in Toledo

Toledos auf. Noch im gleichen Jahrhundert, unter Leowigild, vermerken die Annalen des Westgotenreiches eine folgenschwere Episode. Der Thronerbe Hermenegild, Statthalter der Provinz Baetica, heiratete Ingundis, die Tochter Sigiberts I., Königs des fränkischen Teilkönigreiches Austrasien. Die Franken, ein westgermanisches Volk, waren Katholiken. Ingundis, demnach Anhängerin der Lehre des Athanasius, bewog ihren Gemahl, dem Arianismus abzuschwören. Hermenegild ließ sich bekehren, unterstützt von Leander, Bischof von Sevilla, und dem größten Teil des Volks von Baetica, das ungefähr dem heutigen Andalusien entsprach. Leowigild war über den Schritt des Thronfolgers ungehalten, versuchte es aber zunächst mit Güte. Doch Hermenegild blieb bei seinem Sinneswechsel. Da wurde er 585 im Amphitheater von Tarragona von einem Vasallen seines Vaters erdolcht. Ob dieser einen Mordauftrag hatte oder eigenmächtig handelte, blieb ebenso ungeklärt wie die Frage, ob die Ermordung Thomas Beckets im Dom von Canterbury durch normannische Ritter auf den Blutbefehl Heinrichs II. zurückzuführen ist. Hermenegild wurde später heiliggesprochen und zählt zu den populärsten Santos der Halbinsel, ebenso wie der Westgote Ildefonso, dem die Gottesmutter nach der Legende den Ornat als Bischof von Toledo dargereicht hat, als Lohn für seinen Protest gegen Zweifel an ihrer Unbeflecktheit.

Hermenegilds Bruder Rekkared verwirklichte unter dem Einfluß des Erzbischofs Isidor, was der ermordete Thronfolger erstrebt hatte: Er trat mit dem gesamten Volk zum katholisch-athanasianischen Glauben über, dem die Kathedrale von Toledo 589 neu geweiht wurde; auf einem dort abgehaltenen Konzil schworen der König, der Adel und der arianische Klerus der nun als häretisch erklärten Lehre von der Wesensähnlichkeit ab. Dieses Sich-Finden von Hispano-Romanen und Westgoten in einem Bekenntnis war die Voraussetzung für das Verschmelzen beider Volksteile und damit ein wesentliches Element der späteren spanischen Bevölkerungsstruktur.

Das Ende des Westgotenreichs ist ruhmlos. König Wittiza starb 711; er hatte zuvor versucht, seinem Sohn Achila die Erbfolge zu sichern. Oppa, Erzbischof von Sevilla, unterstützte ihn dabei. Doch der Adel wünschte keine Erbmonarchie und hob den Herzog Roderich (Rodrigo) auf den Schild. Was nun zu erzählen ist, mag eher Legende sein als historische Wirklichkeit. Der Usurpator Roderich sah eines Tages die Tochter des Grafen Julian nackt im Río Tajo baden. Die Stelle wurde im Hochmittelalter noch gezeigt und hieß ›Baño de la Cava‹. Roderich vergewaltigte das Mädchen. Ihr Vater Julian, ein Hispano-Romane und Gouverneur in Ceuta, war über den König aufgebracht. Als Roderich ihn bat, ihm einen afrikanischen Falken zu schicken, kam er der Bitte nach – der ›Falke‹ war der Araberführer Muza. Die Streiter Allahs besiegten dann in der 7tägigen Schlacht von Jerez de la Frontera 711 das westgotische Heer, wobei Erzbischof Oppa, der Anführer des linken Flügels, zu den Moslems übergelaufen sein soll.

Felix Dahn schildert in seinem Roman ›Gelimer‹, der den Untergang des Vandalenreiches in Nordafrika behandelt, wie der König dieses ostgermanischen Volkes im Kampf gegen Ostrom die Westgoten um Waffenhilfe bat. Diese entsandten Beobachter nach Karthago, um den Bündniswert der Vandalen zu prüfen. Sie meldeten die Verweichlichung dieses Volks im afrikanischen Klima, so daß die Visigotos ihren Stammesbrüdern die Hilfe versagten und sie ihrem Untergang überließen. Die westgotische Kriegstüchtigkeit, die Isidor gerühmt hatte, mag 534, zum Zeitpunkt der vandalischen Katastrophe, noch nicht angeschlagen gewesen sein. Doch 711 war davon keine Rede mehr, das Reich Alarichs war ebenso zur Liquidation reif wie die anderen ostgermanischen Staatengründungen im Mittelmeerraum auch. Ein neues Volk beherrschte jetzt die Szene Iberiens: die Araber.

Man kann von den Westgoten in Spanien nicht in gleicher Weise wie von den Normannen in England behaupten, daß sie das Ferment einer neuen, epochemachenden Staatsentwicklung gewesen seien. Dazu war das Gefüge ihres Reiches nicht straff genug, auch verfügten sie nicht über die zupackende normannische Gestaltungskraft. Dennoch darf ihr Beitrag zum Werden der spanischen Nation nicht unterschätzt werden. Sie waren die Auftraggeber eines wichtigen Zweiges frühromanischer Kunst, und sie haben im ›Lex Visigothorum‹ von 554 das erste brauchbare Gesetzeswerk der Halbinsel geschaffen, das als ›Fuero Juzgo‹ noch bis ins 13. Jahrhundert gültig war. Was die Wissenschaft betrifft, so entstand in ihrer Ägide außer den Werken eines Isidor die fundamentale Weltgeschichte des Osorius aus Tarragona. Ihr Ruhm überdauerte Jahrhunderte. Der angelsächsische König Alfred gab sie Ende des 9. Jahrhunderts neu heraus und ergänzte sie durch zeitgenössische Berichte, die er sich erstatten ließ. Es ist das erste bekannte Beispiel einer ›Neuauflage‹.

Aber was vor allem der Westgotenherrschaft fortwirkende Bedeutung gab, waren die 19 spanischen Konzile, die ausnahmslos in Toledo stattgefunden haben. Diese ›Konzile‹ müßte man eigentlich eher als Synoden bezeichnen; denn sie gehören nicht zu den 21 universalchristlichen Kirchenversammlungen, sondern hatten eher provinziellen Charakter. Dennoch sind von ihnen Entscheidungen ausgegangen, die für die gesamte Christenheit Bedeutung hatten. Als grundlegendstes dieser Konzilien ist das des Jahres 589 anzusprechen. Denn eine hier getroffene Formulierung hat mit dazu beigetragen, daß die Christenheit sich durch das sogenannte Schisma in Ost und West spaltete – eine Kirchentrennung, die bis heute nicht überwunden ist.

Eine der wichtigsten Kontroversen der frühmittelalterlichen Kirche betraf die Frage, ob der Heilige Geist nur vom Vater oder auch vom Sohn ausgehe. Das Konzil von Chalzedon 451 hatte sich für die Formulierung ›nur vom Vater‹ entschieden, und in frühchristlicher Zeit waren Konzilbeschlüsse so verbindlich wie Apostelworte. Es galt zumal für die Christen des Ostens als sträflich, an den von den heiligen Konzilien gesetzten ›Grenzpfählen der Väter‹ rütteln zu wollen.

Das Konzil von Toledo 589 fügte nun willkürlich dem in Chalzedon festgelegten Glaubensbekenntnis den Zusatz ›filioque‹ hinzu – die Erweiterung also, daß der Heilige Geist auch vom Sohn ausgehe. Dies hatte seinen Grund darin, daß man der eben erst überwundenen Irrlehre des Arianismus mit seiner Deutung der Natur Christi als rein menschlich wirksam begegnen wollte. Unter Karl dem Großen gelangte das ›filioque‹ in die Liturgie des fränkischen Gottesdienstes. Ohne gesamtverbindlichen Beschluß schlich sich der Zusatz nach und nach in das Glaubensbekenntnis fast aller abendländischen Kirchen ein, wiewohl die Kurie die von der Aachener Synode 809 empfohlene Einführung in Rom ablehnte. Bis zum 13. Jahrhundert konnten Besucher des Apostelgrabes in Sankt Peter auf 2 Silbertafeln das Credo von Chalzedon ablesen: Das ›filioque‹ fehlte.

Erst um einiges später, unter Benedikt VIII., schloß sich Rom der allgemein eingeführten Übung an, wahrscheinlich auf Ersuchen Kaiser Heinrichs des Heiligen, indem es das ›filioque‹ in das gesungene Credo der Messe einfügte.

Und nun protestierten die Christen des Ostens, die Griechen: man könne ein ökumenisches Credo weder aus eigenem Gutdünken noch aus Gewohnheitsrecht abändern oder ergänzen. Bereitwillige aus dem Bereich der Ostkirche boten eine griechische Übersetzung des ›filioque‹ an, die dem Zusatz seine akzentuierte Schärfe genommen und für jeden Christen annehmbar gemacht hätte. In der Atmosphäre des Prestigekampfes und des Mißtrauens jedoch wirkte der Credo-Zusatz wie der Funken im Stroh. Am Goldenen Horn war das Unerhörte westlicher Eingriffe in das kanonische Werk der Väter Tagesgespräch. So wurde das in Toledo beschlossene

›filioque‹ zu einem der Hauptgründe des sogenannten Schismas, der 1054 in Konstantinopel erfolgten und heute noch bestehenden Trennung der Kirchen.

Spuren des Islam

Im Gegensatz zu Isidorus, dem Zeitgenossen der Westgoten, hat Ortega y Gasset, der große spanische Denker unseres Jahrhunderts, dem Wandervolk, das fast drei Jahrhunderte spanische Geschichte bestimmt hat, ein weniger schmeichelhaftes Zeugnis ausgestellt, indem er die Visigotos als »vom Alkohol römischer Zivilisation vergiftete Germanen« bezeichnete. »Die westgotische Herrschaft«, so lesen wir bei ihm, »brach unter dem Angriff eines Volkes zusammen, das nächst den Römern am tiefsten auf Spanien gewirkt hat.« Gemeint sind die Araber. Von ihnen sagt er: »Von 711 bis zum Fall Granadas 1492 lebten sie in den vertrautesten Beziehungen mit dem Volk, das sie auf der Halbinsel vorfanden, in Frieden und Krieg, zwei Formen vertrauten Zusammenlebens.« Unter diesen Gegenspielern während der Jahrhunderte der Reconquista, versinnbildlicht durch Halbmond und Kreuz, verfügten die Araber zweifellos über die sublimere Kultur, die perfektere Zivilisation, die größere Kreativität und geistige Ausstrahlung. Für die hochkultivierten Kalifen und Emire waren die christlichen Kleinkönige Nordspaniens halbbarbarische Stammesfürsten eines Entwicklungslandes, und für die archaischen Zeugnisse der karolingischen Romanik werden sie kaum viel Verständnis gehabt haben.

Was bei Betrachtung der 800jährigen Herrschaft des Halbmonds auf der Halbinsel meist übersehen wird: nicht vorwiegend Araber stellten das Hauptkontingent der Invasionsheere. Berberisch waren die langlebigsten Dynastien auf iberischem Boden, die Almoraviden und Almohaden. Das islamische Spanien blieb stets mit Nordafrika eng verbunden. Zur Zeit der Almohaden war Marrakesch die Hauptstadt eines muselmanischen Reiches, das vom Ebro bis zum Senegal reichte. Jacub Jusof el Mansor, Zeitgenosse Barbarossas, war einer der mächtigsten Potentaten seines Jahrhunderts.

Hat das Christentum die arabisch-mohammedanische Kultur nach Beendigung der Herrschaft des Halbmonds auch vernichtet oder überlagert, so zeugen doch noch genügend Relikte von deren Delikatesse, teils in originalen Werken, teils durch die weiterbildende Kraft der Mudéjares, der moslemischen Künstler, die im christlichen Auftrag ihre Werke schufen, und später der Moriscos, der zu Christen gewordenen Moslems, die bis zur Austreibung unter Philipp III. im Lande wirken konnten.

Natürlich breitet sich der größte Reichtum an moslemischer Kunst im Süden, in Andalusien, aus. Was Granada, Sevilla, Córdoba besitzen, nimmt innerhalb der arabischen Kunstgeschichte einen wichtigen, bevorzugten Raum ein. Je weiter wir in Spanien nach Norden kommen, desto schwächer sind die morgenländischen Züge, erklärbar aus der Geschichte der Reconquista; im Norden hatten die Christen am frühesten wieder Boden zurückgewonnen. Spaniens Mitte nimmt, wie es ihr zukommt, eine Mittelstellung ein. Obwohl sie kaum Vergleichbares mit dem Süden aufzuweisen hat, ist die maurische Zeit doch noch – und dies besonders in Toledo, der Stadt der Kultursymbiosen – in vielen Zeugnissen gegenwärtig. Der Hufeisenbogen begegnet uns ebenso auffällig wie der Fächerbogen, die Schmuckkachel mit orientalischem Muster, das aus Ziegeln gebildete textilartige Ornamentgespinst, die Blendarkade sich überschneidender Spitzbögen.

Von maurischem Kolorit sind bereits einige der Tore, und von diesen am offensichtlichsten die *Puerta del Sol* und die *Puerta Vieja de Bisagra*. Das Sonnentor ist das schönste, besterhaltene. Über dem inneren Hufeisenbogen sieht man in einem Medaillon die ›Geburt Christi‹. Der obere Teil ist mit zwei Reihen maurischer Blendbögen geschmückt. Das zinnenbestückte alte Bisagra-Tor zeigt sein ›arabisches‹ Gesicht auf der Innenseite mit einer ziegelgemauerten Archivolte, die

auf kurzen Säulen ruht; diese wiederum stehen auf Mauerwerk auf. Zwei spitz zulaufende Hufeisenbögen rechts und links gehörten ursprünglich zu Seitenpforten, die jetzt zugemauert sind. Etwas zurückgesetzt, öffnet sich in der Mitte ein niedrigeres Hufeisenportal, dem man der Altersschwäche wegen einen Türsturz eingebaut hat. Hier ritt Alfonso VI. 1085 ein und beendete die sarazenische Herrschaft. 1197 und 1295 versuchten die Moslems vergeblich, Toledo zurückzuerobern. Die Stadt wurde wichtigste Basis der Reconquista; von hier aus erfolgte der entscheidende Vorstoß Ferdinands III. auf Córdoba und Sevilla. Karl V. war das alte Bisagra-Tor wohl nicht mehr repräsentativ genug, denn in das gleiche Mauerstück fügte er die *Puerta Nueva de Bisagra* ein. Zwei klobige Rundtürme schließen das einfache Tor ein. Über der vollen Breite der Durchfahrt und die Höhe der Türme noch überragend, spannt der Doppeladler des Kaisers seine Flügel aus. Ein Dreiecksgiebel über dem riesigen Wappen, gekrönt von einer Engelsfigur, versucht die Massigkeit des Torbaus zu mildern. Unter Einbeziehung älterer arabischer Bauteile hat Philipp II. die *Puerta del Cambrón* errichten lassen, mit einem loggiaartigen Doppelfenster über der Durchfahrt und Herrera-Türmen; ein Stützpfeiler trägt die Aufschrift: ›Groß ist Allah. Ich bekenne: Es gibt keinen Gott außer Allah. Ich bekenne: Mohammed ist Allahs Prophet. Gott ist unser Helfer‹. Ein weiteres Portal arabischer Prägung liegt beim Zocodover-Platz, der *Arco de la Sangre del Cristo*, dem der Bürgerkrieg leider zugesetzt hat. Damals wurde auch das nahebei gelegene Wohnhaus des Cervantes zerstört, die Mesón del Sevillano.

Unter den Kirchen Toledos kann vor allem die *Iglesia Cristo de la Luz* ihre islamische Herkunft nicht verleugnen. Sie trägt darum auch den inoffiziellen Namen ›Mezquita del Cristo de la Luz‹. Ein arabischer Baumeister, Muza, der Sohn Alis, hat das intime Bauwerk 999 fertiggestellt. Der Kubus mit seinen neun kreuzgewölbten Kuppeln im Innern, unterfangen von

Hufeisenbögen, vermittelt mit seinem Säulenwald – Córdoba en miniature – den Eindruck einer Moschee. Von den drei Portalen der Frontseite besitzt eines einen Fächer-, ein anderes einen Hufeisenbogen. Darüber bilden breite, sich überschneidende Rundbögen in der Höhe eines Drittels der Fassade einen Fries, der den Charakter der Kirchenfront maßgeblich bestimmt. In der obersten Zone folgt ein Gitterornament aus Ziegelwerk, in der Kunstgeschichte Spaniens als ›enlacería‹ bezeichnet. Die Blendbögen der Apsis besitzen wieder den typisch arabischen Fächer.

Ebenso wie diese Moschee eine westgotische Kapelle abgelöst hat – man findet noch vier Säulen mit westgotischen Kapitellen –, ist auch *San Román* eine frühere Westgotenkirche, die von den Moslems übernommen wurde. Hierbei ergab sich ein reizvoller Synkretismus von romanischen Kapitellen und Fresken und den arabischen Elementen des Hufeisens, des Gipsschnitts, der kufischen Lettern.

An nächster Stelle unter den Gotteshäusern mit islamischen Stilelementen ist die bereits 1179 erbaute Kirche *Santiago del Arrabal* zu nennen. Ihr heutiges Gesicht ist teilweise auf den portugiesischen König Sancho II. aus dem Hause Burgund zurückzuführen, der in Toledo verstarb. Neben der orientalisch geprägten Artesonado-Decke findet man eine stuckgeschnitzte Kanzel mit dem Wechsel gotischen und arabischen Dekors. Typisch für das mudéjargeprägte Ostwerk zahlreicher Toledaner Gotteshäuser ist ihre Rundapsis aus Ziegelstein mit vier Blendbogenreihen. Die kleine Kirche *Cristo de la Vega*, in der die ersten Konzile Spaniens stattfanden, weist diese Form auf, doch auch *San Bartolomé*. In Cristo de la Vega übersehe man nicht die Grab-Liegefigur des Juan Fernández de Morales aus dem 16. Jahrhundert, eines Jünglings im Kettenpanzer und mit konischem Helm – wir denken an den Doncel von Sigüenza.

Neben dem Alkazar steht der Turm von *San Miguel el Alto*, ein Ziegelbau, dessen arabische Bögen mit Haustein ausgefüllt sind. Die Capilla de Belém des *Ursulinerinnen-Klosters* soll die Privatkapelle des maurischen Königspalastes gewesen sein. Hufeisenbögen und andere islamische Attribute entdeckt man in *Santa Eulalia* (hier auch ›alfices‹), in *San Sebastián*, *San Salvador*, *San Lorenzo*, *San Andrés*. Bei *San Justo y Pastor* war der berühmte Graf Orgaz, den El Greco verewigt hat, eine Zeit als Bauherr tätig. Bei *San Juan de los Reyes* ist es der Kreuzgang, der Überreste arabischer Verzierungen aus dem alten Kloster herzeigt: die Holzdecke mit einem Sternenmuster, das der moslemischen ›mushrabija‹, der ›ewigen Linie‹, angeglichen ist – ein Muster, das ursprünglich für die holzgeschnitzten Moscheetüren verwandt wurde, das man aber bald auch in Stein ›übersetzte‹. Stuckornamente nach der Art der Kalifenzeit finden wir in *La Concepción Francisca* aus dem 14. Jahrhundert.

Die engen und gewundenen Gassen der Innenstadt haben ihren Verlauf wohl nur wenig geändert. Im Mittelalter saßen hier die Handwerker vor ihren Verkaufsbuden und hämmerten an Kupferkannen oder Schwertklingen. Heute beherrscht der Antiquitäten- und Souvenirmarkt die Szene. Als eine der Hauptadern des pulsierenden und lärmvollen Herzens der Stadt kann die *Calle de Santo Tomé* angesehen werden. Sie wird überragt vom Mudéjar-Turm der gleichnamigen Kirche, an dem wir wiederum Fächer- und Schlüssellochbögen wahrnehmen. Es ist die letzte islamische Fährte, der wir nachgehen. Das Innere ist Provinzbarock, aber es verwahrt eine der größten Attraktionen Toledos, ein vom Pfarrer der Kirche, Andrés Nuñez, 1586 in Auftrag gegebenes künstlerisches Werk. Der Maler war El Greco und das Bild das erstaunlichste, das er geschaffen hat.

Das Begräbnis des Grafen Orgaz

El Grecos ›Begräbnis des Grafen Orgaz‹ gehört zu den drei vielleicht bedeutendsten Bildern der spanischen Kunst, zu nennen neben Velázquez' ›Las Meninas‹ und Goyas ›Dos de Mayo‹. Bei allen dreien ist ein Vorgang mehr erzählt als gemalt, bei allen wird der Augenblick festgehalten. Grecos

Mauritius-Bild im Escorial ist das einzige Werk, das es im Œuvre des Meisters an Erzählfreudigkeit mit dieser vom Thema her weitgespannten, mystisch überhöhten, streng spanischen, an Grandezza und ›sosiego‹reichen Komposition in der bescheidenen Kirche in Toledo aufnimmt. Es ist ein religiös inspiriertes Weltbild der Epoche Philipps II., des von dem Habsburger zur Erde hinabgezwungenen Himmels, ein Bild der Inspiration und der Vision, fernab von Realismus und doch auch wieder von einem bewundernswerten stofflichen Raffinement. Wie echt ist von der Struktur her der Seidenumhang des dem Beschauer abgewandten Priesters im Vordergrund! Das Schwarz seiner Soutane schimmert durch den weißen Flor des Überwurfs hindurch. Wie minutiös genau gibt der Pinsel die kostbare Renaissance-Bordierung der Ornate wieder, die physiognomische Vielfalt in der von gemeinsamem Lebensgefühl geprägten Männergemeinschaft, die dem dargestellten Begräbnis beiwohnt! Hier hat das Siglo de Oro einen stolzen, zugleich inbrünstigen Widerhall gefunden, nicht bei einem Spanier, sondern einem eingewanderten Griechen, der zum Spanier geworden ist und von außen her das Wesentliche der Hispanität vielleicht besser begriff.

Das Transzendente darzustellen ist dem Maler aus seinem mit Ikonen umstellten Leben in der Heimat zweifellos besonders vertraut, zwischen Physis und Metaphysis gibt es für ihn kaum eine Unterscheidung. Manuel Cossío, der Wiederentdecker des Meisters, meint, daß Greco »weder lügt noch verfälscht, sondern emporhebt«. Wolkenfladen, Gewitterstimmung, gelassene und ekstatische Gesichter, sprechende Gesten, zusammengeballte Menschengruppen, die Greco-Farben Blau, Rot und Gelb (doch nicht das Greco-Grün) sind gegenwärtig wie auf den andern Bildern des Meisters auch, doch diesmal sind die Mittel nicht vereinzelt eingesetzt, sondern in ihrer Totalität.

Gleich den Grecos in Illescas hängt auch dieser noch in der ursprünglich gedachten Umgebung, in einem fast dörflichen Kircheninterieur, das in keinem Verhältnis steht zu dieser außergewöhnlichen Komposition. Das Bild verliert hierdurch etwas von seiner Größe, wenn nicht gerade die darauf gelenkten Scheinwerfer die schwächere Umgebung ausschalten.

Die Auftragsarbeit hält das aus dem 14. Jahrhundert überlieferte ›entierro‹ des Grafen im nahe bei Toledo gelegenen Orgaz fest. In der unteren Bildpartie nehmen Sankt Stephan als Jüngling und der heilige Augustinus mit einem von Alter und Weisheit veredelten Antlitz die Grablegung selbst vor. Der tote Graf in schwarzer Prunkrüstung ist perspektivisch so auf die Leinwand gebannt, daß man denken möchte, er werde aus dem Rahmen hinausgetragen, auf den Betrachter zu. Die Aufhebung der Distanz läßt dieses Bild in die Reihe derer eingliedern, von denen gesagt wird, sie würden uns ›geradezu anspringen‹. Im Himmel erscheint der Graf ein zweites Mal, nun nackt, nur mit einem Schurzfell bekleidet, ihm gegenüber Maria und Petrus, über ihm, als Bildkrönung, Christus in magischem Licht. Diese Art von Bildergeschichte, die verschiedene Stationen der gleichen Vita, im Diesseits und Jenseits, festhält, haben wir ja bereits in Grecos berühmtem ›Mauritius‹ wahrgenommen. Auch in der eindrucksvollsten Grablege gekrönter Häupter, der von Saint-Denis, sind die Verstorbenen zweifach verkörpert, in Prachtkleidung und in dürftiger Blöße.

Die Grenzlinie zwischen Diesseits und Jenseits wird von den bärtigen Männerköpfen über weißen Halskrausen gebildet, die durchaus individuell gesehen sind. In der Tat haben wir es hier mit historischen Porträts zu tun, toledanischen Zeitgenossen El Grecos, die der hispanisierte Grieche sicher auf deren Wunsch und mit finanziellem Zuschuß verewigt hat, wie wir dies auch von Gruppenbildern Rembrandts kennen, der ›Anatomie‹ etwa oder der ›Nachtwache‹. Es sind aber keine eitlen Provinzbürger, die auf Grecos Monumentalbild, ihrer Selbstgefälligkeit Rechnung tragend, idealisiert erscheinen. Das chevtaleske Spanien des 16. Jahrhunderts passiert Revue, ähnlich wie die gemeißelten Gesichter des Goldenen Zeitalters Portugals auf dem San Vicente-Altar des

Nuno Gonçalves (Nationalmuseum Lissabon) den Eindruck
einer weltweit wirkenden Elite vermitteln. Manche von El
Greco Porträtierte glaubt man zu erkennen, so die Gebrüder
Covarrubias, den Marqués de Montemayor, Don Luis de
Castilla, Don Juan López de la Quadra, Don Pedro Ruiz
Durán, Don Francisco de Pisa. Auch meint man, aber dies ist
unsicher, Don Juan d'Austria, Juan de Herrera, den Herzog
von Alba identifizieren zu können. Doch es bestehen wenig
Zweifel, daß es sich bei dem gütig blickenden, sanften Kopf
über dem gebeugten Haupt des heiligen Stephan um den
Maler selbst handelt; als einer der wenigen Dargestellten
blickt er dem Betrachter ins Gesicht. Und mit Gewißheit ist
der sympathische, fackeltragende Page, der auf den Grafen
Orgaz deutet und gleichfalls auf den Beschauer des Bildes
blickt, El Grecos Sohn Jorge Manuel, der Sproß aus des Meisters Verbindung mit Doña Jeronima de las Cuevas, deren
Schönheit er ebenso gefeiert hat, etwa in der ›Heiligen Familie‹ des Hospitals Santa Cruz, wie Rubens Helene Fourment
oder Rembrandt Saskia. Wir wissen nicht, ob Doña Jeronima
Grecos Ehegefährtin oder Geliebte, Christin oder Jüdin war.
Jedenfalls ist sie in die Geschichte eingegangen als eine jener
Frauen, ohne deren liebenswerten Charme und aufopferndes
Verständnis viele Werke von Weltrang nie geschaffen worden
wären. Beider Sohn hält auf dem Bild der Orgaz-Grablegung
ein Spitzentaschentuch in der Hand, das auf griechisch das
Geburtsdatum Jorge Manuels trägt.

Man wird aus der himmlischen Sphäre prosaisch auf die
Erde zurückgeführt, wenn man die näheren Umstände
erfährt, die ein so geniales Œuvre wie Grecos ›Entierro‹
betreffen. Der mediokre Pfarrer von Santo Tomé war mit Ein-
zelheiten des Bildes, vor allem in der Himmelssphäre, nicht
einverstanden. Er wollte sich um die vereinbarte Summe von
12 000 Dukaten drücken. Der Maler mußte um das Honorar
einen Prozeß führen. Die Sachverständigen unterstützten den
Meister, indem sie entschieden, das Bild sei eigentlich viel
mehr wert. Ein Künstler ist kein Geschäftsmann und eher

generös-nachgiebig, und so schlug einer der größten Maler der Welt – aber wer ahnte dies damals? – dem Auftraggeber vor, den ursprünglich ausgemachten Preis zu zahlen.

El Greco und sein Haus

Warum der junge Domenicos Theotocópulos, geboren 1541 bei Candia, seine Heimatinsel Kreta verlassen hat, weiß man nicht. Die Landsleute des ›Griechen‹ haben auch jahrhundertelang nicht geahnt, daß eines der größten Maler-Genies der Erde einer der ihren gewesen ist. Erst die Wiederentdeckung im 19. Jahrhundert hat sie seiner bewußt werden lassen. Eines der ersten Hotels in Candia-Heraklion trägt heute den Namen ›El Greco‹, und Bilder von ihm zieren die Wände.

1570 sehen wir den Künstler in Rom, wo er sich als Schüler Tizians bezeichnet. Aber stärker wirkt Venedig auf ihn, wo er von Bassano, Veronese, Tintoretto lernt, von diesem besonders. Noch in seinen späten Bildern fallen manchmal Adaptionen auf, die die Schule in der Lagunenstadt erkennen lassen. In Parma kopiert er Correggio. In Rom lernt er 1577 den Spanier Luis de Castillo kennen, dessen Bruder als Architekt am Bau von San Domingo in Toledo mitwirkt. Dies erklärt, warum der Grieche plötzlich 35jährig in der alten Königsstadt auftaucht, die nicht mehr Zentrum Spaniens ist; denn Madrid hat sie überflügelt. Eine seiner ersten Arbeiten wird der Altar für Santo Domingo el Antiguo, wo, im Gegensatz zu den italienischen Jahren, bereits die manieristisch langgestreckten Figuren und die frappante Suggestion des Augenblicks wahrzunehmen sind. Das Altarbild, eine ›Himmelfahrt‹, befindet sich heute im Art Institute of Chicago, doch einige andere Arbeiten El Grecos sind noch hier anzutreffen, so der ›Evangelist Johannes‹, eine ›Auferstehung‹, eine ›Anbetung der Hirten‹, ein Christusantlitz. Hier, in Santo Domingo, war übrigens El Grecos erstes Grab; der Sohn des Meisters, Jorge Manuel, hatte den Sarkophag gemeißelt. Kriegswirren fügten dem Konvent Schäden zu, so daß man El Greco nach San Torcuat umbettete. Als diese Kapelle niedergerissen

Santa María la Blanca in Toledo

wurde, gelangten die sterblichen Reste des Malers in die Bartholomäus-Kapelle, die später umgestaltet wurde, wobei sich die Spur von El Grecos Grab verlor. Es gibt aber Kenner Toledos, so den Schatzhüter der Kathedrale, Monsignore Francisco de Asis Gonzalez, die fest daran glauben, daß die Gebeine in einer verborgenen Krypta von San Bartolomeo ruhen und bei Bereitstellung der nötigen Mittel eines Tages aufgefunden werden könnten.

Aber wir kehren zurück zu El Grecos Lebzeiten. Von 1574 bis 1614 ist Toledo der Schauplatz seiner unermüdlichen Arbeit. Er gilt in seiner Pinselführung als extravagant, überspannt, aber sein Stil wird dennoch geschätzt, so daß er sich über Mangel an Aufträgen von privater und klerikaler Seite nicht beklagen kann. Das Porträt und die biblische Szene stehen im Vordergrund. Es kommen Nachbestellungen, was dazu führt – und dies ist in der Malerei im allgemeinen verpönt –, daß er sich selber kopiert, und nicht nur einmal. Die gleiche religiöse Darstellung, die gleichen Apostelgestalten können wir darum an mehreren Stellen sehen, wobei aber die Zweit- und Drittwerke an seelischer Wirkung und malerischem Impuls trotz der Routine nichts fehlen lassen. Um allen Malverpflichtungen nachzukommen, richtet El Greco – oder ›Grieco‹, wie ihn die Toledaner nennen – eine für damals stattliche Werkstatt ein, wahrscheinlich unterhält er mehrere Gehilfen, auch sein begabter Sohn steht ihm mit Pinsel und Meißel zur Seite. Seine Werke verteilen sich heute auf die Museen Spaniens und der Welt, doch viele sind in Toledo geblieben, wir stoßen auf sie im Greco-Haus, in Santo Domingo, San José, San Nicolás, in den Hospitälern Santa Cruz und Tavera.

Der unermüdlich Produzierende ist vom Rang her kein bloßer ›Handwerker‹ wie damals die meisten Kunstschaffenden, sondern Patrizier, der sich teuer und sorgfältig kleidet; dem entspricht seine Haus- und Lebensführung. Gelehrte und hohe Kleriker kehren bei ihm ein, so der Kanonikus Diego Covarrubias (den er im Chorhemd malt) und der Leiter des

Trinitarier-Ordens, Hortensio de Paravicino. In seiner Biblio-
thek findet man später Xenophons ›Anabasis‹ mit Randnotizen. Und er durchstreift mit seinem Malgerät Toledos Umgebung, die er sich zu eigen macht; nie mehr, außer den
Abstechern nach Madrid, verläßt er diese Stadt, dieses
Ambiente, diese Welt, die den Hintergrund vieler seiner
Werke bildet. Die berühmteste Darstellung der ›Stadt aus
Stein‹ ist das Bild ›Toledo im Gewitter‹, das heute, wie auch
der berühmte ›Großinquisitor‹, im Metropolitan Museum in
New York hängt, ein Bild von apokalyptischer Untergründ-
digkeit in den Farben Grün und Blau, wobei es El Greco nicht
darauf ankommt, zugunsten der Wirkung die Topographie zu
ändern, Gebäude zu tauschen, wenn nur die innere Wahrheit
stimmt. In Toledo geblieben ist das Breitbild, das die Übergabe des Ornats für San Ildefonso in die Stadtlandschaft hineinkomponiert: Maria mit Engeln bringen das Gewand vom
Himmel herab. Der Tajo ist allegorisch als Flußgott mit aus-
strömendem Gefäß wiedergegeben. Ein junger Mann in grünem Gewand – sicher Grecos Sohn – hält den Stadtplan in
Händen, dem ein Text beigegeben ist. Darin wird erklärt,
warum das Tavera-Hospital nicht nach seinem realen Standort im Vordergrund des Bildes erscheint. »Es ist notwendig
gewesen«, lautet die Erläuterung, »dem Hospital des Don
Juan Tavera die Form dieses Modells zu geben; denn es ver-
deckte nicht nur das Bisagra-Tor, sondern reckte seine Kuppel so, daß diese die Stadt überragte; ich schuf zunächst das
Modell und entfernte das Gebäude von seinem Platz; denn
ich dachte, man müsse vor allem die Fassade zeigen. Wie es
im übrigen mit der Stadt zusammengehört, ist aus der Karte
zu ersehen.« Auch glaubte der Maler erklären zu müssen,
warum Maria und ihre Begleiterinnen im Verhältnis zur Proportion der Stadt übergroß erscheinen: »In der Geschichte
von Unserer Lieben Frau, die dem heiligen Ildefonso, um ihn
damit zu schmücken, den Ornat bringt, habe ich mich, zur
Vergrößerung der Figuren, zu einem bestimmten Grad ihrer
Himmlischkeit bedient. Es ist wie bei Lichtern, die, aus der

Ferne gesehen, groß erscheinen, so klein sie auch immer sein
mögen.«

»Creta le dio la vida, y los pinceles Toledo«, »Kreta gab
ihm das Leben und Toledo die Pinsel«, stellte der bereits
erwähnte Trinitarier Paravicino fest, dessen 1609 gemaltes
Porträt in Boston hängt. Zur Manifestation eines Genies
gehört immer auch neben der angeborenen Gabe die Gunst
der rechten Zeit und der adäquaten Umwelt. »Toledo verwandelte einen zweitklassigen Venezianer«, dies ein Bonmot
des Kunstgelehrten Pijoan, »in den größten Meister, den die
Welt und Spanien je gesehen haben.«

Das Greco-Haus liegt in der Calle Samuel Levi, zwischen der
Kirche Santo Tomé und dem Paseo del Tránsito, einer Grünanlage oberhalb des Bergabsturzes zum Río Tajo hin. Das ori-
ginale Wohnhaus des Malers ist es nicht, darin gleicht es Cervantes' ›Geburtshaus‹ in Alcalá, in dem niemals die Wiege des
Dichters stand. Man nimmt an, daß Greco in einem Gebäude
des Grundstücks des Marqués de Villena gewohnt hat, das
sich etwas weiter stadtabwärts befand, am Rande der
Judería, des Judenviertels. Das Haus ist der Zeit zum Opfer
gefallen, und so hat man, als El Greco wiederentdeckt worden ist, diesen neuen Komplex geschaffen, und zwar auf den
Grundmauern des aus dem 14. Jahrhundert stammenden
Gebäudes, in dem einst Samuel Halevi wohnte, nach dem
heute die Straße heißt und der einflußreicher Schatzmeister
des kastilischen Königs Pedro el Cruel, Peters des Grausamen, gewesen ist. Der Keller des Hauses mit seinem Mudé-
jar-Gewölbe ist unverändert, hier soll Samuel Halevi Schätze
verborgen haben, während zweihundert Jahre später der
Marqués de Villena, den man für einen Nekromanten hielt,
an diesem Ort der Fama nach Alchemie und Hexerei betrieb.

Die obererdigen Geschosse vermitteln einen Eindruck vom
Wohnstatus gehobener Bürger des Siglo de Oro, und somit
auch El Grecos. Daß einige der Räume, insgesamt sind es 25,
stattliches Renaissance-Meublement aufweisen, läßt schon

erkennen, daß es sich um eine Rekonstruktion handelt, denn man weiß, daß der Maler, wenn er auch in seiner besten Zeit wohlhabend war, am Ende arm gestorben ist. An der Rückseite des Hauses, mit Balkon im Oberstock, liegt ein Hof, der sich zu einem terrassierten Garten öffnet. Hier hat man gotische und arabische Kapitelle und Keramik-Bruchstücke museal aufgestellt. Die Fenster des Hauses sind vergittert: auch eine morgenländische Adaption, die an vergitterte Harems erinnert. Desgleichen entsprechen orientalischem Wohnstil die Kissen, die als Sitzgelegenheit in der ›Estrade‹ ausgestreut sind, ein gehobener Wohnraum mit rotseidener Wandbespannung und einem Spinnrad in der Raummitte. Im Atelier fallen ein Boden aus schönen roten Fliesen und eine Artesonado-Decke auf, unter der ein Fries in arabischem Gipsschnitt verläuft. Auf der Staffelei steht das Bild Sankt Peters – man könnte meinen, Greco Redivivus müßte gerade eintreten und zum Pinsel greifen. Die Küche ist mit Talavera-Ziegeln ausgestattet, auf dem Vorsprung des Kamins steht volkstümliches Küchengerät.

Mit dem Haus verbunden ist ein Museum, das mehr zu bieten hat als der Annex von Goyas Geburtshaus in Fuendetodos. Wir finden hier allein 20 Grecos, darunter eine vollständige Apostelfolge (Apostolado). Im Museum wie in den Wohnräumen des Greco-Hauses begegnen wir ferner so exemplarischen Meistern wie Zurbarán, Murillo, Valdés Leal und Montañes.

Toledos Synagogen

Die Judería breitet sich als Stadtbegrenzung vom Greco-Haus bis zur Kirche San Juan de los Reyes aus. Zur Zeit der duldsamen Kalifen wie auch zeitweise unter den kastilischen Königen war dies das Wohnviertel der wohlhabenden Bürger. Die Judenschaft als merkantile Oberschicht spielte eine ähnliche Rolle wie die Hanse im mittelalterlichen Stockholm. Im Gegensatz zu den Gettos in den Ländern nördlich der Pyrenäen genoß sie auch weitgehende Freiheiten und sogar, zumindest was die führenden Namen betrifft, Ansehen, nicht zuletzt deswegen, weil die Krone sie brauchte. Erst mit dem Ausgang des Mittelalters war die Zeit der Duldung zu Ende, die großen Jahrhunderte, in denen drei Glaubensgruppen in Koexistenz und in gegenseitigem Austausch Toledo befruchteten und den Rang der Stadt bestimmten. Nicht die Konkurrenz des aufstrebenden Madrid hat den Niedergang bewirkt, sondern die Ausschaltung der kreativen Kräfte der Mauren und Juden. Hiermit hat die Inquisition Spanien einen beträchtlichen Schaden zugefügt.

Von der einstigen Blüte der Judería Toledos zeugt kein geschlossenes Stadtviertel voller Anmut wie in Córdoba und Sevilla, sondern der Zweiklang der ehemaligen Synagogen (heute Santa María la Blanca und El Tránsito), die zu besichtigen sich niemand entgehen lassen sollte. Neben Kathedrale, der Kirche der Katholischen Könige San Juan de los Reyes und den Greco-Stätten sind sie der sehenswerteste Anziehungspunkt der alten Königsstadt.

Santa María la Blanca war im 13. Jahrhundert Hauptsynagoge unter den 8 jüdischen Gotteshäusern Toledos. Zwei Jahrhunderte später, 1405, mußte Jahwe zugunsten der Jungfrau Maria aus dem Sanktuarium weichen, im Zuge eines der verheerendsten Pogrome, welche die Stadt erlebt hat. Die blutige Verfolgung war das Ergebnis der vehementen Predigten des Dominikaners Vicente Ferrer aus Valencia, der im halben Abendland wirkte, für die Päpste von Avignon eintrat, in Spanien Mauren und Juden zu bekehren versuchte (im Notfall mit drastischen Mitteln) und 1458 heiliggesprochen wurde. Nach einer seiner demagogischen Reden gegen die ›Christusmörder‹ zerrte die aufgehetzte Bevölkerung Toledos die jüdischen Mitbürger aus dem Gotteshaus, trieb sie zu der heute noch bestehenden Promenade oberhalb des Río Tajo, wo man ihnen die Kehlen durchschnitt und die Leichen den Steilhang hinunterwarf. Nach dieser Hexenjagd wurde die Hauptsynagoge der Madonna geweiht. Die Aggressionen menschlicher Natur leben sich, kollektiv wachgerufen, immer in den gleichen Formen aus, ganz gleich unter welchem Dogma, unter welchem Himmelsstrich, und stets sind es nur einzelne, die der Massensuggestion nicht verfallen.

Lange Zeit hindurch christliches Bethaus, Nonnenkloster, Einsiedelei, dann Kaserne und Werkzeuglager, hat Santa María la Blanca ihre alte Struktur bewahrt. Nie haben die Juden einen eigenen Stil hervorgebracht, immer war ihr Denken, auch das Denken zu Gott hin, zu abstrakt, zu wenig sinnenhaft, darum haben sie sich stets dem Kulturkreis, in dem sie lebten, angepaßt. Die Synagogen der späten Antike entsprachen der römischen Bauweise, dem Schema der Basilika, die ja heidnisch war, ehe die frühe Kirche sie übernahm. Die Synagogen des mittelalterlichen Spanien waren demnach maurisch, um so betonter, je näher sie der Grenzlinie zwischen Kreuz und Halbmond lagen. Auch in bereits ›befreiten‹ Gebieten übernahmen die Juden Maurisches, doch dies taten bekanntlich die Christen auch. In Santa María la Blanca macht sich die dekorative Sparsamkeit der Almohaden bemerkbar, jener Berber-Dynastie, die in der Zeit der Erbauung, 1180, Andalusien beherrschte. Die imponierendsten Hufeisenarkaden Toledos teilen das Innere in 5 Schiffe, Anklänge an Córdoba. Die Kapitelle der Achteckpfeiler sind von spätrömischen Palmenkapitellen abgeleitet, wobei im feinziselierten Stuck immer wieder das Motiv des Pinienzapfens wiederkehrt, das schließlich ebenfalls römisch ist. Die Zwickel zwischen den Bögen und die Flächen darüber sind mit textilen Mustern dekoriert. Das strahlende Weiß des Innenraums entspricht dem ursprünglichen Aussehen nicht, seine Farben sind verschwunden. Die drei plateresken Apsiden der Stirnseite entstammen der christlichen Ära des Gebäudes.

Alle Schönheit geht vom Innenraum aus, so daß wir an Rilkes Sentenz denken: »Hinter den Lidern wohnen die Träume.« Das Äußere ist nichts weiter als ein rostroter Ziegelsteinkubus. So hat auch *San Benito*, die auch unter dem Namen El Tránsito bekannte frühere Synagoge, nicht den

Ehrgeiz, nach außen zu wirken. Die Fassade fällt in der Straßenfront kaum heraus, lediglich gekennzeichnet durch den Schichtwechsel zwischen Hau- und Ziegelstein und durch ein Hufeisen-Zwillingsfenster. Die künstlerischen Bemühungen konzentrieren sich auch hier ganz auf das Innere. Dem Judaismus war von jeher die Darstellung des Figürlichen verboten, und nur in laxen Zeiten des Glaubens wich man von der Bilderlosigkeit ab. El Tránsito hat aus dem Ethos der Begrenzung dafür das, was der Synagoge erlaubt ist, nämlich das Dekor, zu größter Meisterschaft gebracht, wenn auch nach maurischem Vorbild und mit Hilfe mudéjarer Künstler. Die Holztür zeigt das übliche Mushrabije-Ornament. Über dem gemusterten Fliesenboden erhebt sich ein einschiffiger Raum, der aber, im Gegensatz zu Santa María la Blanca, fast ganz mit Arabesken überzogen ist. Die Artesonado-Decke hat Muldenform. Die Wände werden oben von einer Leiste mit hebräischen Buchstaben abgeschlossen, die Psalmen wiedergeben. Darunter öffnen sich schmale Fenster mit Fächerbögen und jeweils verschiedenem Gipsschnittmuster. Eine Zone tiefer sieht man, wiederum zwischen zwei Schriftleisten, einen Ornamentstreifen mit gotischem Laubwerk und dem Wappen des Königs Pedro el Cruel. Über dem doppelteiligen Chor breitet sich wie ein Gobelin ein in Stuck geschnittenes Rautenfeld aus. Auf der rechten Seite ist im 16. Jahrhundert ein Renaissance-Portal in die Wand gebrochen worden, auf der linken steht eine Azulejo-Bank. Ein Renaissance-Altar erhebt sich in der Mitte. Die drei Glaubenswelten des mittelalterlichen Toledo klingen hier zusammen.

Die Ausstellungsstücke eines kleinen angeschlossenen Museums sind jüdische Grabstelen, Thorarollen, Holzbalken mit hebräischer Schrift, alte jüdische Frauenkleidung, eine Messinglampe mit den Boten, welche die Traubendolden Kanaans zu Moses tragen; dieses Bild ist eines der Embleme des modernen Israel. Ferner sind hier Dokumente über die Geschichte des spanischen Judentums insgesamt zusammengetragen, so eine Vedute Córdobas aus der Zeit des Maimonides, des dort geborenen größten jüdischen Philosophen, den Iberien der Welt geschenkt hat.

Juden in Spanien

Maimonides begab sich, von den Almohaden verfolgt, um die Mitte des 12. Jahrhunderts nach Kairo, wo er als Arzt und Polyhistor am Hofe Saladins wirkte. Kaiser Friedrich II. beschäftigte sich mit seinen Schriften. Für das Judentum schuf er dasselbe, was Thomas von Aquin für das Christentum bewältigte: eine Synthese zwischen Glaube und aristotelischer Philosophie. Sein schlichtes, blaugestrichenes Grab wird bei Tiberias oberhalb des Galiläischen Meeres gezeigt.

Toledo brachte keinen Maimonides hervor, doch große Geister genug. Die langfristige Toleranz der Moslems, deren Einbruch in das westgotische Spanien vom hebräischen Volksteil unterstützt worden war, schuf einen günstigen Boden für die Entfaltung jüdischer Geistigkeit. Wie sich danach Juden arabisch kleideten, arabische Sitte und Sprache annahmen, durchdrangen sich moslemische und jüdische Philosophie. In dieser günstigen Atmosphäre schrieb Spaniens erster jüdischer Dichter, Salomon Ibn Gabirol (1021–1070), den neuplatonisch inspirierten ›Lebensquell‹, dessen lateinische Übersetzung unter dem Titel ›Fons Vitae‹ durch den Toledaner Domingo Gundisalve auf das Christentum eingewirkt hat. Im 11. Jahrhundert glänzte in Toledo auch Juda Halevi, Arzt, Physiker und ›estrellero‹, Astrolog, mit seinem ›Himno a la Creación‹, ›Lob der Schöpfung‹, und seinen ›Sionidas‹, die von seiner Jerusalem-Sehnsucht zeugten und bis in die zionistische Bewegung der Neuzeit hineinwirkten. Bis vor die Mauern Jeruschalajims gelangte er; vor Eintritt in die ›Tochter Zions‹, seines Kanaan, starb er, so daß man ihn als Moses des Zionismus bezeichnen kann. Abraham ben David aus Toledo (1110–1180) gilt mit seinem ›Libro de la Tradición‹, ›Buch der Überlieferung‹, als erster jüdischer Historiker der Halbinsel. Seine Geschichte der

Juden wurde von Abraham ben Salomon bis zur Ära Ferdinands III. fortgesetzt.

Diese Namen beweisen, daß sich auch nach der Einnahme Toledos durch die kastilische Krone das geistige Leben der Hebräer ungehindert entwickeln konnte. Erzbischof Raimundo (1125–1151) rief in Toledo eine Übersetzerschule ins Leben, in der jüdische und arabische Gelehrte Werke der Antike, die im Westen verschüttet, aber im Orient bekannt geblieben waren, ins Lateinische übertrugen und damit dem Abendland wieder zugänglich machten.

Als Alfonso VIII. siegreich aus der Schlacht von Las Navas de Tolosa zurückkehrte, wurde er 1212 von den Juden Toledos, die er protegierte, triumphal begrüßt. Nach der Überlieferung verliebte sich der verheiratete König in die schöne toledanische Jüdin Rachel. Um ihn von seiner Leidenschaft zu befreien und zur Pflicht zurückzuführen, erschlugen seine Vasallen das Mädchen. Dieser Stoff ist in Spanien mehrfach dramatisiert worden, so auch durch Lope de Vega in seinem Stück ›Der Friede des Königspaares‹. Die etwas abstruse Affäre ist der Vorwurf zu Grillparzers ›Jüdin von Toledo‹, die man in seinem Nachlaß gefunden hat.

Toleranz herrschte namentlich unter Fernando III., der sich allen drei Religionen gegenüber so duldsam erwies, daß man ihm den Namen ›Emperador de los tres religiones‹ gab. Sein Sohn Alfonso X. El Sabio wählte einen jüdischen Untertan, Don Mayr, als Schatzmeister und erließ Gesetze, die Andersgläubige den Christen gleichstellten. Auch andere kastilische Herrscher machten sich die Finanzbegabung der Juden zunutze. Schatzmeister Pedros I., Peters des Grausamen, war jener Samuel Halevi, der großzügig die Mittel zum Bau einer eigenen Palast-Synagoge gestiftet hatte. Als der König von seinem Bastardbruder und späterem Nachfolger Enrique de Trastámara in Toro bei Zamora gefangengehalten wurde, teilte der Schatzmeister mit ihm die Haft. Als aber beide, wieder frei, nach Toledo zurückgekehrt waren, beschuldigten Neider den mächtigen Finanzmann, er habe Gelder aus dem

Kronschatz auf die Seite geschafft. Pedro ließ ihn festnehmen und mit ihm in einer Art Sippenhaft alle Angehörigen, auch außerhalb Toledos. Auf der Folter gestand Samuel, ehe er an den Folgen starb, daß er Schätze im Keller seines Palastes verborgen halte. Dort, an der Stelle des heutigen Greco-Hauses, fand man dann auch Gold und Silber so hoch gehäuft, daß ein Mensch sich dahinter verstecken konnte. Der Fund wurde konfisziert und die von Samuel unterhaltene Synagoge geschlossen. Man übergab den Bau dem Calatrava-Orden, dessen Lilienkreuz heute noch an einem zeitgenössischen Grabstein des Innenraums zu sehen ist. Als Kirche widmete man die ehemalige Sinagoga nun der Entschlafung (El Transito) Mariä. Doch erhalten blieben die hebräischen Spruchstreifen an der Decke, Psalmen Davids, Lobesworte für König Pedro, Meir Abdeli, Samuel Halevi und die Wappen Kastiliens, Leóns und Frankreichs – dieses Land war deswegen heraldisch vertreten, weil Pedros Gemahlin María Blanca eine Französin war. Sie muß Samuel Halevi gehaßt haben, denn der Schatzmeister hatte den König dazu überredet, seine Mätresse María de Padilla 1355 nach Toledo zu holen.

In der zweiten Hälfte des 14. Jahrhunderts ging für die Juden die glückliche Zeit menschenfreundlicher Toleranz und gegenseitigen Verständnisses zu Ende. Bei der ersten großen Verfolgung, 1367, wurden 1500 Häuser der Judería angezündet. 1391 riß die Hetzpredigt des Dominikaners Ferrer den Pöbel zu einem Pogrom hin. Diejenigen, die als Sympathisanten der Juden verdächtig waren, beteiligten sich an den Untaten, um von sich abzulenken. Im 15. Jahrhundert wurden die Reste der Judería in Mauern eingeschlossen. Aber das geistige Leben ließ sich nicht einengen. Unter den bedeutenden Toledaner Juden der Nachblüte seien der Mathematiker Martín de Toledo, der Astronom Abraham Zarzel, der Dichter Juan de España genannt.

1492, mit der Einnahme Granadas durch die Katholischen Könige, fand jedoch diese beschränkte Freiheit einen grau-

samen Abschluß. Die Alternativen waren Emigration, aber
ohne Mitnahme von Vermögenswerten, oder Zwangstaufe.
Der unnachgiebige Kurs war vor allem dem Großinquisitor
Torquemada zuzuschreiben. Es wird erzählt, daß vermö-
gende Hebräer dem König Ferdinand 300 000 Dukaten geboten hätten, wenn man ihnen ihre Ruhe ließe. Da sei aber Torquemada dazwischengetreten und habe, das Kreuz in der
Hand, gerufen: »Judas Ischariot hat Christus für 30 Silber-
linge verraten. Eure Majestät wollen ihn für 300 000 Dukaten verkaufen?« Da Juden damals, im Zeitalter der Pogrome,
auch in andern Ländern mit Verfolgung rechnen mußten,
wählten viele den Weg der Taufe. So war der Schatzmeister
Isabellas der Katholischen, Luis de Santangel – der im Leben
des Kolumbus eine so entscheidende Rolle spielte –, ja getaufter Jude. Die so gegen ihren Willen Getauften waren,
ganz gleich ob Moslems oder Juden, Neuchristen, wobei man
die Muselmanen ›Moriscos‹, die bekehrten Juden hingegen
›Conversos‹ (Bekehrte) oder abfällig ›Marranos‹ (Schweine)
nannte. Sicher waren durch diese Maßnahmen keine wahren
Christen gewonnen worden. Nach außen nahmen die Unglücklichen zwar die Taufe an, doch im Herzen blieben sie
Juden, ließen ihre Söhne beschneiden, aßen koscher und versteckten in einem geheimen Fach die Thorarolle. Viele von
ihnen wurden jedoch von ihren Schuldnern, die die Rück-
zahlung einzusparen hofften, beim Heiligen Offizium ange-
zeigt, dem jeder Entdeckte willkommen war. Ihr Eigentum
wurde konfisziert und diente dem geistlichen Gericht zur
Unterhaltung des kostspieligen Apparats.

Die in die ganze Welt emigrierten Juden ließen sich als
Sephardim – nach dem Namen Sefarad für Spanien im Buch
Obadja im Alten Testament – in neuen Ländern nieder. In
ihrem Ritus bedienen sie sich wie seit jeher des Hebräischen,
ihre Umgangssprache aber ist bis ins 20. Jahrhundert das
Altkastilische geblieben, das wegen der darin enthaltenen
hebräischen Wörter als ›Judeo-Español‹ oder ›Spaniolisch‹
bezeichnet wird, eine Sprache, die im Begriff ist auszusterben.

Eine Stadt von so großer historischer Würde wie Toledo verfügt über eine stattliche Zahl von Palästen geistlicher und weltlicher Herren. Sie gehören fast alle der späten Gotik an oder, soweit das Platereske sich schon entfaltet hatte, dem sogenannten isabellinischen Stil, genannt nach Isabella der Katholischen. Barocke Profanbauten sind in Toledo selten, da in jener Zeit Toledo bereits aufgehört hatte, die Hauptstadt zu sein. Nun zogen Adel und Klerus es vor, Paläste und Hospitale in Madrid zu errichten.

Zwei Toledaner Palacios und zugleich die umfänglichsten der Stadt tragen das Signum von Kardinälen, deren Namen in die Geschichte Spaniens eingegangen sind: Tavera und Mendoza. Da die Gebäude ursprünglich Krankenherbergen mit einschlossen, hat sich der Name ›Hospital‹ eingebürgert.

Das *Hospital de Tavera*, einst zugleich Fürstenresidenz und Krankenhaus und heute Kolleg, lag bei seiner Errichtung (1541–99) außerhalb der Stadtumgürtung; deshalb kam es zu dem Namen ›Hospital de Afuera‹, während die offizielle Bezeichnung ›Hospital de San Juan Bautista‹ lautet. Kardinal Don Juan Pardo de Tavera, Vorsitzender des Großen Rates und Regent Kastiliens bei Abwesenheit des Monarchen, hatte den Bau Johannes dem Täufer geweiht. Die breite Fassade wiederholt das bauliche Konzept anderer Paläste des 16. Jahrhunderts in Spaniens Mitte, etwa des Palacio de Infantado in Guadalajara oder der Universität in Alcalá. Doch das Tavera-Hospital entbehrt fast ganz des plateresken Schmucks und ähnelt eher den Renaissance-Palästen der Toskana. Wie in Guadalajara und Alcalá ist auch hier dem eigentlichen Baukörper ein niederes Stockwerk mit galerieartig aneinandergefügten Fenstern aufgesetzt. Beiderseits des Portals prangen die Wappen des Königreichs und des Erzbistums, erkenntlich an Krone und Bischofshut. Die Zurückhaltung an Dekor zeigt bereits den Übergang zum asketischen Stil Herreras an, der bald nach Errichtung des Tavera-Hospi-

tals das Feld beherrschen sollte. Erhalten ist ein Brief Karls v.
an den Kardinal aus dem Jahre 1541. »Diego de Guzmán
berichtet mir vom Hospital«, so lauten die Zeilen des Kaisers,
»das Ihr in der Nähe des Stadttores von Bisagra errichten
wollt. Es freut mich, daß Ihr ein so edles Werk beginnt, mit
dem unserm Herrn gedient werden kann. Der Ort scheint mir
geeignet, und mit seinem Segen könnt Ihr das Werk beginn-
en.« Dem fünften Karl war also dieses Stück Erde genau
bekannt, auf dem wir heute zwischen Bisagra-Tor und Hos-
pitalfassade stehen, in einem Park voller Barockfiguren kastilischer Könige. Tavera war ein enger Vertrauter des Kaisers.
Er gehörte zur Begleitung der Kaiserin Isabella und taufte den
Infanten Philipp, den nachmaligen König.

Erster Architekt des Hospitals war Bartolomé Bustamente,
Taveras Sekretär und Schüler Michelangelos. Er gehörte zu
den Besuchern Karls v. in Yuste, obwohl er ein Jesuit war und
der Kaiser, gegen alle Eigenwilligkeiten christlichen Denkens
mißtrauisch, den Orden nicht sonderlich schätzte. In Yuste
sank Bustamente vor dem abgedankten Kaiser auf seine Knie
und wollte sich nicht mehr erheben. Karl indessen weigerte
sich, mit ihm zu reden, wenn er sich nicht auf einen Stuhl setzen wollte. Nach Bustamente waren noch andere Architekten
am Tavera-Hospital bis zu dessen Vollendung tätig, so der in
Toledo vielbeschäftigte Alfonso de Covarrubias.

So schmucklos sich das Äußere des Palastes uns darbietet,
so reich ausgestattet ist sein Inneres. Ursprünglich muß das
Inventar so aufwendig und üppig gewesen sein, daß Gegner
des Kardinals meinten, er und sein Architekt Bustamente
seien sich zweifellos warmer Plätze im Fegefeuer sicher.
Ouvertüre der Pracht der Saalfluchten ist der zweigeteilte,
doppelstöckige Innenhof mit 112 dorischen und ionischen
Säulen; getrennt wird er durch einen luftigen, gleichfalls
zweistöckigen Laufgang, der zur Pforte der Hospitalkirche
führt.

Mit dem Bau der einschiffigen Kirche hat man 1562 begonnen. 1624 las man die erste Messe. Unter der Achteckkuppel

erhebt sich das von Alonso Berruguete gemeißelte Grabmonument des Gründer-Kardinals. Es gehört wegen seiner
Lebensnähe und ergreifenden Ausdruckskraft zu den großen
Grabbildern Spaniens. Berruguete hat von 1559 bis 1561,
dem Jahr seines Todes, daran gearbeitet. Am Postament sind
die vier Grundtugenden der Kirche allegorisch dargestellt.
Tavera hatte bereits 1545 das Zeitliche gesegnet, so daß man
annehmen darf, daß der Bildhauer sich der Totenmaske
bedient hat. Berruguete hat diese auch El Greco für dessen
Porträt des Kardinals geliehen, das sich ebenfalls im Hospital befindet. El Greco hat die geschlossenen Augen geöffnet,
sein Bild ist von höchster Lebendigkeit. Noch viele Male
blickt uns der Kardinal von den Wänden des Palastes an, so
daß seine Züge sich uns wie die eines Zeitgenossen einprägen.
Unter den Gedenkstücken, die der als Museum eingerichtete
Trakt des Palastes verwahrt, sieht man Taveras Kardinalshut
und seine geistliche Robe mit dem Santiago-Kreuz.

El Greco war der Aufsatz des Hauptaltars der Hospital-
kirche übertragen worden, dazu einige der Seitenaltäre. Aber
er starb zu früh, im Jahre 1614, so daß weniger profilierten
Meistern das Altargemälde zufiel. Dennoch wird man El
Greco im Tavera-Hospital finden. Auf dem großformatigen
Bild der ›Taufe Christi‹, seinem letzten Werk, entdecken wir
am Rande Farbexerzitien. Auch ein besonders schöner ›San
Francisco‹ befindet sich hier, eine seiner 40 Gestaltungen des
Heiligen, von denen sich allein 17 in Toledo befinden. In
einem der Hauptsäle steht auf einer Staffelei El Grecos ›Sa-
grada Familia‹, die stillende Maria, neben ihr Joseph und
Anna, darüber auf blauem Himmel die für Greco typischen
Fladenwolken. Maria mit ihren schlanken, sensitiven Greco-
Händen ist ein ungemein sprechendes Abbild der Lebensge-
fährtin des Maestro, zugleich ein Sinnbild anmutiger spani-
scher Weiblichkeit. Eine skulptierte, gefaßte Männerfigur El
Grecos in der Bibliothek des Hospitals soll Adam darstellen.

Damit ist der Reichtum an wertvollen Bildern nicht erschöpft. Hingewiesen sei auf Tintorettos ›Heilige Familie‹,

Carreños ›Maria von Österreich‹, Berruguetes auf Marmor gemalten ›Kardinal Tavera‹, Caravaggios ›Samson und Dalila‹ sowie auf eine Anzahl Veduten Neapels, das ja jahrhundertelang zu Spanien gehörte. Seltsam Riberas ›Mujer Barbuda‹, eine bärtige Frau, die ihr Kind säugt. Die Legende ist auf einer Stelle notiert: Um vor aufdringlichen Verfolgern sicher zu sein, wünschte sich die Dargestellte gleich der heiligen Librada in Sigüenza einen Bart, der ihre Reize verbarg; als Santa Ventura gelangte sie in den Heiligenkalender. Ein flämischer Altaraufsatz verbildlicht ›El Naufragio ocasionado por los diablos‹, einen durch Teufel verursachten Schiffbruch. Vertreten sind zwei Werke von Salvatore Rosa, dem Maler, der sich am Masaniello-Aufstand in Neapel 1648 beteiligt hat (Stoff von Aubers ›Stumme von Portici‹) und über den der brasilianische Komponist Carlos Gomes eine Oper (›Salvator Rosa‹) schrieb.

Eines der sehenswertesten Bildnisse des Hospital-Palacios ist das des jugendlichen Herzogs von Medinaceli von Zurbarán, eines hübschen goldgewandeten Jünglings mit schwarzem Zylinder, in der einen Hand den Degen, in der anderen die Handschuhe. Dem Duque sieht man an, daß er weiß, welch erlauchter Familie er angehört. Diese Familie wie die Herzöge von Lerma waren Verwandte, in deren Besitz das Hospital später überging; in der Krypta befinden sich die Gräber beider Geschlechter.

Die letzte Herzogin Lerma ist im Bürgerkrieg ermordet worden. Man sieht noch ihre Räume mit dem stilechten Mobiliar und schönen Gobelins, ihren Schmuck, einen Elfenbeinchristus aus dem 13. Jahrhundert über ihrem Bett, einen mexikanischen Spiegel aus der Zeit des Barock. Heute ist ein Teil des Hospitals der Escuela primaria, einer Volksschule, vorbehalten, und unbeschwert von der Last der Jahrhunderte, die dieses Gebäude trägt, treten lachend Schülerinnen in ihren Schuluniformen, mit ihren Lehrbüchern unter dem Arm, aus den Portalen.

Pedro González de Mendoza war der Stifter des etwas jüngeren *Hospital de Santa Cruz*, nahe dem Alkazar. Es hat wegen dieser Nähe auch im Bürgerkrieg schweren Schaden genommen, doch ist es heute, soweit dies möglich war, wiederhergestellt. Der Toledaner Covarrubias und der Flame Enrique de Egas waren die Architekten. Egas begann 1504, neun Jahre nach dem Tod des Kardinals, mit dem Bau. Der ganze Schmuck der Schauseite konzentriert sich auf das dreistöckige Portal. Im Tympanon kniet Kardinal Mendoza vor dem Kreuz, das die heilige Helena ihm entgegenhält; die Mutter Konstantins soll es nach der Legende bei einer Pilgerfahrt nach Jerusalem dort aufgefunden haben. In einer Nische darüber umarmen sich Joachim und Anna, die Eltern Mariä. Den Giebel ziert das Mendoza-Wappen.

Die Bauplaner haben als Grundriß des Hospitals die Form eines griechischen Kreuzes gewählt. Am Schnittpunkt der gleich langen Kreuzarme war der Altar errichtet, so daß die bettlägerigen Spitalinsassen leichter der Messe folgen konnten. In der Vorhalle sehen wir ein Bildnis des für Toledo so bedeutenden Kaisers Karl v. von Juan Pantoja de la Cruz und eine Darstellung der Krönung des Kaisers, gemalt von Juan de la Corte. Die Vorhalle mit ihren Arkaden, ziselierten Säulen und Wappenbildern ist ebenso legitime Renaissance wie der Patio mit seinen schlanken Pfeilern und Santiago-Kreuzen in den Zwickeln.

Im Untergeschoß ist heute das archäologische Museum Toledos untergebracht, mit römischen, westgotischen und maurischen Funden. Auch sieht man hier in einem Saal spätmittelalterliche Keramik aus Talavera und Puente del Arzobispo, den beiden Orten der Extremadura, die auch in unsern Tagen noch Tonware herstellen. Außerdem ist mexikanisches Steingut der späten Kolonialzeit und Emaille aus Limoges aus dem 16. Jahrhundert ausgestellt.

Im Oberstock des Hospitals befinden sich Meisterwerke, die aus der Kirche San Vicente nach hier verbracht worden sind, darunter eines der letzten großen Werke El Grecos,

›Asunción‹, eine ›Himmelfahrt Mariä‹ voller Inbrunst. Der
spanische Kunsthistoriker Marañón urteilt, daß El Greco bei
diesem Bild dabei war, den religiösen Ausdruck zu erreichen,
nach dem er sein ganzes Leben lang gestrebt hatte. Der Fran-
zose Maurice Barrès hingegen meint, daß die ›Asunción‹ das
Werk des alten Schöpfers sei, »der, die Nähe des Todes
spürend, schnell arbeitet, Erklärungen umgeht und die Aus-
drucksmittel reduziert, bis er eine Knappheit der Darstellung
erreicht, wie sie Rätsel und Grabschriften haben«. Auch
Rilke wurde von diesem Spätwerk des zum Spanier gewordenen Griechen ergriffen; er sagt zur Gottesmutter: »Wie in
ein Nadelöhr versenkt sich in dich mein Blick, während du
hinansteigst.« Die vier Galerien des ersten Stockwerks tragen
kostbare, seitlich abgeschrägte Artesonado-Decken. Nur
erstklassige Kunstobjekte sind hier aufgestellt. Unter den vielen Altarbildern ist ein Triptychon aus dem Kastell Escalona,
in dem im 15. Jahrhundert der Konnetabel Álvaro de Luna
residierte und dessen Trümmer im Gredos-Gebirge heute
noch einen imponierenden Anblick bieten. Blicken wir uns in
den mächtigen Saalflügeln um, so entdecken wir ein riesiges
Kalvarienbild des Flamen Anton Mor, eine ›Geißelung Christi‹ von Morales, Coellos ›Isabel Clara Eugenia‹ (die Tochter
Philipps II. hat das Medaillonbild ihres Vaters in der Hand),
die ›Heilige Familie‹ Riberas. Pedro de Menas ›Madonna‹ ist
entsprechend dem Bestreben des spanischen Barock, möglichst naturnah zu sein, mit Glasaugen versehen. Man sieht
die Standarte der ›Liga Santa‹, der vereinigten Flotte, die bei
Lepanto über die Türken siegte, und verschiedene Grab-
denkmäler, so das des Diego López de Toledo und seiner
Gemahlin María de Santa Cruz wie den Sarkophag des
Bischofs Pedro de Ayala. In der Hospitalkapelle hängt ein
Crucifixus von Goya; wir empfinden ihn heute als zu süßlich,
wie ja religiöse Darstellungen nie die Stärke des genialen Aragonesen gewesen sind.

Taller del Moro, Werkstatt des Mauren, wird der ehemalige Palast der Familie Ayala aus dem 14. Jahrhundert genannt, der sich unmittelbar beim Greco-Haus befindet. Die Ayalas, eines der großen Adelsgeschlechter Spaniens, sollen in der Tat von Mauren abstammen. Maurisch ist auch der Wandschmuck im Hauptsaal unter achteckiger Kuppel: in Gips geschnittene Filigranmuster, darunter kufische Lettern, wie wir sie nicht kunstvoller in der Alhambra von Granada antreffen. Dazu hat man in den Räumen maurische Brunnentröge, Amphoren, Kachelwände aus Spaniens Mitte aufgestellt. Im späten Mittelalter diente der Bau als Werkstatt zum Zuschneiden der Bausteine für die Kathedrale, und daher hat er den Namen erhalten.

Im gleichen ›barrio‹ liegt der *Palast von Fuensalida* aus dem 15. Jahrhundert, der für Don Pedro López de Ayala, Alcalde von Toledo und ersten Grafen von Fuensalida, errichtet worden ist. Der Backsteinbau trägt eine noble Fassade zur Schau, mit ionischen Säulen, die das vorkragende Obergeschoß tragen, und Löwenkonsolen als Stützen des Portal-Tympanons. An den Kapitellen der oktogonalen Pfeiler des Patio sind die Wappen der Ayalas und Fuensalidas angebracht. In der Vorhalle steht in Bronze die portugiesische Isabel, Gemahlin Karls v., in einem Prachtgewand, das mit Mustern im Stil der Renaissance bordiert ist. Das Bildwerk hat Pompeo Leoni geschaffen. Die zarte Anmut der in diesem Gebäude 35jährig verstorbenen Kaiserin läßt verstehen, daß der habsburgische Kaiser sie sehr geliebt hat. Übrigens ist der Imperator auch einmal in diesem Palast abgestiegen, im Jahre 1547.

San Juan de los Reyes

Will man das auf einem Felsmassiv thronende Toledo mit einem Schiff vergleichen, so bildet der Alkazar den Bug und die Kirche *San Juan de los Reyes* im Westen das Heck. An exponierter Stelle im Westen der Stadt ragt der hochwüchsige Bau empor, auf dessen Gesimse und Balustraden überall krabbengeschmückte Fialen aufgesetzt sind. Die Katholi-

schen Könige waren 1490 die Auftraggeber des Franziska-
nerklosters, zu dem die Kirche gehört; sie hatten seine Gründung nach dem Sieg von Toro gelobt, wo sie die Armee des
portugiesischen Königs Afonso v. schlugen. Dort sind auch
die berühmten Tapisserien, welche die Erfolge portugiesischer Waffen in Nordafrika dokumentarisch festhalten, in
spanische Hände geraten, heute der Schatz der Pfarrkirche
von Pastrana.

Architekt von San Juan de los Reyes war der Bretone Juan
Guas, der sich bereits in Altkastilien bewährt hatte. Isabella
der Katholischen genügten die Maße der Kirche nicht, worauf sie zu dem französischen Meister sagte: »Eine solche Kleinigkeit habt Ihr mir hier gebaut!« Die kastilische Königin
wollte ein der Kathedrale ebenbürtiges Gotteshaus erstehen
lassen, was wiederum vom Domkapitel Toledos keinesfalls
gewünscht werden konnte. Wurde das ehrgeizige Vorhaben
Isabellas auch nicht verwirklicht, so erhielt der dem Evangelisten Johannes geweihte Sakralbau dennoch ein imponieren-
des Format, nachdem man den ursprünglichen Plan erweitert
hatte. Die Fertigstellung erlebten die Katholischen Könige
freilich nicht mehr.

Das Monarchenpaar bevorzugte Toledo als Aufenthalt,
dort kam auch die Tochter zur Welt, welche die Dynastie fortsetzen sollte, Juana die Wahnsinnige. Ferdinand und Isabella
hatten in der von ihnen geliebten Stadt nichts Geringeres vor,
als sich dereinst hier zur letzten Ruhe betten zu lassen. Darum
galt ihr ganzes Augenmerk der sorgsamen und repräsentativen Ausgestaltung von San Juan de los Reyes, das nicht nur
Klosterkirche, sondern auch Mausoleum werden sollte. Kein
Bauwerk Spaniens weist darum so sichtbare Insignien der
Katholischen Könige auf. Steinerne Knappen, die am Außen-
gemäuer auf Säulenkonsolen stehen, versinnbildlichen mit
den ›escudos‹ der spanischen Majestäten die Königswürde.
Zu Seiten der Pfeiler des Triumphbogens springen reichver-
zierte Emporen vor, die dem königlichen Paar vorbehalten
waren. Dessen aneinandergereihte Wappenschilder zieren,

sich jeweils abwechselnd, die Querschiffmauern; die ›blasones‹ werden von Adlern gehalten – ein Hinweis auf das heraldische Tier San Juans, dem die Kirche geweiht ist. Überall, an der Fassade, im Kirchenschiff, im Klosterhof, fällt der Blick entweder auf die königlichen Symbole Joch und Pfeilerbündel oder die Anfangsbuchstaben F und Y (Fernando und Ysabel). Nur in Santo Tomás in Ávila sind in ähnlicher Weise, aber zurückhaltender, die Katholischen Könige gegenwärtig. Als diese 1492 Granada, das letzte muselmanische Bollwerk in Spanien, eingenommen hatten, stießen sie ihre Pläne um und gaben der dort erbauten Kathedrale die Ehre, ihrer beider sterbliche Reste aufzunehmen. Doch San Juan de los Reyes war bis zu diesem Zeitpunkt schon unauslöschlich der Geist Ferdinands und Isabellas aufgeprägt, er bewegt heute noch den Besucher. An die größte Tat seiner Gründer erinnern die Ketten der 1492 befreiten Christen, die man an die Mauern hängte. Und im Kreuzgang erscheint als Ornament der Granatapfel, das Zeichen Granadas. So verweben sich an dem Bauwerk Kunst und Geschichte.

Während der Bauarbeit starb Juan Guas. Die Arbeit stockte. Erst unter Philipp II. baute man weiter, so daß nicht alle Bauteile ›isabellinisch‹ sind, vor allem die Fassade nicht, die Alfonso de Covarrubias errichtete. Über dem Portal halten zwei Renaissance-Engel ein Wappen mit fünf Blutstropfen, den Symbolen der Wundmale Jesu. Erst 1618, zwei Jahre nach Cervantes' Tod, wurden die Arbeiten an San Juan de los Reyes beendet. Der Innenraum ist von großer, einheitlich geprägter Schönheit, einschiffig, mit oktogonaler Apsis. Trotz der Fülle des isabellinischen Dekors hat man nicht das Gefühl der Überfülle, so sicher sind die Schmuckelemente der Architektur angepaßt. Über den Raum zieht sich ein Netzgewölbe mit betonten, durch Scheitelrippen verbundenen Schlußsteinen, die entweder einen Stern aus Spitzenfiligran oder ein Wappenbild darbieten. Im kurzen Chor und unter den Emporen strahlen Sterngewölbe aus. Der Retablo ist ein Lob auf den Evangelisten Johannes. Darüber verehrt Ferdinand mit Mönchen und Nonnen die auf einer Wolke schwebende Muttergottes.

Der Kreuzgang von 1504, dem Todesjahr Isabellas, ist in der unteren Galerie französisches Flamboyant, in der oberen ein maurisch beeinflußter Mischstil mit mehrfach gekurvten Bögen und einer Artesonado-Decke. Vom ehemaligen Kloster blieb der Saal erhalten, in dem Kardinal Cisneros als Novize seine Zelle hatte.

Um sich die ganze kirchliche Pracht der Stadt des spanischen Primas vorzustellen, denke man sich zu den Kirchen, Kapellen und Hospitälern noch die bedeutendste Toledaner Prozession hinzu, die Proceśion del Corpus Christi, die von der Kathedrale ausgeht. Priester in ihren kostbaren Gewändern, doch auch weltliche Würdenträger und Militärs begleiten den Prunkwagen, auf dem Arfes goldene Monstranz mitgeführt wird.

Hinter der Puente de San Martín unterhalb der Kirche San Juan de los Reyes – sie besitzt wie die Alcántara-Brücke zwei historische Brückenköpfe – haben wir bald das besonders einprägsame Bild eines Kastells vor Augen: Schloß *Guadamur*, das 1444–64 von Pedro López de Ayala errichtet worden ist. Der stattliche Bau ist doppelt umgürtet. Ein quadratischer Bergfried mit vier Ecktürmchen ragt aus dem an Türmen und Pechnasen reichen Gemäuer empor.

Campo de Calatrava

Die Nationalstraße 401 verbindet Toledo mit der Hauptstadt der Nachbarprovinz Ciudad Real. Sie berührt den durch El Grecos Meisterwerk ›Das Begräbnis des Grafen Orgaz‹ berühmt gewordenen Ort *Orgaz*, dessen Pfarrkirche neben Skulpturen Canos das letzte Werk des Barockmalers Churriguera enthält. Man überquert einen Abschnitt der Toledoberge, das Massiv der Calderina, 1208 Meter, das die Wasserscheide der Flüsse Tajo und Guadiana bildet. Der Río

Guadiana, dessen Mittellauf wir in Extremadura eine kurze
Wegstrecke begleitet haben, begegnet uns nach einer kurzen
Weile in seinem Oberlauf, wo er sich zum Embalse del Vica-
rio und anderen Stauseen ausweitet und durch seinen Was-
sersegen die Anlage weiter Reisfelder ermöglicht. Man nimmt
bei *Daimiel* eine merkwürdige Erscheinung wahr: Das Naß
versickert und kommt an anderer Stelle als Teiche und Tüm-
pel, die man ›Ojos de Guadiana‹, ›Augen des Guadiana‹,
nennt, wieder ans Tageslicht. Sie haben alle ihre kuriosen
Namen, sei es das ›Auge des Spechts‹, das ›Auge des Blinden‹
oder der ›Teich der Señora‹. Die Ojos sind ein Paradies für
Wasservögel, so daß der Vergleich mit der Camargue nahe-
liegt. Mit den hier gefangenen Süßwasserkrebsen wird ganz
Madrid versorgt.

Von Norden kommend begrüßt uns *Ciudad Real* mit
einem Bau, der das große architektonische Thema des islamischen Spanien aufnimmt: ein maurisches Backsteintor mit
übereinander angeordneten Spitz- und Hufeisenbögen, das
auch in Toledo denkbar wäre und dessen Namen trägt. Das
Toledo-Tor ist der Rest der einst 120türmigen Stadtbefesti-
gung, die der Gründer, Alfons X., der Weise, einst in Auftrag
gegeben hatte. Aus der ursprünglichen Villa Real wurde unter
Juan II. Ciudad Real. Im späten Mittelalter organisierte die
Einwohnerschaft als eine der ersten in der ›Santa Hermandad‹ eine Art Selbstschutz gegen die Übergriffe des kleinen
Adels und später zur Bekämpfung der Wegelagerei.

›Königlich‹ ist die Stadt heute nicht mehr. Ein wenig Vergangenheit hielt sich um den baumbestandenen Paseo del
Prado, zu dem man sich durch verkehrsreiche, wenig
profilierte Straßen der Jetztzeit hindurchfragt. Hier steht die
Kathedrale *Santa María La Mayor* mit blockartigen Strebepfeilern und einer Rose über dem schmalen Westportal aus
dem 12. Jahrhundert. Im Innern erhebt sich der aus drei
Zonen gebildete Renaissance-Altar von Giraldo de Merlo aus
dem Jahre 1616; einige Figuren der Marienverehrung sind
ergänzt. Der einschiffige Raum soll der höchste und breiteste

dieser Art in Spanien sein. Das Sterngewölbe ähnelt dem in San Juan de los Reyes in Toledo. Dem Westwerk gegenüber liegt ein schmales, mit Eisenbalkon und ›escudos‹ bestücktes Haus, in dessen Einfahrt eine historische Kutsche steht. Man liest auf einer Gedenkplakette, daß hier Hernán Pérez del Pulgar geboren wurde. Dieser Ciudadrealeno focht tapfer vor Granada mit, erreichte trotz seines todesmutigen Schneids ein hohes Alter und starb 80jährig im Jahre 1531. Die gotische Kirche San Pedro besitzt einen ›torreón‹, der mit Steinen des Alkazar Alfons' des Weisen gemauert wurde.

Nähern wir uns auf der Weiterfahrt durch das tonhaltige, rotfarbene Land der Provinz der Nachbarstadt *Almagro*, so belehrt uns ein Straßenschild mit dem Lilienkreuz des Calatrava-Ordens: ›Almagro, Cabeza de Calatrava, Rival de la antigua Villa Real‹. Der relativ bescheidene Ort hat ein Recht dazu, sich Kopf von Calatrava und Rivalin der alten Villa Real zu nennen, sich mit der Provinzkapitale zu messen, ja trotz der geringeren Einwohnerzahl den höheren Rang zu beanspruchen. Nicht nur hat die Stadt mehr Charakter, auch die Geschichte stellt sie eindeutig vor Ciudad Real. Hier hatte sich einer der drei mächtigen Militärorden der Reconquista eine Zeitlang niedergelassen, ein Orden, dem der Boden des größten Teils der heutigen Provinz gehörte und weite Ländereien darüber hinaus. Die fruchtbare, bewässerte, Wein und Oliven spendende Vega trägt den Namen ›Campo de Calatrava‹, und viele Orte, einst dem 1158 gegründeten Orden untertan, heißen heute noch nach ihm, Pozuelo de Calatrava, Bolaños de Calatrava, Cañada de Calatrava, Torralba de Calatrava, Moral de Calatrava. Immer wieder entdeckt man in der Provinz Ciudad Real den durch den Militärorden von einst berühmten Namen.

Der Calatrava-Orden

Der Calatrava-Orden, der älteste Spaniens, geht auf Zisterzienser zurück, die ihn 1158 in Almazán ins Leben riefen, sanktioniert von dem kastilischen König Sancho III. Ursprünglich hieß er San Julián del Pereira. Nach dem Tod des Gründer-Abtes Raimundo Sierra wollten die Ritter nicht länger von einem geistlichen Orden abhängig sein. In Don García ernannten sie sich einen Ordensmeister und wählten Calatrava in Neukastilien zu ihrem Ordenssitz, der auch der Name der Gemeinschaft wurde. Es war die Zeit der Reconquista, und Kampf gegen die Mauren war ihre Aufgabe wie die der anderen nationalen Orden Alcántara und Santiago, die der internationalen Orden der Templer und Johanniter. Die Ordensgelübde hießen Gehorsam, Armut, Keuschheit beziehungsweise bei Verheirateten ›eheliche Züchtigkeit‹, ›que con sola su mujer convengam‹. Aber die Armut drückte sie nicht, da die Ritter ihr Gut zwar pro forma dem Meister des Ordens übergaben, es aber mit seiner Erlaubnis weiter behielten. Anfangs trugen sie das Zisterzienserhabit, später als Ordenskleid einen weißen Mantel mit rotem Lilienkreuz auf der linken Seite.

Neben den Caballeros gehörten dem Orden ›Frailes religiosos‹, Geistliche, an, die in Konventen lebten und keine ›nobleza de sangre‹, Adel des Blutes, sondern nur ›limpieza de sangre‹, Reinheit des Blutes, nachweisen mußten; sie durften weder von Mauren noch von Juden abstammen.

Wie alle Orden kannte auch der von Calatrava eine strenge Hierarchie. Nächst dem Ordensmeister rangierte der Comendador Mayor, der Oberkommandierende der 300 ›Lanzenas‹, mit denen der Orden dem König diente. Das ›Kabinett‹ setzte sich aus dem Clavero (Schlüsselmeister), Prior, Sacristán Mayor (Schatzmeister) und Obrero zusammen; dieser hatte die Bauplanung unter sich.

Wie die geistlichen konnten auch die weltlichen Orden immense Reichtümer, namentlich an Landbesitz sowie Erz-

und Silberminen, anhäufen. Da sie dem König als leistungs-
kräftige Waffenhilfe für die Reconquista unentbehrlich waren,
erhielten sie hohe Dotationen. Durch die Kämpfe gelangten
riesige Territorien in die Hand der kastilischen Krone, so daß
diese um Land für die Vergabe an den Orden nicht verlegen
war. Hinzu kamen Schenkungen von verschiedenen Seiten.
Nach Auflösung des Templer-Ordens 1312 ging ein großer
Teil seiner Besitzungen an den Calatrava-Orden.

Der ›Campo de Calatrava‹ blieb das Kernland dieses Staats
im Staate, doch lagen Enklaven von Galicien bis Andalusien,
von Aragón bis Valencia verstreut, meist Weide- und Baum-
land. Nordöstlich von Ciudad Real liegen am Ufer des Guadiana die Reste des alten Kastells, *Calatrava la Vieja*. Nach
dessen Zerstörung 1195 durch die Mauren zogen die Ritter
nach *Calatrava la Nueva* um, wobei sie die Gebeine der verstorbenen Ordensbrüder und die romanische ›Jungfrau der
Märtyrer‹ (1936 zerstört) in ihr neues Quartier mitnahmen.
Die neue Festung beherrscht einen Gebirgspaß des Cerro del
Alacranejo und wächst, von der Torre del Homenaje überragt, unmittelbar aus dem Felsgestein empor. Hier blieben
die Ritter von den Ungläubigen ungeschoren, wiewohl sie
anderswo, vor allem unter Ferdinand III., noch unentwegt
das Schwert gegen den Halbmond führten. 1443 gaben sie die
trutzige, doch unbequeme Burg auf und bauten sich eine neue
Veste in *Almagro*. Sie lag am Ende der Plaza Mayor, brannte
aber im 18. Jahrhundert ab, so daß im heutigen ›Casino‹, das
an dieser Stelle steht, nur geringe Spuren des einstigen ›Palacio maestral‹ zu sehen sind, ein Patio mit Galerie und Artesonado-Decken in ehemaligen Rittergemächern. Der am
Stadtrand gelegene Convento de la Asunción Calatrava war
1544 von dem Großmeister Padilla gegründet worden und
wird heute von Dominikanern bewohnt. Ein zweistöckiger
Claustro mit dorischen und ionischen Säulen ist erhalten. Am
Gemäuer der Universität von Almagro prangt neben ›escudos‹ von Adelsgeschlechtern auch das Lilienkreuz der Ritter.
Als Residenz des angesehenen Ordens stieg die Stadt zu sol-

chem Rang auf, daß 1750 bis 1761 hier sogar das Administrationszentrum der Provinz La Mancha war. Adelspaläste in den Hauptstraßen erinnern an Almagros ritterliche Zeit, ebenso die Straßennamen: Calle de la Orden, Calle de Gran Maestre, Calle de las Encomiendas (Komturei), Calle de la Clavería (Schlüsselmeisterei).

Mit der erfolgreich abgeschlossenen Reconquista endete auch die Blütezeit der Orden, nun ihrer eigentlichen Aufgaben beraubt. Die Krone war ihrer nicht mehr bedürftig, hatte aber um so mehr ein Auge auf den mächtigen Besitzstand, der sich bei ihnen angehäuft hatte. 1485 beauftragte Isabella die Katholische Alfonso Guitérez, mit dem Meister des Calatrava- Ordens über die Inkorporation der Rittergemeinschaft in das Königreich zu verhandeln. Das Kapitel stimmte unter der Bedingung zu, daß die Güter des Ordens nicht aufgebraucht, verkauft oder sonstwie veräußert werden dürften. Die Krone gab ihr Plazet, worauf von nun an der jeweilige Inhaber des Thrones dem Orden vorstand, doch freilich nicht als ›Meister‹ – dies verboten die Statuten –, sondern als ›Administrator‹. Neuer Sitz des an die Krone gebundenen Ordens wurde Villanueva de la Serena.

   Nach Isabellas Tod ging das Amt auf ihren Witwer, Ferdinand von Aragón, über. Dieser reiste 12 Jahre später zum Kloster Guadalupe, wo gerade das Generalkapitel des Calatrava-Ordens tagte, um über den Wechsel in der Administration zu beraten. Auf der Reise starb der König. An seiner Stelle begab sich Kardinal Hadrian, der Vertraute Ferdinands, zu dem Wallfahrtsort, und dort gelang es ihm, den Habsburger Karl, den späteren Kaiser, als ›Adminstrador perpetuo‹ des Ritterordens durchzusetzen. 1523 bestätigte Hadrian, nun als sechster seines Namens Pontifex in Rom, mit einer Bulle Karls ›ewige Administratur‹. Diese Wahl des Kapitels erwies sich hinsichtlich der Abmachung von 1485, die Güter des Ordens nicht zu veräußern, als verhängnisvoll: Karl hielt sie nicht ein.

Die Fuggerpracht

Der Grund für den Vertragsbruch lag in der permanenten Geldknappheit des Kaisers. Schon die Kaiserwahl hatte ihn Unsummen gekostet. Die Fugger und Welser in Augsburg gaben Darlehen. Nachdem der Habsburger den Thron Karls des Großen bestiegen hatte, suchte er Wege, wie er seine Schulden zurückzahlen könnte. Die Welser erhielten unter anderem Venezuela in der Neuen Welt, ›Welserland‹, und den Kronzoll von Siebenbürgen. Den Fuggern wurde von 1525 bis 1542, mit Unterbrechung, die Pacht der Liegenschaften des Calatrava-Ordens überlassen. Damit begann ein Kapitel enger Verbindung der oberschwäbischen Großbankiers zum ›Campo de Calatrava‹. Sie hat ihre sichtbaren Spuren hinterlassen.

Das Haus Fugger hatte sich in der zweiten Generation zu einer kommerziellen Weltmacht entwickelt. Die Handelsrouten reichten bis Amerika, Afrika, Ostindien, wo man auf Fuggerfaktoreien stieß. Man handelte mit allem, mit Getreide, Edelsteinen, Kunstobjekten, sogar mit Negersklaven. ›Fuggern‹ wurde ein neues Verbum der deutschen Sprache; es hatte nicht nur guten Klang. Die Fugger ›kauften‹ sogar Kardinäle, die ihrerseits genehme Päpste mit der Tiara schmückten; die Fugger gaben Kriegsanleihen an Kaiser und Könige, die sie sich verpflichteten; die Fugger ermöglichten erst den hohen Herren die Weltpolitik. Somit war der Auftritt der ›Fugares‹ in Neukastilien kein unrealistisches Geschäft außer Reichweite Augsburgs, sondern ein Glied in einer Kette ähnlicher, teilweise riskanterer Handelsverträge.

Die Pacht im ›Campo de Calatrava‹ ist unter dem Namen ›Fuggersche Maestrazgo-Pacht‹ in die Wirtschaftsgeschichte eingegangen. Unter Maestrazgo verstand man das Gebiet, in dem die richterliche Gewalt des Ordens galt; ursprünglich war dies die Bezeichnung der Würde des Ordensmeisters, des Maestro. Die Maestrazgo-Pacht bezog sich hauptsächlich auf die Erträge, die dem Orden aus Ackerbau, Jagd und Fischfang und aus den Quecksilberminen von Almadén zuflossen; hinzu kamen Einkünfte aus Mühlen, Walkmühlen, Seifensiedereien. Die Erträge setzten sich aus ewigem Grundzins und dem Zehnten zusammen.

Freilich mußte der Pächter eine Abgabe an die Hofhaltung der spanischen Krone entrichten und für die Gehälter der Mitglieder des Consejo de las Ordenes, des Ordensrates, der Überwachungsinstanz solcher Geschäfte, aufkommen. Dennoch wird die Maestrazgo-Pacht durch den Einsatz des eingespielten Handelsapparats der Fugger, besonders durch das bewährte System der Faktoreien, hohen Gewinn eingebracht haben. Er überstieg bei weitem die Einnahmen der schwerfälligen Verwaltung der Krone.

Erster Agent Karls v. in seinem Geschäft mit Jakob Fugger war ein gewisser Cristóbal de Haro aus Burgos, mit dem das Augsburger Haus schon im Molukken-Geschäft zusammengearbeitet hatte. Der oberschwäbische Großmanager machte dem Imperator gegenüber geltend, daß die Kaiserkrone ohne das Fugger-Darlehen von 198 122 Dukaten kaum gewonnen worden wäre. Der Pachtvertrag, ›asiento‹, wurde im Februar 1524 in Vitoria abgeschlossen, wobei für die Fugger Georg Reyhing unterzeichnete. Sogleich setzte das Handelshaus in allen spanischen Provinzen Faktoreien ein, welche die Gelder entgegennahmen. Reyhing war Hauptfaktor in Almagro, der aber der Oberaufsicht eines Generalvertreters unterstand, der stets den Hof begleitete. Das Personal der Faktoreien bestand großenteils aus Deutschen.

Eine Klausel des Vertrags gestattete den Fuggern den Handel mit den spanischen Überseeprovinzen. So konnten sie in Lissabon spanisches Getreide gegen ostindische Gewürze tauschen und diese nach Antwerpen verschiffen. Das Quecksilber von Almadén hatte bisher zur Herstellung von Zinnober gedient. Doch die gewitzten Fugger exportierten es zu den Silberbergwerken von Potosí in Peru. Das Quecksilber löste dort den bisherigen Einsatz von Holz zum Schmelzprozeß ab – die Bergwerke in den holzarmen Kordilleren lagen in 4000

Meter Höhe. Das verdampfende Quecksilber verbindet sich mit dem Silber zu Silber-Amalgam, und als weiterer Schritt läßt sich das Silber wieder von dem Quecksilber scheiden. In manchen Monaten schlossen die Fugger mit einem Pachtgewinn von über 50 Prozent ab.

Die Pacht lief drei Jahre. Danach traten andere Pachtbewerber auf. Die Genuesen überboten die Augsburger mit 30 000 Dukaten. Auch Kaiser Karls Bruder, der nachmalige Kaiser Ferdinand, bewarb sich durch seinen spanischen Finanzvertreter Martín de Salinas; hinter Ferdinand standen die Augsburger Höchstetter. Schließlich ging die Pacht 1527 an einen gewissen Heinrich Ehinger und ein Konsortium italienischer Kaufleute, wobei diesmal die Augsburger Welser ihre Finger im Geschäft hatten. 1533 fiel die Pacht ganz an das Welserhaus.

Doch 1538–42 waren die Fugger wieder an der Reihe, denen der Vertragsabschluß so lohnend erschien, daß sie ihn mit 600 000 Dukaten erkauften. Sie zogen nicht nur Gelder ein – dies übrigens durch Unterpächter –, sondern betätigten sich auch als Mäzene und Förderer des Minenbaus. In *Almadén* ließen sie verschiedene Gebäude errichten, dazu eine Schmiede und einen Kran, der von einem ›corral‹ zur Sicherung umgeben war. In *Almagro* bauten sie für ihre Hauptfaktorei einen Palacio im Renaissance-Stil, der heute noch eines der prächtigsten Gebäude der Stadt ist. Die breite Front ist von großen Fenstern gegliedert, das Portal von keilförmigen Hausteinen geradezu festungsmäßig eingefaßt. Auch nahmen sich die Fugger der vernachlässigten Salvatorkirche an, der sie zwei Glocken schenkten, dazu einen aus Deutschland stammenden Altar und 3 Silberkelche. Anläßlich einer Dienstreise nach Augsburg erreichte es der Hauptfaktor Hans von Schüren, eine Stiftung zwecks gründlicher Erneuerung des Gotteshauses ins Leben zu rufen.

Neben der Kirche San Salvador wartet das Stadtbild Almagros noch mit weiteren anmutigen, meist barocken Kirchen
auf, so San Agustín an einem Eck der Plaza Mayor, San Juan
im ›barrio morisco‹, Nuestra Señora de las Nieves in der
gleichnamigen weißgekalkten Straße mit kleinen Balkonen
und Lampen. Und immer wieder fallen in den zweistöckigen
Häuserreihen die Prachtportale auf, so am Palacio del Conde
de Valparaíso oder an der Casa Prioral. Selbst der frühere
Karzer ist wappengeschmückt. In der ehemaligen Universität,
Annex des Dominikanerkonvents, ist heute ein Industriebe-
trieb untergebracht; die ›escudos‹ sind noch an den Mauern.
Fray Fernando de Córdoba hatte 1550 bei dem Renaissance-
Papst Julius III. die Hochschule durchgesetzt und gleiche Pri-
vilegien wie Alcalá erwirkt.

Der Name Almagros hat auch seinen Platz in der Geschichte
der Entdeckungen. Diego de Almagro, ein Waisenkind, war
Mitstreiter Francisco Pizarros bei der Eroberung des Inkarei-
ches. Die Vaterstadt will ihrem Konquistador demnächst
durch den Bildhauer J. García Donaire ein bronzenes Reiterbild auf der Plaza Mayor errichten lassen, ähnlich dem Pizarros in Trujillo. Während Pizarro die Statthalterschaft in Peru
erhielt, ermächtigte die Krone Almagro, sich im Süden eine
eigene Herrschaft zu erstreiten. Dies gelang dem Kampfgefährten Pizarros auch, wobei er das Gebiet bis zur Mitte des
heutigen Chile gewann. Um die Stadt Cuzco zerstritten sich
dann die beiden, obwohl sie doch ihre Länder kaum über-
schauen und auswerten konnten. Im Zuge der Auseinandersetzung ließ Pizarro den Almagreño gefangennehmen und
erdrosseln. Um Almagros Tod zu rächen, bildeten die sogenannten Almagristen eine Oppositionsbewegung, der
schließlich Pizarro in seinem Palast in Lima zum Opfer fiel.
Unter denen, die den Vizekönig erschlugen, war Almagros
Sohn aus der Verbindung mit einer Indianerin, der gleichfalls
Diego hieß. Ein königliches Gericht verurteilte diesen ein Jahr
später zum Tode.

Almagro besitzt eine der reizvollsten Platzanlagen Spaniens, jener Plazas Mayores, die von Arkadenstraßen umgeben sind, mit Holzpfeilern und Balkendecken, bekannt unter dem Namen ›soportales‹. Die Holzarchitrave laufen an den Häuserfronten der ganzen Platzlänge entlang und sind von der Last der Jahre wellenförmig gebogen. Die Fenster der beiden Obergeschosse liegen eng aneinander, so daß man an ähnliche Fensterreihen in La Coruña denkt. Auch wird behauptet, diese Häuserform sei von Vorbildern an der flandrischen Küste beeinflußt; die ›Fugares‹ seien es gewesen, die diese Plaza neu gestalteten und bei ihren flämischen Handelsbeziehungen auf dieses Vorbild zurückgriffen.

Einem der Häuser der Plaza Mayor ist ein säulengestützter Portikus vorgelegt, mit einem antikisierenden Fries, so daß es sich aus den anderen hervorhebt. Hier hatte im 18. Jahrhundert die Verwaltung des Calatrava-Ordens ihren Sitz. Durch ein Tor, dessen streng profiliertes Gewände zu einer Festung Vaubans gehören könnte, tritt man in einen Hof, der von mehrstöckigen Galerien umgeben ist. An den Holzpfosten hängen verstellbare Eisenlampen. An der Stirnseite springt eine Bühne hervor. Dahinter sind Umkleide-, Schmink- und Requisitenräume. Es ist der *Corral de Comedias* aus dem 16. Jahrhundert, das einzige Theater der Renaissance in Spanien und darum zum Rang eines Monumento Histórico Nacional erhoben. Es trägt sogar inoffiziell den emphatischen Titel ›Santuario del Teatro español‹. 1954 gab man hier zur Neueröffnung einen ›auto sacramental‹ von Calderón mit dem Titel ›La Hidalga del Valle‹, welchen das Teatro Popular Universitaria in Madrid inszenierte. Seither werden jeweils im August Stühle in den Hof gestellt, und auf der kleinen Bühne lebt die Welt Calderóns, Lopes, Tirso de Molinas auf. Seinem Stegreifcharakter nach ist der ›Corral‹ ein Gegenstück zum Globe Theatre Shakespeares in London; man bemüht sich um eine Tradition, die an Stratford on Avon erinnert.

Es ist wenig bekannt, daß einer der klassischen spanischen Stückeschreiber des Siglo de Oro, Lope de Vega, eine Zeitlang im Trinitarierkloster des unweit von Almagro gelegenen Städtchens *Membrilla*, dicht bei Manzanares, zugebracht hat. Man sieht dem Ort, der dörflichen Charakter trägt, den ehemals beachtlichen Rang an, denn wir blicken in den weißgekalkten Straßen auf Adelspaläste, so die Casa de Marqués mit Eisenbalkon und Wappen. Einige Häuser besitzen galerieumsäumte Patios, ähnlich wie beim ›Corral de Comedias‹ in Almagro. Die Parroquia ist provinzielle Renaissance mit einer ›Marienkrönung‹ im Tympanon. An der Fassade des Ayuntamiento liest man, daß die Katholischen Könige – sie sind in Spanien eine Art geschichtlicher Mythos – in diesem Gebäude 1485, 1486 und 1487 eingekehrt sind. Der Alcalde des Ortes, Francisco López de la Manzanara Arias, hat in der Blumenanlage der Plaza Mayor eine bunte Keramikwand aufstellen lassen, gefertigt von der Cerámica Chico Martinez. Die natürlichen Blüten und die Farben des Keramikreliefs gehen ineinander über. Man sieht das Membrilla des 17. Jahrhunderts mit Wehrmauern und Türmen und davor groß im Vordergrund Lope de Vega Carpio, der unterm Arm das Buch einer seiner Comedias hält. Die Komödie heißt ›El Galán de Membrilla‹ spielt also am gleichen Ort, und an derselben Plaza Mayor liegt auch der Convento de los Trinitarios, die geistliche Herberge eines Genies, das in typisch spanischer Manier ebenso der Religio zugetan war wie sinnlicher Lebensfreude, eine ›coincidentia oppositorum‹, die vielleicht nur unter iberischem Himmel ohne Bruch möglich ist.

Wir sind Lope schon in Madrid begegnet, und dort, in Hofnähe, ist das eigentliche Klima seines Schaffens. Der Jesuitenschüler nimmt 1583 an der Eroberung der Azoreninsel Terceira teil, ist also wie Cervantes Mann der Feder, doch auch der kriegerischen Tat. Beider Leben begleitete eine unversöhnliche Rivalität, die an ein ähnliches konkurrenzneidisches Haß-Liebe-Verhältnis der bildenden Kunst erinnert, nämlich an die Kontroversen zwischen Bernini und Bor-

romini. Der Lebensgang Lopes, des Verfassers von 1500
Stücken, ist für einen zeitweiligen Klostermann geradezu fri-
vol. Ein ›Galán‹, deren viele er auf die Szene stellt, ist er selbst.
Er liebt angesehene Töchter und Ehefrauen, gibt ihnen in seinen Werken fingierte Namen (Filis, Belis, Amarilis), wird auf
Anzeigen hin verbannt, entflieht, raubt die attraktive Isabel
de Urbina, heiratet und verläßt sie kurz vor ihrem Tod im
Kindbett, segelt mit der Armada gegen England. An Bord der
›San Juan‹ schreibt er ›Die Schönheit der Angelika‹, geht nach
dem Untergang der Flotte in sich, wird Priester. Immer liegt
die Flagellantengeißel neben seiner Gitarre. Aber schon ist er,
im Gegensatz zu Cervantes, berühmt. Man fordert immer
neue Comedias, er kann oft nur nachkommen, indem er das
gleiche Thema variiert, ein Verfahren, von dem Hebbel später tadelnd meint, Lope sage mit zweideutiger Geschicklich-
keit unermüdlich dasselbe. Man übersehe aber nicht, daß des
Dichters erfindender Phantasie, gegenüber heute, stets ein
Riegel vorgesetzt war durch die moralische Zensur des habsburgischen Spanien, ja durch die stets drohende Inquisition.
Dennoch ist sein dialogisches Feuerwerk unerschöpflich. In
den Häusern Madrids hängt Lopes Bild. Wie er es treibt, weiß
das Volk wohl kaum. Als Geistlicher liebt er wieder eine ver-
ehelichte Doña, die er 1633 in der Dichtung ›Ekloge auf
Amarilis‹ verherrlicht und von der er in einer Neigung, die
alle Hürden der Konvention überspringt, auch Kinder hat.
Wie Cervantes greift er das Historien- und Zeitstück auf,
gestaltet des Kolumbus Entdeckungsfahrt ebenso wie die von
Velázquez gemalte ›Übergabe von Breda‹. Als der Wider-
sprüchliche, Gefeierte 1635 stirbt, trauert Madrid neun Tage.
Drei Bischöfe gehen hinter dem Sarg.

Die Mancha

Der ›Campo de Calatrava‹ liegt zum Teil in dem Gebiet der Mancha. Beide sind keine Provinzen, sondern Landschaften. Und beide haben es mit Rittertum zu tun, mit den Calatrava-Rittern die eine, mit dem Ritter von der traurigen Gestalt die andere. Denn die Mancha ist klassisch berühmt geworden als Hauptschauplatz von Cervantes' ›Don Quijote‹. Ein bekanntes Buch von Agorín, ›La Ruta de Don Quijote‹, bietet einen ›itinéraire‹, der die Stätten der donquijotesken Abenteuer berührt, Stätten, die Cervantes nicht mit Namen nennt, die aber doch mit einiger Wahrscheinlichkeit lokalisiert worden sind. Literaturfreunde, die ein poetisches Erlebnis auf seinen Spuren gewinnen und einen Hauch der Atmosphäre, die einmal den Dichter beflügelte, mitbekommen wollen, reisen in die Mancha, wo ihnen synoptisch die Welt des edlen Hidalgo und seiner Nachfahren von heute begegnet. Andere Besucher Spaniens reisen über die Mancha als Zwischenlandschaft hinweg, um möglichst rasch über die Sierra Morena nach Andalusien zu gelangen.

Denn die Mancha steht im Ruf, ein karges Land zu sein. Den Ruf haben bereits die Araber begründet; die von ihnen geprägte Bezeichnung ›Manxa‹ heißt ›trockene Erde‹. Dennoch hat die Landschaft ihre Reize. Die Hochfläche ist nicht überall monoton eben, der Boden erscheint bald kalkig weiß, bald tonig rot. Wie in Aragón haben auch hier manchmal die Ortschaften die Farbe der roten Erde, so daß der von den Arabern begründete Ort Alhambra den Namen ›La Roja‹ trägt. Durchaus nicht über die ganze Mancha breitet sich die sprichwörtliche Steinsteppe aus, weite Gebiete tragen Korn oder Wein, wobei die kräftigen niederen Stöcke in langen Reihen sich an Hügeln hinaufziehen. Der Mancha-Wein, der unter einer heißen Sonne gedeiht, gilt für viele als der beste Spaniens. Der Fleiß der Manchegos hat überall, wo es die Erde erlaubt, ganze Olivenwälder parademäßig ausgerichtet. Dann wieder sprühen Fontänen über Huertas. Ganz abgesehen von den Ojos, die man auch weiter östlich von Daimiel, bei Ruidera, antrifft und die eine 15 Kilometer lange Sumpflandschaft bilden.

In das Plädoyer für eine vielfach verkannte Gegend Spaniens muß man auch die meist blendendweißen Dörfer maurischen Gepräges einschließen. Sie drängen sich dicht zusammen, ihre Häuser haben breite Tore, und einige davon zeigen die ›escudos‹ ehemaliger Land-Hidalgos. Viele Orte gehen auf die Siedlungsarbeit der Ritterorden zurück und gehörten demnach auch zum Bereich der Fuggerpacht. Die Bewohner lieben ihren Boden, reden wenig und denken sich viel, doch selten Donquijoteskes, sie haben eher den realistischen, nüchternen Sinn Sancho Pansas.

Eines wird der Mancha mit Recht nachgesagt: die Grenzenlosigkeit. Hier spielt der Horizont eine Rolle, der Weitblick erlaubt ein unbehindertes Schweifen der Phantasie. Aber ein Vakuum ist die Mancha nicht. Immer wechselt das Bild. Vielleicht hat das Reisen auf dem Rücken einer Mula in früherer Zeit die Wegstrecke endlos erscheinen lassen. Doch heute, im Wagen, hat man diese südlichste Gegend von Spaniens Mitte bald zurückgelegt, wobei man alle paar Kilometer wieder das kurzweilige Erlebnis hat, eine gekalkte, blumenreiche Dorfstraße zu durchmessen, und blickt man in das Ortsverzeichnis der ›Ruta de Don Quijote‹, so taucht mancher bekannte Name auf. An der Mancha, die kein in sich geschlossenes geographisches Gebiet ist, nehmen drei spanische Provinzen teil, Toledo, Ciudad Real und Cuenca.

Reisen wir von Almagro südwärts, so gelangen wir, an Calatrava la Nueva vorbei, nach *Viso del Marqués*, schon nahe an der Sierra Morena. Hier war Etappe und Aufmarschfeld der Armeen Kastiliens, Aragóns und Navarras, die 1212 bei Las Navas de Tolosa das muselmanische Heer Mohammed Abu abd Allahs entscheidend schlugen und damit das Tor von El Andalus öffneten. Man hat die Mancha öfter mit einem Meer verglichen, ›con noches de mar sin mar‹, dennoch mutet es eigenartig an, daß sich an dem durch und durch binnenländischen Ort Viso del Marqués das Generalarchiv der spanischen Marine befindet, und zwar in einem prächtigen Palast mit Patio, erbaut in italienischer Renaissance. Der Palacio gehörte einst, und damit ist der Bezug zum Ozeanischen gegeben, dem Admiral Don Álvaro de Bazán, der in der Seeschlacht von Lepanto das spanische Geschwader angeführt hat und der als der tatsächliche Sieger des berühmten Treffens angesehen werden kann – Don Juan d'Austria hatte mehr oder weniger den Glanz seines Namens zum Erfolg beigetragen. Von Don Álvaro, »der immer nur den Sieg kannte«, heißt es, er sei der Schrecken der Moslems, das Entsetzen der Piraten, die Leuchte der christlichen Kapitäne gewesen. Die Nachkommen des Admirals, die Marqueses de Santa Cruz, haben den Palast der Marine überlassen. Hier ist auch ein historisches Seemuseum untergebracht, das den Namen ›villa absolutamente náutica‹ für Viso del Marqués rechtfertigt. Man sieht dort außer einer Statue Don Álvaros die knienden Grabfiguren Alonsos de Bazán, des Bruders des Admirals, und seiner Gemahlin sowie im Palastgarten Galionsfiguren, so einen zähnefletschenden Wolf, welcher der Galeere ›El Lobo‹ zugehörte und den Feinden Schrecken einjagen sollte.

Die Nationalstraße IV von Sevilla nach Madrid führt durch das klassische Weingebiet der Mancha mit den Sammelorten *Valdepeñas* und *Manzanares*. Die Rebflächen Valdepeñas' reichen nicht aus, um die unterirdischen Weinkeller mit der Gabe des Bacchus zu füllen, so daß man Trauben aus der weiteren Umgebung aufkaufen muß. Man hat den Wein bisher in Behälter aus Ton gefüllt. Da es aber gelegentlich vorkam, daß eine dieser ›panzudas tinajas‹ explodierte, werden sie nach und nach durch solche aus Beton ersetzt. Zum Manchego-Wein ißt man den Manchego-Schafskäse.

Viele alte Häuser in Valdepeñas sind in Bodegas umgewandelt. Ein gotisches Kirchenportal ist fast das einzige Überbleibsel der Vergangenheit. Manzanares besitzt eine Kir

che der Renaissance, Nuestra Señora de Alta Gracia an der
Plaza Mayor, deren fächerförmige Portal-Archivolte als
Nachklang der Gotik in drei Zonen Heiligenbüsten aufreiht;
auch die fächerförmigen Zwickel beiderseits sind mit Figuren
bestückt. Einst gehörte Manzanares dem Calatrava-Orden,
später Don Álvaro de Bazán aus Viso del Marqués, dem
berühmten Admiral von Lepanto. In die Reste des Kastells
sind Bodegas eingebaut.

Von Valdepeñas lohnt sich ein kleiner Abstecher nach *Villanueva de los Infantes*, der Hauptstadt des ›Campo de Montiel‹, einem fast vergessenen Ort, der dennoch so pittoreske
Partien hat, daß man ihn als ›Santillana de la Mancha‹
bezeichnet – eine Anspielung auf die malerische Fremden-
stadt im Norden, nahe dem kantabrischen Meer. 300 Wappen zieren Adelshäuser von einst, die Casas de Duque de San
Fernando, de los Bailio, del Arco; die Holztür dieses Palacio
ist mit bronzenen Muscheln armiert. Die Portalbeschläge
gehen ebenso auf die Araber zurück wie die Fenstergitter.
Einer der Paläste gehörte nach der Überlieferung dem Caballero del verde gabán, der Don Quijote gastlich aufgenommen
hatte. Der Stierkampfplatz, der dem ›Corral de Comedias‹ in
Almagro ähnelt, trägt den seltsamen Namen ›Santuario-plaza
de toros de las Virtudes‹. Die Plaza Mayor ist von ›soportales‹ umsäumt, mit zwei Reihen durchlaufender Holzbalkone.
Man sieht hier gelegentlich noch ein altertümliches Gefährt,
das in Kannen Trinkwasser transportiert. Kunstgeschichtlichen Rang beansprucht die an der Plaza Mayor gelegene Kirche San Andrés. Ein mächtiger Bogen bis zum First umrahmt
den nach Art der Renaissance mehrstöckigen Portalaufbau.
In der Krypta ist das Grab des in Villanueva de los Infantes
verstorbenen Francisco de Quevedo, der ›spitzen Feder Spaniens‹.

Windmühlen über rotbrauner Erde. Eine Bäuerin zockelt auf dem Rücken ihrer Mula daher. Schafe drängen sich an einen Schuppen. Einige Schirmpinien stehen am Wegrand. Es fehlte nur, daß der Ritter von der traurigen Gestalt auf dem Rücken seiner Rosinante angesprengt käme – die donquijoteske Landschaft wäre vollkommen. Man sieht sie alle im Geist, denen er auf seinen Fahrten begegnet ist, Bauern, Studenten, Komödianten, Flagellanten, Händler, Gastwirte, Leichenträger, Tribunalräte der Inquisition. Nur den Herzog und sein Gefolge darf man hier nicht erwarten, denn die Geschichte des Duque, der mit Don Quijote und Sancho Pansa seinen Schabernack trieb, spielte sich in Aragón ab; die fingierte Insel, über die Sancho zu herrschen glaubte, ist inmitten des Río Ebro gedacht. Die Geschichte zeigt übrigens die tiefe Kluft an, die den hohen Adel des Siglo de Oro vom Kleinadel der ländlichen Hidalgos trennte. Insofern bietet Cervantes' Weltbuch auch Einblicke in die zeitgenössische Soziologie.

Von Manzanares aus gelangen wir bald zu jenem Ort, der vor allen anderen mit der Figur Don Quijotes verbunden ist: *Argamasilla de Alba*. Hier soll er geboren sein, hier hing er seiner übermäßigen, geistverwirrenden Lektüre von Ritterbüchern nach, hier lebte der Lizentiat Pedro Pérez, der den Verirrten heimholte, und in Argamasilla beschloß der Held des Romans seine skurrile Lebensbahn: »Und so lebt denn wohl, ihr Scherze! Lebt wohl, ihr heiteren Freunde! Wie schön wird es sein, sich in einer anderen Welt wiederzusehen und sich weiter so schöne Geschichten zu erzählen.«

Am Eingang des Pueblo, von dem Don Quijote zu seinen extravaganten Touren aufgebrochen ist, steht eine Feldsteinmauer mit dem Bildnis des Hidalgo auf seinem Klepper; es ist aus einer Eisenplatte herausgestanzt und zeigt seinen Tellerhelm, seinen Küraß, seine mächtige Lanze. Und alle Orte, die irgendwie mit der Phantasiefigur des Cervantes in Zusammenhang stehen, halten an ihrer Einfahrt dieses optische Si-

gnal bereit, dies Etikett der ›Ruta de Don Quijote‹, das besagen will: Ein kurzer Aufenthalt ist angeraten, denn der Ritter von der traurigen Gestalt hat eben hier diese oder jene bizarre Aventura gehabt, bravourös in seinen Augen, ergötzlich in denen der andern. In Argamasilla de Alba ist unter dem Relief zu lesen. ›En un lugar de La Mancha...‹, ›An einem Ort der Mancha...‹. Cervantes schreibt einleitend, daß er den Namen des Geburtsortes Don Quijotes nicht angeben mag, doch die Authentizität von Argamasilla wird inzwischen allgemein anerkannt.

Ein lückenloser Indizienbeweis ist nicht zu führen, doch sind einige der Gründe auch nicht leicht zu entkräften. So war der Majordomus Karls V., Don Quijada, der als Modell für die Gestalt des Don Quijote gedient haben soll, Lehnsherr des Pueblo. Cervantes muß ihn auch aus anderem Anlaß gekannt haben, denn beide dienten unter den Fahnen Don Juan d'Austrias, Quijadas Pflegesohn. Auch weiß man, daß der Dichter in Argamasilla hinter Gittern saß, weil man ihm, der die ›alcabales‹, die königlichen Steuern, einzuziehen hatte, Fehlbeträge nachwies. Im Gefängnis soll er mit der Niederschrift des ›Don Quijote‹ begonnen haben. Mit geringerem Recht macht Sevilla dem Flecken Argamasilla diesen Ruhm streitig.

Das einstige Gefängnis, die Casa de Medrano, ist ein langer, niedriger Bau mit Fenstergittern und Hohlziegeldach. Das Erdgeschoß zeigt ein Bauernhausinterieur der Mancha mit offenem, strohgedecktem Dachstuhl, Rauchfang und beiderseits je einer Steinbank. Über der Feuerstelle ist ein sägeförmiges Eisen angebracht, mit dessen Hilfe sich die Kessel höher oder tiefer über die Flamme hängen lassen; jetzt ist dort eine Kanne eingehakt. Man steigt in einen unterirdischen Raum mit flacher Tonnenwölbung, zwei Lichtschächten, die schräg nach oben gerichtet sind, verstellbarer Lampe und an der Wand, dies wohl kaum original, Schild und Degen. Die düstere ›Cueva‹ wird als Verlies des Cervantes und Geburtsstätte des ›Don Quijote‹ ausgegeben. Gut arrangiert sind Holztisch, Krug und Kerze, wo der Dichter mit einem Gänsekiel das erste Abenteuer des ›ingenioso hidalgo‹ aufs Pergament gebracht hat. Auf der Matte, die eine Steinbank bedeckte, legte er sich zur Ruhe, um am nächsten Tag in armseliger, düsterer Zelle den großen Wurf eines weltweit wirkenden Buches fortzusetzen.

Wir sehen ihn dann in einem kleinen Park bei der Renaissance-Kirche San Juan als karikaturhafte, manieristisch langgezogene Statue, die, ebenso wie der nahebei aufgestellte Sancho Pansa, das Werk eines örtlichen Bildhauers ist, Cayetano Hilario, vielleicht die beste Verbildlichung des Caballero und seines Schildknappen, die wir in Spanien antreffen, und es sind deren viele, Figuren auf Plazas und Figurinen in Schaufenstern.

Argamasilla wird von zwei Kanälen durchflossen, Malecon de Santiago und Canal del Gran Prior. Cervantes hat sie nicht gekannt, denn erst Karl III. ließ sie anlegen. Am Ortsausgang steht eine typische Mancha-Mühle, Molino de la Membrilleia, ein weißgestrichener Zylinder mit unregelmäßig eingesetzten Luken, einem Dachkegel und schachbrettartig durchbrochenen Flügeln. Das Mühlenmotiv wird ein wenig ostwärts gleich mehrfach aufgenommen, in *Tomelloso*, wo einige Molinos einen Hügel krönen. Der Ort, wo Don Quijote mit Windmühlen kämpfte, die er für Riesen hielt, soll *Campo de Criptana* sein, das sich seiner ›Calles blanquísimas‹ rühmt. Drei Molinos, ›El Infanto‹, ›El Sardinero‹, ›El Burleta‹, konnten ihren alten, einschließlich der Zahnräder aus Holz gefertigten Mechanismus erhalten. Weitere Mühlen am Ort sind Rekonstruktionen und stehen unter dem Patronat einiger hispanoamerikanischer Staaten. Als Don Quijote in Campo de Criptana von den Flügeln einer Molina zu Boden gerissen wurde, waren diese ›Ungetüme‹ eben erst in der Mancha aufgekommen und ein ungewöhnlicher, in der erhitzten Phantasie Don Quijotes bösartiger und bedrohlicher Anblick. *Campo de Montiel* bei Villanueva de los Infantes rühmte sich einst auch einer stattlichen Zahl von Windmühlen, heute stehen noch sechs. Hier attackierte Don

Quijote eine Hammelherde, in seinen Augen eine gewaltige Armee, hier auch bekam er Streit mit dem Basken, befreite er die Galeerensträflinge.

Dicht bei Campo de Criptana kehren wir in *Alcázar de San Juan* ein, dem größten Ort auf der ›Ruta de Don Quijote‹. Der Name geht auf den Johanniter-Orden zurück, der hier eine Burg unterhielt. Ein massiver Turm mit Zinnen und gotischen Biforien ragt aus dem Stadtkern und trägt den irreführenden Namen ›Torre de Don Juan d'Austria‹. Es handelt sich aber um den ›torreón‹ der Burg des Gran Priors des Ordens San Juan; er enthält heute ein Museum für Heraldik und moderne Kunst, darunter eine Handzeichnung Picassos. In Alcázar de San Juan hat man 1740 ein Geburtsregister gefunden, in dem der Name Miguel de Cervantes Saavedra eingetragen ist. Seither polemisiert der Mancha-Ort mit Alcalá, wessen Sohn der ›Príncipe de los Ingenios‹ nun eigentlich sei. Um seinen Anspruch zu erhärten, hat Alcázar de San Juan in die Grünanlagen seiner Plaza Mayor die beiden Romanfiguren auf Postamente gesetzt, Don Quijote hoch zu Roß, Sancho weniger hoch auf Mularücken.

Auf der Strecke, die von Alcázar de San Juan nach Westen zur Nationalstraße IV führt, haben wir zwei weitere Plätze mit Cervantes-Tradition: In *Herencia* spielte sich die Geschichte der Fradres und des Biscayers ab; in *Puerto Lápice*, wo der Dichter des Schelmenromans mehrfach übernachtete, soll die Herberge gestanden haben, deren Gastwirt unseren Helden zum Ritter schlug, wo der Caballero nächtliche Waffenwacht hielt, wo er mit ein paar Mädchen »der Art, die man die Gutwilligen nennt«, wie mit Edelfräulein spricht. In der Nacht des andern Tags trottete er auf seinem Klepper nach Hause. Nehmen wir an, daß die Ortsangabe stimmt und daß die moderne ›Venta de Don Quijote‹ am richtigen Platze steht. Diese kalkweißen Straßendörfer mit ihren klotzigen Parroquias, ihren Plazas mit ›soportales‹, ihren Weinkellereien und ihren ›molinas‹ ähneln sich schlechthin alle, sind austauschbar, und wenn wir im Wagen durch die

donquijoteske Landschaft steuern, so rasch wie das Zauber-
pferd Clavileño, stellt sich uns immer wieder die Frage: Ob
hier der geharnischte Träumer mit seinem Stallburschen
gewesen ist? Ob er wirklich in Valdepeñas, der Oase für die
Freunde des Mancha-Weines, den Mummenschanz der
›Encamizados‹ erlebte, in Pedro Muñoz den Disput mit den
Komödianten hatte, in Muñera an der Hochzeit des Cama-
cho teilnahm, in Viso del Marqués, der ›villa absolutamente
náutica‹, den dummschlauen Begleiter ausgesandt hat, um in
El Toboso für seinen Herrn um die Gunst der Doña Dulcinea
zu werben? Dies natürlich mit Respekt. »Habla con respeto,
Sancho!«

El Toboso liegt über die Grenze der Provinz Ciudad Real
hinaus und gehört zu Toledo. Man erblickt die Felder und die
Wege, auf deren einem das dralle Dorfmädchen dem Ritter
auf Mauleselrücken entgegenritt und sich in dessen Phantasie zur adligen Dame verklärte. Auf einem Hügelanstieg baut
sich das Panorama des Pueblo auf, mit dem dominierenden
Turm der Santiago-Kirche, welchen Don Quijote für den
Palacio seiner Angebeteten gehalten hat. In Cervantes' Buch
stimmt die Angabe über den Platz der Kirche nicht ganz; ob
der Dichter sich nicht mehr erinnerte oder absichtlich den Ort
verfremdete, bleibt dahingestellt. Eine Tankstelle ›Dulcinea‹
belehrt uns jedenfalls, daß wir in El Toboso sind. Auch liest
man an den Kalkwänden einiger Häuser Worte aus dem weltberühmten Roman, die auf den Pueblo Bezug haben. So fällt
nach sanftem Steigen unser Blick auf die Bronzebuchstaben:
›En una callejuela sin salida‹, ›In einer winzigen Gasse ohne
Ausgang‹. In der Tat ist die Calle mit Dulcineas Haus eine Art
Sackgasse. Wenn auch für die Phantasiegestalt der Dulcinea
das zugehörige historische Haus nicht vorgezeigt werden
kann, so steht hier immerhin die Casa jener Ana Zarco de
Morales, die dem Dichter zum Vorbild für die unerreichbare
Geliebte Don Quijotes diente – von amouröser Beziehung
zwischen Autor und Modell mutmaßt die Tradition auch.
Ana Zarcos Domizil zeugt von gewisser Wohlhabenheit und

höherem sozialen Status. Henry V. Morton berichtet noch 1955, daß der Bau halb in Trümmern lag, so daß das milieugerechte Aussehen des Mancha-Hauses der Wiederherstellung von 1960 zu danken ist.

Durch das wappengeschmückte Tor tritt man in einen langgestreckten Raum, der an der Stirnseite von einem Kamin abgeschlossen wird; auf dessen Bord stehen Kupfer-, Messing-, Tonkaraffen. ›Madre de Dios‹ lesen wir auf einer großen Schale in einem Schrank mit Steingut. Ein gemauertes Podest enthält Einlässe für dickbauchige Amphoren. Ein Gemüsestilleben könnte von Zurbarán sein. Im Nebenraum steht ein riesiger Krug mit ebenso mächtigem Trichter. Die Einrichtung im Oberstock wirkt gutbürgerlich. Der runde Tisch läßt sich vierseitig ausziehen, das Spinnrad fehlt ebensowenig wie Standuhr, Holzkohlenbecken und Geldtruhe mit Geheimschloß. Maria mit dem Kind, ländliches Barock, blickt huldvoll in den heimeligen Raum. Im Schlafgemach steht eine Bettstatt mit gedrehten Säulchen; nehmen wir an, daß Ana Zarco, falls das Möbelstück authentisch ist, hier ihren ungestörten Nachtschlaf hatte. Kassettenschrank, lederbezogene Truhe und zusammenklappbare Bänke ergänzen das Mobiliar.

Hinter dem Haus liegen Hof und Garten, ein Olivenbaum breitet seine knorrigen Arme aus und beschattet den Kastenwagen, der neben einer historischen Weinpresse steht; der Kelterbaum ist zehn Meter lang. Auch das Taubenhaus fehlt nicht. All dies war das Reich der von Cervantes unter dem Namen ›Dulcinea‹ verewigten, recht wohlbestallten Einwohnerin von El Toboso; die Überlieferung hat dies durch die Zeiten unbeirrbar festgehalten. Verlassen wir nun das literarisch sanktionierte Anwesen, so fällt unser Blick nochmals auf eines der ›geflügelten Worte‹ an weißgekalkter Mauer: ›En cada tierra su uso‹. Daß jedes Gebiet seinen eigenen ›Usus‹ hat, gilt für die poesieverklärte Mancha ganz besonders.

Die ›Ruta‹ auf den Spuren des unsterblichen Narren führt dann nach *Quintanar de la Orden*, wo Don Juan Maldudo, eine der Romanfiguren des ›Don Quijote‹, beheimatet ist, und nach *Mota del Cuervo*, wo der ›Caballero con la triste figura‹ mit den Spiegelrittern focht. Ein Abstecher in die Region Levante führt uns in *Belmonte* eines jener trutzigen Schlösser vor Augen, in denen Don Quijote eingekehrt sein könnte, ein Prachtbau mit Dreieckturm, den der Marqués de Villena 1456 erbauen ließ. Ebenfalls in der Levante liegt *San Clemente*, wo Sancho Pansa im Santuario de la Virgen de Rus ein Gelöbnis tat und wo die Episode mit dem Taschenspieler Pedro zu denken ist. Die weite Ebene bildet bald rote, bald grüne Teppiche. Im Herbst ist die Erde streckenweise verbrannt. Immer wieder lassen Sonnenblumen ihre Köpfe hängen. Eukalyptusgruppen und Silos geben dem Land Kontur. Vor einer Faktorei sind Strohballen gestapelt. Ein trockener Wasserlauf gleicht einem arabischen Wadi. Obwohl kein Naß zu sehen ist, wird sein Name an der Brücke groß vermerkt. Einige Häuser gleichen Bienenkörben. Opuntien säumen die Straße. Eine letzte Windmühle taucht auf, Abschiedsgruß der donquijotesken Landschaft La Mancha.

ZUR LEVANTE

Pastrana
und die Fürstin von Eboli

Pastrana, das in der spanischen Geschichte der frühen Neuzeit eine beachtliche Rolle gespielt hat, erreicht man von Madrid aus auf dem Umweg über Guadalajara, zu dessen Provinz es gehört, und man fragt sich, wie lange man im Siglo de Oro gebraucht haben muß, die versteckt im Gebirgsland gelegene Residenz der Fürsten von Eboli aufzusuchen. Die gewundene Straße führt von Guadalajara aus durch die Idylle sanfter Talsenken mit Pappelgruppen; auf den Höhenzügen steht niederer Wald; dunstige Bergketten verstellen in Richtung Levante, also nach Osten hin, den auf die kahlen Weiten der Meseta und der Mancha eingewöhnten Blick. Man gelangt auf eine Hochebene mit abgeernteten Feldern, über die Feldstein-Mieten verstreut sind. Dann gewinnt die Landschaft den Charakter eines Gartens; auf gepflegt angelegten Erdterrassen dehnen sich Oliven- und Weinkulturen aus. Auf einem Hügelrücken dieser früchtereichen Gegend liegt das eng zusammengekauerte *Pastrana*. Unmerklich fast geht der gestufte Hang in die oberhalb weiter ansteigende Ortschaft über. Die stumpfe Dachpyramide des niederen Vierungsturms der Stiftskirche sitzt fast unmittelbar auf dem Dach des Kirchenrumpfes. Die Häuser, die sich um die Colegiata drängen, sind wie diese mit Hohlziegeln gedeckt und fast durchweg mit rotem Backstein gemauert, einige fallen durch ihren weißen Anstrich auf. Eselkarren auf den Straßen unterstreichen das Bäuerliche der Landstadt. An den fürstlichen Charakter der einstigen Miniaturresidenz erinnert nur das Eboli-Schloß, das seine breite Renaissance-Fassade der Plaza de la Hora zukehrt. Der geräumige Platz, gewissermaßen der Empfangssaal Pastranas, schließt nach der Hangseite mit einer Steinbalustrade ab.

Der Palacio, dessen einst herrschaftliches Portal mit einem provisorischen Bretterverschlag verkleidet ist, wirkt verwahrlost, vor allem, wenn man den einst feudalen Patio zu

Gesicht bekommt, in dem sich heute Schutt häuft. Die Fenstergewände sind mit Holzpfosten provisorisch abgestützt. Bei einem der Eisenbalkone fehlt der Boden.

Im Jahre 1557 schickte Philipp II., der sich damals in Brüssel aufhielt, einen Vertrauten zu seinem Vater nach Yuste, um den Rat des abgedankten Kaisers zu den schwierigen Angelegenheiten Spaniens einzuholen. Philipp wollte, daß der ehemalige Imperator seine Klostereinsamkeit aufgeben und seinen Alterssitz nahe der Hauptstadt Valladolid wählen solle, und daß der Infant Don Carlos nach Flandern zu beordern wäre, um dort den Eid der schon wankelmütigen Niederländer entgegenzunehmen. Karl antwortete mit Nein: Yuste sei seine endgültige Bleibe und Don Carlos halte er für den vorgesehenen Staatsakt für zu unreif. Der Botschafter, den Philipp in dieser wichtigen Angelegenheit nach Yuste entsandte, war der 40jährige Graf von Melito, Ruiz Gómez de Silva, der nachmalige Fürst von Eboli, der in Pastrana seine Residenz hatte. Was anderen Besuchern von Yuste nicht erlaubt wurde, nämlich im Palacio des Exkaisers Quartier zu nehmen – Ruiz Gómez de Silva durfte es.

Diese Schlüsselfigur aus der ersten Zeit der Habsburger gehörte einer altehrwürdigen Familie der Iberischen Halbinsel an, die ihre Herkunft auf Alba Longa, die Mutterstadt Roms, zurückführte. Ruiz Gómez war Karl V. wohlvertraut, denn er hatte bei dessen Vermählung mit Isabella von Portugal als einer der Pagen die Schleppe der Braut getragen. Später unterstützte er den jungen Philipp bei Turnierspielen, und dieser wählte ihn auch dafür aus, der englischen Braut Maria die Hochzeitsgaben nach Winchester zu bringen.

Der im Dienst Karls V. und Philipps II. bewährte Fürst heiratete die 18jährige Doña Ana Mendoza y de la Cerda, die einem der ersten Häuser Spaniens entstammte. Doña Ana, nunmehr Fürstin von Eboli, war eine Schönheit ihrer Zeit, das bezeugen zeitgenössische Porträts. Sie hatte nur einen Mangel, ihr fehlte ein Auge; sie soll es beim Fechten verloren haben. An dessen Stelle trug sie ein samtenes Herz. Sie galt als willensstark und herrschsüchtig und spielte bei dem Rang des Fürsten am Hof eine dominierende Rolle. Zehn Kinder brachte sie zur Welt, doch dies tat der Anziehung, die sie auf ihre Umgebung ausübte, keinen Abbruch. Man kolportierte Beziehungen zum König. Darauf fußt Schillers Version von der königlichen Mätresse in seinem dramatischen Gedicht ›Dom Karlos‹.

Nach 18jähriger Ehe starb der weitaus ältere Principe de Eboli, von der Witwe glaubhaft betrauert. Sie trat mit dem Vorsatz der Weltflucht in das Kloster der Karmeliterinnen ein, eine der Gründungen der Santa Teresa. Doch die Launenhaftigkeit der Eboli brachte die Nonnen zur Verzweiflung, auch ihr Anspruch, weiterhin mit ihren vollen Titeln angesprochen zu werden. Selbst vor Gott wollte sie Fürstin bleiben. So schied sie nach Differenzen mit der Äbtissin wieder aus und wandte sich nach Madrid, immer noch von der Sucht gefangen, aufzufallen und zu herrschen. Doch ohne den Rückhalt des hochgestellten Gatten gelang ihr dies nicht mehr. So suchte sie andere Wege, für die sie die nötigen weiblichen Waffen besaß. Noch immer attraktiv, ging sie mit dem Geheimsekretär des Königs, Antonio Pérez, ein Verhältnis ein, um sich über ihn erneut am Hofe ins Spiel zu bringen. Diesen Pérez können wir auf einem Porträtbild von Sánchez Coello im Hospital de Tavera in Toledo kennenlernen, wobei man darauf vertrauen kann, daß der Maler seine Bildnisse nie verfälscht hat. Pérez, Sohn eines Priesters, wirkt alles andere als aristokratisch, eher vulgär und von ränkehafter Schläue, eitel freilich in seiner Haltung und im ausgesucht modischen Gewand. Sein zylinderartiger Hut ist randlos wie der seines königlichen Herrn. Sicher nicht seine Person brachte ihm die Liebesgunst der Princesa ein, sondern sein Amt.

Gegenspieler des Sekretärs und wahrscheinlich auch Mitwisser der Liaison war der Geheimschreiber Don Juan d'Austrias, Don Escobedo – er hatte, einem Ondit zufolge, beide im Boudoir der Fürstin überrascht. Auch soll dieser über korrupte Machenschaften Pérez' informiert gewesen sein. In den Augen der beiden mußte er verschwinden. Im März 1578 trafen ihn in der Nähe seines Palastes die Dolche anonymer Attentäter. Als Auftraggeber geriet Pérez, als Mitwisserin oder gar Anstifterin die Eboli in Verdacht. Der König schritt ein. Er ließ die Fürstin festnehmen, erst auf Kastell Pinto (zwischen Madrid und Aranjuez), dann in ihrem Palacio in Pastrana inhaftieren – lebenslang. Sie starb dort 52jährig im Jahre 1592. Ob die Affäre der Eboli den zur Eifersucht neigenden Philipp erbost und zu dem Schritt veranlaßt hat – falls er wirklich ein Faible für die Fürstin gehabt hatte? Die Hintergründe bleiben ungeklärt.

Auch für Antonio Pérez wurde der Vorfall zum Verhängnis. Der König hielt ihn in verschiedenen Burgen fest, so auch, wie wir auf unserer Reise in die kastilische Meseta sahen, in Turégano. Schließlich gelang es dem ehemaligen Sekretär Philipps auf abenteuerliche Weise, einmal sogar in Frauenkleidern, nach Saragossa zu entkommen, wo er wieder politischen Boden unter sich hatte, da die damals noch weitgehend autonomen Aragonesen gegen den autokratisch regierenden Monarchen in Opposition standen. Dieser setzte nun das Instrument der Inquisition für seine politischen Zwecke ein und ließ den Exminister der Schwarzen Kunst verdächtigen. Pérez floh nach Frankreich und England, wo er den subversiven Krieg gegen Philipp, bis zu seinem Lebensende in Paris, fortsetzte.

Die nie ganz geklärte Liebesgeschichte und ihre Folgen sollten ein bedeutsames politisches Ergebnis haben. Denn im Zuge der Ereignisse schickte Philipp II. Streitkräfte nach Aragón, schlug die Opposition und ließ den obersten aragonesischen Richter sowie eine Anzahl verdächtiger Granden hinrichten. Damit hörte Aragón auf, über Sonderrechte zu verfügen. Letztlich kam dies der spanischen Einheit zugute. Der Richter, der übrigens erst 26 Jahre alt war, wurde auf Philipps Befehl mit allen Ehren, die seiner Stellung zukamen, bestattet.

Im Giebelfeld des Palastportals von Pastrana halten zwei
Putti das Wappen des Grafengeschlechts. An einem der Fenster der Seitenrisalite ist ein weit vorkragendes Eisengitter
angebracht, das einem Vogelkäfig ähnelt. Man könnte annehmen, daß hier die Eboli gefangensaß. Der Palacio Ducal ver-
rottete, als die Nachkommen der Fürstin es vorzogen, nach
Madrid zu übersiedeln.

Von der Plaza de la Hora, die sich vor der Palastfassade
ausbreitet, gelangen wir durch einen Torbogen zur eng
gewundenen Hauptstraße mit einer Wasserrinne in der Mitte.
Schmale Balkone, Eisenlaternen, Geranien geben der Calle
ein freundliches Gesicht. An der ›Fuente de los Cuatros
Canos‹, dem Brunnen der vier Röhren, einer Schöpfung der
Barockzeit, versammeln sich Frauen mit Eimern und Krügen.
Murillos Madonna, auf Keramikplatten gemalt, schaut von
der gegenüberliegenden Hauswand dem geschäftigen Treiben
zu. Die Straße mündet in die schräg abfallende Plaza de los
Cados, an deren sie umschließenden Backsteinmauern ebenfalls die vorgeblendeten Gitter auffallen. Die Stiftskirche, die
eine der Breitseiten des Platzes einnimmt, war vom Calatrava-Orden gotisch begonnen worden, hat dann aber durch
den Kardinalerzbischof Pedro González de Mendoza ihre
endgültige Gestalt im Stil der Renaissance erhalten. Ein ländliches Hohlziegeldach schirmt die Pforte mit ihrem krabben-
bestückten Tudor-Bogen ab. Wertvollstes Stück des Kirchenschiffs ist ein gotischer ›crucifijo‹ mit auffallend langem
Rock. Ein ›Heiliger Hieronymus‹ wird El Greco zugeschrieben. Am sehenswertesten jedoch ist die Sammlung von Tapisserien in der Sakristei der Colegiata, künstlerisch von hohem
Rang, aber auch beachtlich wegen der dargestellten Szenen.

Die Gobelins der Colegiata

Vom Inhalt her versetzen uns die ›tapices‹ von Pastrana in die
Historie Portugals. Einige von besonderer Größe (11×5 Meter) schildern die Einnahme von Arzila im Maghreb durch
den Avis-König Afonso v. Die Vorgänge von der Ausschiffung

bis zum Einzug sind minutiös festgehalten. Vor unsern Augen ist ein buntes Gewirr von Waffen, Monturen, Rossen, Schiffen, Mauern in einer fast modernen Wiedergabe, die das bewegte Geschehen nicht schulbuchhaft-naturalistisch, sondern dekorativ-ornamental auffaßt. Über die ganze Fläche sind die Banner portugiesischer Ritter gestreut. Der Hintergrund ist mit den Masten der Flotte gefüllt, an denen die Kreuzflagge weht. Arzila an der marokkanischen Küste war 1471 von Afonso in wenigen Tagen eingenommen worden, worauf die kampflose Übergabe Tangers erfolgte. Nach den Chroniken zählte das Aufgebot des Königs 400 Schiffe und 30 000 Mann. Afonso erhielt darauf den Beinamen ›Der Afrikaner‹, den man auch Scipio nach der Einnahme von Karthago zugestanden hatte – die Renaissance liebte antike Vergleiche.

Der König hat die ›tapices‹ in Tournai in Auftrag gegeben. Man nimmt an, daß sie in der berühmten Werkstatt des François Gremier gewebt worden sind. Im Nebenraum der Sakristei von Pastrana befinden sich noch zwei weitere Gobelins, die man Frans Geubel in Brüssel zuschreibt. Sie sind nicht von der gleichen Delikatesse und stellen aus dem gleichen Feldzug die Einnahme des Alkazar von Segour in Marokko dar.

Während einer anderen kriegerischen Auseinandersetzung sind die Gobelins in das Eigentum Kastiliens übergegangen. Sie wurde ausgelöst durch die unglückselige Beltraneja, Tochter Enriques IV. von Kastilien und dessen portugiesischer Gemahlin Juana. Das Thronrecht der Infantin war bekanntlich umstritten, da sie als Bastardkind des Günstlings Beltrán de la Cueva galt. Als nun Isabella, die Stiefschwester des Königs, von Cortes und Volk der Beltraneja als Thronerbin vorgezogen wurde, griff Afonso V. von Portugal, der Onkel der um ihr Erbe gebrachten Infantin, ein; er nannte sie die ›echte Tochter‹ Enriques. Um für ihre Rechte einzutreten, rüstete er zu einem ›Erbfolgekrieg‹ und überschritt bei Zamora die kastilische Grenze. Bei Toro kam es zur Schlacht,

in der Afonso unterlag. Er zog sich nach Portugal zurück, die
Chancen der Beltraneja waren verspielt. Dies besiegelte der
Vertrag von Trujillo. Die Beltraneja konnte wählen: entweder
den einjährigen kastilischen Infanten Juan zu ehelichen oder
ins Kloster zu gehen. Sie zog es vor, in Coimbra den Schleier
zu nehmen, und lebte dort noch als Nonne bis 1530.

Im Feldlager von Toro hatte der portugiesische König sein
Zelt mit den Tapisserien ausgestattet. Die Siege von Arzila
und Segour vor Augen, mag er gedacht haben, auch vor Toro
siegen zu müssen. Doch samt Zelt verlor er die Gobelins. Sie
gelangten, wohl als Geschenk der Krone, in die Hand des
Kardinalerzbischofs Pedro González de Mendoza, der sie
seinem Bruder, dem vierten Duque de Infantado, zu seiner
Hochzeit 1567 übergab. Dieser war gleichzeitig Herr von
Pastrana, so daß nun verständlich wird, wie die Teppiche an
diesen entlegenen Ort gelangt sind. Wahrscheinlich schmückten sie ursprünglich den Palacio, der auch die entsprechenden
Festräume für die großformatigen Gobelins besaß. Bei dessen
Verfall sind sie dann wohl in die Sakristei der Colegiata
gelangt, wo sie äußerst unglücklich hängen, viel zu beengt
und in düsterem Licht. Man hat sie lange kaum beachtet.

1920 gelang es José de Figueiredo und Reynaldo dos Santos, die ›tapices‹ zu identifizieren und, was die Entwürfe des
Arzila-Zyklus betrifft, dem größten Maler Portugals, Nuno
Gonçalves, zuzuschreiben (dessen berühmtes Polyptychon
mit dem Bildnis Afonsos V. hängt im Museum für alte Kunst
in Lissabon). Nach der Entdeckung erhob Portugal Anspruch
auf die wertvollen Gobelins. Doch Spanien sah keinen
Grund, ihm nachzugeben, erklärte sich aber großzügig bereit,
von den drei schönsten in einer Madrider Manufaktur
Kopien herstellen zu lassen. Diese sind hervorragend geglückt
und schmücken heute zwei Säle des Palastes der Herzöge von
Braganza in Guimarães, der alten portugiesischen Königsstadt.

Vom Altarraum der Stiftskirche steigen wir in die Krypta
der Fürsten von Eboli hinab. In zwei Reihen stehen die Sar-

kophage übereinander. Auf einem von ihnen liest man: ›Aqui yace Doña Ana de Mendoça y Cerda. Murio en Pastrana anno 1592‹. Im darunter stehenden Sarkophag ist ihr Gemahl beigesetzt, der einzige Mann, wie man annimmt, dessen Autorität die Fürstin anerkannte: Ruiz Gómez de Silva (Ruiz ist die Abkürzung von Rodrigo). Eine Tochter des Paares ist aus Sigüenza hierher umgebettet worden. Obwohl die Renaissance bereits das Feld beherrschte, hat man ihre Liegefigur noch gotisch gestaltet und ihr die aufgeschlagene Bibel in die Hand gegeben. Der letzte hier zur Ruhe gebettete Duque de Pastrana, Botschafter in Rußland, hat 1886 81jährig das Zeitliche gesegnet.

Die Princesa von Eboli, deren Gedächtnis in Pastrana alles überschattet, wird auch noch an anderer Stelle lebendig: im Karmeliterinnen-Konvent. Hier sind sich die Fürstin und die spätere Heilige von Ávila gegenübergestanden, wobei Teresa ihre liebe Not mit der unbequemen Novizin hatte, die vielleicht sogar den Kniefall von ihr erwartete. Sechs Tafelbilder halten die Gründung des Klosters fest; auf einem, das eine Einkleidungsszene wiedergibt, sieht man auch jene berühmt-berüchtigte Doña, die den Dualismus ihrer Zeit, Hang zu extremer Weltlichkeit und Hang zu extremer Weltentsagung, wie keine andere verkörperte, die gleichzeitig betete und intrigierte.

Das ›Meer Kastiliens‹

Der Río Ebro hat der Halbinsel den Namen gegeben: Iberien. Aber eigentlich charakteristisch für Spanien – wie der Rhein für Deutschland – ist der Río Tajo, der das Land in der Mitte durchschneidet und an dessen Ufer die geschichtsträchtigste Stadt liegt: Toledo. Als Wiege des Tajo darf die *Sierra de Albarracín* angesehen werden. In seinem Kindheitsstadium gräbt sich das Bett des Flusses seinen Weg durch bergiges Land, zwängt sich durch Schluchten, wechselt mehrfach die Richtung. Dort wo wir den Tajo von Pastrana aus leicht erreichen, ist er bereits ein Strom geworden.

Auf einem Hügelrücken über dem Wasser thront das Kastell *Zorita de los Canes*, das in der islamischen Geschichte der Halbinsel dadurch bekannt geworden ist, daß ein gewisser Muza y Abén Hafsím gegen die Kalifenherrschaft von Córdoba rebellierte. 926 unterlag er dem großen Abd ar-Rahman III., der Zorita eroberte. Von Alfonso VI. den Mauren entrissen, gelangte das Kastell vorübergehend in die Hand des Cid. Alfonso VIII. richtete hier Heerlager und Waffenplatz zum Vorstoß nach El Andalus und zur entscheidenden Auseinandersetzung mit den Moslems ein, die ja dann bei Las Navas de Tolosa für ihn siegreich endete. Zorita wurde 1224 Domäne des an der Schlacht maßgebend beteiligten Calatrava-Ordens. Oberhalb von Zorita hat man das Landschaftsbild durch die Anstauung des Alto Tajo völlig verändert. Die bis dahin monotone Gegend ist nun abwechslungsreich, Wassersport und Sportfischerei finden ihre Möglichkeiten. Der Gewinn von elektrischer Energie ist bedeutend, ebenso die weiträumige Irrigation in einem Land, das gut um zwei Drittel zu wenig Regen erhält, das aber zumal für seine landwirtschaftlichen Exportprodukte dringend des Wassers bedarf. Früher erflehten die Campesinos auf Bittprozessionen das wertvolle Naß vom Himmel. Heute, im Zeitalter der Technik, baut man große Talsperren, um Millionen Hektar Land zu bewässern und so neue Siedlungen ins Leben zu rufen. Mit Hilfe des Wassers hat man neue Forste geschaffen, in 25 Jahren eine Waldfläche vom Umfang derer Baden-Württembergs. So wurden Sünden früherer Jahrhunderte wieder wettgemacht, Waldverluste, die durch Raubbau entstanden waren, durch radikales Abholzen, durch rücksichtsloses Kohlenbrennen, durch die Schafherden, die die Baumtriebe vernichteten, durch die Einzelerbfolge des Hochadels, wobei stets nur der älteste Nachkomme den Besitz erhielt. Dies ließ die Latifundien immer bedrohlicher anwachsen und verführte zur extensiven Nutzung des Bodens.

Nördlich von *Sacedón*, dem Philipp II. 1553 das Stadtrecht verlieh – und dessen Parroquia der Santa Paz geweiht ist –, staute man den Alto Tajo zum *Embalse de Entrepeñas* auf, und östlich des Ortes, wo der Río Guadiela in den Tajo mündet, wurde mit dessen Wasser der *Embalse de Buendía* geschaffen. Beide Stauseen sind durch einen vier Kilometer langen Tunnel von acht Meter Durchmesser miteinander verbunden und bilden gemeinsam das ›Mar de Castilla‹, das ›Meer Kastiliens‹. Man ist dabei, den weiter südlich gelegenen *Embalse de Alarcón*, zu dem der Río Júcar sein Wasser hergibt – neben dem Ebro der größte Wasserlauf des Landes, der ins Mittelmeer mündet –, durch einen 260 Kilometer langen Kanal an dieses ›Meer‹ anzuschließen. Man will dann von dort aus Bewässerungskanäle zu den Huertas der Küste mit ihren reichen Zitruskulturen führen. Die Verbindung mehrerer Stauseen zu einer umfassenden Einheit wird jetzt schon als ausgedehntestes Stausystem Europas angesehen. Eine gewisse Verwandtschaft zu den Talsperren des Sauerlandes ist unverkennbar, doch übertrumpfen die spanischen die westfälischen bei weitem an Fassungsvermögen. An den oft bis zu drei Kilometer breiten, künstlichen Seen vorbeizufahren ist höchst abwechslungsreich. Der Weg führt über Serpentinen hoch am Berghang, dann wieder unten am Wasser entlang, durch Tunnels und in den Fels gesprengte Einschnitte und dann wieder durch eine breit gedehnte Uferlandschaft.

Das Ruinenfeld von Segóbriga

Der aus dem Staugebiet wieder entlassene Río Tajo kreuzt sich mit einer der Hauptrouten von Spaniens Mitte, der Nationalstraße III von Madrid nach Valencia, kurz südostwärts des kleinen Ortes Villarejo de Salvanés mit seiner hochmittelalterlichen Kirche. Indem wir der Carretera küstenwärts folgen, überqueren wir die Grenze zur Provinz Cuenca und erreichen die Landstadt *Tarancón*, deren dreischiffige gotische Kirche einen prächtigen Retablo des 16. Jahrhunderts besitzt. Wenig später sehen wir linker Hand die Klosterburg der Santiago-Ritter von *Uclés*, die sich auch auf die

kilometerweite Entfernung immer noch gewaltig vom gebirgigen Hintergrund abhebt. 1529 wurde die Kirche des Monasterio mit Herrera-Turm und plateresker Fassade begonnen.
Das überschwengliche Barockportal des Kreuzgangs aus dem
frühen 17. Jahrhundert mit Skulpturen von Pedro de Ribera
wird höchst überraschend von der mächtigen Halbfigur eines
Santiago-Ritters mit erhobenem Schwert und Kreuz in den
Händen bekrönt, ein gutes Stück die Linie des Dachgesimses
des vierstöckigen Baus überragend. Zeitweise war in Uclés
der Hauptsitz des Ordens.

Der nächste lohnende Platz verlangt uns bei Saelices eine
kleine Wegstrecke rechts der Carretera ab: die eindrucksvol-
len Ausgrabungen der römisch-keltiberischen Stadt *Segóbriga*, die auf einem flachen Hügel, dem Cerro de Cabeza de
Griego, lag und in ihrem vollen Umfang erst in den letzten
Jahren erkundet worden ist. Das Ausgrabungsfeld liegt
80 Meter über dem Río Cigüela, einem Nebenfluß des Guadiana in seinem Oberlauf. Man weiß, daß Scgóbriga eine
Stadt des vorrömischen Volks der Olkalden gewesen ist, die
etwa das Gebiet der heutigen Provinz Cuenca bewohnten;
von diesem Volk berichteten Polybios und Livius. In den Jahren vor dem Ausbruch des Zweiten Punischen Krieges zerstörte Hannibal Althea, die Hauptstadt der Olkalden, deren
Lage bisher nicht geklärt werden konnte. Ein großer Teil des
Volkes wurde nach Nordafrika umgesiedelt, damit sie nicht
mit den Römern konspirieren konnten – eine militärtaktische
Operation, die es in der Weltgeschichte nicht nur einmal
gegeben hat.

Daß die Olkalden, von deren politischer und sozialer
Organisation wir wenig wissen, keine Barbaren waren,
bezeugen die Funde: Schmuck wie Fibeln und Broschen,
Skulpturen, Münzen. Die Keramik aus dem 5. bis 3. vor-
christlichen Jahrhundert, bei der Grautönung vorherrschte,
war bereits gebrannt. Unverkennbar sind griechische und
hispanopunische Einflüsse; neben rotfigurigen attischen
Vasen und Weinschalen fand man rotglasierte oder poly-

chrome Gefäße aus dem Kulturkreis Karthagos, wobei es sich bei manchem Stück auch um Importware handeln mag. Das Segóbriga der römischen Epoche findet Erwähnung als berühmte Prägestätte iberischer und römischer Münzen, die auf der ganzen Halbinsel Verbreitung fanden. Man nimmt an, daß die Olkalden und damit auch die Bewohner Segóbrigas keltisch gesprochen haben. Der Name der Stadt ist indoeuropäisch-keltisch und nicht iberosemitisch. ›Seg‹ bedeutet Sieg, ›Briga‹ Burg, wobei die sprachliche Verwandtschaft zum Germanischen unverkennbar ist. Man könnte ›Segóbriga‹ also mit Siegburg übersetzen. Städte mit der Endung ›briga‹ gab es in den römischen Provinzen der Iberischen Halbinsel häufig, so trug die Mutterstadt von Coimbra in Portugal den Namen ›Conimbriga‹. »Die Bewohner Segóbrigas«, schrieb Plinius, »gelten als Haupt Keltiberiens«, und Strabo bestätigte: »Segóbriga und Bibilis (Calatayud) sind Städte der Keltiberer.« Damit wollte er die Spannweite des Siedlungsraums ausdrücken.

Nach Unterwerfung unter die Römer und Eingliederung in den Distrikt Carthago Nova (Cartagena) innerhalb der Provincia Tarraconensis wurde die Stadt der Olkalden in die verschiedenen Aufstände der Halbinsel gegen Rom hineingezogen, so den des Lusitaners Viriatus, der den Segobrigensern das Vieh raubte. Im Krieg des Sertorius eilte Metellus dem römischen Feldherrn Pompejus nach einer Niederlage zu Hilfe, wobei er den Weg über Complutum (Alcalá de Henares) und Segóbriga wählte; am unteren Río Júcar kam es zur Vereinigung beider Heere.

In der Antike muß der Ort als Verkehrsknotenpunkt wichtiger gewesen sein als heute. Hier trafen sich zwei Heerstraßen. Die eine führte von Quintanar de la Orden durch das Cigüela-Tal nach Segóbriga und dann weiter über Sacedón – in seiner Nähe fand man einen römischen Meilenstein – nach Segontina (Sigüenza). Die andere verband Toletum mit Saltigi (dem heutigen Chinchilla). In der römischen Ära machte in der ehemaligen keltiberischen Stadt laut Plinius der sogenannte Lapis specularis von sich reden, eine Alabasterart, die man in den Gipsformationen des nahe bei Segóbriga gelegenen Torrejoncillo del Rey gewann und – wie es noch im romanischen Mittelalter üblich war – zu Fensterscheiben zerschnitt. Glasscheiben gab es bekanntlich erst im Zeitalter der Gotik. Aus dem Tal des Cigüela wurde Lapis specularis auch weithin exportiert; vom Rang des hier gewonnenen, sehr durchscheinenden Baustoffs im Imperium Romanum schreibt der erwähnte Plinius in seiner berühmten ›Naturgeschichte‹: »Früher gab es ihn nur in Hispania Citerior, und zwar nicht im ganzen Land, sondern in einem Raum, der in einem Radius von 100 000 Schritten um die Stadt Segóbriga liegt. Gegenwärtig findet man ihn auch auf Zypern, in Kappadozien, Sizilien und neuerdings in Nordafrika; der aus Hispania bleibt indessen der begehrteste.«

Auch in den Jahrhunderten der westgotischen Herrschaft hört man noch von der Römerstadt, in der man nun eine Bischofskirche errichtete, und König Leowigild gründete in der Nähe zu Ehren seines Sohnes Rekkared den Ort Recopolis. Dieser Rekkared machte sich später dadurch einen Namen, daß er dem Arianismus abschwor. Auf dem dritten Toledanischen Konzil 589 unterschrieb Bischof Proculus für die Diözese Segóbriga die einschneidende Urkunde. Und auf dem sechsten Konzil standen sich ein Bischof Antonius und die beiden Kirchenmänner Wamba Diaconus und Petrus Ecclesiae Segobrigensis gegenüber. Das Bistum ging unter im Arabersturm. Die Moslems hielten später hier lange eine Verteidigungslinie gegen das sie zurückdrängende Aragón, von ihren Chronisten ›Frontera Superior‹ genannt. Nach der Reconquista fiel 1177 das Gebiet an die Santiago-Ritter von Uclés, welche die Trümmer der einst namhaften Stadt als Steinbruch für ihre Konvente benützten (auch in Uclés tauchten Reste von Segóbriga auf) und auf die der Name Cerro de Cabeza de Griego für die verödete Stätte zurückgeht. Bis zur Stunde der Wiederentdeckung fiel der Ort der Vergessenheit anheim.

Es bedurfte der Neigung der Renaissance für Altertümer, um der verschollenen Stadt wieder auf die Spur zu kommen. 1546 lokalisierte der Arzt Luis de Lucena erstmals Segóbriga auf den Cerro de Cabeza de Griego, während ein Menschenalter später Ambrosio de Morales eine erste genaue Beschreibung der Topographie des Hügels und der damals noch am Tage liegenden Steinreste verfaßte. Im 18. Jahrhundert, als die Auffindung Pompejis die Gemüter der gebildeten Welt bewegte, regte der Prior von Uclés, Don Antonio Tavira, erste Ausgrabungen auf dem Hügel am Río Cigüela an, die 1789 und 1790 zur Entdeckung der einstigen Bischofskirche führten. Man fand die Gräber der Bischöfe Sefronius, Nigrinius und eines dritten, dessen Name sich nicht entziffern ließ. Diese Bischöfe sind allerdings in den Listen der Teilnehmer Toledanischer Konzilien nirgendwo vermerkt. Damit blieb der Cerro als Standort des ehemaligen Segóbriga in der Gelehrtenwelt umstritten. Da gelang es einem der Archäologen, Juan A. Fernández, einwandfreie Beweise beizubringen, Stelen mit Familiennamen, die auch in schriftlichen Quellen als segobrigensisch angegeben sind, vor allem aber einen Stein mit einer Inschrift, in der die Buchstaben ... GOBR ... erhalten sind. Dies deutet wohl unanfechtbar auf den Namen der gesuchten Stadt.

Im Ausgrabungsfeld sind zwei Komplexe sofort zu erkennen: das Theater und das Amphitheater, die, in einem Abstand von etwa 50 Metern, in den Nordabhang des Cerro unter Ausnutzung der natürlichen Gegebenheiten hineingebaut sind. Beide Bauwerke überschreiten das Areal der am Hügelhang gelegenen Stadt, so daß bei der Errichtung Teile der Stadtmauern geopfert werden mußten. – Das Theater mit seinen fünf Eingängen, das man ins 2. Jahrhundert datiert, hatte ein überdachtes Theatron, Zuschauerhalbrund, für 2000 Schaulustige. Die Anlage entsprach den um diese Zeit üblichen römischen Theaterbauten: eine halbrunde Orchestra mit Proszenium und eine zweistöckige Bühnenrückwand mit fünf Säulenrisaliten; die übereinandergesetzten Säulen haben teilweise gedrehte Kannelüren. Eine genaue Anschauung vermittelt ein Modell im nahen Museum. Dort sind auch die Skulpturen ausgestellt, die man, meist im Bühnentrakt, gefunden hat, so Frauengestalten, die man für Musen hält, eine Göttin Roma, die Köpfe des Augustus und der Livia sowie sehr rustikal gemeißelte Theatermasken, die das Proszenium und die Mitteltür der Bühnenrückwand, die ›pyle basilike‹, zierten. Von besonderem Reiz ist ein bärtiger Mime, wiedergegeben in stampfschrittartiger tänzerischer Bewegung. Er vermittelt ein Bild der meist drastisch-vulgären Mimik, die hier einem Provinzpublikum geboten worden ist. Durch Jahrhunderte erhalten ist der Name eines Munius Octavius, dessen Ehrenstein ebenfalls hier gefunden worden ist.

Im Amphitheater wurde noch 1973 erfolgreich gegraben. Das unter Kaiser Claudius erbaute gewaltige Oval ersetzte einen ursprünglichen Holzbau und wies fünf Tore auf, denen fünf Treppen, die zu den Rängen führten, entsprachen. Marmorierter Stuck an den Rampen täuschte echten Marmor vor. Nachgewiesen sind nach dem sozialen Status unterschiedene Platz-Kategorien; ganz oben saß, klatschte oder pfiff das Volk. Auch blieben die Unterkünfte der Gladiatoren, die Käfige der Bestien erhalten.

Unterhalb des Theaters, am Fuß des Stadthügels, hat man jenes Gebäude entdeckt, das gleichfalls zu einer vollgültigen Stadt des Imperium Romanum gehörte: die Thermen mit Kalt-, Warm- und Heißwasserbad, in diesem Reste des Hypokaustum, der unterirdischen Heizanlage, in die man heiße Abgase eines Holzfeuers leitete. Da der Ankleideraum eine Reihe kleiner Nischen zur Ablage der Kleider enthielt, glaubte man zuerst, es handle sich um ein Kolumbarium mit Gräbernischen.

Die Nekropole indessen befindet sich im leicht abschüssigen Gelände hinter dem Museum; hierhin verbrachte man die in den Tumbas gefundenen Aschenkrüge, Waffen, Gerätschaften, Münzen mit Kaiserbildnissen für den Fährmann der Unterwelt. In einiger Distanz, bei der frühchristlichen Bischofskirche, stieß man auf eine spätere, westgotische Nekropole, in der man die Verstorbenen mit dem Kopf nach Westen beigesetzt hatte. Unter den Grabstelen ist eine besonders schöne mit Spiralmuster und Irisblüten. Die Basilika, die einst drei Schiffe und Querschiffarme besaß, darf als eines der ältesten christlichen Sanktuarien auf spanischem Boden gelten. Man nimmt an, daß ehedem eine Krypta darunter lag.

Von der Stadt selbst, die man auf 7000 Einwohner schätzt, sind geringe Häuserreste erhalten. In eines der Gebäude wurde später eine Eremitei eingebaut. Einige Stadtmauer-Relikte hält man für vorrömisch. Imponierend die Wasser-versorgung: Von einer Zisterne aus haltbarem römischen Zement – dessen Herstellungsweise heute noch nicht geklärt ist – sind Leitungen in die einzelnen Stadtteile gelegt; außerdem sieht man Spuren eines Aquädukts, über den die Römer, diese geborenen Ingenieure, mittels eines hydraulischen Systems Frischwasser in die Stadt brachten. Ein Diana-Tempel jenseits des Flusses ist schon von Ambrosio de Morales im 16. Jahrhundert beschrieben worden. Segóbriga ist kein Mérida, aber doch ein Zeugnis der breiten Streuung römischer Zivilisation in einer Epoche, in der fast die ganze damals bekannte Welt unter dem Adler Jupiters eine politische Einheit gewesen ist.

Setzen wir die Reise auf der Nationalstraße III fort, so fahren wir durch teils ebenes, teils reliefartiges Hochland, das uns in seinem Charakter an die Meseta erinnert. Die Grenzen der Äcker sind häufig durch Feldsteinpyramiden markiert. Man hat manche Felder mit Kalk überstreut, so daß sie aus größerer Distanz schon einmal einen der vielen Embalses vortäuschen. Wo das Land verkarstet ist, sieht man gelegentlich, daß das Geröll abgeräumt wurde, um neues Ackerland zu gewinnen.

Der Río Júcar, unser nächstes Ziel, entspringt wie der Tajo in der Sierra de Albarracín, fließt jedoch ins Mittelmeer. Dort, wo wir ihn erreichen, breitet sich der Stausee des *Embalse de*

Alarcón, genannt nach einem Ort, der auf einem hohen
Postament über einer langen, engen Schleife des gestauten
Júcar-Flusses liegt. Hier ist eine der grandiosen Szenen spanischer Landschaft, in die die Geschichte ihre Züge eingeprägt
hat. Denn majestätisch über dem Flußeinschnitt ragt der
mächtige Donjon des Kastells der Herren von Alarcón, der
Marquéses de Villena, empor. Man steigt auf die Plattform
des Turmriesen hinauf und hat einen hinreißenden Blick: auf
die Dächer des Pueblo mit seinen 5 alten Kirchen – darunter
Santa María mit einem zweistöckigen Renaissance-Portal
unter mächtigem Bogen –, auf die Júcar-Schleife und jenseits
des Ufers gleich nochmals auf ein Kastell, den Kontrapunkt
des eigentlichen, das Panorama beherrschenden Hoch- und
Herrensitzes. Diesen hat der Staat in einen seiner Paradores
(Marqués de Villena) umgestaltet, hier ist der Staat Gastge-
ber. Man hat mit Sorgfalt die Eigentümlichkeiten der ritterli-
chen Behausung erhalten, bis hin zur wehrhaften Toreinfahrt
und zu den ›escudos‹, Waffen und Ahnenbildern, die die Fest-
halle, den heutigen Speisesaal, schmücken. Im düsteren, weil
engen Innenhof steigen wir zu einer Balustrade empor, von
der aus sich die Zimmer von Kemenaten-Charakter öffnen,
und von diesen blicken wir durch Schießscharten in das weit
dahinwogende Land. Es ist die Provinz Cuenca, deren Hauptstadt ebenfalls an den Ufern des Júcar liegt. Von Alarcón aus
können wir sie auf einer abzweigenden Straße erreichen, die
immer nahe dem Fluß nach Norden führt.

Cuenca und die hängenden Häuser

Cuenca ist die vielleicht abgelegenste, verkehrsmäßig am
wenigsten erschlossene Provinz-Kapitale Spaniens. Sie liegt
im unzugänglichsten Teil ihres Verwaltungsgebiets, der zer-
klüfteten Serranía, die mit dem Cerro de la Mogorrita nahezu
2000 Meter erreicht. Keine große Autostraße führt an
Cuenca vorbei, kein Industrie- oder Kulturzentrum lockt
Geschäftsleute oder Touristen an, kein reiches, erschlossenes

Gebiet liegt in ihrer Nähe, so daß ihr heute noch etwas Insulares anhaftet. Die großen Routen, die von Madrid aus ins Land strahlen, umgehen die Serranía und damit auch Cuenca. Die Stadt lebt aus sich selbst, als Zentrum eines Hinterlandes, das mit den großen Strömen des spanischen Lebens kaum verbunden ist, daneben aber die Schönheiten kaum berührter Natur und den Zauber der Einsamkeit gewährt, wie man sie sonst nur noch auf der Strecke Mérida – Ciudad Real erlebt. Die einzige Zufahrt nach Cuenca, die als ›benützbar‹ gilt, mag die von Tarancón sein (Nationalstraße 400), alle anderen Routen sind in ihrem Zustand mangelhaft, führen in vielen Windungen bergauf, bergab, und manchmal sind die Hangseiten wenig gesichert. Dies gilt vor allem für die Carretera, die Sacedón mit Cuenca verbindet und die hinter den weitverzweigten Stauseen durch eine wenig besiedelte Gebirgsregion von Urweltcharakter führt. Es ist die romantischste Strecke, kommt aber im Vergleich zur Route Madrid – Tarancón – Cuenca einer kleinen Expedition gleich, wobei einige verschlafene, von der Welt scheinbar abgeschlossene Pueblos, mit diskutierenden Männergruppen vor den Fondas, die Etappenpunkte sind. Manche Ortsnamen beginnen mit ›Fuentes‹, ein Zeichen, wie wichtig man in der Serranía das Lebenselement Wasser nimmt. In den Tälern stehen Weiden, an die Hänge klammert sich niederes Buschwerk, es riecht nach aromatischen Bergkräutern. An Hellas erinnert die in der Serranía ebenfalls heimische langstielige, fahlblütige Asphodelospflanze, die, der Proserpina heilig, von den Griechen als Totenblume bezeichnet worden ist. Wer sie ausriß, mußte nach Anschauung der Alten sterben. Man band sie deshalb einem Hund an den Schwanz, der mit ihr davonsprang, unbekümmert um das ihn bedrohende Schicksal. Rote Erde, Tafelberge, Hügel mit verlassenen Höhlenwohnungen, Eukalyptuswäldchen – wie eine Oase der Zivilisation mutet dann mit einem Male Cuenca an, das sich an den Ufern des Río Júcar entlangschmiegt und an den Hängen beiderseits des Flußbetts terrassenförmig emporsteigt.

Blick auf Cuenca

Die Neustadt trägt Dutzendcharakter. Die kleinstädtische Avenida de José Antonio als geschäftereiche Hauptachse verbindet die Plätze Calvo Sotelo und Generalísimo. In einem Halbrund ist die Stadt von Bergen eingerahmt. Eine dieser steilen Kuppen liegt gegen Norden, wo der Huécar in den Júcar mündet, und gerade auf dem hierdurch gebildeten Bergdreieck steigt die enge Altstadt empor, in der sich alles zusammendrängt, was am Orte historische Bedeutung hat. Beim Anblick dieser mittelalterlichen Akropolis zwischen den Gipfeln der Serranía, im Vordergrund der Huécar mit seinen sechs Brücken, hat man nicht das Gefühl, daß das Cuenca von einst ebenfalls in einem toten Winkel lag. In der Zeit der Romantik zog die malerische Altstadt Künstler an, so Gustave Doré, der die wie Wespenwaben an die Felswände geklebten Häuser mit seinem Stift festgehalten hat (siehe Abb. oben). Die eigenartigen, nur hier sich findenden, zwei- bis vierstöckigen Holzbalkone haben zum Vergleich mit tibetanischen Klöstern eingeladen. Sie sind unter dem Namen ›Casas colgadas‹, ›hängende Häuser‹, bekannt. In der Tat muß man etwas Atem holen, um auf diese von Holzkonsolen gestützten und überdachten Loggias zu treten, die wahrhaft über dem Abgrund des Huécar-Einschnittes ›hängen‹, freilich auch eine großartige Sicht über die mannigfaltige Topographie der Stadt zwischen den zwei sich vereinigenden Flüssen gewähren, wie der alte Name ›Conquenses‹ bedeutet, dasselbe wie etwa ›Koblenz‹ (Confluentes). Ein steiler Weg führt zum Tal hinab und über eine Brücke zum jenseitigen Flußufer, das den Namen ›Hoz de Huécar‹, ›Engpaß des Huécar‹, trägt. Dort, von der Fassade der barocken San Pablo-Kirche aus, gewinnen wir den Blick aus der Tiefe auf die bizarr über der Felswand errichteten Häuser, die sich gestuft dem Gestein anpassen, in einer wie gewachsen wirkenden Verbindung von Untergrund und Konstruktion von Menschenhand. Ähnlich schweben Vogelnester frei über dem Felssturz.

In einer der Casas colgadas ist ein Museum abstrakter Kunst untergebracht. Daneben bietet die *Archäologische Sammlung* antike Schätze der Provinz, so Funde aus Segóbriga und aus Valeria, das man in der Nähe des Embalse de Alarcón ausgegraben hat, mit respektablen Resten einer Therme und eines Nymphäums. Im Museum aufgestellte prähistorische Stiere werden heute noch als Arte popular nachgearbeitet. Vorgeschichtliche Tierdarstellungen aus dem Neolithikum, wie sie in den Höhlen von Altamira gefunden wurden, sind von den Felswänden bei Villar del Humo (in nächster Umgebung von Cuenca) abgenommen, so die Darstellung einer Hirschgruppe und die eines domestizierten Pferdes. Eine spätgotische ›Santa Lucia‹ ist zu nennen; sie trägt ihr Zeichen, zwei Augen, auf einem Teller. Ein gleichfalls geschnitzter San Andrés, schon frühe Renaissance, stützt sich auf sein X-förmiges Kreuz wie auf eine Krücke und liest dabei in einem Buch. Ordengeschmückt blickt uns der häßliche Ferdinand VII. mit seiner zu kurzen Oberlippe an.

Ein geschlossenes Rechteck bildet an einem der höchsten Punkte der Altstadt die Plaza Mayor, die in den drei Durchgängen des barocken Rathauses von 1762 ein ausgesprochenes Entree besitzt. An dem Platz liegt die *Kathedrale* aus dem 13. Jahrhundert, deren Fassade leider 1902 eingestürzt ist, so daß man eine neue, gotische davorblendete, eine kalte Imitation von gedrungener Breite. Aber im Innern treten wir in einen legitimen, klaren Raum von unverkennbar normannischem Einfluß. Dafür sprechen die lanzettförmigen Spitzbögen des Chortraktes, davon zeugen auch die Zwerggalerie und die Sägemuster der Archivolten, die man überall dort antrifft, wo die Nordleute hingelangt sind, in England, in der Normandie, auf Sizilien. Die mit Figuren geschmückte Reja vor dem Chor ist eine der prachtvollsten der Halbinsel. In einer Nische sieht man die Figuren zweier Betender, auf Kissen kniend, deren einer die Hand am Schwertgriff hält. Der heilige Fernando begegnet uns, wie meist, nach der Manier des Barock.

Für den, der Cuenca besucht, ist es unerläßlich, den 35 Kilometer nördlich gelegenen Naturpark der *Ciudad Encantada*, der ›Verzauberten Stadt‹ zu besichtigen, jenen Teil der Serranía, dessen Kalkstein zu sonderbaren Gebilden erodierte, so daß man, wenn man seine Phantasie bemüht, eine unwirkliche ›Stadt‹ erkennen kann, Straßen und Plätze mit Palästen, Türmen, einer Kirche, einer Schmiede, einem Theater, einer Bodega; ja selbst ein Gefängnis zeichnet sich ab. Ein ausgelassenes Spiel der Natur wie hier findet sich auch in einem gleichfalls erodierten Felsmassiv der Anden, nahe der bolivianischen Hauptstadt La Paz.

Teruel und Albacete

Der Provinz von Cuenca schließt sich im Osten die von *Teruel* an, deren Hauptstadt am oberen Río Turia liegt. Eine Gebirgsstraße verbindet beide Städte. Rostbraune Backsteintürme im Mudéjar-Stil prägen Teruels bauliche Physiognomie. Die Torres weisen die aus dem Maghreb bekannten textilartigen Muster auf, Rauten, Dreiecke, Fayence-Inkrustationen. Einige der Türme lasten auf Spitzbögen, durch die

die alten schmalen Straßen führen: Santa María, San Salvador, San Pedro. In Santa María, der Kathedrale, kann man sich an einer kunstvollen hölzernen Kassettendecke aus dem Anfang des 14. Jahrhunderts mit figürlichen Darstellungen erfreuen. Der Oberstock des schönsten profanen Gebäudes in Teruel, der Casa de la Comunidad, ist als Loggia mit acht Arkadenbögen ausgebildet, eine Eigenheit der spanischen Renaissance auch anderenorts.

Teruels Mutterstadt hieß Turba. Sie wurde wegen ihrer Parteinahme für Hannibal im Kampf um Sagunt 214 vor Chr. von den Römern zerstört. Im 11. Jahrhundert erhielt hier der Cid im Kampf gegen den Maurenkönig von Albarracín seine schwerste Verwundung. Die Mauren nannten die Stadt nach dem arabischen Wort für ›Stier‹, nämlich Teruel, weil man hier einen der prähistorischen Toros gefunden hatte, die für die Frühzeit ganz Iberiens typisch sind.

Die Erinnerung an eine Liebesgeschichte, eine Romeo-und-Julia-Affäre, ist in Teruel höchst lebendig. Gleich den Liebenden von Verona, uns von Shakespeare so nahe gebracht, gehen Don Diego Garcés de Marvilla und Doña Isabel de Seguro, an dem Unverständnis und den Zwängen ihrer Umwelt zerbrechend, in den Tod. Die zu Herzen gehende Geschichte diente mehrfach zum Vorwurf für künstlerische Gestaltungen. Nach der Vertreibung der Mauren blieben viele von ihnen am Ort. Erst 1502 wurde die letzte Moschee geschlossen. Die religiöse Liberalität der Stadt muß wohl auch weiterhin eine ihrer liebenswerten Eigenschaften gewesen sein, denn es kam einmal zu einer Verjagung der Inquisitionsinstanzen, die dann ein neues Tribunal in Cella errichteten und von dort aus über Teruel das Interdikt aussprachen.

Während des Bürgerkriegs in den Jahren 1937/38 war die entlegene Stadt oft hart umkämpft. Die Republikaner, die sie besetzt hielten, verteidigten sie verbissen. Aber endlich gelang es den nationalen Truppen, in Teruel einzudringen. Sie machten alle nieder, die als Sympathisanten der Republikaner verdächtigt wurden. Die ›Rojos‹ verloren 20 000 Mann. Der Fall der Stadt sollte den Krieg entscheiden, da mit ihm die republikanischen Verbindungslinien zwischen Nord und Süd, zwischen Barcelona und Valencia zerschnitten waren. Die Niederlage der Republikaner am Ebro und die Einnahme von Madrid durch die Franco-Truppen waren die Folge. – Nach Beendigung des Bürgerkriegs ist das schwer zerstörte Teruel mit gutem Gespür neu aufgebaut worden, wobei auch die alten Arkadengänge wiedererstanden.

Wenden wir uns von Cuenca wieder nach Süden der Nationalstraße III zu, so durchfahren wir leicht gewelltes, weithin kahles Hochland mit Waldstücken in den Senken. Gelegentlich weisen Schilder auf private Jagden hin. *Almodóvar del Pinar* nimmt uns auf, an dessen blendendweißer Plaza Mayor die Kirche Virgen de l'Anunciación den barocken Hintergrund des früchtereichen Marktes abgibt. Die ›Himmelfahrt‹ des Retablo im Innern ist ›barroco provincial‹. Man sieht zu der mit Stuck dekorierten Kuppel auf. Das Längsschiff trägt eine Tonnendecke. Kleinformatige Engel gehen als volkstümliche Figurengruppe hinter einem ochsenbespannten Pflug. Ähren liegen als Votivgabe auf einem der Altäre. Die ehemalige Kirche San Vicente dient heute als Kornspeicher; die Ernte bringt man durch das prächtige Portal mit Giebelsegmenten ein. Die Iglesia Virgen de las Novias ist romanisch, mit offenem Turm des 18. Jahrhunderts. Vor weißen Häuserzeilen blühen rote Rosen. Feiertäglich hat man alles Gemäuer geweißelt, selbst das Rathaus, an dem als Wappenbild des Pueblo die Pinie prangt.

Wollen wir der bereits in der Levante gelegenen Provinzhauptstadt *Albacete* einen Besuch abstatten, so müssen wir die Nationalstraße III bei Motilla del Palancar und danach den Río Júcar überqueren. Hier saß während des Bürgerkriegs der Generalstab der Internationalen Brigade. Die modernen Wohnblocks schließen, entgegen dem ersten Eindruck, doch noch einen alten Kern ein, in dem die Tradition sich gehalten hat. Die Kirche San Juan Bautista wurde von Diego de Siloé, dem berühmten Kathedralbaumeister, begonnen. Im Kloster der Justinianas steht eine barock skulptierte Schmerzensmutter, in der Casa de la Maternidad ein San Francisco, beide von Salzillo, dem populären Krippenbauer aus Murcia, neben dem sich an volkstümlicher Phantasie und unbekümmertem Anachronismus nur Machado de Castro in Lissabon messen kann. In Murcia befindet sich das Salzillo-Museum mit Krippen-Arrangements des Meisters, und indem wir ihm in Albacete begegnen, wird uns bewußt, daß wir uns bereits der mediterranen Küste nähern.

EXKURS
INS SALAMANTINISCHE

von Juliane Güde

Salamanca

Wer sich ihr im Morgenlicht nähert, sieht die Stadt in zarte Pastelltöne getaucht, während die Abendsonne die Mauern noch goldener leuchten läßt. Salamanca, ›Ciudad Dorada‹, ›Goldene Stadt‹, so genannt wegen des goldfarbenen Sandsteines aus Villamayor, der hier heute noch als Baumaterial dient. Salamanca, Sitz der ältesten Universität Spaniens, ist eine junge alte Stadt. Alt, denn ihre Anfänge reichen in die Zeit der Iberer zurück. Hannibal hat sie noch vor Ausbruch des Zweiten Punischen Krieges erobert. Zu einer blühenden Stadt machten sie dann die Römer. Aus jener Zeit ist der Puente Romano, die Römerbrücke, geblieben, die den Río Tormes überspannt. Jung, denn dank der vielen Studenten pulsiert das Leben nicht nur in den Mauern der altehrwürdigen Universität, sondern auch auf den Straßen und Plätzen der Stadt, deren Plaza Mayor sicherlich zu den bedeutendsten Platzanlagen Spaniens zählt, vielleicht deren großartigste ist.

Die Plaza Mayor

Philipp v. ließ sie anlegen als Dank für die Unterstützung im Spanischen Erbfolgekrieg. Entworfen wurden die sie umgebenden Bauten mit den Rundbogenarkaden von Alberto Churriguera, der 1729–38 auch die Bauarbeiten leitete. Unter Berücksichtigung seiner Pläne wurde die Plaza schließlich von Andrés García de Quiñones im Jahre 1755 vollendet. Dessen eigene Beiträge waren der Bau des *Rathauses* mit der barocken Fassade an der Nordseite des Platzes und des *Pabellón Real*, ein Pendant zur Casa de la Panadería in Madrid, dessen Giebel eine Büste Philipps v. schmückt. Dreigeschossige Gebäude, die die restlichen überragen, doch wie sie mit einer eleganten Balustrade gekrönt werden.

Trotz der Hinzufügung dieser beiden späten Barockbauten bleibt die stilistische Einheit gewahrt, denn groß war der Respekt García de Quiñones für die ursprünglichen Entwürfe Alberto Churrigueras, der als der eigentliche Schöpfer dieses

leicht trapezförmigen Raumes im Freien gelten kann. Wie
sehr er in diesem Fall der Architektursprache der Renaissance
verbunden bleibt, zeigen vor allem die Medaillons mit Bild-
nissen kastilischer Könige und historischer Persönlichkeiten
in den Arkadenzwickeln.

Seit ihrer Vollendung war und ist die Plaza Mayor Herz-
stück der Stadt Salamanca, doch während sie früher als
Marktplatz, für Stier- und Reiterkämpfe genutzt wurde, dient
sie heute Tag für Tag und mehr noch Abend für Abend als
Treffpunkt für jung und alt. Eine Verabredung auf der Plaza
Mayor habe sich für denjenigen, der sich dort einfindet,
gelohnt, selbst wenn er vergeblich warten sollte, sagen die
Einheimischen. Allein bei der Betrachtung des wechselnden
Farbenspieles, das die Sonne je nach ihrem Stand auf die Fassaden zaubert, möchte man dem gern Glauben schenken.
Niemand bleibt allein auf dem Platz – tagsüber auf den Terrassen der Straßencafés oder abends, wenn Salamantiner wie
Touristen über die Plaza flanieren und der Musik der *Tunas*
lauschen, jener traditionellen Studentenkapellen in der Klei-
dung des Siglo de Oro, die zu Mandolinenklängen Altbe-
kanntes, ja selbst Minnelieder und auch ihre eigenen – häufig nicht von Zweideutigkeiten freien – Texte vortragen. Von
der Plaza Mayor ziehen sie durch die Lokale und Bars der
angrenzenden Gassen, die – wie in jeder Universitätsstadt –
zahlreich sind.

Die Universität von Salamanca

»El que quiera saber que vaya a Salamanca«, »Wer Wissen
erlangen will, der gehe nach Salamanca«, heißt es, aber auch
»lo que natura no da, Salamanca no presta«, »Was nicht von
Natur gegeben, verleiht auch Salamanca nicht«. Die natur-
gegebenen Talente der Studierenden zu fördern, gründete
Alfons IX. im Jahre 1218 das Estudio General Salmantino. Er
forderte, die Universität, »solle gute Luft und schöne Aus-
flugsmöglichkeiten haben, damit die Lehrmeister, die ihr Wissen vorbringen, und die Schüler, die es lernen sollen, gesund

darin leben und am Nachmittag Muße haben und Freude empfinden können, wenn sie sich müde vom Lernen erheben«. Professoren und Studenten genossen königlichen Schutz und Sonderrechte wie die Befreiung von Steuern und vom Militärdienst. In ihrer Blütezeit im 16. Jahrhundert lebte die Universität nach eigenen Gesetzen, ihre Studenten wählten den Rektor und entschieden über die Berufung eines Professors. Auch nach der Gründung anderer Universitäten unter den Katholischen Königen hielt Salamanca am Wahlspruch fest, »die erste in der Lehre der Wissenschaften« zu sein. Als Hieronymus Münzer die Stadt 1495 besuchte, sollen um die 5000 Studiosi an den verschiedenen Fakultäten studiert haben. Nach einer langen Zeit des Niedergangs sind es heute wieder rund 16 000 Hochschüler.

Durch zentralistische Eingriffe des Königs ging die Universität im 17. und 18. Jahrhundert ihrer Privilegien und der Autonomie verlustig. Die Inquisition schränkte zudem das Studienangebot ein, und die wachsende Konkurrenz der beliebten Jesuitenkollegien und anderer Universitäten wie Valladolid und Alcalá de Henares tat das Ihre hinzu.

Erst um die Wende des 19. zum 20. Jahrhundert gewann die Hochschule wieder an Bedeutung, nicht zuletzt durch das Wirken Miguel de Unamunos, der von 1901–14 und nach seinem freiwilligen Exil von 1931 bis zu seinem Tod im Jahre 1936 Rektor der Universität war. Der große spanische Denker der Generación de 98 hatte anfangs Griechisch an der Universität gelehrt und war später Professor für spanische Sprachgeschichte. Durch ihn wurde die alte Universität wieder zu einem intellektuellen Zentrum Spaniens. Nach Antonio Nebrija, dem Verfasser der ersten kastilischen Grammatik im Jahre 1492, und Fray Luis de León, der neben Theologie ebenfalls Griechisch lehrte, gilt er als bedeutendster Lehrer dieser Universität.

Die Salamantiner rühmen sich, das reinste kastilische Spanisch zu sprechen. So ist es denn auch nicht verwunderlich, daß die Cursos Internacionales in den Sommermonaten eine große Anzahl ausländischer Studenten nach Salamanca locken und viele, auch deutsche Universitäten Austauschprogramme mit der dortigen Universität unterhalten.

Casa de las Conchas und Universitätsgebäude

Zur Universität ist es nicht weit, man muß nur die Rua Mayor entlanggehen und über die Plaza de San Isidro weiter in die Calle de Libreros, die Straße der Buchhändler, um auf den Patio de las Escuelas vor das platereske Portal der Escuelas Mayores, des Hauptgebäudes, zu gelangen.

Der Weg führt vorbei an einem bemerkenswerten Palais aus dem ausgehenden 15. Jahrhundert, der *Casa de las Conchas*, dem Muschelhaus. Allzu offensichtlich ist es, wie der Bau zu diesem Namen kam: Rund 400 skulptierte Jakobsmuscheln von erstaunlicher Plastizität schmücken gleichförmig verteilt die Fassaden, eine Anspielung auf den Bauherrn, Rodrigo Arias Maldonado, der königlicher Rat und ranghohes Mitglied des Santiago-Ritterordens war. Über dem Portal prangt in isabellinischer Manier das Lilienwappen der Maldonados, zusammen mit dem der Katholischen Könige. Zierliche Maßwerkfenster und schmiedeeiserne Gitter verstärken den Eindruck, man habe nicht das Werk eines Baumeisters, sondern das eines Silberschmiedes vor sich, eine Vorahnung des Plateresken. Auch der elegante zweigeschossige Patio mit durchbrochenen steinernen Geländern und den typisch salamantinischen Bögen ist mehr als eines Blickes wert. Heute beherbergt das vielleicht bekannteste Bauwerk Salamancas das Fremdenverkehrsamt und die Bibliothek.

In der Mitte des kleinen Platzes vor der Universität, des *Patio de las Escuelas*, der von reichgestalteten Fassaden im salamantinischen Platereskstil umgeben ist, steht eine Bronzestatue des Mystikers, Dichters, Übersetzers und Bibelkommentators Fray Luis de León (1527–1591). Seit 1561 hatte er den Lehrstuhl für Theologie in Salamanca inne. Als Übersetzer aus dem Griechischen der Inquisition schon längst suspekt, wurde er 1572 zu fünf Jahren Kerker verurteilt.

Seine erste Vorlesung nach seinem Gefängnisaufenthalt soll
er mit den Worten begonnen haben: »Wie wir gestern aus-
führten ...«. Unter seinen Schülern war San Juan de la Cruz,
ein Mystiker und Dichter, auch er beseelt von der Liebe zu
Gott.

Die Aula, in der Fray Luis de León Theologie lehrte, mit
ihren rohen Holzbänken für die Studenten und dem Kathe-
der des großen Gelehrten ist heute noch erhalten. Er selbst
ruht in der Kapelle der Universität.

Schöne Fassaden im Platereskstil umgeben den Patio de las
Escuelas, keine aber kommt der des Universitätshauptgebäu-
des, den *Escuelas Mayores*, gleich. Zwischen 1525 und 1534
im Auftrag der Katholischen Könige entstanden, gehört die
Gestaltung der Schaufront von ihrem Aufbau her noch der
isabellinischen Spätgotik an, während die ornamentale Ausgestaltung rein plateresk ist und vielen als eines der schönsten
Beispiele dieses Stiles gilt, manchen gleichwohl nur als Muster-
buch. Das Meisterwerk der Steinmetzkunst besticht trotz unzähliger kleinteiliger Ornamente durch Harmonie und Aus-
geglichenheit in der Flächenaufteilung, was noch dadurch
verstärkt wird, daß die Reliefs mit zunehmender Höhe stärker hervortreten, um die optische Verkürzung zu vermindern.
Inhalt des allegorischen Programmes ist die Rolle der spanischen Monarchie als Verteidigerin des Glaubens und Förde-
rin der Wissenschaften, ebenso wie der Kampf gegen das
Laster. Auch den falschen Glauben zu haben, wurde als solches angesehen.

Das Mittelmedaillon im ersten Stock zeigt die Schirmher-
ren der Universität selbst, Ferdinand und Isabella, die Reyes
Católicos mit ihren Symbolen, den Pfeilen und dem Joch. Die
Inschrift in griechischer Sprache lautet: ›Die Könige der Universität, diese den Königen‹. Darüber prangen das gekrönte
Wappen Karls v. sowie der Doppeladler als Symbol des Kai-
serreiches und der Adler für das Königreich Spanien. In der
obersten Reihe sieht man den Papst im Gespräch mit Kardinälen, links und rechts der ihn flankierenden fein ziselier-

ten Säulen Venus und Herkules sowie Medaillons, die die Tugend symbolisieren; antikes Wissen geläutert durch die christliche Heilslehre zu vermitteln, das war der Auftrag des Königs an die Universität.

Unter all den allegorischen Motiven wohl das bekannteste ist der Totenkopf mit dem Frosch, die Allegorie der Ausschweifung, deren Bestrafung Tod und Verdammnis sind. Nicht Furcht flößte diese Darstellung den Studenten ein, vielmehr suchte ein jeder den Frosch zu finden, da dies Glück im Examen bringen sollte.

Was die Ausschweifungen betrifft, so kann man an der Westseite des Patios Darstellungen all jener Laster sehen, vor denen die Studenten sich zu hüten hatten. Mit der Tugend der Studenten war es demnach nicht allzu gut bestellt. Auch die Tatsache, daß der Montag nach Ostern, der Lunes de Aguas, auch heute noch ein Hauptfesttag im Studienjahr ist, scheint dies zu bestätigen. Ursprünglich wurde gefeiert, weil an diesem Tag die leichten Mädchen, die während der Fastenzeit auf Geheiß des Klerus ans andere Ufer des Río Tormes verbannt worden waren, auf blumengeschmückten Booten nach Salamanca zurückkehrten.

Die Hörsäle sind um diesen Patio angeordnet. Neben der Aula des Fray Luis de León und der Kapelle sind vor allem der Hörsaal des Meisters Salinas, der hier im 16. Jahrhundert Musik unterrichtete, mit einem Notenschrank aus dem 15. Jahrhundert und das Auditorium maximum sehenswert. Das Auditorium oder Paraninfo ist als Prunksaal mit Kronleuchtern und Brüsseler Tapisserien dekoriert. Das Porträt Karls IV. wird Goya zugeschrieben.

Eine imposante Treppe mit massivem, dennoch verspieltem Geländer führt ins obere Stockwerk, in dem die bedeutende Universitätsbibliothek untergebracht ist. Genügte früher ein Schild mit dem Hinweis, daß auf den Diebstahl von Büchern die Exkommunikation stand, so ist heute der Zugang aus Sicherheitsgründen nur noch mit Sondererlaubnis gestattet. In den Regalen stehen rund 40 000 Bände aus dem 16. bis 18. Jahrhundert sowie über 3000 Manuskripte und Inkunabeln aus dem 11. bis 16. Jahrhundert.

Ebenfalls am Patio de las Escuelas gelegen ist das heutige Rektorat, das ursprünglich als Hospital de Estudio, Wohnheim für ärmere Studenten, erbaut wurde. Die Fassade mit Wappen und Alfiz ist noch ganz im spägotischen Isabellinischen Stil gehalten.

Auch zum angrenzenden Gebäude der *Escuelas Menores* kommt man durch einen Doppelbogen mit plateresker Fassade. Wieder treffen wir auf das Wappen Karls v. mit dem Doppeladler und der Kette mit dem Orden des Goldenen Vlieses. Darüber sieht man eine Papsttiara und Medaillons mit den Büsten der Heiligen Petrus und Paulus. Über den Arkadenbögen wie auch im Inneren der Facultad de Filología und an zahlreichen Fassaden kann man sogenannte *Vítores* sehen, mit Stierblut gepinselte Graffiti, durch die nach erfolgreich bestandenen Abschlußexamen die Namen der frischgebackenen Doctores verewigt wurden.

Der Innenhof mit eingeschossigen Arkaden aus dem ersten Drittel des 15. Jahrhunderts wirkt trotz der massigen Säulen und einer später hinzugefügten barocken Balustrade elegant und harmonisch.

Heute beherbergen die Escuelas Menores das Museum der Universität und das Gemeindearchiv. Im Südflügel ist Fernando Gallegos im 15. Jahrhundert gemaltes Fresko ›Himmel von Salamanca‹ zu sehen. Tierkreiszeichen, Sternbilder und die Allegorien der Freien Künste schmücken das nur zu einem Drittel erhaltene Fragment, das – ursprünglich für die Decke der Bibliothek bestimmt – seit 1951 auf eine falsche Kuppel aus Holz übertragen hier ausgestellt ist.

Clerecía

Unweit der Universität fällt der majestätische Barockbau der Clerecía, das ehemalige Jesuitenkolleg, allein schon seiner Ausmaße wegen auf. Nirgendwo sonst in Spanien hatte die Societas Jesu je einen Sitz von solchen Dimensionen. Auch heute wieder wird ein großer Teil des Gebäudekomplexes vom Jesuitenorden genutzt. Auf Wunsch Philipps III. und seiner Gemahlin Margarethe von Österreich, die als Förderer des Ordens bekannt waren, fand die Grundsteinlegung im November 1617 statt. Ursprünglich nach Plänen Juan Gómez de Moras noch im Stile Herreras begonnen, sollten Kirche und Kollegsbauten jedoch erst 150 Jahre später durch Andrés García de Quiñones vollendet werden. Er war es, der die Fassade der Kirche umgestaltete, die beiden Fassadentürme und den barocken Giebel hinzufügte und auch den imposanten Kreuzgang zu Ende führte. Von weitem schon zieht die mächtige Vierungskuppel die Blicke auf sich. Im Vergleich zum 1665 geweihten Kirchenschiff, das mit dem weiten Längsschiff und den flankierenden und untereinander verbundenen Kapellen dem Ideal einer Jesuitenkirche der Epoche entspricht, wirkt die von Bruder Pedro Mato erbaute Vierungskuppel überdimensioniert. Höher als das Kirchenschiff selbst lastet ihr immenses Gewicht seit mehr als 300 Jahren auf der Vierung. Nachbesserungen, zuletzt in den achtziger Jahren unseres Jahrhunderts, waren die Folge. Machtvoll und streng atmet der Bau auch heute noch den Geist der Milites Christi.

Neue und Alte Kathedrale

Salamanca besitzt gleich zwei kunsthistorisch bedeutende Kathedralen. Gleichsam als Seitenkapelle steht die kleinere, ältere romanische neben der spätgotischen *Neuen Kathedrale*. Einen Anachronismus ähnlich wie in Segovia stellt der Bau einer gotischen Kathedrale im 16. Jahrhundert dar, aber welch formvollendeter Anachronismus. 1512 entschied das Domkapitel sich für den Entwurf, den Juan Gil de Hontañón und Antonio Egas vorgelegt hatten. Juan Gil de Hontañón leitete von 1513 bis zu seinem Tod im Jahre 1526 den Bau, ihm folgte – wie auch in Segovia – sein Sohn Rodrigo.

Die Kathedralen von Salamanca und die ›Dame der Kathedralen‹ in Segovia ähneln sich; Monumentalität im Äußeren verbindet sich mit Großzügigkeit und Klarheit im Inneren.

Beiden ist großartige Eleganz zu eigen. Der Aufriß ist basili-
kal, hohe Arkaden tragen über filigranen Maßwerkbrüstun-
gen anstelle einer Triforienzone die lichten Obergaden. An
massiven Bündelpfeilern entlanggeführt – die Vertikalität
betonend – gehen schlanke Dienste in das kunstvolle Netzgewölbe mit fein skulptierten Schlußsteinen über; hier verbindet sich gotische Formensprache mit dem Raumgefühl der
Renaissance. Der Aufbau der Westfassade mit den vier –
ursprünglich fünf – großen Bögen spiegelt den inneren Aufbau der Kathedrale wider. Zartes Maßwerk überzieht die
Bogenläufe, und überreicher Skulpturenschmuck füllt die
Fläche zwischen Arkadenbögen und den eigentlichen Portalen. Selbst die Pilaster, die die einzelnen Bögen voneinander
trennen, sind mit Heiligen- und Bischofsskulpturen unter
gotischen Baldachinen geschmückt. Im Tympanon des Hauptportals sind die Geburt Christi und die Anbetung durch die
Drei Könige dargestellt, Reliefs, die den Beginn der Renaissance nicht verleugnen. Ganz oben, über die Archivolten hin-
austretend, ist der Gekreuzigte zu sehen, links und rechts von
ihm Petrus und Paulus. Den fünften Bogen verdeckt der nach
dem großen Erdbeben von Lissabon im Jahre 1755 in neuer
Form wiedererrichtete Fassadenturm. Auch die von Joaquín
Churriguera geschaffene Vierungskuppel mußte nach dem
Erdbeben erneuert werden.

Durch die acht rundbogigen Fenster der Tambourkuppel
fällt Licht auf die ebenfalls von Joaquín und seinem Bruder
Alberto Churriguera geschaffenen acht bemalten Reliefs, die
Szenen aus dem Marienleben darstellen. Auch Trascoro und
Coro, selbst das Chorgestühl, wurden nach Entwürfen
Alberto Churrigueras geschaffen. Über dem Chorgestühl an
der Nordseite des Chors befindet sich eine spätbarocke
Orgel, während die ältere Orgel an der Südseite noch ganz im
plateresken Stil gehalten ist. Das den Chorraum abschlie-
ßende Gitter schließlich überrascht mit Rokokoformen.
Trotz all dieser späteren Hinzufügungen bleibt der Gesamt-
eindruck lichter Harmonie.

In die *Alte Kathedrale* gelangt man durch einen Zugang vom ersten Joch des rechten Seitenschiffes der Neuen Kathedrale, durch deren Anbau die kleinere alte ihr nördliches Querschiff eingebüßt hat. Fast scheint es, als würde sie vom Gebäude der Neuen Kathedrale erdrückt. Ihr Baubeginn ist ungewiß, doch muß er vor 1152 stattgefunden haben, noch unter Alfons VII. Während das Chorhaupt noch rein romanisch ist, überspannen bereits Kreuzrippengewölbe aus dem ersten Viertel des 13. Jahrhunderts das Kirchenschiff, was die Harmonie des Baus jedoch nicht stört. Sein Vierungsturm, nach dem Dachreiter ›Torre de Gallo‹ (Hahnenturm) genannt, hat Ähnlichkeiten mit den Cimborrios von Toro und Zamora und gilt als einer der schönsten seiner Art. Unverkennbar ist der byzantinische Einfluß, doch meint man auch Ähnlichkeiten mit der Romanik im Raum Poitiers zu erkennen. Er ist das Werk des zweiten Baumeisters, dessen Name vermutlich Petrus Petriz war und der – wie auch der erste – womöglich französischer Herkunft oder zumindest an französischen Vorbildern geschult war. Leicht, schlank und grazil wirkt das Cimborrio von außen; kaum ahnt man, daß die Kuppel den beträchtlichen Durchmesser von 8 Metern hat. Außen wird die Kuppel von vier Rundtürmen flankiert. Die steinernen Dachschuppen kennt man aus Südwest-Frankreich – nicht selten als Zutat des 19. Jahrhunderts –, hier wie dort ist das Vorbild aber in Byzanz zu suchen. Vom Patio Chico bietet sich der schönste Blick auf Apsis und Cimborrio. Im Inneren fallen die vier großen Engelsgestalten am Einsatz der Pendentifs auf, vielleicht noch vom ersten Meister geschaffen, wurden sie später jedoch überarbeitet. Die Kapitelle im Vierungsbereich mit der Darstellung biblischer Szenen und eines Reiterkampfes an der Westseite des Südostpfeilers werden Petrus Petriz zugeschrieben, während die meisten Kapitelle des Mittelschiffes als Werke des dritten und letzten Meisters gelten. Dargestellt sind Fabelwesen, Engelsköpfe und Menschen, umgeben von Pflanzenornamenten.

Als Meister des Retablo Mayor von 1445 wird Nicolás

Florentino genannt. Auf 53 Tafelbildern werden in leuchtenden Farben Szenen aus dem Leben Jesu und der Marienvita
erzählt. Durch die Detailgenauigkeit der Darstellung erfährt
man zudem vieles über die Kleidungssitten der Entstehungszeit. Die Mitte des Retablo nimmt die Statue der Stadtpatronin Virgen de la Vega ein, eine mit vergoldeter Bronze ver-
kleidete und mit Emailarbeiten in der Art von Limoges
verzierte Schnitzfigur aus dem 12. Jahrhundert, die Maria
mit dem Kind darstellt. Das Deckengemälde über dem Retablo – ebenfalls von Nicolás Florentino – zeigt das Jüngste
Gericht. Vor dunklem Hintergrund, umgeben von Engeln,
tritt uns der Auferstandene als Weltenrichter entgegen.

Die Martinskapelle, *Capilla de San Martín* oder *del Aceite*,
ist gänzlich mit Fresken aus dem 13. Jahrhundert ausgemalt.
Ein Fresko wurde im Jahr 1262 von Antón Sánchez de Sego-
via signiert. In der Capilla San Martín wie auch im südlichen
Querschiff und in der Chorkapelle findet man Grablegen von
Adeligen und Klerikern. Vor allem die polychromierten
Wandgräber des südlichen Querschiffs verraten französi-
schen Einfluß.

Vom ursprünglich romanischen Kreuzgang sind nur einige
Kapitelle erhalten. Durch das Erdbeben von Lissabon stürzte
er ein und wurde 1785 von Jerónimo García de Quiñones
erneuert. An den Claustro schließen sich insgesamt vier
sehenswerte Kapellen an. Die *Capilla de Talavera* wird von
einer Mudéjar-Kuppel mit verzierten Rippen überwölbt. In
dieser Kapelle wurden – wie in der Capilla mozárabe der
Kathedrale von Toledo – Messen im mozarabischen Ritus
zelebriert. In der sich anschließenden *Capilla Santa Bárbara*
fanden früher Universitätsprüfungen statt; Vorlesungen
waren vor dem Bau der späteren Universitätsgebäude in der
Capilla Santa Catalina und im Kreuzgang gehalten worden.
Und auch heute noch sagt man, es brächte Glück, die Nacht
vor der Prüfung in der Capilla zu verbringen. Im ehemaligen
Kapitelsaal ist das Diözesanmuseum untergebracht. Werke
von Fernando Gallego und seinem Bruder Francisco lohnen

den Besuch ebenso wie der Michaelsaltar des Juan de Flandres in der ersten Etage. Die *Capilla Anaya* oder *San Bartolomé* schließlich birgt ein bemerkenswertes spätgotisches Alabastergrabmal des Erzbischofs von Salamanca und später Sevilla, Diego de Anaya y Maldonado. Kunstvoll gearbeitete Gitter im Platereskstil umgeben es. Die Kapelle diente auch anderen Angehörigen der Familie Anaya als Grablege. Bei all der funeralen Pracht übersieht man leicht die kleine Orgel aus dem 15. Jahrhundert.

San Esteban und der Convento de las Dueñas

Salamanca ist die Stadt der plateresken Fassaden, einmal mehr zeigt sich dies, wenn man sich der Dominikanerkirche *San Esteban* nähert. Ihre Westfassade gleicht einem in Stein gehauenen und vom Kircheninneren nach außen verlegten Retablo Mayor. An zentraler Stelle – wie könnte es anders sein – erwartet uns das Martyrium des heiligen Stephanus, des Namenspatrons San Esteban. Geschaffen hat dieses Relief und auch die Darstellung des Kalvarienbergs der Italiener Juan Antonio Ceroni im Jahre 1610. Das Licht der untergehenden Sonne haucht den Figuren Leben ein, Schatten scheinen sich zu bewegen, fast schon barockes Theater. Wieder aufgegriffen wird das Thema im Kircheninneren im nun tatsächlich spätbarocken Retablo Mayor mit überreich skulptierten, sogenannten Salomonischen Säulen, einem Meisterwerk des José Churriguera, doch war es Claudio Coello vorbehalten, die Marter des Stephanus in seinem Gemälde darzustellen. Churriguera selbst schuf die Skulpturen der Heiligen Dominikus und Franziskus.

Der einschiffige Bau über dem Grundriß eines lateinischen Kreuzes vereint Elemente der Gotik und der Renaissance, Strebewerk mit platereskem Dekor. Eine von Rodrigo Gil de Hontañón entworfene, aber erst später ausgeführte Sternenkuppel überwölbt die Vierung. Sehenswert sind auch der Kreuzgang, der Claustro de los Reyes, sowie die große Freitreppe von 1553.

Nicht weit ist der Weg zum gegenüberliegenden Domini-
kanerinnenkonvent, dem *Convento de las Dueñas*. Während
die Dominikaner sich bereits in der Mitte des 13. Jahrhunderts in Salamanca niedergelassen hatten, wurde der Bau des
ersten Dominikanerinnenkonventes erst im Jahre 1419 durch
eine Stiftung der Juana Rodríguez Maldonado und ihres Gatten Juan Sánchez Sevillano, seines Zeichens Buchhalter des
Königs Juan II., ermöglicht, die dem Orden ein Stadtpalais im
Mudéjar-Stil überließen. An diesen ursprünglichen Bau erinnern noch Fliesenfragmente. Auch die Holzjalousien, die
heute noch die Nonnen vor neugierigen Blicken abschirmen,
scheinen eher zum Harem eines maurischen Palastes zu
gehören.

Mit dem Neubau des Convento wurde 1533 unter Leitung
des vielbeschäftigten Rodrigo Gil de Hontañón begonnen.
Auch diesen Bau ziert eine platereske Fassade, doch verblaßt
ihr Reiz neben der Schönheit und Originalität des Renais-
sance-Kreuzganges. Manieristisch sich windende Körper,
Grotesken, Fabelwesen und Medaillons mit Köpfen alter
Männer und junger Frauen, inverno und primavera in Stein,
schmücken Kapitelle und Friese des oberen Kreuzganges
sowie die Flächen zwischen den Arkaden des unteren. Kaum
ein Betrachter kann sich ihrem Zauber entziehen.

Keinen bitteren Nachgeschmack, wie ihr Name es vermuten ließe, hinterlassen die *Amarguillos*. Vor dem Verlassen
des Konvents sollte man nicht versäumen, die süßen Man-
delplätzchen bei den Dominikanerinnen zu kaufen.

Zahlreich sind die Palais, Kirchen und Konvente Salamancas. Wer Zeit hat, kann noch manche Fassade, manch ver-
wunschenen Patio entdecken, nicht alle sind so hervorragend
restauriert wie die auf der Plaza Mayor oder die Casa de las
Conchas; der weiche Sandstein ist anfällig.

Das Barrio San Benito und die mittelalterlichen Adelsfehden

Beim Durchstreifen des Barrio San Benito mit seinen rund um den Kirchplatz von San Benito sich gruppierenden Adelspalästen wird man an das 15. Jahrhundert, die Zeit der zum Teil blutigen Fehden der *Bandos*, der rivalisierenden Gruppen junger Adeliger, erinnert. In der Pfarrkirche San Benito selbst findet sich die Grablege der Familie Maldonado.

Zwischen zwei Mitgliedern der adeligen Familie der Manzanos, die zur San Benito-Bande gehörten, und zwei Monroys aus der Santo Tomé-Bande war während eines Pelota-Spieles ein Streit entbrannt, der mit der Ermordung der Monroys durch die Manzanos endete. María de Monroy, die Mutter der Getöteten, verfolgte daraufhin mit ihren Leuten die Manzanos und ruhte nicht eher, als bis sie deren Köpfe auf die Gräber ihrer Söhne legen konnte, wofür sie den Ehrentitel María la Brava erhalten sollte.

Palacio Monterrey, Convento de las Úrsulas,
Casa de las Muertes und Colegio Fonseca

An der Plaza de las Augustinas, unweit der Plaza Mayor, ist der *Palacio Monterrey* nicht zu übersehen. Zwei die Fassade flankierende Ecktürme lenken den Blick auf den Bau, der von einer kunstvoll durchbrochenen steinernen Balustrade gekrönt wird. Erbaut wurde das Palais im Jahre 1539 nach den Plänen des Rodrigo Gil de Hontañón und Bruder Martíns de Santiago aus dem Kloster San Esteban. Wie die Dominikanerkirche ist auch dieser Profanbau ein Beispiel der salamantinischen Symbiose aus gotischer Strenge und dem verspielten Formengut der spanischen Frührenaissance.

Auch der nahegelegene *Convento de las Úrsulas*, das nach 1522 im Stil der späten Gotik erbaute Ursulinenkloster, ist einen Umweg wert. In der Kirche finden wir das marmorne Grabmal des Alonso Fonseca. Diego de Siloé schuf die Liegefigur des Erzbischofs und Gründers des Colegio Fonseca und die Flachreliefs mit der Darstellung der vier Evangelisten.

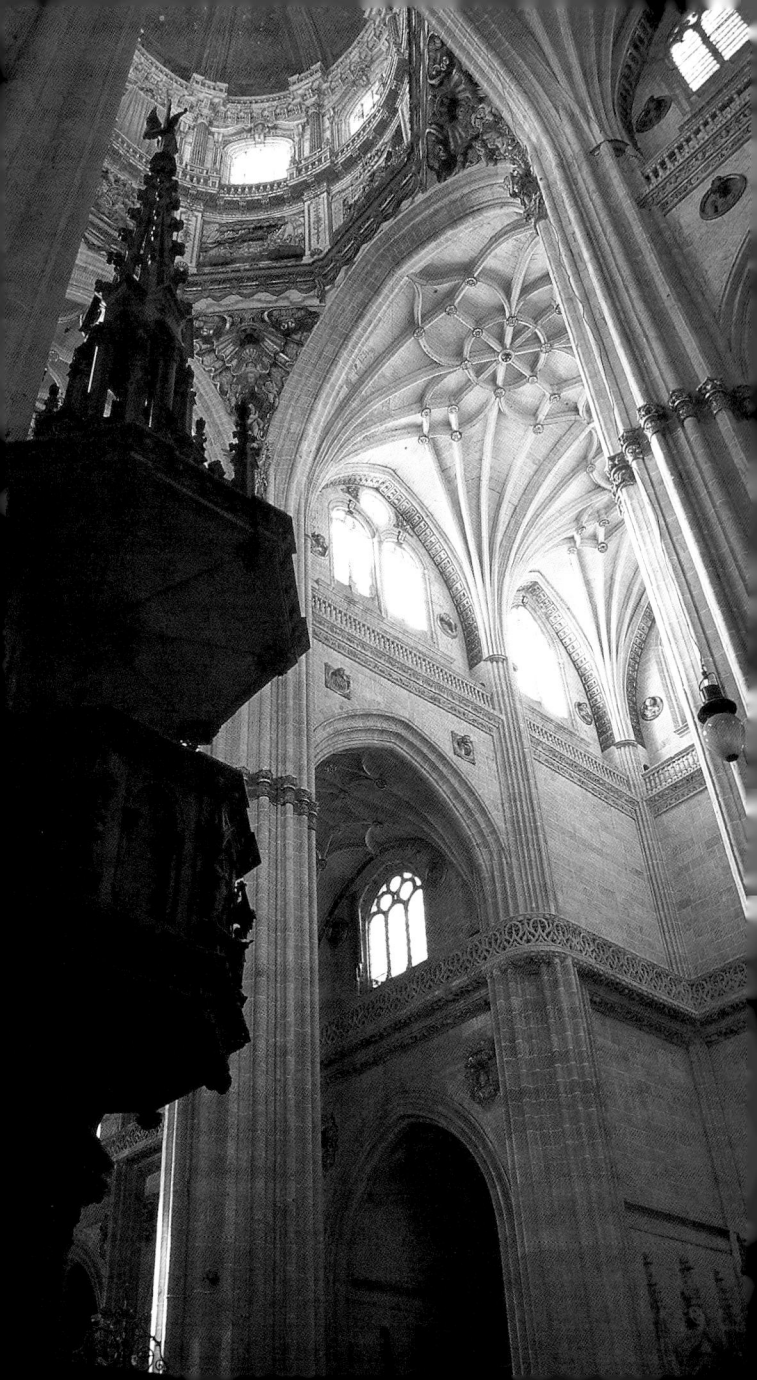

Tod und Vergänglichkeit sind die Themen, die sich beim Namen der nahegelegenen *Casa de las Muertes*, dem Haus der Tode, aufdrängen. Auch dessen platereske Fassade wird Diego de Siloé zugeschrieben. Grotesken, Putten, Pflanzenranken, Medaillons, Wappen und an zentraler Stelle die Büste Erzbischof Fonsecas, umgeben von Engeln und Cherubinen, schmücken sie. Es bleibt ein Geheimnis, wie das Haus zu seinem Namen kam. Vielleicht, weil 1851 die einzige Bewohnerin des Gebäudes, eine gewisse María Lozano, unter ungeklärten Umständen zu Tode kam und keiner in den folgenden Jahren das Haus wieder bewohnen wollte, vielleicht aber auch wegen der Totenschädel, die die fensterflankierenden Säulchen zu tragen scheinen.

Das *Colegio Fonseca* schließlich, das im 16. Jahrhundert aufgrund einer Stiftung des Erzbischofs nach Plänen von Diego de Siloé für irische Studenten erbaut worden war, ist ein weiteres Beispiel Salamantiner Renaissancearchitektur. Deutlich wird hier der italienische Einfluß. Im fast schon klassizistischen Patio finden in den Sommermonaten Theateraufführungen und Festakte statt.

Die Römerbrücke und Lazarillo de Tormes

Ehe man Salamanca verläßt, sollte man noch den Puente Romano überqueren und dabei beim Torso des iberischen Stieres innehalten:

... und dann brachen wir auf und verließen Salamanca. Als wir auf die Brücke kamen, sah ich gleich vorn ein steinernes Bildwerk, das eine gewisse Ähnlichkeit mit einem Stier hatte. Der Blinde befahl mir näher zu treten, und als ich ganz nahe bei dem Standbild war, sprach er zu mir: »Lazarillo, leg dein Ohr an diesen Stier, du wirst in seinem Bauch ein mächtiges Getöse hören.« Ich war einfältig genug, ihm das zu glauben, als aber der Blinde merkte, daß ich den Kopf vorstreckte und mein Ohr an das Steinbild gelegt hatte, gab er mir einen so heftigen Stoß und warf mich mit solcher Wucht gegen den verteufelten Stein, daß mein Kopf beinahe in Stücke geborsten wäre. Mehr als drei Tage spürte ich den Schmerz noch, so weh tat mir der Kopf von diesem hinterlistigen Stoß.

Der Blinde sagte mir zum Trost: »Merke dir, du armer Narr, ein Blindenführer muß noch klüger sein als der Teufel selbst.« Und dann fing er unmäßig über den Streich zu lachen an, den er mir gespielt hatte.

Diese Worte legt der anonyme Verfasser – vielleicht Juan de Ortega – des ›Lazarillo de Tormes‹, des ersten spanischen Schelmenromanes aus der Zeit um 1550, dem Helden und Ich-Erzähler in den Mund. Ein Schelmenstück scheint auch zu sein, daß bis zum Bau einer dritten Brücke vor wenigen Jahren ein Schild am Puente Nuevo, der sogenannten neuen Brücke aus der Zeit der Jahrhundertwende, Fahrzeuge mit einem Gewicht von über 18 Tonnen auf die alte Römerbrücke verwies.

Nach Südwesten

Die Sierra de la Peña de Francia im Süden der Provinz Salamanca ist Teil des kastilischen Scheidegebirges, das die Meseta in zwei Hälften teilt. An ihren bewaldeten Hängen wachsen vor allem Steineichen, Kastanien und Pinien. Von ihrer höchsten Erhebung, der 1732 Meter aufragenden Peña de Francia, reicht der Blick weit ins Land, nach Norden bis Salamanca, nach Osten bis zur Sierra de Gredos, nach Süden über die kahlen, unwirtlichen Bergzüge der Hurdes, und im Westen lassen sich bereits die Höhenzüge Portugals erahnen. Eine eindrucksvoll in den Felsen gehauene Straße führt bis zum Gipfel, denn dort befindet sich ein Marienwallfahrtsort. Dominikanerinnen bewohnen in den Sommermonaten das Kloster und unterhalten dort auch eine Herberge.

Fährt man statt dessen weiter auf der aus Richtung Salamanca kommenden SA 202, so gelangt man in den malerischen Ort *La Alberca*. Fast scheint hier die Zeit stillzustehen, Fachwerkhäuser mit steinernen Sockeln, vorspringenden Stockwerken und Holzbalkonen säumen die steilen, winkeligen Gassen des Ortes. Die Plaza Mayor trägt hier den Namen Plaza Pública, und dort spielt sich auch ein Großteil des öffentlichen Lebens ab. Bereits 1940 wurde der im Mittelalter wohl von Einwanderern aus Frankreich erbaute Ort zum Nationaldenkmal erklärt. Berühmt sind die kostbaren, meist kunstvoll bestickten Trachten der Frauen, doch werden sie zusammen mit dem traditionellen Silberschmuck nur noch zu besonderen Anlässen getragen und nicht wie früher zur Hochzeit und zu allen Festtagen. Mit Pflanzenmotiven bestickte Tücher, Keramik nach alten Mustern und Holzschnitzereien werden noch heute in La Alberca hergestellt und – vorwiegend an Touristen – verkauft. Die Spezialität des Ortes aber ist der *jamón iberico*, der in der Bergluft getrocknete Schinken iberischer Schweine, die sich zeitlebens in freier Natur lebend von den Früchten der umliegenden Eichen- und Kastanienhaine ernährt haben. Eines dieser Schweine trottet als Dorfsau durch die Gassen, wo es sich von Küchenabfällen ernährt. Am Antoniustag wird es eingefangen und als Hauptpreis einer Lotterie unter den Dorfbewohnern verlost. Vom Erlös der Lotterie liest der Pfarrer eine Messe und kauft ein neues Schwein.

Ein weiterer sehenswerter Ort ist das etwa 15 km weiter östlich gelegene *Miranda de Castañar*. Auch hier sind es die engen Gassen und die blumengeschmückten Balkone, die zum Verweilen einladen. Wählt man jedoch die kurvenreiche Straße über den El Portillo-Paß nach Süden, gelangt man in das überraschend grüne Tal von *Las Batuecas*. Bis zum 16. Jahrhundert soll das paradiesische Bergtal außerhalb von La Alberca unbekannt gewesen sein. Um es zu erhalten, machte man es zu einem Naturreservat. In Höhlen wurden dort neolithische Felsmalereien entdeckt. Die Straße führt vorbei am Kloster von Las Batuecas weiter nach Süden in die *Hurdes*, jenen lange Zeit sehr abgeschiedenen, rauhen Landstrich der Extremadura, wo Luis Buñuel 1932 seinen Film ›Land ohne Brot‹ gedreht hatte.

Fährt man von Salamanca nach Westen auf der N 620 in Richtung Portugal, so erreicht man kurz vor der Grenze *Ciudad Rodrigo*. Die nach der Reconquista im 12. Jahrhundert auf Betreiben des Grafen Rodrigo González – daher der

Name – neu gegründete Stadt liegt auf einem Hügel, an dessen Südostseite der Río Agueda vorbeifließt. Sie ist von einem Mauerring umgeben, der in jener Zeit auf den Resten einer Römermauer errichtet wurde. 1710 wurden die Murallas zusätzlich im Norden und im Westen durch eine Befestigungsanlage im Stile Vaubans vervollständigt, denn als Wachtposten im Grenzland wurde die Stadt in alle Konflikte zwischen Spanien und Portugal hineingezogen.

Ciudad Rodrigo wurde – ähnlich wie La Alberca – bereits 1944 zum Nationaldenkmal erklärt. Franco schätzte Salamanca und seine Provinz, vielleicht hat man deshalb mancherorts auch heute wenig Probleme, die Erinnerung an ihn und José Antonio weiterhin hochzuhalten. Neben den Murallas ist es der mächtige Viereckturm des Alkazars, der – schon von weitem sichtbar – das Gesamtbild der Stadt beherrscht. Enrique de Trastámara, der Bastardbruder Pedros des Grausamen, ließ die Festung im 14. Jahrhundert errichten. Heute beherbergen die Mauern des Alkazar einen stilvollen Parador Nacional. Die zwei schönen Renaissancepalais an der Plaza Mayor, das Rathaus mit Arkaden und einer Galerie darüber und die Casa de los Cueto ebenso wie der Palacio de los Castros versetzen den Betrachter in längst vergangene Zeiten zurück. Die langgestreckte Palastfassade an der Plaza del Conde im isabellinischen Stil ist reizvoll durch das von einem Alfiz umgebene und von zwei Schlangensäulen mit Löwenskulpturen gerahmte Portal. Der Zugang zum sehenswerten Patio liegt an der von Arkaden gesäumten Plazuela del Buen Alcalde, des guten Bürgermeisters also. An diesem Plätzchen steht auch die im strengen Stil Herreras errichtete Capilla de Cerrablo. Links davon erhebt sich Ciudad Rodrigos bedeutendstes Bauwerk, die Kathedrale. Bereits 1165 begonnen, wurde sie erst im 16. Jahrhundert vollendet, als Rodrigo Gil de Hontañón die Chorscheitelkapelle hinzufügte. An ihre Westfassade wurde im 16. Jahrhundert eine Vorhalle mit einem Turm angesetzt. Dahinter verbirgt sich der kostbare *Pórtico del Perdón*, ein Portal aus der Übergangszeit von der

Romanik zur Gotik, wohl kurz vor dem Ende der ersten Bau-etappe im Jahre 1230 entstanden. Nahezu 400 Figuren schmücken es. Aufs erste faszinieren vor allem die Apostel-figuren in der Türlaibung, wenngleich sie nur ein schwacher Abglanz jener Figuren des Maestro Mateo in Santiago de Compostela sind. Der Gesamteindruck ist es, der die Schön-heit des Portals ausmacht. Über dem noch rein romanischen Portal an der Fassade des südlichen Querhauses thront in der Mitte der segnende Christus. Von jeweils zwei Aposteln flan-kiert ist er die sicherlich bedeutendste Skulptur im Figuren-schmuck der Kathedrale. Darüber sind im Rahmen einer zierlichen Spitzbogengalerie 12 Gestalten des Alten und des Neuen Testaments zu sehen, unter ihnen ein bemerkenswer-ter Moses. Im Inneren beeindrucken der Renaissancealtar mit Alabasterreliefs, ein Meisterwerk des Lucas Mitata, sowie das isabellinische Chorgestühl, ein Werk des Rodrigo Alemán. Im Westflügel des Kreuzgangs finden wir noch romanische Kapitelle mit biblischen und allegorischen Dar-stellungen, während im Ostflügel eine Tür in reinstem sala-mantinischen Platereskstil unseren Blick auf sich zieht. Das Medaillon auf der rechten Seite stellt den Architekten Pedro Güemes dar.

In dem beschaulichen Landstädtchen sind viele Stierzüch-ter beheimatet. Auf ihren weitläufigen Landgütern in der Umgebung werden die Toros Bravos, die Kampfstiere, ge-züchtet, aber auch die schon erwähnten sogenannten schwarzen – tatsächlich sind sie braun – iberischen Schweine. Ihr Lebensraum sind die Dehesas, ausgedehnte Steineichen-haine, die durch ihre Ursprünglichkeit zudem zahlreichen sel-tenen Pflanzen und Tieren ein Überleben ermöglichen.

ANHANG

Glossar

Aficionado	begeisterter Anhänger des Stierkampfes
Ajimez	Zwillingsfenster
Alcázar, Alcazaba	Kastell
Alfaquí	moslemischer Gesetzeskundiger
Alfiz	rechteckiger Portal- oder Fensterrahmen
Aljibe	Wasserspeicher
Ambiente	Umwelt, Milieu
Antecámera	Vorzimmer
Arco	Bogen
Armería	Waffenkammer
Artesonado	urspr. Bezeichnung für trogförmige, reich ornamentierte Holzdecke (artesa = Trog); heute häufig auch für ähnlich dekorierte, aber nicht trogförmige Decken
Ayuntamiento	Rathaus
Azulejo	meist quadratische, glasierte Farbkachel (Fliese) für Wandverkleidungen u. ä.
Barrio	Stadtviertel
Blasón	Geschlechterwappen
Bobillas	Kugelornament
Bodega	Weinkeller
Bota	lederne Weinflasche
Botella	Weinflasche
Calle	Straße
Camarín	kleine Kammer
Capitán	Hauptmann
Capitán general	Generalkapitän
Capa	Mantel, auch beim Stierkampf eingesetztes rotes Tuch
Carretera	Landstraße
Casa	Haus, auch Herrenhaus, Privatpalast
Castillo	Kastell
Churrigueresco	übermäßig geschnörkelt (nach der Handwerkerdynastie Churriguera aus Salamanca)

Claustro	Kreuzgang
Comunidad	Gemeinde
Condado	Grafschaft
Conquista	Eroberung, speziell der Neuen Welt
Consejo	Rathaus, Ratsversammlung
Converso	Konvertit
Cornada	Hornstoß beim Stierkampf
Copla	Tanzlied mit Refrain
Corrida	Stierkampf
Coro	Im Kirchenschiff eingebauter Chor
Cortes	Parlament
Coto	Pferch
Cuadrilla	Fechtergruppe, Stierfechterquadrille
Cueva	Weinkeller
Custodia	Monstranz
Cuvella	Weinflasche
Descubrimiento	Entdeckung, speziell der Länder Amerikas
Embalse	Stausee
Enlacería	Gitterornament aus Ziegelwerk
Escudo	Wappenschild
Espada	Degen des Matadors
Faro	Leuchtturm
Feria	Jahrmarkt
Fiesta	Volksfest
Fonda	Gaststätte
Fueros	freiheitliche Rechte
Hidalgo	kleiner Adliger
Huerta	fruchtbares Land, Gartenland
Iglesia	Kirche
isabellinisch	schmuckreicher Stil des Zeitalters Isabellas der Katholischen
Jota	aragonesischer Volkstanz
Judería	Judenviertel, Getto
Lanzena	kleine militärische Einheit
Llano	Flachland, Weideland, Steppe
Maja	Mädchen aus dem Volk
Marranes	konvertierte Juden (Schimpfwort)
Matador	Stiertöter
Meseta	Hochebene
Mirador	Aussichtspunkt, Aussichtsturm
Molino	Mühle, Windmühle
Monasterio	Kloster

Morería	Maurenviertel
Morisco	konvertierter Moslem
Mozárabe	Christ unter moslemischer Herrschaft
Mozarabischer Stil	von Christen unter maurischem Einfluß geprägter Stil vom Anfang des 9. bis zum frühen 11. Jahrhundert
Mudéjar	unter christlicher Herrschaft lebender Araber
Mudéjarstil	Weiterleben maurischen Motiv- und Formenguts in der christlichen profanen Kunst
Mushrabije	ornamentiertes hölzernes Fenstergitter
Palacio Municipal	Rathaus
Palazuela	Kleinpalast
Palmada	Händeklatschen beim Tanz
Panzuda tinaja	Tonfaß
Parador	staatliches Hotel
Paseo	Spazierweg, Allee
Parroquia	Pfarrkirche
Paso	Prozessionsfigur
Patio	Innenhof, Atrium
Pitos	Schnalzen mit Daumen und Mittelfinger beim Tanz
plateresk	ornamentreicher Stil zwischen Gotik und Renaissance, nach den Silberschmieden genannt
Porrón	Schnabelkanne
Portada	Portal
Princesa	Fürstin
Procurador	Abgeordneter
Pueblo	Ortschaft
Puente	Brücke
Puerta	Tür
Reconquista	Rückeroberung der von den Mauren seit 711 besetzten Gebiete der Iberischen Halbinsel durch die Christen
Reja	Eisengitter
Retablo	Altar
Retablo Mayor	Hauptaltar (meistens nicht freistehend)
Reyes Católicos	die Katholischen Könige
Rollo	Grenz- und Gerichtssäule
Rojos	›Rote‹, Übernamen für die republikanische Seite des Bürgerkriegs
Rosetón	Rosette, Fensterrose
Sambenito	Ketzergewand

Saleta	kleiner Saal
Sardana	katalanischer Reigentanz
Seo	Bischofskirche, Kathedrale
Sephardim	spanische Juden
Sequidilla	Madrider Tanz
Siglo de oro	goldenes Zeitalter, Epoche der Weltmachtstellung Spaniens
Sillería	Gestühl
Solares	andalusische Tanzform
Soledad	Einsamkeit
Soportale	Arkadengang
Taifa	maurisches Königreich
Tapa	Happen
Tierra	Land
Tocador	Toilettenzimmer
Toro	Stier
Torre, torreón	Turm, Wachtturm
Transparente	diaphanes Kunstwerk
Tranvía	Verbindungszimmer
Trascoro	Bildgestaltung an der Chor-Rückseite
Vega	bewässertes Fruchtland
Villa	Dorf
Visigoto	Westgote
Yugo y flechas	Joch und Pfeile: Emblem der Katholischen Könige
Zapateado	andalusischer Tanz

Spanische Herrscher

In dieser Aufstellung sind nur die für das Verständnis des Textes wichtigen Personen erfaßt.

Westgotische Könige

Athaulf	410-415

    ⚭ Galla Placidia, Tochter des röm. Kaisers Theodosius I.

Alarich II.	484-507
Arhanagild	554-567
Leowigild	567-586

    ältester Sohn Hermenegild heiratet Ingudis von Austrasien

Rekkared I.	586-601
Swintila	621-631
Rekenwinth	649-672
Wamba	672-681
Witiza	701-710
Roderich (Usurpator)	710-711

Grafen von Barcelona

Wifred I.	874-898
Berenguer Ramón I.	1018-1035
Ramón Berenguer I	1035-1076
Ramón Berenguer II.	1076-1082

    ⚭ Mahalda
    wurde getötet von seinem Bruder Berenguer Ramón el Fradricida

Ramón Berenguer III.	1096-1131
Ramón Berenguer IV.	1131-1162

    ⚭ Petronila von Aragón

Haus Aragón

Ramiro I.	1035-1063
Sancho Ramírez	1063-1094
Pedro I.	1094-1104
Alfonso I. el Batallador	1104-1134

    ⚭ Urraca von Kastilien

Ramiro II.	1134-1137

    ⚭ Inés von Poitiers

Petronila	1137-1162

    ⚭ Ramón Berenguer IV. Graf von Barcelona

Alfonso II.	1162-1196

    seine Tochter Konstanze heiratet Friedrich II. von Hohenstaufen

Pedro II.	1196-1213
Jaime I. el Conquistador	1213-1276

    ⚭ Violante von Ungarn

Pedro III. el Grande	1276-1285

    ⚭ Konstanze von Staufen
    seine Tochter Isabel heiratet König Dinis von Portugal

Alfonso III.	1285-1291
Jaime II.	1291-1327
Alfonso IV.	1327-1336
Pedro IV. el Ceremonioso	1336-1383
Juan I. l'Amador de Gentilesa	1387-1395

    ⚭ 1. Mata d'Armagnac
    ⚭ 2. Violante de Bar

Martín I. el Humano	1395-1410
Fernando	1412-1416
Alfonso V. el Magnánimo	1416-1458
Juan II.	1458-1479

    ⚭ 1. Blanca von Navarra
    ⚭ 2. Juana Enriquez

Fernando II.	1479-1516

    ⚭ Isabella von Kastilien, die Tochter aus dieser Ehe Juana (la Loca) heiratet Philipp von Österreich (der Schöne)